中级财务会计

INTERMEDIATE FINANCIAL ACCOUNTING

主　编◎陈　鹰　杨晓丹
副主编◎李雄飞　刘丽波

江西人民出版社
Jiangxi People's Publishing House
全国百佳出版社

前　言

会计是一种重要的商业语言，它汇集了商业活动所有经济元素。在当前的全球化背景下，为了更好地融入世界市场体系，中国的各种制度要按照国际规则来进行修改变化，会计行业也不例外。2007 年 1 月 1 日，中国正式执行新会计准则，2008 年 12 月 12 日欧盟正式认同中国新会计准则与国际财务报告准则等效，这表明中国的会计准则正式与国际接轨。

新会计准则的执行对中国经济发展产生了显而易见的正面影响。首先，国内上市公司的年报更加合理、规范、公正，从而在更大程度上保护了投资者的利益，中国企业到海外上市也不需要做太多的会计调整；其次，为中国注册会计师走向世界提供了平台和机会，从而提高了中国注册会计师在世界的影响力和话语权；第三，国际先进的会计理念，最前沿、最权威的国际会计资讯也会更及时地进入中国，对中国经济发展产生积极影响。

为了适应经济发展和会计改革的需要，满足高等教育“中级财务会计”课程教学的需要，我们根据高等院校会计教学的实际情况和教学经验，结合中国新会计准则的要求，组织编写了《中级财务会计》这本教材。本教材具有如下特点：

1.结合了准则修订的最新内容。我国会计准则自 2006 年 2 月份颁布之后，为了与国际准则趋同乃至于等效，历经了数次修订。特别是在 2014 年初，财政部对会计准则进行了大规模修订，相继修订了 5 项会计准则，即财务报表列报、职工薪酬、合并财务报表、长期股权投资和在其他主体中权益的披露，并发布了 2 项新准则，即公允价值计量和合营安排。此 7 项准则统一于 2014 年 7 月 1 日起在所有的执行企业会计准则的企业范围内施行，保持了我国会计准则与国际财务报告准则的持续趋同，是继 2012 年会计准则修订后的又一次大规模修订。本教材充分吸收了这些准则修订的内容，并结合了《企业会计准则解释第 6 号》等解释公告的内容，教材内容体系目前来说是最新的。

2.内容安排上以财务报表为主线，并注重会计要素的确认和计量。本书在章节安排上充分结合了财务报表的格式，以财务报表为主线，基本以财务报表的项目排列顺序安排章节，并与财务报表项目的列示和披露联系起来，便于学生加深对财务报表的认识和理解。同时，会计确认和计量与会计账务处理的核心内容，直接影响到会计信息的质量。由于会计环境的复杂多变，会计的确认和计量在实际工作中会遇到很多的挑战和困难，这也是财务会计的重点和难点。因此，在每一章节的内容编排上，本书都特别重视各项目的会计确认和计量。

3.注重与财务会计实践相结合。为了让学生能充分理解教材的内容，本教材选取了企业的典型事件和案例作为导读，将书本知识与实际案例结合，增强了学生的感性认识。并且，为便于学生对课本知识的巩固，每一章节之后都设计了各种类型的复习题，包括思考题、单选题、多选题、判断题和业务题等类型。这些习题涵盖了每一章节的重点和难点内容，题目难度由浅入深。

本教材由华东交通大学陈鹰、杨晓丹担任主编，负责拟定教材大纲和确定内容，并负责总撰、修改和定稿；由华东交通大学李雄飞和刘丽波担任副主编，协助主编承担部分章节的撰写和修改。本教材第四、七、十三章及附录由陈鹰编写；第五、六、十四章由杨晓丹编写，第二、三、九、十、十一章由李雄飞编写；第一、八、十二、十五章由刘丽波编写。此外，特别感谢华东交通大学 2013 级 MPAcc 学生彭丽芳、罗玉婷、周加琴、杨茜茜、张琦参与本书的编排和校稿工作。

本教材以高等院校会计学专业本科生为主要对象，也可作为经济管理类其他专业学生的教材，并且也适合会计从业人员的进修培训。

本教材在编写过程中，参考了很多中外专家、学者的教材和论著，在此，谨向这些教材和论著的作者表示衷心的感谢！

我们以打造精品教材为主要目标，也为教材的编写付出了很大的努力，但是由于时间相对比较仓促，编者的水平也有限，书中如有不当和疏漏之处，恳请广大读者和专家、同仁不吝指正，我们非常重视各位的意见和建议，将在本教材再版时做进一步补充和修订。

编　者

2014 年 6 月

目 录

第一章 总论

第二章 货币资金和交易性金融资产

第三章 应收款项

第四章　存货

第五章　可供出售金融资产和持有至到期投资

第六章　长期股权投资

第七章　固定资产

第八章　投资性房地产

第九章　无形资产、商誉和长期待摊费用

第十章　流动负债

第十一章　非流动负债

第十二章　所有者权益

第十三章　收入、费用和利润

第十四章　财务报表列报

第十五章　会计调整

附　录　货币时间价值系数表

第一章 总 论

【本章导读】

每个企业都有着变化多端的经济业务，而不同行业的企业又有各自的特殊性，会计准则的出现，就使会计人员在进行会计核算时有了一个共同遵循的标准，各行各业的会计工作可在同一标准的基础上进行。要使中国融入国际经济体系，作为商业通用语言的会计必须国际化，其关键之一就是会计准则的国际化。这有利于提高我国企业会计信息的国际可比性，降低我国企业信息报告成本和融资成本。财政部在 2006 年 2 月 15 日颁布的企业会计准则在中国会计发展史上具有里程碑的意义，它标志着我国已经建立起与我国社会主义市场经济相适应，并与国际财务报告准则充分协调的、涵盖各类企业各项经济业务、可独立实施的会计准则体系。基本准则在企业会计准则体系中具有重要地位，规范了包括财务报告目标、会计基本假设、会计信息质量要求、会计要素的定义及其确认、计量原则、财务报告等在内的基本问题，是制定具体准则的基础，对各具体准则的制定起着统驭作用，可以确保各具体准则的内在一致性。因此，要理解具体准则的内容，把握新会计准则体系的理念，首先必须理解基本准则，本章将着重介绍基本准则中的各项内容。

【学习目标】

了解我国最新的企业会计准则体系的构成和基本准则的作用；

理解财务会计的目标和会计信息质量要求；

掌握会计的基本假设、会计确认和计量的基础及方法、财务会计要素及其相互之间的关系。

第一节 企业会计准则体系概览

一、我国的会计法规体系

我国的法规体系通常由四个部分构成:一是法律,二是行政法规,三是部门规章,四是规范性文件。其中,法律是由全国人民代表大会及其常务委员会通过,由国家主席签发。行政法规由国务院常务委员会通过,由国务院总理签发。部门规章由国务院主管部门部长以部长令签发。

我国现行的会计法规体系是由有关会计的不同法律规范组成的有机联系的整体,其构成主要是按照上面所述的四个法的效力层次来划分。在会计法律这一层次,由于有关会计的各项法律均是由我国最高权力机关全国人大及其常务委员会制定并发布的,因此会计法律在我国现行的会计法规体系中处于最高层次,具有全面性、稳定性和指导性等特点,其他机关制定的行政法规、部门规章和地方性法规均不得与之相抵触。由于《会计法》是指导我国会计工作和会计标准制定的基本法律,因而《会计法》是我国整个会计法规体系的核心,是其他会计法规的制定依据,也是指导会计工作的最高准则。此外,与会计工作密切相关的一些法律,如《公司法》等也属于会计法律层次。

我国会计行政法规是由国务院制定并颁布的,其法律效力仅次于会计法律,内容上多数是会计法律的具体化,《总会计师条例》《企业财务会计报告条例》等就属于会计行政法规层次。

会计部门规章是负责全国会计、审计、财务等工作的主管部门——财政部制定的,其法律效力处于第三层次。由于该层次涉及的内容最多,法规数量所占比例最大,因而属于我国会计法规体系的主体部分,对直接指导我国会计主体的实际会计核算工作起了积极的作用。我国企业会计准则体系中的基本准则属于部门规章,由财政部于2006年2月15日以第33号部长令签发。

会计规范性文件是我国会计法规体系的最后一个层次,只在本行业内指导会计工作,但也是我国会计法规体系的重要组成部分。主要有企业会计准则中的各项具体准则、应用指南和企业会计准则解释等,具体指导会计核算工作。截至目前,我国已经颁布了41个具体准则,财政部也印发了从第1号到第6号的企业会计准则解释。

二、我国的企业会计准则体系

(一)新企业会计准则出台的背景

1993年,“两则两制”(《企业会计准则》《企业财务通则》、分行业的企业会计制度和财务制度)刚刚在全国范围内全面推广实施,财政部即开始研究制定能适应我国社会主义市场经济发展需要的会计准则,旨在使我国的会计实务与国际接轨。从1998年到2002年,财政部共发布了16项企业会计准则。2002年以来,财政部加快了会计准则体系的建设步伐,同时也加大了会计准则与国际趋同的力度。在条件基本成熟的基础上,财政部于2006年2月15日全面推出了由一项基本准则和38项具体准则组成的新的企业会计准则体系。这是我国会计发展史上的里程碑,具有重要的现实意义。

1.适应我国市场经济发展的客观要求

近年来,我国经济越来越广泛地融入世界经济体系中,信息技术得到广泛运用,金融市场工具不断创新,经济活动方式日趋复杂。这些都对新形势下会计、注册会计师行业充分发挥维护市场经济秩序职能,提高会计信息质量,应对国际、国内两大市场风险,促进国际经济一体化健康有序发展提出了新的更高要求。中国市场要在国际上确认应有的经济地位,也需要中国会计、审计准则与国际惯例趋同。国内外不同会计标准存在的较多差异严重影响了我国会计信息的规范化、标准化,会计信息的质量已不能适应经济全球化和我国社会主义市场经济的健康有序发展,全面建立与国际趋同的会计准则体系已成为我国经济形势发展的迫切要求。

2.会计准则国际趋同化的需要

在当前的全球化背景下,为了更好地融入世界经济和统一的世界市场体系,国内的各种制度要按照国际规则来进行修改变化,会计也不例外。尤其在国际会计准则趋同成为一种必然趋势的事实下,财务报表已成为一种全球化资源分配的决策依据。另外,国际会计准则理事会和世界上许多国家、地区在会计准则制定中,通常都有财务会计概念框架等一些经过会计准则制定机构多年摸索、总结的成果,我国可以借鉴其中的一些合理内容,并有必要在准则中加以体现。我国的新会计准则对此进行了进一步的规范。

3.适应我国会计法律发展的必然要求

我国会计法律必须与本国的法律要求和具体实际相适应。全国人大于1999年修订了《会计法》,国务院于2000年制定并发布了《企业会计制度》等,这些新的法律法规对于企业单位的会计核算、财务会计报告的编制以及会计要素的定义等都做了新的规定。原先发布的尤其是基本准则的相关内容已经与上述法律法规的有关规定产生了不一致的地方，需要加以修改。因此，新企业会计准则体系的建立是我国会计法律发展的必然要求。

（二）新企业会计准则出台的现实意义

新企业会计准则体系的制定与颁布，具有几方面的重大意义：

1.有利于我国融入国际经济体系

随着全球经济一体化和国际资本市场的发展，会计准则的国际协调或趋同成为必然趋势。中国加入 WTO 后，企业跨国经营、跨国上市、跨国投资和跨国融资的现象日益增多。要使中国融入国际经济体系，作为商业通用语言的会计必须国际化，其关键之一就是会计准则的国际化。这有利于提高我国企业会计信息的国际可比性，降低我国企业信息报告成本和融资成本，有利于推进我国企业"走出去"战略的实施。

2.有利于建立和完善现代企业制度

我国正着力建立和完善产权明晰、权责明确、政企分开、管理科学的现代企业制度。完善的公司治理机制本身应包含完善的会计信息报告制度。建立和完善现代企业制度需要高质量的会计信息。而没有高质量的会计准则，就不可能有高质量的会计信息。新的企业会计准则体系贯彻了先进科学的会计理念，从中国的实际出发，借鉴了国际财务报告准则中适合中国国情的会计政策和程序，为企业提供高质量的会计信息提供了制度保证。

3.有利于提高会计人员的执业水平

一个国家、地区的会计发展水平与本国、地区会计人员的执业水平有着直接关系。提高会计人员的执业水平，一靠培训，二靠在实践中锻炼。颁布和实施新的企业会计准则体系必然要对会计人员进行培训。通过培训，将国际上先进的会计理念和先进的会计方法传授给会计人员，无疑有利于会计人员执业水平的提高。实施新企业会计准则体系，使得会计人员有机会在会计实践中锻炼和提高职业判断能力。这些必将对我国会计人员整体执业水平的提高起到推动和促进作用。

（三）新企业会计准则体系架构

我国新的企业会计准则体系由基本准则、具体准则、会计准则应用指南等组成。其中，具体准则是在基本准则的基础上，对具体交易或者事项的会计核算做出的具体规定。

1.基本准则

在整个准则体系中起统驭作用，对财务会计报告的目标、会计基本假设和基础、会计信息质量要求、会计要素的定义及其确认、会计计量、财务会计报告等内容进行了规范。

2.具体准则

具体准则又分为一般业务准则、特殊行业的特定业务准则和报告准则三类。

一般业务准则主要规范各类企业普遍适用的一般经济业务的确认和计量要求。包括存货、会计政策、会计估计变更和会计差错更正、资产负债表日后事项、建造合同、所得税、固定资产、租赁、收入、职工薪酬、股份支付、政府补助、外币折算、借款费用、投资、企业年金、每股收益、无形资产、资产减值,或有事项、投资性房地产、企业合并等准则项目。

特殊行业的特定业务准则主要规范特殊行业的特定业务的确认和计量要求。如石油天然气开采、生物资产、金融工具确认和计量、金融资产转移、套期保值、金融工具列报和披露、保险合同、再保险合同等准则项目。

报告准则主要规范普遍适用于各类企业的报告类准则。如财务报表列报、现金流量表、合并财务报表、中期财务报告、分部报告、关联方披露等准则项目。

2006 年,财政部颁布了 38 个具体准则;2014 年初,财政部在对职工薪酬、长期股权投资等 5 个具体准则修订的基础上,发布了 3 个新准则,即《企业会计准则第 39 号——公允价值计量》《企业会计准则第 40 号——合营安排》和《企业会计准则第 41 号——在其他主体中权益的披露》,要求企业自 2014 年 7 月 1 日起执行。具体准则的情况见表 1—1 所示。

3.应用指南

企业会计准则应用指南由两部分组成,第一部分为会计准则解释,第二部分为会计科目和主要账务处理。

表 1—1 企业会计准则——具体准则目录

第 1 号——存货	第 2 号——长期股权投资	第 3 号——投资性房地产	第 4 号——固定资产	第 5 号——生物资产
第 6 号——无形资产	第 7 号——非货币性资产交换	第 8 号——资产减值	第 9 号——职工薪酬	第 10 号——企业年金基金
第 11 号——股份支付	第 12 号——债务重组	第 13 号——或有事项	第 14 号——收入	第 15 号——建造合同
第 16 号——政府补助	第 17 号——借款费用	第 18 号——所得税	第 19 号——外币折算	第 20 号——企业合并

续表

第 21 号——租赁	第 22 号——金融工具确认和计量	第 23 号——金融资产转移	第 24 号——套期保值	第 25 号——原保险合同
第 26 号——再保险合同	第 27 号——石油天然气开采	第 28 号——会计政策、会计估计变更和差错更正	第 29 号——资产负债表日后事项	第 30 号——财务报表列报
第 31 号——现金流量表	第 32 号——中期财务报告	第 33 号——合并财务报表	第 34 号——每股收益	第 35 号——分部报告
第 36 号——关联方披露	第 37 号——金融工具列报	第 38 号——首次执行企业会计准则	第 39 号——公允价值计量	第 40 号——合营安排
第 41 号——在其他主体中权益的披露				

三、企业会计准则——基本准则

国际会计准则理事会、美国等国家或地区在其会计准则制定中，通常都制定有“财务会计概念框架”，它既是制定国际财务报告准则和有关国家或地区会计准则的概念基础，也是会计准则制定应当遵循的基本法则。我国企业会计准则的基本准则类似于西方国家的“财务会计概念框架”，但西方国家的概念框架带有“理念”色彩，主要用于指导准则的制定工作，不作为准则体系的组成部分。

（一）基本准则的作用

基本准则在企业会计准则体系中具有重要地位，其作用主要如下：

一是统驭具体准则的制定。基本准则规范了包括财务报告目标、会计基本假设、会计信息质量要求、会计要素的定义及其确认、计量原则、财务报告等在内的基本问题，是制定具体准则的基础，对各具体准则的制定起着统驭作用，可以确保各具体准则的内在一致性。我国基本准则第三条明确规定:“企业会计准则包括基本准则和具体准则,具体准则的制定应当遵循本准则。”在企业会计准则体系的建设中,各项具体准则也都明确规定按照基本准则的要求进行制定和完善。

二是为会计实务中出现的、具体准则尚未规范的新问题提供会计处理依据。在会计实务中,由于经济交易事项的不断发展、创新,一些新的交易或者事项在具体准则中尚未规范但又急需处理,这时,企业不仅应当对这些新的交易或者事项及时进行会计处理,而且在处理时应当严格遵循基本准则的要求,尤其是基本准则关于会计要素的定义及其确认与计量等方面的规定。因此,基本准则不仅扮演着具体准则制定依据的角色,也为会计实务中出现的、具体准则尚未做出规范的新问题提供了会计处理依据,从而确保了企业会计准则体系对所有会计实务问题的规范作用。

(二)基本准则规范的主要内容

基本准则的制定吸收了当代财务会计理论研究的最新成果,反映了当前会计实务发展的内在需要,体现了国际上财务会计概念框架的发展动态,构建起了完整、统一的财务会计概念体系,从不同角度明确了整个会计准则需要解决的基本问题。内容包括以下方面:财务报告目标、会计基本假设、会计基础、会计信息质量要求、会计要素及其确认与计量原则、财务报告。这些内容将在下面的章节重点介绍。

第二节 财务报告目标

财务报告目标,是在一定的会计环境下,人们预期通过财务会计活动达到的结果。财务报告目标是进行财务活动的起点。它主要解答两个关键问题:(1)向谁提供会计信息;(2)提供什么样的会计信息。

一、基本准则中明确的财务报告目标

基本准则明确了我国财务报告的目标是向财务报告使用者提供决策有用的信息,并反映企业管理层受托责任的履行情况。财务报告目标的作用不仅在于它是指导准则制定的基础,更是评价会计准则制定和执行情况的衡量标准,美国会计界在20世纪七八十年代形成了受托责任学派和决策有用学派两个流派。修订前基本准则对会计目标的规定主要强调满足国家宏观经济管理的需要,采用决策有用的思路。但经过十多年的发展,我国经济环境已经发生了很大变化,会计目标应当是强调会计信息的相关可靠,维护公众利益,以满足投资人、债权人、政府以及企业管理层等社会各有关方面对会计信息的需求。因此,鉴于当前我国市场经济和资本市场的发育状况,修改后

的准则将“反映管理层受托责任的履行情况”补充进会计目标，指出：“财务会计报告的目标是向财务会计报告使用者提供与企业财务状况、经营成果和现金流量等有关的会计信息，反映企业管理层受托责任履行情况，有助于财务会计报告使用者做出经济决策”，从而把决策有用观与受托责任观同时纳入目标体系。

（一）向财务会计报告使用者提供会计信息

新会计准则体系对会计目标进行了重大修正，在原来的会计准则中主要强调会计信息对于满足国家宏观经济管理的需要，而在新会计准则中明确提出了向财务会计报告使用者提供会计信息的目标。企业应该向财务报告信息的使用者提供相关的会计信息，但是不同的信息使用者有不同的需求，这就对财务报告信息的质量和内容提出了更高的要求。

（二）反映企业管理层受托责任的履行情况

现代企业制度强调企业所有权和经营权相分离，企业管理层是受委托人之托经营管理企业及其各项资产，负有受托责任。即企业管理层所经营管理的企业各项资产基本上均为投资者投入的资本（或者留存收益作为再投资）或者向债权人借入的资金所形成的，企业管理层有责任妥善保管并合理、有效运用这些资产。企业投资者和债权人等也需要及时或者经常性地了解企业管理层保管、使用资产的情况，以便于评价企业管理层的责任情况和业绩情况，并决定是否需要调整投资或者信贷政策，是否需要加强企业内部控制和其他制度建设，是否需要更换管理层等。因此，财务报告应当反映企业管理层受托责任的履行情况，以有助于外部投资者和债权人等评价企业的经营管理责任和资源使用的有效性。

二、会计信息的使用者

一个企业必须发布各种各样的会计信息，以满足信息使用者的需要，这些会计信息需求因企业的规模、是否由公众持股以及管理政策等而有所不同。有些会计信息的需求可能是由法律规定的，例如，所得税法要求每个企业的会计系统能够计量该企业应税收入并对企业所得税申报单中每个项目的性质和来源进行解释；证券法律要求股份公司依照规定编制财务报表，报送证监会，并提供给公众。有些会计信息需求是由于实际需要而产生的，例如，每个企业需要知道应向每个客户收取的金额和欠每个债权人的金额。

总的来说，会计信息需求来自企业外部和内部两方面，分别是会计信息外部使用者和内部使用者。

(一)会计信息的外部使用者

会计信息的外部使用者是与企业具有利益关系的个人和其他企业,但他们不参与该企业的日常管理。其具体包括:

1.股东

企业的股东最关心公司的经营,他们需要评价过去和预测未来。有关年度财务报告是满足这些需要的最重要的手段,季度财务报告、半年度财务报告也是管理部门向股东报告的重要形式。向股东提供这些报告是会计信息系统的传统职责,股东借助财务报告反映的常规信息,获得有关股票交易和股利支付的情况,从而做出决策。

2.债权人

企业债权人对公司的信誉、偿债能力,以及企业的未来发展是非常关心的。公司的财务报告是这些信息的一个重要来源。债权人需要的有关借贷业务的常规信息,是通过与借贷单位的会计信息交换得来的。

3.政府机关

政府的许多机关需要有关企业的信息。税务机关需要有关公司利润和向国家缴纳税额的信息;社会保障机关需要有关企业缴纳各项社会保障基金的信息;国有企业还必须向国家财政、审计机关提供财务报告,以便接受经济监督;很多外国政府需要经营国际业务的企业报告企业在他们国家内所从事的经济活动的信息。

4.供应商

企业往往有很多的原材料、产成品或可供销售的商品。采取赊销方式的供应商需要了解客户的有关经营稳定性、信用状况以及支付能力等方面的信息。

5.顾客

在市场经济体制下,企业的顾客可以说是最重要的外部利益集团。顾客对于信息的需要,包括有关企业及其产品的信息,如价格、性能、企业信誉、企业商业信用方面的政策、可得到的折扣额、支付的到期日以及所欠金额等。这些常规的信息一般也是由会计系统提供。

以上列举了企业外部需要会计信息的主要使用者,除这些使用者以外尚有许多其他使用者需要这种信息。其包括:

(1)信用代理人。这种机构专门公布有关公司信用的信息。

(2)工商业协会。这种机构公布某一种行业的有关信息是由于需要利用会计信息进行行业管理。

(3)竞争者。他们对于公司的价格政策和获利能力感兴趣。

(4)企业组织所在的社区。他们需要了解企业对社区的贡献以及环保等方面的信息。

(5)财务分析家。他们需要根据会计信息自己向委托人提出投资建议。

(6)关心公司某个方面经济活动的公民。

仅提供一套单一的财务信息满足如此众多的使用者的需求即使有可能,也是相当困难的。因此,对外财务报表主要面向两个团体——投资者和债权人,包括当前的和潜在的投资者和债权人,他们是主要的财务信息外部使用者。通过满足投资者和债权人的财务信息需求,也为很多其他财务信息使用者提供了有用的信息。另外,某些财务信息的外部使用者,比如政府机构,能够得到公众通常无法取得的信息。因此,他们不像投资者和债权人那样依赖于公开的信息。

(二)会计信息的内部使用者

一个企业组织的各级管理部门为了完成职责,不论是负责完成全公司目标的最高级管理部门,还是负责完成一项具体目标的某一个经营管理部门,都需要信息。会计信息内部使用者包括董事会、首席执行官(CEO)、首席财务官(CFO)、副董事长(主管信息系统、人力资源、财务等)、经营部门经理、分厂经理、分部经理、生产线主管等。每位员工使用会计信息的具体目标不同,例如职工个人期望定期收到工资和薪金,并同时得到有关企业为个人提供社会保障的各类基金方面的信息和企业的某些综合性信息,诸如工资平均水平、福利金和利润等,这些信息的大部分是由会计信息系统提供的。与外部的信息需要对比,向内部报送的会计信息显然具有较多的“自由性”。因此,设计满足企业经营管理需要的会计信息系统,比设计外部报表面临着更大的困难。

第三节　会计基本假设与会计基础

一、会计的基本假设

会计所处的环境极为复杂,面对的是变化不定的社会经济环境。会计人员在会计核算过程中,面对这些变化不定的经济环境,就不得不做出一些合理的假设,对会计核算的对象及环境做出一些基本规定,即建立会计核算的基本前提,也称之为会计假设。

会计基本假设是对会计核算所处的时间、空间环境所做的合理设定。会计核算对象的确定、财务报表要素的确认与计量都要以这一系列的基本前提为依据。会计假设包括会计主体、持续经营、会计分期、货币计量四个方面。

(一)会计主体假设

会计主体又称为会计实体,是指会计信息所反映的特定单位或者组织,它规范了会计工作的空间范围。会计主体可以是一个特定的企业,也可以是一个企业的某一特定部分,如分厂、分公司或门市部等,也可以是若干家企业通过控股关系组织起来的集团公司,甚至可以是一个具有经济业务的特定非营利组织。

会计工作的目的是反映一个单位的财务状况、经营成果和现金流量,为报表使用者提供决策所需信息。会计所要反映的总是特定的对象,只有明确规定会计核算的对象,将会计所要反映的对象与包括所有者在内的其他经济实体区别开来,才能保证会计核算工作的正常开展。

会计主体假设认为,会计服务的对象是一个独立的特定经济实体。这一假设包含三层意思。

1.与其他主体相对独立

对于会计主体来说,核算的只能是企业本身经营活动,从企业自身的角度来核算经济活动。确定会计主体,就是要明确为谁核算,核算谁的业务。为此,《企业会计准则——基本准则》明确指出:“企业应当对其本身发生的交易或者事项进行会计确认、计量和报告。”会计核算必须以服务对象的权利和义务为界限,相对独立于其他主体。

2.主体的经济活动独立于企业的投资者

企业会计记录和会计报表涉及的只是企业主体的活动。例如,当企业所有者与经营者是同一人时,由于会计为之服务的对象是企业,这就需要把业主的个人消费与企业开支分开,及时结算企业和业主之间的往来,否则无法计量企业的费用和利润,也无法进行经济利益的比较和分析。

3.区别于法律主体

会计主体可以是法人,如企事业单位;也可以是非法人,如分公司、生产车间等分支机构。分公司、生产车间等分支机构在法律形式上不一定拥有所使用财产的产权,并不具备独立偿还外部债务的能力,通常不具有法人资格,但出于内部管理的需要,在会计核算中可以把它们作为独立核算的会计主体来处理。例如,集团公司是由若干具有法人地位的企业所组成的非法人主体,但在编制集团公司合并财务报表时,只能把集团公司看作是一个独立的会计主体,需要采用特定的方法把集团公司所属企业之间的债权债务相互抵消,并扣除由于所属企业之间的销售活动而产生的利润等。

(二)持续经营假设

持续经营假设是指企业在可以预见的未来不会破产清算,会按照既定的目标持续不断地经营下去,直到实现企业主体的计划和完成受托责任为止。

持续经营假设为会计的确认、计量和报告做出了时间上的规定。在持续经营假设下,资产用历史成本来确认、计量、摊销才会有意义;在非持续经营的情况下,资产的价值则必须按实际变现的价值来计算。在持续经营前提下，会计确认、计量和报告应当以企业持续、正常的生产经营活动为前提。企业会计准则体系是以企业持续经营为前提加以制定和规范的，涵盖了从企业成立到清算（包括破产）的整个期间的交易或者事项的会计处理。如果一个企业在不能持续经营时还假定企业能够持续经营，并仍按持续经营基本假设选择会计确认、计量和报告原则与方法，就不能客观地反映企业的财务状况、经营成果和现金流量，会误导会计信息使用者的经济决策。

会计核算所使用的一系列会计处理方法都是建立在持续经营的前提基础上的，从而解决了很多常见的财产计价和收益确认问题。例如，由于企业假定将持续不断经营下去，企业的资产将以历史成本原则计价，而不是采用现行市价或清算价格；由于企业以持续经营为前提，企业才可以采用权责发生制作为确认收入或费用的标志，而不是以收付实现制为依据；由于企业持续经营前提的存在，才产生企业资本保全的问题，从而产生了会计核算中正确区分资本性支出与收益性支出的必要。

（三）会计分期假设

会计分期假设是持续经营假设的逻辑延伸，指将企业持续经营期人为地分割为若干期间，以便结算账目、确定损益、编制报表，及时提供会计信息。为了满足信息使用者的这种需要，企业应向有关各方提供信息，而不能等到经营活动结束时才进行结算和编制财务报告，这样，就必须划分会计期间即会计分期假设。由于有了会计期间，才产生了本期与非本期的区别；由于有了本期与非本期的区别，才产生了权责发生制和收付实现制，才使不同类型的会计主体有了记账的基准。通常我们将会计期间分为年度和中期。中期是指短于一个完整的会计年度的报告期间，如月份、季度、半年度等。我国会计期间的起讫日期为公历日期，即以公历 1 月 1 日至 12 月 31 日为一个会计年度。

会计期间的划分，使企业连续不断的经营活动分为若干个较短的会计期间，有利于企业及时结算账目、编制会计报表，有利于及时提供反映企业经营情况的财务信息，能够及时满足企业内部加强经济管理及其他有关方面进行决策的需要。

（四）货币计量假设

货币计量，是指会计主体在财务会计确认、计量和报告时以货币作为计量单位，反映会计主体的生产经营活动。

在会计的确认、计量和报告过程中之所以选择货币为基础进行计量，是由货币的本身属性决定的。货币是商品的一般等价物，是衡量一般商品价值的共同尺度，具有价值尺度、流通手段、贮藏手段和支付手段等特点。其他计量单位，如重量、长度、容积、质量等，只能从一个侧面反映企业的生产经营情况，无法在价值量上进行汇总和比较;不便于会计计量和经营管理。只有选择货币尺度进行计量,才能充分反映企业的生产经营情况,所以,基本准则规定,会计确认、计量和报告选择货币作为计量单位。

在有些情况下,统一采用货币计量也有缺陷,某些影响企业财务状况和经营成果的因素,如企业经营战略、研发能力、市场竞争力等,往往难以用货币来计量,但这些信息对于使用者决策来讲也很重要,企业可以在财务报告中补充披露有关非财务信息来弥补上述缺陷。

货币计量假设以币值稳定为前提,如果出现严重的通货膨胀,币值稳定的前提就不存在,因此货币计量的假设就不成立,企业就需要采用不同的核算系统和核算方法。

二、会计基础

会计确认的基础可分为权责发生制和收付实现制。

权责发生制是指凡是当期已经实现的收入和已经发生或应负担的费用,不论款项是否收付,都应作为当期的收入和费用处理;凡是不属于当期的收入和费用,即使款项已经在当期收付,也不应当作为当期的收入和费用。

与权责发生制相对应的是收付实现制。在收付实现制下,对收入和费用的入账,完全按照款项实际收到或支付的日期为基础来确定它们的归属期。我国的《企业会计准则——基本准则》规定:"企业应当以权责发生制为基础进行会计确认、计量和报告。"

按照权责发生制,要在交易或者事项发生时,而不是在收到或者支付相关款项时,确认其影响,而且要将它们记入与其相联系期间的会计记录,并在该期间的财务报表中予以报告。根据权责发生制编制的财务报表,不仅告诉使用者过去发生的、关系到现金收付的交易,而且告诉他们未来支付现金的义务和代表未来收取现金的权利。因此,这些财务报表提供在经济决策中对使用者较为有用的关于过去发生的交易或者事项的信息。

总的来说,这四个会计假设与一个会计基础相互联系,共同构成了企业会计核算的前提条件。会计主体界定了会计核算对象的空间范围,会计分期界定了会计核算的时间范围,货币计量确定了会计核算的计量单位,持续经营与权责发生制构成了会计确认与计量的基础。目前的大多数会计程序与方法正是在这些前提假设下,根据一定的原则得以形成与发展的。

第四节　会计信息质量要求

财务报告的目标是为报告使用者提供经济决策所需要的信息。如同商品的有用性建立在商品的品质之上，会计信息只有满足一定的质量标准，才具有用性。会计信息质量要求包括可靠性、相关性、可理解性、可比性、实质重于形式、重要性、谨慎性和及时性等方面。

一、可靠性

可靠性是指会计信息必须是客观的和可验证的。信息如果不可靠，不仅对决策无帮助，而且会造成决策失误。因此，可靠性是会计信息的重要质量特征。一项信息是否可靠取决于以下三个因素，即真实性、可核性和中立性。

1.真实性

所谓真实性就是要如实表达，即会计核算应以实际发生的经济业务为依据，内容真实、数字准确、资料可靠，会计的记录和报告不加任何掩饰。

2.可核性

所谓可核性是指信息经得住复核和验证，即由独立的、专业的和文化素养基本相同的人员，分别采用同一计量方法，对同一事项加以计量，能得出相同的结果。

3.中立性

所谓中立性是指会计信息应不偏不倚，不带主观成分。将真相如实地和盘托出，结论让用户自己去判断。会计人员不能为了某些特定利益者的意愿或偏好而对会计信息做特殊安排，故意选用不适当的计量和计算方法，隐瞒或歪曲部分事实，来诱使特定的行为反映。

会计信息的可靠性一方面取决于会计人员的工作质量，但又不完全为会计人员所左右，有时会计人员受环境和会计方法本身的局限，对提高会计信息的可靠性无能为力。

二、相关性

相关性是指会计信息与信息使用者所要解决的问题相关联，即与使用者进行的决策有关，并具有影响决策的能力。相关性的核心是对决策有用。一项信息是否具有相关性取决于预测价值和反馈价值。

1.预测价值

如果一项信息能帮助决策者对过去、现在及未来事项的可能结果进行预测，则该项信息具有预测价值。决策者可根据预测的结果，做出其认为最佳的选择。因此，预测价值是构成相关性的重要因素，具有影响决策者决策的作用。

2.反馈价值

一项信息如果能有助于决策者验证或修正过去的决策和实施方案，即具有反馈价值。把过去决策所产生的实际结果反馈给决策者，使其与当初的预期结果相比较，验证过去的决策是否正确，总结经验防止今后决策时再犯同样的错误。反馈价值有助于未来决策。

信息预测价值与信息反馈价值同时并存，相互影响。验证过去才有助于预测未来，不明白过去，预测就缺乏基础。

三、可理解性

可理解性是指会计信息必须能够被使用者所理解，即会计信息必须清晰易懂。信息若不能被使用者了解，即使质量再好，也没有任何用途。信息是否能被使用者所理解，取决于信息本身是否易懂，也取决于使用者理解信息的能力。可理解性是决策者与决策有用性的联结点。如果信息不能被决策者理解，那么这种信息毫无用处。因此，可理解性不仅是衡量信息的一个质量标准，也是一个与使用者有关的质量标准。会计人员应尽可能传递表达易被人理解的会计信息，而使用者也应设法提高理解信息的能力。

四、可比性

可比性要求企业提供的会计信息应当相互可比。这主要包括两层含义：

(一)同一企业不同时期可比

为了便于投资者等财务报告使用者了解企业财务状况、经营成果和现金流量的变化趋势，比较企业在不同时期的财务报告信息，可以全面、客观地评价过去、预测未来，从而做出决策。会计信息质量的可比性要求同一企业不同时期发生的相同或者相似的交易或者事项，应当采用一致的会计政策，不得随意变更。这就要求企业对会计方法或原则的选用应慎重，一旦选用，除非有正当理由，不得任意变动，以确保会计信息的可比性。但是，满足会计信息可比性要求，并非表明企业不得变更会计政策，如果按照规定或者在会计政策变更后可以提供更可靠、更相关的会计信息，可以变更会计政策。有关会计政策变更的情况，应当在附注中予以说明。

（二）不同企业相同会计期间可比

为了便于投资者等财务报告使用者评价不同企业的财务状况、经营成果和现金流量及其变动情况，会计信息质量的可比性要求不同企业同一会计期间发生的相同或者相似的交易或者事项，应当采用规定的会计政策，确保会计信息口径一致、相互可比，以使不同企业按照一致的确认、计量和报告要求提供有关会计信息。

为保证会计信息的可比性，就必须有统一的会计准则和会计制度来保证不同企业的信息共性，这就是会计信息的统一性。没有这种统一性就无法保证会计指标口径一致，相互可比。

五、实质重于形式

新企业会计准则体系明确将“实质重于形式”的要求作为会计信息质量的重要标准之一，这实际上是一种全新的会计理念，即会计的确认和计量不能简单地以经济业务的外在表现形式或一般的法律形式作为依据，而是应该以经济交易或事项的经济实质作为会计的确认和计量的依据。这条原则对会计人员特别是企业的高级财会管理人员提出了更高的要求，要求会计人员充分运用职业判断能力，不受经济交易和经济事项外在表象的迷惑，在具有充分把握的基础上，正确地做出判断并进行最合理有效的会计确认和计量；还要求会计人员对其所处理的各项经济业务和事项的经济实质具有很强的解释能力，其本质在于保证会计信息能够如实反映经济活动或事项的实质，使会计信息真实可靠。我国会计准则中关于融资租赁、售后回购等的处理都是实质重于形式原则的典型运用。

六、重要性

重要性原则要求企业“在会计确认、计量过程中对交易或事项应当区别其重要程度，采用不同的核算方式。对资产、负债、损益等有较大影响，并进而影响财务会计报告使用者据以做出合理判断的重要会计事项，必须按照规定的会计方法和程序予以处理，并在财务会计报告中予以充分、准确的披露；对于次要的会计事项，在不影响会计信息真实性和不至于导致财务会计报告使用者做出错误判断的前提下，可适当简化处理”。

坚持会计处理的重要性原则，必须在保证会计报表和会计信息质量的前提下进行，兼顾全面性和重要性。之所以强调重要性原则，在很大程度上是考虑会计信息的效用和核算成本之间的比较。企业的经济业务纷繁复杂，要将所有零散的经济数据全部转化成会计报表中详细罗列的指标，不但没有必要，而且还会冲淡重点，有损会计信息的使用价值,甚至影响决策。强调重要性原则,一方面可以提高核算的效益,减少不必要的工作量;另一方面可以使会计信息分清主次,突出重点。对某项会计事项判断其重要性,在很大程度上取决于会计人员的职业判断。但一般来说,重要性可以从质和量两方面进行判断。从性质方面讲,只要该会计事项发生就可能对决策有重大影响时,则属于具有重要性的事项。从数量方面讲,当某一会计事项的发生额达到总资产的一定比例(如 5%)时,一般认为其具有重要性。判断某一会计事项重要与否,更重要的是应当考虑经济业务的性质。如果特定的经济决策确实需要某一方面的会计资料,即使相应的核算成本很高,在总资产中占的比重很小,也应将其作为重要事项来核算。

七、谨慎性

谨慎性原则要求企业对交易或者事项进行会计确认、计量和报告应当保持应有的谨慎,不应高估资产或者收益、低估负债或者费用。谨慎性原则存在的主要依据是:第一,为了抵消经理人员和业主的过分乐观情绪;第二,多报利润或多计价值对投资者而言比少报、少计更为危险;第三,由于会计人员掌握的内情比传递给投资者或债权人的信息要多得多,为了降低不确定性带来的风险,必须做相对准确和较保守的估计。这里应注意,谨慎性的应用并不允许企业设置秘密准备,如果企业故意低估资产或收益,或者故意高估负债或费用,将不符合会计信息的可靠性和相关性要求,损害会计信息质量,扭曲企业实际的财务状况和经营成果,从而对使用者的决策产生误导。

八、及时性

及时性要求企业对于已经发生的交易或者事项,应当及时进行确认、计量和报告,不得提前或者延后。

会计信息的价值在于帮助所有者或者其他方面做出经济决策,具有时效性。即使是可靠的、相关的会计信息,如果不及时提供,就失去了时效性,对于使用者的效用就大大降低,甚至不再具有实际意义。在会计确认、计量和报告过程中贯彻及时性,一是要求及时收集会计信息,即在经济交易或者事项发生后,及时收集整理各种原始单据或者凭证;二是要求及时处理会计信息,即按照会计准则的规定,及时对经济交易或者事项进行确认或者计量,并编制财务报告;三是要求及时传递会计信息,即按照国家规定的有关时限,及时地将编制的财务报告传递给财务报告使用者,便于其及时使用和决策。任何信息如果要影响决策,就必须在决策之前提供,相关信息如果不能及时提供,也就变成不相关、无用的信息了。当然,及时提供的信息如果不相关,也是无用的信息。

第五节 财务会计报告要素

财务报告要素是会计工作的具体对象，是会计用以反映财务状况，确定经营成果的因素，财务会计报告要素分为反映财务状况的要素和反映经营成果的要素。

一、反映财务状况的要素

财务状况要素是反映企业在某一日期经营资金的来源和分布情况的各项要素，一般通过资产负债表反映。财务状况要素由资产、负债和所有者权益三个要素所构成。

(一)资产

1.资产的定义

“资产是指企业过去的交易或者事项形成的、由企业拥有或者控制的、预期会给企业带来经济利益的资源。”资产包括各种财产、债权和其他权利。这里的定义强调了资产的三个特征：

(1)资产是由过去的交易、事项所形成的。也就是说，资产必须是现实资产，而不是预期的资产，是由于过去已经发生的交易或者事项所产生的结果。至于未来交易或事项以及未发生的交易或事项可能产生的结果，则不属于现在的资产，不得作为资产确认。

(2)资产是企业拥有或控制的。一般来说，一项资源要作为企业的资产予以确认，对于企业来说，要拥有其所有权，可以按照自己的意愿使用或处置。对于一些特殊方式形成的资产，企业虽然对其不拥有控制权，但能够实际控制的，也应将其作为企业的资产予以确认，如融资租入固定资产。

(3)资产预期会给企业带来经济利益，即资产是可望给企业带来现金流入的经济资源。资产必须具有交换价值和使用价值，可以可靠地计量，即可以用货币进行计量。

2.资产的确认条件

将一项资源确认为资产，需要符合资产的定义，还应同时满足以下两个条件：

(1)与该资源有关的经济利益很可能流入企业

从资产的定义来看，能否带来经济利益是资产的一个本质特征，但在现实生活中，由于经济环境瞬息万变，与资源有关的经济利益能否流入企业或者能够流入多少实际上带有不确定性。因此，资产的确认还应与经济利益流入的不确定性程度的判断结合起来。如果根据编制财务报表时所取得的证据，与资源有关的经济利益很可能流入企业，那么就应当将其作为资产予以确认；反之，不能确认为资产。

(2)该资源的成本或者价值能够可靠地计量

财务会计系统是一个确认、计量和报告的系统，其中计量起着枢纽作用，可计量性是所有会计要素确认的重要前提，资产的确认也是如此。只有当有关资源的成本或者价值能够可靠地计量时，资产才能予以确认。在实务中，企业取得的许多资产都是发生了实际成本的，例如企业购买或者生产的存货，企业购置的厂房或者设备等，对于这些资产，只要实际发生的购买成本或者生产成本能够可靠计量，就视为符合了资产确认的可计量条件。在某些情况下，企业取得的资产没有发生实际成本或者发生的实际成本很小，例如企业持有的某些衍生金融工具形成的资产，对于这些资产，尽管它们没有实际成本或者发生的实际成本很小，但是如果其公允价值能够可靠计量的话，也被认为符合了资产可计量性的确认条件。

资产按其流动性一般分为流动资产和非流动资产。

流动资产是指预计能够在一个正常营业周期中变现、出售或耗用，或主要为交易目的而持有，如货币资金、交易性金融资产、应收票据、应收账款及预付账款及存货等。

非流动资产是指流动资产以外的资产。如果资产预计不能在一个正常营业周期中变现、出售或耗用，或者持有资产的主要目的不是为了交易，这些资产都应当归类为非流动资产，如可供出售金融资产、持有至到期投资、长期股权投资、投资性房地产、固定资产、无形资产、开发支出、递延所得税资产等。

(二)负债

1.负债的定义

“负债是指企业过去的交易或事项形成的、预期会导致经济利益流出企业的现时义务。”负债具有如下基本特点：

(1)负债是企业的现时义务。负债作为企业承担的一种义务，是由企业过去交易或事项形成的、现已承担的义务。如银行借款是因为企业接受了银行贷款形成的，如果没有接受贷款就不会发生银行借款这项负债。应付账款是因为赊购商品或接受劳务形成的，在这种购买未发生之前，相应的应付账款并不存在。

(2)负债的清偿预期会导致经济利益流出企业。无论负债以何种形式出现，其作为一种现时义务，最终的履行预期均会导致经济利益流出企业。具体表现为交付资产、提供劳务、将一部分股权转让给债权人等。对此，企业不能或很少可以回避。从这个意义上讲，企业能够回避的义务，不能确认为一项负债。

(3)负债按偿还期长短可分为流动负债和非流动负债。流动负债是指可以合理地预计、需要动用流动资产或者用其他流动负债加以清偿的短期负债，这些项目的清偿到期日不超过一年或一个营业周期(两者孰长)。流动负债一般包括短期借款、应付账款、其他应付款、一年内到期的长期负债、预收账款、应付职工薪酬、应付利息和应交税费等。

非流动负债是指需在下一年或下一个营业周期内动用流动资产或承担新的流动负债加以清偿的负债,偿还期超过一年或一个营业周期,包括长期借款、应付债券、长期应付款等。

2.负债的确认条件

将一项现时义务确认为负债,需要符合负债的定义,还应当同时满足以下两个条件:

(1)与该义务有关的经济利益很可能流出企业

从负债的定义可以看到,预期会导致经济利益流出企业是负债的一个本质特征。在实务中,履行义务所需流出的经济利益带有不确定性,尤其是与推定义务相关的经济利益通常需要依赖于大量的估计。因此,负债的确认应当与经济利益流出的不确定性程度的判断结合起来。如果有确凿证据表明,与现时义务有关的经济利益很可能流出企业,就应当将其作为负债予以确认;反之,如果企业承担了现时义务,但是导致经济利益流出企业的可能性若已不复存在,就不符合负债的确认条件,不应将其作为负债予以确认。

(2)未来流出的经济利益的金额能够可靠地计量

负债的确认在考虑经济利益流出企业的同时,对于未来流出的经济利益的金额应当能够可靠计量。对于与法定义务有关的经济利益流出金额,通常可以根据合同或者法律规定的金额予以确定,考虑到经济利益流出的金额通常在未来期间,有时未来期间较长,有关金额的计量需要考虑货币时间价值等因素的影响。对于与推定义务有关的经济利益流出金额,企业应当根据履行相关义务所需支出的最佳估计数进行估计,并综合考虑有关货币时间价值、风险等因素的影响。

(三)所有者权益

1.所有者权益的定义

所有者权益是指企业资产扣除负债后,由所有者享有的剩余权益。公司的所有者权益又称为股东权益。所有者权益是所有者对企业资产的剩余索取权,它是企业资产中扣除债权人权益后应由所有者享有的部分,既可反映所有者投入资本的保值增值情况,又体现了保护债权人权益的理念。

2.所有者权益的来源构成

所有者权益的来源包括所有者投入的资本、直接计入所有者权益的利得和损失、留存收益等，通常由实收资本(或股本)、资本公积(含资本溢价或股本溢价、其他资本公积)、盈余公积和未分配利润构成，商业银行等金融企业在税后利润中提取的一般风险准备，也构成所有者权益。

所有者投入的资本是指所有者投入企业的资本部分，它既包括构成企业注册资本或者股本部分的金额，也包括投入资本超过注册资本或者股本部分的金额，即资本溢价或者股本溢价，这部分投入资本在我国企业会计准则体系中被计入了资本公积，并在资产负债表中的资本公积项目下反映。

直接计入所有者权益的利得和损失，是指不应计入当期损益、会导致所有者权益发生增减变动的、与所有者投入资本或者向所有者分配利润无关的利得或者损失。

其中，利得是指由企业非日常活动所形成的、会导致所有者权益增加的、与所有者投入资本无关的经济利益的流入。利得包括直接计入所有者权益的利得和直接计入当期利润的利得。损失是指由企业非日常活动所发生的、会导致所有者权益减少的、与向所有者分配利润无关的经济利益的流出。损失包括直接计入所有者权益的损失和直接计入当期利润的损失。直接计入所有者权益的利得和损失主要包括可供出售金融资产的公允价值变动额、现金流量套期中套期工具公允价值变动额(有效套期部分)等。

留存收益是企业历年实现的净利润留存于企业的部分，主要包括累计计提的盈余公积和未分配利润。

二、反映经营成果的要素

经营成果是指企业在一定时期内生产经营活动的结果，具体来说，它是指企业生产经营过程中取得的收入与耗费相配比的差额。经营成果要素一般通过利润表来反映，由收入、费用和利润三个要素构成。

(一)收入

1.收入的定义

收入是指企业在日常活动中形成的、会导致所有者权益增加的、与所有者投入资本无关的经济利益的总流入。根据收入的定义，收入具有以下特征：

(1)收入是企业在日常活动中形成的

日常活动是指企业为完成其经营目标所从事的经常性活动以及与之相关的活动。例如，工业企业制造并销售产品、商业企业销售商品、保险公司签发保单、咨询公司提供咨询服务、软件企业为客户开发软件、安装公司提供安装服务、商业银行对外贷款、租赁公司出租资产等，均属于企业的日常活动。明确界定日常活动是为了将收入与利得相区分，因为企业非日常活动所形成的经济利益的流入不能确认为收入，而应当计入利得。

(2)收入会导致所有者权益的增加

与收入相关的经济利益的流入应当会导致所有者权益的增加，不会导致所有者权益增加的经济利益的流入不符合收入的定义，不应确认为收入。例如，企业向银行借入款项，尽管也导致了企业经济利益的流入，但该流入并不导致所有者权益的增加，反而使企业承担了一项现时义务。企业对于因借入款项所导致的经济利益的增加，不应将其确认为收入，应当确认一项负债。

(3)收入是与所有者投入资本无关的经济利益的总流入

收入应当会导致经济利益的流入，从而导致资产的增加。例如，企业销售商品，应当收到现金或者在未来有权收到现金，才表明该交易符合收入的定义。但是，经济利益的流入有时是所有者投入资本的增加所导致的，所有者投入资本的增加不应当确认为收入，应当将其直接确认为所有者权益。

2.收入的确认条件

企业收入的来源渠道多种多样，不同收入来源的特征有所不同，其收入确认条件也往往存在差别，如销售商品、提供劳务、让渡资产使用权等。一般而言，收入只有在经济利益很可能流入从而导致企业资产增加或者负债减少、经济利益的流入额能够可靠计量时才能予以确认。即收入的确认至少应当符合以下条件：一是与收入相关的经济利益应当很可能流入企业；二是经济利益流入企业的结果会导致资产的增加或者负债的减少；三是经济利益的流入额能够可靠计量。

(二)费用

1.费用的定义

费用是指企业在日常活动中发生的、会导致所有者权益减少的、与向所有者分配利润无关的经济利益的总流出。根据费用的定义，费用具有以下特征：

(1)费用是企业在日常活动中形成的

费用必须是企业在其日常活动中所形成的，这些日常活动的界定与收入定义中涉及的日常活动的界定相一致。因日常活动所产生的费用通常包括销售成本(营业成本)、管理费用等。将费用界定为日常活动所形成的，目的是为了将其与损失相区分，企业非日常活动所形成的经济利益的流出不能确认为费用，而应当计入损失。

(2)费用会导致所有者权益的减少

与费用相关的经济利益的流出应当会导致所有者权益的减少，不会导致所有者权益减少的经济利益的流出不符合费用的定义，不应确认为费用。

(3)费用是与向所有者分配利润无关的经济利益的总流出

费用的发生应当会导致经济利益的流出,从而导致资产的减少或者负债的增加(最终也会导致资产的减少)。其表现形式包括现金或者现金等价物的流出,存货、固定资产和无形资产等的流出或者消耗等。鉴于企业向所有者分配利润也会导致经济利益的流出,而该经济利益的流出显然属于所有者权益的抵减项目,不应确认为费用,应当将其排除在费用的定义之外。

2.费用的确认条件

费用的确认除了应当符合定义外,也应当满足严格的条件,即费用只有在经济利益很可能流出从而导致企业资产减少或者负债增加、经济利益的流出额能够可靠计量时才能予以确认。因此,费用的确认至少应当符合以下条件:一是与费用相关的经济利益应当很可能流出企业;二是经济利益流出企业的结果会导致资产的减少或者负债的增加;三是经济利益的流出额能够可靠计量。

(三)利润

利润是企业在一定期间生产经营活动的最终成果,也就是收入与费用配比相抵后的差额。收入大于费用的净额为利润,如收入小于费用,其净额则为亏损。利润要素主要包括营业利润、投资收益、营业外收支净额、资产减值损失和公允价值变动损益等。

值得强调的是,上述六个要素是紧密联系在一起的。由于复式记账的固有特性,存在着会计恒等式,即资产=负债+所有者权益。同时每一期间的经营成果,如收入、费用结转入利润,而利润最终结转入所有者权益。

第六节 会计的确认与计量

为了实现财务会计目标,必须使用财务会计特有的技术,即会计确认和会计计量。财务会计的主要内容就是对会计六大要素的确认与计量和财务报告的编制。因此,会计确认与计量是财务会计的核心内容。在现代会计中会计确认和会计计量既有区别又有联系。

一、会计确认

会计确认是指把一个事项作为资产、负债、收入和费用等正式加以记录和列入财务报表的过程。会计确认包括用文字和数字来描述一个项目,其数额包括在财务报表的合计数之内。会计确认还包括对项目嗣后发生变动或清除的确认。会计确认实际上分两次进行，第一次解决会计的记录问题，第二次解决财务报表的披露问题。前者称为初始确认，后者称为再确认。

（一）初始确认与再确认

1.初始确认

初始确认是将某项目或业务记为某会计要素或项目。会计的初始确认要解决的首要问题是确定企业各项经济业务产生的经济数据中哪些应在复式簿记系统中记录。企业在经营过程中产生经济数据并非都是会计信息，如企业职工和干部素质的变化、设备利用率的高低、经济合同的履行情况等，都不能直接用货币形式加以定量，即不符合会计要素的定义，不能作为会计信息系统的处理对象。所以，会计的初始确认首先要解决在众多的经济数据中，哪些是会计信息，将会计信息从这些经济数据中分离出来。

初始确认要解决的第二个问题是，要记入会计信息系统的经济数据，在何时、应记入何种会计科目。也就是说要对这些会计信息进行重新分类，将这些经济数据转化为会计语言，记录到会计账簿中。在这个过程中最重要的是确认的时点，即何时确认。所谓何时，是指哪一个会计期间。凡是本期购买的资产、承担的负债、发生的收入、应付的费用均必须在本期记录，既不能提前，也不能推迟。否则就会扭曲当期的财务状况和经营业绩。从会计程序上看，初始确认主要是对原始凭证的审核、记账凭证的编制、账户的设置和账簿的登记等。

2.再确认

通过初始确认，已将这些会计信息记录到各个账户中。如企业取得的机器设备、建成的厂房建筑物都记入了“固定资产”账户；企业采购的钢材记入了“原材料”账户；企业收到的货款记入了“银行存款”账户等。但这些会计信息还是比较分散、零乱，不能成为有用的指标体系，会计信息的使用者还不能直接使用。因此，还需要进一步整理加工：在初始确认的基础上，对数据进行筛选、浓缩，最终列示在财务报表中。反映在财务报表中的信息，不是单个账簿信息的移位和简单相加合并，而是把这些信息进行了重新分类和组合，丰富了信息的内涵，增大了信息的使用价值，形成了一套科学的指标体系。

从会计账簿的会计信息到财务报告信息，是财务会计加工信息的第二阶段，也就是会计的再确认。再确认的主要任务是编制和分析财务报表。再确认有四个特点：第一，它的数据来自于日常记录；第二，对会计要素的表述既用数字表述，也用文字表述；第三，把账簿记录转化为报表的要素，有一个挑选、分类、汇总或细化的加工过程；第四，在财务报表中的表述，资产负债表和利润表是以权责发生制为基础，现金流量表是以收付实现制为基础。

（二）会计确认的基础

会计确认的基础主要是确认的时间基础，对资产负债来说，是否即期确认；对收入费用来说，是否在发生的当期确认。确认的时间基础，对收入和费用比资产和负债更为重要，因为，收入和费用的确认更为复杂。资产和负债通常都是单项交易，属于时点概念，所以，只要交易成立，符合资产要素和负债要素的确认标准，就可以进行确认。收入和费用则不同，它们是反映企业经营业绩的期间概念。在一个会计期间内，会发生许多笔收入和费用，过程的起点和结束参差不齐，发生的收入和费用同其实现的期间经常出现跨期。因此，有两种确认的基础可供选择：一是收付实现制，二是权责发生制。现代财务会计的确认基础是选择了权责发生制，即收取收入的权利发生时才确认收入，支付费用的义务发生时确认费用。收入以实现为原则，费用以配比为原则。

权责发生制并不仅仅是收入费用的确认基础，同时也是资产和负债的确认基础，每当确认一项收入时，必然同时以相同的金额确认一项资产的增加或一项负债的减少；而确认费用时，又必然同时以相同的金额确认一项资产的减少或一项负债的增加。

二、会计计量

所谓会计计量是指将符合确认条件的会计要素登记入账，并列报于财务报表且确定其金额的过程。计量是一个模式，它由两个要素构成，即计量单位和计量属性。会计计量与会计确认是密不可分的，没有纯粹的会计确认，也没有纯粹的会计计量，因此，必须将两者结合起来才有意义。

（一）计量单位

任何计量都必须首先确定采用的计量单位，对会计计量来说，计量必须以货币为计量单位。作为计量单位的货币通常是指某国、某地区的法定货币，如人民币、美元、日元等。在不存在恶性通货膨胀的情况下，一般都以名义货币作为会计的计量单位。按名义货币计量的特点是，无论各个时期货币的实际购买力如何发生变动，会计计量都采用固定的货币单位，即不调整不同时期货币的购买力。

（二）计量属性

计量属性是指被计量对象的特性或外在表现形式，即被计量对象予以数量化的特征。从某种意义上讲，一种计量模式区别于另一种计量模式的标准就是计量属性。会计的计量属性主要包括历史成本、重置成本、可变现净值、现值和公允价值等。

1.历史成本

历史成本又称实际成本，是指企业取得或建造某项财产物资时实际支付的现金及现金等价物。在历史成本计量模式下，资产按照其购置时支付的现金或现金等价物的金额，或者是按照购置资产时所付出的对价的公允价值计量。负债按照其因承担现时义务而实际收到的款项或者资产的金额，或者承担现时义务的合同金额，或者按照日常活动中为偿还负债预期需要支付的现金或现金等价物的金额计量。

2.重置成本

重置成本是指如果在现时重新取得相同或相似的资产将会支付的现金或现金等价物，或者说是指在本期重购或重置持有资产的成本，也叫现行成本。重置成本更具有相关性，有利于资本保全。在重置成本计量模式下，资产按照其正常对外销售所能收到现金或现金等价物的金额计量。负债按照现在偿付该项债务所需支付的现金或现金等价物的金额计量。

3.可变现净值

可变现净值，是指在正常生产经营过程中，以预计售价减去进一步加工成本和预计销售费用以及相关税费后的净值。在可变现净值计量模式下，资产按照正常对外销售所能收到现金或现金等价物的金额扣减该资产至完工时估计将要发生的成本、估计的销售费用以及相关税金后的金额计量。可变现净值通常应用于存货资产减值情况下的后续计量。

4.现值

现值是指对未来现金流量以恰当的折现率进行折现后的价值，是考虑货币时间价值的一种计量属性。在现值计量下，资产按照预计从其持续使用和最终处置中所产生的未来净现金流入量的折现金额计量。负债按照预计期限内需要偿还的未来净现金流出量的折现金额计量。现值通常用于非流动资产可收回金额和以摊余成本计量的金融资产价值的确定等。例如，在确定固定资产、无形资产等可收回金额时，通常需要计算资产预计未来现金流量的现值；对于持有至到期投资、贷款等以摊余成本计量的金融资产，通常需要使用实际利率法将这些资产在预期存续期间或适用的更短期间内的未来现金流量折现，再通过相应的调整确定其摊余成本。

5.公允价值

根据财政部2014年颁布的《企业会计准则第39号——公允价值计量》的规定，公允价值，是指市场参与者在计量日发生的有序交易中，出售一项资产所能收到或者转移一项负债所需支付的价格。

(1)市场参与者

指在相关资产或负债的主要市场(或最有利市场)中,同时具备下列特征的买方和卖方:①市场参与者应当相互独立,不存在《企业会计准则第 36 号——关联方披露》所述的关联方关系;②市场参与者应当熟悉情况,能够根据可取得的信息对相关资产或负债以及交易具备合理认知;③市场参与者应当有能力并自愿进行相关资产或负债的交易。

(2)有序交易

指在计量日前一段时期内相关资产或负债具有惯常市场活动的交易。清算等被迫交易不属于有序交易。

企业以公允价值计量相关资产或负债,应当假定出售资产或者转移负债的有序交易在相关资产或负债的主要市场进行。不存在主要市场的,企业应当假定该交易在相关资产或负债的最有利市场进行。

主要市场,是指相关资产或负债交易量最大和交易活跃程度最高的市场。

最有利市场,是指在考虑交易费用和运输费用后,能够以最高金额出售相关资产或者以最低金额转移相关负债的市场。

交易费用,是指在相关资产或负债的主要市场(或最有利市场)中,发生的可直接归属于资产出售或者负债转移的费用。交易费用是直接由交易引起的、交易所必需的,而且不出售资产或者不转移负债就不会发生的费用。

运输费用,是指将资产从当前位置运抵主要市场(或最有利市场)发生的费用。

企业应当以主要市场的价格计量相关资产或负债的公允价值。不存在主要市场的,企业应当以最有利市场的价格计量相关资产或负债的公允价值。企业不应当因交易费用对该价格进行调整。交易费用不属于相关资产或负债的特征,只与特定交易有关。交易费用不包括运输费用。

(3)公允价值层次

企业应当将公允价值计量所使用的输入值划分为三个层次,并首先使用第一层次输入值,其次使用第二层次输入值,最后使用第三层次输入值。

第一层次输入值是在计量日能够取得的相同资产或负债在活跃市场上未经调整的报价。活跃市场,是指相关资产或负债的交易量和交易频率足以持续提供定价信息的市场。第一层次输入值为公允价值提供了最可靠的证据。在所有情况下,企业只要能够获得相同资产或负债在活跃市场上的报价,就应当将该报价不加调整地应用于该资产或负债的公允价值计量。

第二层次输入值是除第一层次输入值外相关资产或负债直接或间接可观察的输入值。企业在使用第二层次输入值对相关资产或负债进行公允价值计量时,应当根据该资产或负债的特征,对第二层次输入值进行调整。这些特征包括资产状况或所在位置、输入值与类似资产或负债的相关程度、可观察输入值所在市场的交易量和活跃程度等。

第三层次输入值是相关资产或负债的不可观察输入值。企业只有在相关资产或负债不存在市场活动或者市场活动很少导致相关可观察输入值无法取得或取得不切实可行的情况下，才能使用第三层次输入值，即不可观察输入值。

公允价值计量结果所属的层次，由对公允价值计量整体而言具有重要意义的输入值所属的最低层次决定。企业应当在考虑相关资产或负债特征的基础上判断所使用的输入值是否重要。公允价值计量结果所属的层次，取决于估值技术的输入值，而不是估值技术本身。

思考题

1.财务会计的目标是什么？

2.我国《企业会计准则——基本准则》中规定的会计信息质量要求包括哪些内容？

3.会计要素包括哪些？各自的概念、特征以及确认条件是怎样的？

4.会计计量属性包括哪些？

5.我国的会计规范体系由哪些方面组成？各占什么样的位置？

6.公允价值的含义是什么？如何确定公允价值？

练习题

一、单项选择题

1.财务会计核算和监督的内容主要是(　　)的经济业务。

A.企业单位　　B.事业单位　　C.政府部门　　D.全包括

2.一般认为，企业现代会计的两大分支是财务会计和(　　)。

A.成本会计　　B.管理会计　　C.纳税会计　　D.预算会计

3.下列关于会计核算的基本前提的表述中，恰当的是(　　)。

A.持续经营和会计分期确定会计核算的空间范围

B.一个会计主体就是一个法律主体

C.货币计量为会计核算提供了必要的手段

D.会计主体确立了会计核算的时间范围

4.以下(　　)会计处理方法体现了谨慎性信息质量要求。

A.无形资产的摊销

B.应收账款计提坏账准备

C.推迟确认未收到现金的销售收入

D.发出存货采用先进先出法计价

5.依据会计准则的规定,下列有关收入和利得的表述中,正确的是(　　)。

A.收入和利得均来源于企业日常活动

B.收入和利得都一定会影响利润

C.收入和利得都会导致本期所有者权益的增加

D.收入会导致所有者权益增加,利得不一定导致所有者权益增加

6.从核算效益看,对所有会计事项不分轻重主次和繁简详略,采用完全相同的处理方法,不符合(　　)。

A.明晰性原则　　B.谨慎性原则

C.相关性原则　　D.重要性原则

7.在会计核算的基本前提中,属于企业选择会计处理方法和程序的前提条件,也是企业会计处理方法和程序保持稳定的前提条件的是(　　)。

A.会计主体　　B.持续经营　　C.会计分期　　D.货币计量

8.下列各项,不符合资产定义的是(　　)。

A.发出商品　　B.盘亏的固定资产

C.委托加工物资　　D.半成品

9.以下计量属性不能用于负债计量的是(　　)。

A.历史成本　　B.可变现净值　　C.现值　　D.公允价值

10.在现实经济生活中,会计主体秘密设置的"小金库"违反的会计信息质量要求是(　　)。

A.实质重于形式　　B.可理解性　　C.可靠性　　D.重要性

二、多项选择题

1.会计信息的使用者包括(　　)。

A.企业内部管理者　　B.政府相关部门

C.投资者　　D.债权人

E.潜在的投资人和债权人

2.会计的基本前提条件(假设)包括(　　)。

A.会计主体　　B.持续经营

C.会计分期　　D.货币计量

E.历史成本

3.下列组织可以作为一个会计主体进行会计核算的是(　　)。

A.企业生产车间　　B.销售部门

C.分公司　　D.企业集团

E.财务处

4.在会计实务中,会计信息提供的时点包括(　　)。

A.月末　　B.季末　　C.年末　　D.半年末

E.清算期结束后

5.会计的计量属性主要有(　　)。

A.历史成本　　B.可变现净值

C.重置成本　　D.公允价值

E.现值

6.会计信息质量中的可比性要求(　　)。

A.同一企业不同时期发生的相同或相似的交易和事项,应当采用一致的会计政策

B.不同企业发生的相同或相似的交易和事项,应当采用规定的会计政策,确保会计信息口径一致、相互可比

C.为保证企业不同会计期间会计信息的可比性,企业在任何情况下都不允许变更会计政策

D.企业只有在国家会计准则发生变化时才可以变更会计政策

E.不同企业由于具体情况不同,不可能对相同的交易和事项采用完全一致的会计政策

7.以下做法中,体现实质重于形式要求的有(　　)。

A.将融资租赁的固定资产作为自有固定资产入账

B.固定资产计提减值准备

C.将以固定价格回购的产品销售业务在会计上不确认收入

D.交易性金融资产期末按照公允价值计量

E.对企业产生的经济利益流入划分收入和利得

8.会计的记账基础是(　　)。

A.借贷记账法　　B.编制报表

C.权责发生制　　D.收付实现制

E.登记账簿

9.将可以使用若干个会计期间、价值比较低的工具一次计入领用期间成本费用符

合的会计信息质量要求是(　　)。

A.实质重于形式　　B.可比性

C.可靠性　　D.重要性

E.相关性

10.按照规定的会计期间提供会计信息符合下列会计信息质量要求(　　)。

A.可靠性　　B.及时性　　C.谨慎性　　D.重要性

E.相关性

11.财务会计的主要特征有(　　)。

A.以提供会计信息为主要目标

B.以财务报告为工作核心

C.以传统会计模式作为数据处理和信息加工的基本方法

D.以会计准则为指导

E.主要对外提供通用财务信息

12.会计初次确认主要是指将普通经济信息确定为会计信息的活动，在会计上体现为(　　)。

A.编制会计凭证　　B.登记账簿

C.编制会计报表　　D.进行期末账项调整

E.成本计算

第二章 货币资金和交易性金融资产

【本章导读】

货币资金，是指处于货币形态、可以立即投入流通，用以购买商品或劳务、偿还债务等的交换媒介。根据存放地点及用途的不同，货币资金可分为库存现金、银行存款和其他货币资金三部分内容。在流动资产中，货币资金的流动性最强，并且是唯一能够直接转化为其他任何资产形态的流动性资产，也是最能够代表企业现实购买力水平的资产。持有货币资金是进行生产经营活动的基本条件。现实经济生活中，因为货币资金周转困难陷入困境，企业的生产经营无法实现循环，最终停业、倒闭的例子不胜枚举。由此可见，货币资金在企业中具有重要的地位，是企业重点管理和控制的资产项目之一。

交易性金融资产在流动性方面仅次于货币资金。在资产负债表上，交易性金融资产紧接着货币资金项目排列其后。能否划分为交易性金融资产，并非以持有时间长短为唯一标准，其实质性标准是取决于投资者的持有目的和意图，若是为了短期之内进行交易，赚取交易差价，以保障资金的流动性为前提，即使持有时间相对较长（例如超过一年），仍应将其确认为交易性金融资产。在金融市场中，金融资产种类繁多，千差万别，了解交易性金融资产的内涵和会计处理，有助于把握其流动性、风险性和收益性之间的对立统一关系，更好地利用相关会计信息为决策服务。

本章的重点是库存现金、银行存款的管理和控制原则以及交易性金融资产的会计核算，难点是交易性金融资产的会计核算。

【学习目标】

了解货币资金的特征和内容，熟练掌握库存现金、银行存款、其他货币资金的核算；了解金融资产概念，交易性金融资产核算的内容和要求；熟练掌握交易性金融资产取得、持有期间获得收益、期末公允价值变动以及处置时的会计处理。

第一节　库存现金

一、库存现金的概念和特征

会计上的现金有狭义和广义之分。狭义的现金一般指库存现金，广义的现金包括库存现金、银行存款以及其他可以普遍接受的流通手段，如银行汇票、银行本票等，我国现金流量表中的现金还包括现金等价物在内。企业在日常会计核算中使用的是狭义的现金概念。

库存现金，是指存放在企业财会部门由出纳人员经管的现金。库存现金具有如下特征：

(1)货币性。库存现金具有货币属性，起着交易媒介、价值衡量尺度、会计记录货币单位的作用。

(2)流通性。库存现金可以被企业直接用来支付其各项费用或偿还其各项债务。

(3)流动性。库存现金的使用一般不受限制，可在一定范围内自由流动。

二、库存现金的管理

(一)现金的使用范围

国务院颁布的《现金管理暂行条例》规定了现金管理的内容，企业可以使用现金的范围主要包括：

(1)职工工资、津贴；

(2)个人劳务报酬；

(3)根据国家规定颁发给个人的科学技术、文化艺术、体育等各种奖金；

(4)各种劳保、福利费用以及国家规定的对个人的其他支出；

(5)向个人收购农副产品和其他物资的价款；

(6)出差人员必须随身携带的差旅费；

(7)结算起点以下的零星支出；

(8)中国人民银行确定需要支付现金的其他支出。

按照我国货币资金内部会计控制规范的有关规定，企业必须根据《现金管理暂行条例》，结合本单位的实际情况，确定本单位现金的使用范围。不属于现金开支范围的业务应当通过银行办理转账结算。

(二)库存现金限额

为了满足企业日常零星开支所需,企业的库存现金应由银行根据企业的实际情况核定一个最高限额,这个最高限额一般要满足企业3至5天的日常零星开支所需的现金,边远地区和交通不便地区的企业库存现金可多于5天,但最多不能超过15天的日常零星开支。企业每日的现金结存数不得超过核定的限额,超过的部分应当及时送存银行。经核定的库存现金限额,开户单位必须严格遵守。企业如需要增加或减少库存限额,应当向开户银行提出申请,由开户银行核定。

(三)现金的收支管理

企业的现金收入应当于当日送存开户银行。当日送存确有困难的,由开户银行确定送存时间。企业支付现金,可以从本单位库存现金限额中支付或者从开户银行提取,不得从本单位的现金收入中直接支付,即不允许坐支现金。因特殊情况需要坐支现金的,应当事先报经开户银行审查批准,由开户银行核定坐支范围和限额。坐支单位应当定期向开户银行报送坐支金额和使用情况。

企业从开户银行提取现金,应当写明用途,由本单位财会部门负责人签字盖章,经开户银行审核后,予以支付现金;因采购地点不固定,交通不便,生产或者市场急需,抢险救灾以及其他特殊情况必须使用现金的,开户单位应当向开户银行提出申请,由本单位财会部门负责人签字盖章,经开户银行审核后,可予以支付现金。

企业应当建立健全现金账目,逐笔记载现金收支。账目应当日清月结,并账款相符。

(四)现金的内部控制

现金的流动性决定了现金内部控制的必要性。除了个人的道德与法制观念的约束,企业必须建立健全现金内部控制制度并严格执行,这样才能防止现金的丢失、被盗,以及违法乱纪行为的发生,以保证现金流动的合理性、安全性,提高现金的使用效果与获利能力。现金的内部控制主要包括如下内容:

1.职务分离原则

企业库存现金收支与保管应由出纳人员负责,经管现金的出纳人员不得兼任收入、费用、债权债务等账簿的登记工作以及会计稽核和会计档案保管工作;填写银行结算凭证的有关印鉴,不能集中由出纳人员保管,应实行印鉴分管制度。这样做的目的是便于分清责任,形成一种互相牵制的控制机制,防止挪用现金以及隐藏现金。

2.现金收付须有合法的原始凭证

企业收到现金时,要有现金收入的原始凭证,以保证现金收入的来源合法;企业支付现金时,要按规定的授权程序进行,除小额零星支出须用库存现金外,其他应尽可能少用现钞，而以票据付款，同时要留有确凿的原始凭证，以保证支付的有效性。

3.建立收据和发票的领用制度

领用的收据和发票必须登记数量和起讫编号，由领用人员签字。收回收据和发票存根，应由保管人员办理签收手续。对空白收据和发票应定期检查，以防止短缺。

4.加强监督与检查

对企业的库存现金，除了要求出纳人员应做到日清月结之外，企业的审计部门以及会计部门领导对现金管理工作要进行经常性与突击性的监督与检查，包括现金收入与支出的所有记录。对发现的现金溢余与短缺，须及时查明原因，并按规定的要求进行处理。

5.岗位定期轮换

企业的出纳人员应定期进行轮换，不得由一人长期从事出纳工作。一个人长期从事一项工作会形成惰性，不利于提高工作效率，同时可能会隐藏工作中的一些问题和不足。出纳工作每天都与资金打交道，时间长了容易产生麻痹和侥幸心理，增加出错甚至犯罪的机会和可能。通过人员的及时轮换，不仅可以在一定程度上避免上述情况的出现，而且对工作人员本身也是一种保护。

三、库存现金的核算

(一)库存现金核算的凭证

企业发生的现金收付业务，必须取得或填制原始凭证，作为收付款项的书面证明。例如，企业从银行提取现金，要签发现金支票，以支票存根作为提取现金的证明；将现金存入银行，要填写进账单，以银行加盖印章后退回的进账单回单作为存入现金的证明；收进零星小额销售款，应以销售部门开出的发票副本(记账联)作为收款证明；支付职工出差借款，要取得经有关领导批准的借款单，作为付款的证明等。

财会部门要对这些作为收付款证明的原始凭证进行认真审核。审核时应注意每笔款项收支是否符合现金管理制度的规定，是否符合开支标准，是否经过有关领导的事先批准；原始凭证中规定的项目是否填写齐全，数字是否准确，手续是否完备等。

经过审核无误后的原始凭证，即可据以填制收款凭证或付款凭证，办理现金收支业务。出纳人员在收付现金以后，应在记账凭证或原始凭证上加盖“现金收讫”或“现金付讫”的戳记表示款项已经收付。经过审核签证后的收、付款凭证，即可据以登记账簿。

(二)库存现金的序时核算

库存现金的序时核算是指设置库存现金日记账，根据现金收支业务逐日逐笔地记录现金的增减及结存情况。库存现金日记账可以全面连续地了解和掌握企业每日现金的收支动态和余额，为日常分析、检查企业的现金收支活动提供资料。库存现金日记账一般采用收入、付出及结存三栏式格式，见表2—1。

表2—1 库存现金日记账—人民币

2014年		凭证种类及号数	摘要	对方科目	收入	付出	结存
月	日						
5	31		承前页				1 000
6	1	现收1	零星销售收入	主营业务收入	800		
	1	现付1	张元出差借款	其他应收款		1 000	
	1	银付3	提取现金	银行存款	1 000		
	1	现付2	购买办公用品	管理费用		500	
			本日合计		1 800	1 500	1 300

库存现金日记账的收入栏和付出栏，根据审核签字后的现金收款、付款凭证和部分银行存款付款凭证(指提现业务)，由出纳人员逐日逐笔序时登记。为了简化库存现金日记账的登记手续，对于同一天发生的相同经济业务，也可以汇总登记。

每日终了时，出纳员应在库存现金日记账上结出本日收入合计数、本日付出合计数和本日余额。库存现金日记账上的本日余额应与库存现金的实有额核对相符，若不一致，应及时查明原因，并进行账目的调整。日记账上的本日余额与库存现金限额相比较，超过限额数，要及时送存银行，不足限额部分，可从银行提取现金，以保证日常开支的需要。在每月终了时，还应在库存现金日记账上结出月末余额，并同库存现金总账科目的月末余额核对相符。

库存现金日记账的格式也可以采用多栏式。采用多栏式现金日记账账务处理程序时，每月月末，要结出与"库存现金"科目相对应的各科目的发生额合计数，并据以登记有关总账科目。由于采用多栏式库存现金日记账时所涉及的栏目很多，可以分别设置库存现金收入日记账和库存现金支出日记账。每日终了，为了计算库存现金的结存额，核对账款，需要把库存现金支出日记账中的本日贷方合计数过入收入日记账，结出余额。

有外币现金的企业，应分别按人民币现金、各种外币现金设置库存现金日记账进行序时核算。

(三)库存现金的总分类核算

为了总括地反映和监督企业库存现金的收支结存情况，需要设置“库存现金”科目。该科目借方登记现金收入数，贷方登记现金的付出数，余额在借方，反映库存现金的实有数。库存现金总账账簿可以根据现金收款凭证、现金付款凭证和部分银行存款付款凭证(指提现业务)逐笔登记。但是在现金收付款业务较多的情况下，总账登记工作量较大，所以，在实际工作中，可以根据有关收款和付款凭证，定期(10天或半月)填制汇总收款凭证和汇总付款凭证，据以登记库存现金总账科目。

【例2—1】 2014年7月1日至5日，春晖实业股份有限公司发生如下现金收入业务：收到零星销售收入351元(其中应交增值税51元)，收到职工张义应交款项200元。现金汇总收款凭证编制如下：

借：库存现金	551	
贷：主营业务收入		300
应交税费——应交增值税(销项税额)		51
其他应收款		200

【例2—2】 2014年7月6日至10日，春晖实业股份有限公司发生如下现金支出业务：职工王明预借差旅费2 000元，购买办公室用品支出现金500元，发放职工工资50 000元，现金送存银行1 000元。根据各日现金付款凭证编制的现金汇总付款凭证如下：

借：其他应收款——王明	2 000	
管理费用	500	
应付职工薪酬	50 000	
银行存款	1 000	
贷：库存现金		53 500

四、库存现金的清查

为了保护现金的安全完整，做到账实相符，必须做好现金的清查工作。现金清查采用实地清点方式，并将现金实存数与库存现金日记账上的余额进行核对。清查时不能用借条等单据来抵充现金。

每日终了，出纳人员应查对库存现金实存数与其账面余额是否相符。

此外，还应由清查小组负责进行不定期清查。现金清查的内容主要包括是否账实相符、是否有白条顶库、是否超限额留存现金、是否坐支现金等。清点现金时清查人员和出纳人员需同时在场，核对账实，并根据清查结果填制“现金盘点报告单”。如发现账实不符或有其他问题，应查明原因，并将有关情况上报主管负责人或上级领导部门。

对于现金清查中发现的账实不符，即现金溢缺情况，通过"待处理财产损溢——待处理流动资产损溢"科目进行核算。按清查中发现的现金短缺金额，借记"待处理财产损溢——待处理流动资产损溢"科目，贷记"库存现金"科目；按清查中发现的现金溢余金额，借记"库存现金"科目，贷记"待处理财产损溢——待处理流动资产损溢"科目，待查明原因后按如下要求进行处理：

如为现金短缺，属于应由责任人赔偿的部分，借记"库存现金"或"其他应收款——应收现金短缺款"科目，贷记"待处理财产损溢——待处理流动资产损溢"科目；属于应由保险公司赔偿的部分，借记"其他应收款——应收保险赔款"科目，贷记"待处理财产损溢——待处理流动资产损溢"科目；属于无法查明的其他原因，根据管理权限，经批准后作为盘亏损失处理，借记"管理费用"科目，贷记"待处理财产损溢——待处理流动资产损溢"科目。

如为现金溢余，属于应支付给有关人员或单位的，应借记"待处理财产损溢——待处理流动资产损溢"科目，贷记"其他应付款——应付现金溢余"科目；属于无法查明原因的现金溢余，经批准后作为盘盈利得处理，借记"待处理财产损溢——待处理流动资产损溢"科目，贷记"营业外收入——盘盈利得"科目。

【例 2—3】 春晖实业股份有限公司 2014 年 7 月 10 日，在对现金进行清查时，发现短缺 100 元。

借：待处理财产损溢——待处理流动资产损溢　　100
　贷：库存现金　　100

【例 2—4】 上述现金短缺无法查明原因，转入管理费用。

借：管理费用　　100
　贷：待处理财产损溢——待处理流动资产损溢　　100

【例 2—5】 春晖实业股份有限公司 2014 年 7 月 15 日，在对现金进行清查时，发生溢余 200 元。

借：库存现金　　200
　贷：待处理财产损溢——待处理流动资产损溢　　200

【例 2—6】 现金溢余原因不明，经批准转为营业外收入。

借：待处理财产损溢——待处理流动资产损溢　　200
　贷：营业外收入——盘盈利得　　200

第二节　银行存款

一、银行存款账户的开立和使用

银行存款是指企业存放在银行的货币资金。企业收到的款项必须送存银行。企业的支出除按规定可用现金支付之外，都必须遵守银行结算办法的有关规定，通过银行办理转账结算。

各企业必须在银行开设账户，以办理存款、取款和转账等业务。企业在银行开户时，应填写开户申请书，并提供当地工商管理部门核发的"营业执照"正本等有关文件。为了维护金融秩序，规范银行账户的开立与使用，中国人民银行制定的《银行账户管理办法》中规定，一个企业可以根据需要在银行开立四种账户，包括基本存款账户、一般存款账户、临时存款账户和专用存款账户。

基本存款账户是企业办理日常结算和现金收付业务的账户，企业职工薪酬等现金的支取只能通过本账户办理。

一般存款账户是企业在基本存款账户以外的银行借款转存以及与基本存款账户的企业不在同一地点的附属非独立核算的单位的账户，企业可以通过本账户办理转账结算和现金缴存，但不能支取现金。

临时存款账户是企业因临时经营活动需要而开立的账户，企业可以通过本账户办理转账结算和根据国家现金管理的规定办理现金收付。

专用存款账户是企业因特殊用途需要而开立的账户。

一个企业只能在一家银行开立一个基本账户；不得在同一家银行的几个分支机构开立一般存款账户。企业在办理存款账户以后，在使用账户时应严格执行银行结算纪律的规定。具体内容包括合法使用银行账户，不得转借给其他单位或个人使用；不得利用银行账户进行非法活动；不得签发没有资金保证的票据和远期支票，套取银行信用；不得签发、取得和转让没有真实交易和债权债务的票据，套取银行和他人的资金；不准无理拒绝付款、任意占用他人资金；不准违反规定开立和使用账户。

二、银行存款的核算

(一)银行存款的序时核算

有关银行存款核算凭证的取得、填制与审核，与库存现金相似，不再赘述。

银行存款的序时核算是指设置银行存款日记账，并根据银行存款的收支业务逐日逐笔地记录银行存款的增减及结存情况。银行存款日记账可以全面、连续地反映企业每日银行存款的收支动态和余额,为日常分析、检查企业的银行存款收支活动提供资料。

银行存款日记账一般采用收入、付出及结存三栏式格式,见表 2—2。

表 2—2 银行存款日记账—人民币

2014 年		凭证种类及号数	摘要	对方科目	收入	付出	结存
月	日						
5	31		承前页				80 000
6	1	现付 1	将现金存入银行	库存现金	3 000		
	1	银付 1	支付云鹏公司货款	应付账款		30 000	
	1	银收 2	收取康林公司货款	应收账款	20 000		
	1	银付 2	预支差旅费	其他应收款		3 000	
			本日合计		23 000	33 000	70 000

银行存款日记账应由财会部门出纳人员根据银行存款收款凭证、银行存款付款凭证及部分现金付款凭证(指存现业务)逐日逐笔序时登记,同时要逐日加计收入合计、付出合计,结出余额,月末时还应结出本月收入、付出的合计数和月末结存数。

银行存款日记账也可以采用多栏式,其设置和登记方法同多栏式现金日记账。有外币存款的企业,应按币种分别设置银行存款日记帐。

(二)银行存款的总分类核算

企业应设置"银行存款"总账科目,对企业存入银行的各种存款进行总分类核算,总括反映和监督企业银行存款的收支结存情况。企业存入其他金融机构的存款,也在本科目内核算。银行存款总账可以根据银行存款收款凭证、银行存款付款凭证以及部分现金付款凭证(指存现业务)等登记。为了减少登记的工作量,在实际工作中一般把各收款、付款凭证进行归类,定期(10 天或半月)填制汇总收款、付款凭证,并据以登记银行存款总账。企业收入银行存款时,借记"银行存款"科目,贷记"库存现金""应收账款"等科目;企业提取现金或支出存款时,借记"库存现金""应付账款"等科目,贷记"银行存款"科目。

【例 2—7】 2014 年 7 月 1 日至 5 日,春晖实业股份有限公司发生如下银行转账收款业务:销售商品收到销售货款 23 400 元,其中应交增值税 3 400 元;预收购货单位订货款 30 000 元。根据各日银行存款收款凭证编制的银行存款汇总收款凭证如下:

借:银行存款　　　　　　　　　　53 400

贷:主营业务收入	20 000
应交税费——应交增值税(销项税额)	3 400
预收账款	30 000

【例2—8】 2014年7月6日至10日,春晖实业股份有限公司发生如下银行存款支付业务:采购生产产品所需材料,支付银行存款58 500元,其中增值税进项税额8 500元;购入不需安装设备,支付银行存款35 100元,其中增值税进项税额5 100元,设备已运达企业;预付购买材料款80 000元。根据各日银行存款付款凭证编制的银行存款汇总付款凭证如下:

借:材料采购	50 000	
应交税费——应交增值税(进项税额)	13 600	
固定资产	30 000	
预付账款	80 000	
贷:银行存款		173 600

三、银行存款清查

为了掌握企业银行存款的实有数,需要定期将企业银行存款日记账的记录与银行出具的对账单进行核对,每月至少要核对一次。企业银行存款日记账序时记录了引起银行存款增减变动的每一笔经济业务,银行对账单列示了从上次对账到本次对账之间银行对引起企业银行存款增减变动的经济业务所做的全部记录。一般情况下,两者是能够核对相符的,但也有核对不符的情况。造成不符的原因有两个方面:一是企业和银行一方或双方同时存在记账错误或漏记情况,如银行将企业支票存款串户记账,银行、企业记账时发生数字错误或者漏记账目。对此种情况,银行和企业应及时更正或补充登记。二是存在未达账项。对此种情况,企业要编制"银行存款余额调节表"进行调节。

未达账项是指由于企业与银行取得凭证的实际时间不同,导致记账时间不一致,而发生的一方已取得结算凭证且已登记入账,而另一方未取得结算凭证尚未入账的款项。未达账项归纳起来,一般有如下四种情况:

第一,企业已收款记账,而银行尚未收款记账。如企业将收到的转账支票存入银行,但银行尚未转账。

第二,企业已付款记账,而银行尚未付款记账。如企业开出支票并已根据支票存根记账,而持票人尚未到银行取款或转账。

第三,银行已收款记账,而企业尚未收款记账。如托收货款,银行已经记入企业存款户,而企业尚未收到收款通知。

第四，银行已付款记账，而企业尚未付款记账。如借款利息，银行已经划出款项并记账，而企业尚未收到付款通知。

存在未达账项时，应通过编制银行存款余额调节表来确定企业银行存款的实有数。

【例 2—9】 2014 年 7 月 31 日，春晖实业股份有限公司银行存款日记账的余额为 52 000 元，银行对账单的余额为 55 900 元，经过对银行存款日记账和对账单进行核对后，发现的未达账项情况如下：

(1)7 月 20 日，委托银行收款，金额 3 000 元，银行已收妥入账，但企业尚未收到收款通知。

(2)7 月 28 日，公司开出转账支票 4 200 元，持票人尚未到银行办理转账手续。

(3)7 月 29 日，存入银行支票一张，金额 1 500 元，银行已承办，企业已凭回单记账，银行尚未记账。

(4)7 月 31 日，银行代付电费 1 800 元，企业尚未收到付款通知。

根据上述资料编制银行存款余额调节表，见表 2—3。

表 2—3 银行存款余额调节表

2014 年 7 月 31 日　　单位：元

项目	金额	项目	金额
银行对账单余额	55 900	企业银行存款日记账的余额	52 000
加：		加：	
(3)企业已收，银行未收	1 500	(1)银行已收，企业未收	3 000
减：		减：	
(2)企业已付，银行未付	4 200	(4)银行已付，企业未付	1 800
调整后的余额	53 200	调整后的余额	53 200

表 2—3 显示，调整后左右两方的余额相等，说明除了未达账项，双方账目核对相符，同时也说明该公司银行存款的实有数既不是 55 900 元，也不是 52 000 元，而是 53 200 元。值得注意的是，对于未达账项，应在收到有关收付款原始凭证后，才能进行账务处理，不能以银行对账单作为入账依据。

第三节　其他货币资金

一、其他货币资金的内容

其他货币资金是指除库存现金、银行存款之外的货币资金，包括外埠存款、银行汇票存款、银行本票存款、信用卡存款、信用证保证金存款以及存出投资款等。

外埠存款，是指企业到外地进行临时或零星采购时，汇往采购地银行开立采购专户的款项。银行汇票存款，是指企业为取得银行汇票按照规定存入银行的款项。银行本票存款，是指企业为取得银行本票按照规定存入银行的款项。信用卡存款，是指企业为取得信用卡按照规定存入银行的款项。信用证保证金存款，是指企业为取得信用证按照规定存入银行的保证金。存出投资款，是指企业已存入证券公司但尚未购买股票、基金等投资对象的款项。

二、其他货币资金的核算

为了总括地反映企业其他货币资金的增减变动和结存情况，企业应设置“其他货币资金”科目，进行其他货币资金的总分类核算。同时还应在“其他货币资金”总账科目下按其他货币资金的组成内容分别设明细科目，并且按外埠存款的开户银行、银行汇票或银行本票的收款单位等设置明细账。

(一)外埠存款的核算

为满足企业临时或零星采购的需要，将款项委托当地银行汇往采购地银行开立采购专户时，借记“其他货币资金”科目，贷记“银行存款”科目；会计部门在收到采购员交来的供应单位的材料账单、货物运单等报销凭证时，借记“在途物资”“材料采购”“原材料”“库存商品”“应交税费”等科目，贷记“其他货币资金”科目；采购员在离开采购地时，采购专户如有余额，应将剩余的外埠存款转回企业当地银行结算户，会计部门根据银行的收账通知，借记“银行存款”科目，贷记“其他货币资金”科目。

【例 2—10】　2014 年 7 月 11 日，春晖实业股份有限公司因零星采购需要，将款项 60 000 元汇往南京并开立采购专户。根据银行回单，编制的会计分录如下：

借：其他货币资金——外埠存款　　60 000

　贷：银行存款　　60 000

【例 2—11】　2014 年 7 月 18 日，会计部门收到采购员寄来的发票等凭证，材料价款 46 800 元，其中应交增值税 6 800 元。根据有关原始凭证，编制的会计分录如下：

借:材料采购　　40 000

　应交税费——应交增值税(进项税额)　　6 800

　贷:其他货币资金——外埠存款　　46 800

【例 2—12】 2014 年 7 月 20 日,外地采购业务结束,采购员将剩余采购资金 13 200元,转回本地银行结算户。根据银行收款通知,编制的会计分录如下:

借:银行存款　　13 200

　贷:其他货币资金——外埠存款　　13 200

(二)银行汇票的核算

企业要使用银行汇票办理结算时,应填写"银行汇票委托书",并将相应款项交存银行,取得银行汇票后,根据银行盖章退回的委托书存根联,借记"其他货币资金"科目,贷记"银行存款"科目。企业使用银行汇票后,应根据发票账单及开户银行转来的结算单据等有关凭证,借记"材料采购""应交税费"等科目,贷记"其他货币资金"科目。银行汇票如有多余款项或因超过付款期等原因而退回款项时,借记"银行存款"科目,贷记"其他货币资金"科目。

【例 2—13】 2014 年 7 月 10 日,春晖实业股份有限公司向银行提交"银行汇票委托书",并交存款项 25 000 元,银行受理后签发银行汇票和解讫通知。根据"银行汇票委托书"存根联,编制的会计分录如下:

借:其他货币资金——银行汇票　　25 000

　贷:银行存款　　25 000

【例 2—14】 2014 年 7 月 11 日,春晖实业股份有限公司用银行签发的银行汇票支付采购材料货款 23 400 元,其中应交增值税 3 400 元。编制的会计分录如下:

借:材料采购　　20 000

　应交税费——应交增值税(进项税额)　　3 400

　贷:其他货币资金——银行汇票　　23 400

【例 2—15】 2014 年 7 月 12 日,春晖实业股份有限公司收到银行退回的多余款项收账通知。编制的会计分录如下:

借:银行存款　　1 600

　贷:其他货币资金——银行汇票　　1 600

(三)银行本票的核算

企业要使用银行本票办理结算时,应填写"银行本票申请书",并将相应款项交存银行,取得银行本票后,根据银行盖章退回的申请书存根联,借记"其他货币资金"科目,贷记"银行存款"科目。企业付出银行本票后,应根据发票账单等有关凭证,借记

“材料采购”“应交税费”等科目，贷记“其他货币资金”科目。企业因本票超过付款期等原因而要求退款时，应填制进账单一式两联，连同本票一并交存银行，根据银行盖章返回的进账单，借记“银行存款”科目，贷记“其他货币资金”科目。银行本票核算的账务处理程序与银行汇票基本相同，区别是二者涉及的明细科目不一样。

(四)信用卡存款的核算

企业申请使用信用卡时，应按规定填制申请表，连同支票和有关资料一并送交发卡银行，根据银行盖章返回的进账单，借记“其他货币资金”科目，贷记“银行存款”科目。企业用信用卡购物或支付有关费用，借记有关科目，如“管理费用”“材料采购”等，贷记“其他货币资金”科目。企业信用卡在使用过程中，需要向其账户续存资金的，借记“其他货币资金”科目，贷记“银行存款”科目。

【例 2—16】　2014 年 7 月 20 日，春晖实业股份有限公司因开展经济业务需要向银行申请办理信用卡，开出转账支票一张，金额 20 000 元，收到进账单第一联和信用卡。编制的会计分录如下：

借：其他货币资金——信用卡　　20 000
　贷：银行存款　　20 000

【例 2—17】　2014 年 7 月 15 日，春晖实业股份有限公司用信用卡购买办公用品，支付 15 000 元。根据办公用品发票和刷卡单据等原始凭证，编制的会计分录如下：

借：管理费用　　15 000
　贷：其他货币资金——信用卡　　15 000

【例 2—18】　2014 年 7 月 8 日，春晖实业股份有限公司因信用卡账户资金不足，开出转账支票续存资金，金额 40 000 元。根据转账支票存根，编制的会计分录如下：

借：其他货币资金——信用卡　　40 000
　贷：银行存款　　40 000

(五)信用证保证金存款的核算

企业申请使用信用证进行结算时，应向银行交纳保证金，根据银行返回的进账单，借记“其他货币资金”科目，贷记“银行存款”科目。根据开证行交来的信用证来单通知书及有关单据列明的金额，借记“材料采购”等科目，贷记“其他货币资金”科目。

【例 2—19】　2014 年 7 月 5 日，春晖实业股份有限公司因从国外进口货物向银行申请使用国际信用证进行结算，并按规定开出转账支票向银行交纳保证金 1 000 000 元，收到银行盖章返回的进账单，编制的会计分录如下：

借：其他货币资金——信用证保证金　　1 000 000
　贷：银行存款　　1 000 000

【例 2—20】 2014 年 7 月 20 日，春晖实业股份有限公司收到银行转来的进口货物信用证通知书，根据海关出具的完税凭证，进口货物的成本 1 000 000 元，应交增值税 170 000 元，货物已验收入库。编制的会计分录如下：

借：原材料　　1 000 000
　　应交税费——应交增值税（进项税额）　　170 000
　贷：其他货币资金——信用证保证金　　1 000 000
　　　银行存款　　170 000

（六）存出投资款的核算

企业在向证券市场进行股票、债券投资时，应向证券公司申请资金账号并划出资金。会计部门应按实际划出的金额，借记“其他货币资金”科目，贷记“银行存款”科目；购买股票、债券时，应按实际支付的金额，借记“交易性金融资产”“持有至到期投资”科目等，贷记“其他货币资金”科目。

【例 2—21】 2014 年 6 月 25 日，春晖实业股份有限公司拟利用闲置资金进行证券投资，向湘财证券公司申请资金账号，并开出转账支票划出资金 2 000 000 元存入该账号，以便购买股票、债券等。根据转账支票存根，编制的会计分录如下：

借：其他货币资金——存出投资款　　2 000 000
　贷：银行存款　　2 000 000

【例 2—22】 2014 年 7 月 1 日，春晖实业股份有限公司从二级市场购买兴业银行股票 10 万股，每股市价 13 元，发生交易费用 3 000 元，不准备长期持有，作为交易性金融资产核算。通过证券投资账户支付全部款项。编制的会计分录如下：

借：交易性金融资产　　1 300 000
　　投资收益　　3 000
　贷：其他货币资金——存出投资款　　1 303 000

第四节　交易性金融资产

一、金融资产概述

金融资产是一切可以在有组织的金融市场上进行交易、具有现实价格和未来估价的金融工具的总称。金融资产的显著特征是能在市场交易中为其持有者提供即期或远期的现金流量。企业的金融资产主要是指库存现金、银行存款、应收账款、应收票据、其他应收款、应收利息、应收股利、股权投资、债权投资、基金投资和衍生金融产品等。

企业应当结合自身业务特点、投资策略和风险管理要求，将取得的金融资产在初始确认时划分为以下几类：①以公允价值计量且其变动计入当期损益的金融资产；②可供出售金融资产；③贷款和应收款项；④持有至到期投资。

对于在活跃市场上有报价的金融资产，既可划分为以公允价值计量且其变动计入当期损益的金融资产，也可划分为可供出售金融资产；如果该金融资产属于有固定到期日、回收金额固定或可确定的金融资产，则该金融资产可划分为持有至到期投资。某项金融资产具体应分为哪一类，主要取决于企业管理层的风险管理、投资决策等因素。金融资产的分类应是管理层意图的如实表达。

金融资产分类与金融资产计量密切相关。不同类别的金融资产，其初始计量和后续计量采用的计量基础也不完全相同。因此，上述分类一经确定，不应随意变更。

本节介绍以公允价值计量且其变动计入当期损益的金融资产，金融资产的其他内容分别在本教材有关章节中阐述。

二、以公允价值计量且其变动计入当期损益的金融资产

以公允价值计量且其变动计入当期损益的金融资产，主要包括交易性金融资产和直接指定为以公允价值计量且其变动计入当期损益的金融资产。同时，某项金融资产划分为以公允价值计量且其变动计入当期损益的金融资产后，不能再重分类为其他类别的金融资产，其他类别的金融资产也不能再重分类为以公允价值计量且其变动计入当期损益的金融资产。

（一）交易性金融资产

金融资产满足下列条件之一的，应当划分为交易性金融资产。

(1)取得该金融资产的目的，主要是为了近期内出售。例如，企业用暂时闲置的资金从证券市场购入股票、债券、基金等金融产品以赚取差价。

(2)属于进行集中管理的可辨认金融工具组合的一部分，且有客观证据表明企业近期采用短期获利方式对该组合进行管理。例如，企业基于其投资策略和风险管理的需要，将某些金融资产进行组合从事短期获利活动，应划分为交易性金融资产，即使组合中有某个项目的持有期限稍长也不受影响。

(3)属于衍生金融工具。例如，国债期货、远期合同、股指期货等。

（二）直接指定为以公允价值计量且其变动计入当期损益的金融资产

企业将某项金融资产直接指定为以公允价值计量且其变动计入当期损益的金融资产，通常是指该金融资产不满足确认为交易性金融资产条件时，企业仍可在符合某

些特定条件的情况下将其按公允价值计量，并将其公允价值变动计入当期损益。

通常情况下，只有符合下列条件之一的金融资产，才可以在初始确认时直接指定为以公允价值计量且其变动计入当期损益的金融资产。

(1)该指定可以消除或明显减少由于该金融资产的计量基础不同所导致的相关利得或损失在确认或计量方面不一致的情况。例如，某企业的某项金融负债和某项金融资产密切相关且均具利率敏感性，该企业如果将该金融资产划分为可供出售金融资产，而将金融负债划分为交易性金融负债，在这种情况下，该金融资产期末以公允价值计量但公允价值变动计入所有者权益，而相关的金融负债却以公允价值计量且公允价值变动计入当期损益，由此出现会计计量基础不同导致会计处理结果不能较好地反映交易实质的现象。如果将该金融资产指定为以公允价值计量且其变动计入当期损益的金融资产，就可以消除该现象。

(2)企业风险管理或投资策略的正式书面文件已载明，该金融资产组合或该金融资产和金融负债组合，以公允价值为基础进行管理、评价并向关键管理人员报告。此项条件着重企业日常管理和评价业绩的方式，而不是关注金融工具组合中各组成部分的性质。例如，风险投资机构、证券投资基金或类似会计主体，其经营活动的主要目的在于从投资工具的公允价值变动中获取回报，它们在风险管理或投资策略的正式书面文件中对此也有明确的说明。

在活跃市场中没有报价、公允价值不能可靠计量的权益工具投资，不得指定为以公允价值计量且其变动计入当期损益的金融资产。

以上所指活跃市场，是指同时具有下列特征的市场：①市场内交易的对象具有同质性；可随时找到自愿交易的买方和卖方；②市场价格信息是公开的。

对以公允价值计量且其变动计入当期损益的金融资产进行会计处理，应设置“交易性金融资产”科目，核算企业为交易目的所持有的股权投资、债权投资、基金投资等交易性金融资产的公允价值。本科目可按交易性金融资产的种类和品种(如股票、债券、基金、权证等)，分别以“成本”和“公允价值变动”设置明细账进行明细核算。其中，“成本”明细科目反映交易性金融资产的初始入账金额；“公允价值变动”明细科目反映交易性金融资产在持有期间的公允价值变动金额。交易性金融资产属于流动资产，在资产负债表上，以“交易性金融资产”项目列示于流动资产类别内。

应予以指出的是，划分为交易性金融资产的衍生金融资产，不通过“交易性金融资产”科目核算，应通过单独设置的“衍生工具”科目核算。因此，以下有关交易性金融资产的会计处理，包括指定为以公允价值计量且其变动计入当期损益的金融资产的会计处理，但不包括衍生金融资产的会计处理。

三、交易性金融资产的核算

(一)取得交易性金融资产的会计处理

以公允价值计量且其变动计入当期损益的金融资产初始确认时,应按公允价值计量,相关交易费用直接计入当期损益。其中,交易费用是指可直接归属于购买、发行或处置金融工具新增的外部费用。所谓新增的外部费用,是指企业不购买、发行或处置金融工具就不会发生的费用。交易费用包括支付给代理机构、咨询公司、券商等的手续费和佣金及其他必要支出,不包括债券溢价、折价、融资费用、内部管理成本及其他与交易不直接相关的费用。企业为发行金融工具所发生的差旅费等,不属于此处所讲的交易费用。

企业取得以公允价值计量且其变动计入当期损益的金融资产所支付的价款中,包含已宣告但尚未发放的现金股利或已到付息期但尚未领取的债券利息的,应当单独确认为应收股利或应收利息,视作暂时垫付的款项,不计入金融资产的购置成本。

企业取得交易性金融资产时,应按其公允价值,借记“交易性金融资产”的“成本”明细科目,按发生的交易费用,借记“投资收益”科目,按已到付息期但尚未领取的利息或已宣告但尚未发放的现金股利,借记“应收利息”或“应收股利”科目,按实际支付的金额,贷记“其他货币资金”“银行存款”等科目。

【例 2—23】 2014 年 1 月 10 日,春晖实业股份有限公司按每股 7.50 元的价格从二级市场购入 M 公司每股面值 1 元的股票 50 000 股作为交易性金融资产,并支付交易费用 1 800 元。款项以存出投资款支付。

初始入账金额=7.50×50 000=375 000(元)

编制的会计分录为:

借:交易性金融资产——M 公司股票(成本)　　375 000
　　投资收益　　1 800
　贷:其他货币资金——存出投资款　　376 800

【例 2—24】 2014 年 3 月 25 日,春晖实业股份有限公司按每股 8.40 元的价格从二级市场购入 N 公司每股面值 1 元的股票 30 000 股作为交易性金融资产,并支付交易费用 1 500 元,款项均以存出投资款支付。股票购买价格中包含每股 0.10 元已宣告但尚未领取的现金股利,该现金股利于 2014 年 4 月 20 日发放。有关会计处理如下:

(1)2014 年 3 月 25 日,购入 N 公司股票:

初始入账金额=(8.40—0.10)×30 000=249 000(元)

应收现金股利=0.10×30 000=3 000(元)

借:交易性金融资产——N公司股票(成本) 249 000
　应收股利 3 000
　投资收益 1 500
　贷:其他货币资金——存出投资款 253 500

(2)4月20日,收到发放的现金股利:

借:银行存款 3 000
　贷:应收股利 3 000

【例2—25】 2014年7月1日,春晖实业股份有限公司支付价款74 100元从二级市场购入K公司于当年1月1日发行的面值70 000元、期限5年、票面利率6%、每半年付息一次、到期还本的债券作为交易性金融资产,并支付交易费用500元。债券购买价格中包含上半年利息2 100元。款项均以存出投资款支付。7月5日收到利息。有关会计处理如下:

(1)2014年7月1日,购入K公司债券:

初始入账金额=74 100－2 100=72 000(元)

借:交易性金融资产——K公司债券(成本) 72 000
　应收利息 2 100
　投资收益 500
　贷:其他货币资金——存出投资款 74 600

(2)2014年7月5日收到K公司支付的债券利息:

借:其他货币资金——存出投资款 2 100
　贷:应收利息 2 100

(二)交易性金融资产持有期间取得利息或现金股利的会计处理

企业在持有交易性金融资产期间获得的现金股利和债券利息,确认为投资收益。交易性金融资产持有期间被投资单位宣告发放的现金股利,或在资产负债表日按分期付息、到期还本债券投资的票面利率计算的利息,借记“应收股利”或“应收利息”科目,贷记“投资收益”科目。

【例2—26】 沿用【例2—23】资料,春晖实业股份有限公司持有M公司股票50 000股。2014年3月20日,M公司宣告前一年度利润分配方案,每股分派现金股利0.15元,并于4月15日发放。有关会计处理如下:

(1)2014年3月20日,M公司宣告分派现金股利:

应收现金股利=0.15×50 000=7 500(元)

借:应收股利 7 500

贷:投资收益　　7 500

(2)4 月 15 日,收到 M 公司派发的现金股利:

借:银行存款　　7 500

贷:应收股利　　7 500

【例 2—27】 沿用【例 2—25】资料,2014 年 12 月 31 日,春晖实业股份有限公司对持有的面值 70 000 元、期限 5 年、票面利率 6%、每半年付息一次的 K 公司债券计提利息。有关会计处理如下:

应收债券利息=70 000×6%/2=2 100(元)

借:应收利息　　2 100

贷:投资收益　　2 100

(三)资产负债表日交易性金融资产公允价值变动的会计处理

最初取得交易性金融资产时,是按公允价值入账的,反映了企业取得交易性金融资产的实际成本,但交易性金融资产的公允价值是不断变化的,会计期末的公允价值则代表了交易性金融资产的现时价值。根据企业会计准则的规定,在资产负债表日,交易性金融资产应按公允价值反映,公允价值的变动计入当期损益。

企业应设置"公允价值变动损益"科目,核算以公允价值且其变动计入当期损益的金融资产、以公允模式进行后续计量的投资性房地产因公允价值变动而形成的损失或收益。

在资产负债表日,交易性金融资产的公允价值高于其账面余额时,应按二者的差额,调增交易性金融资产的账面余额,同时确认公允价值上升的收益,借记"交易性金融资产——公允价值变动"科目,贷记"公允价值变动损益"科目;交易性金融资产的公允价值低于其账面余额时,应按二者的差额,调减交易性金融资产的账面余额,同时确认公允价值下跌的损失,做与上述相反的会计分录。

【例 2—28】 沿用【例 2—23】至【例 2—27】资料,春晖实业股份有限公司每年 12 月 31 日对持有的交易性金融资产按公允价值进行后续计量,确认公允价值变动损益。2014 年 12 月 31 日,春晖实业股份有限公司持有的交易性金融资产账面余额和当日公允价值资料,见表 2—4。

表 2—4　交易性金融资产账面余额和公允价值表

2014 年 12 月 31 日　　单位:元

交易性金融资产	调整前账面余额	期末公允价值	公允价值变动损益	调整后账面余额
M 公司股票	375 000	350 000	−25 000	350 000
N 公司股票	249 000	297 000	48 000	297 000
K 公司债券	72 000	75 000	3 000	75 000

根据表2—4资料，春晖实业股份有限公司2014年12月31日确认公允价值变动损益的会计处理如下：

借：公允价值变动损益　　25 000

　贷：交易性金融资产——M公司股票(公允价值变动)　　25 000

借：交易性金融资产——N公司股票(公允价值变动)　　48 000

　贷：公允价值变动损益　　48 000

借：交易性金融资产——K公司债券(公允价值变动)　　3 000

　贷：公允价值变动损益　　3 000

(四)交易性金融资产处置的会计处理

企业处置交易性金融资产的主要会计问题是正确确认处置损益。交易性金融资产的处置损益是指处置交易性金融资产实际收到的价款，减去所处置交易性金融资产账面余额后的差额。其中，交易性金融资产的账面余额，是指交易性金融资产的初始入账金额加上或减去资产负债表日累计公允价值变动后的金额。如果在处置交易性金融资产时，已计入应收项目的现金股利或债券利息尚未收回，还应从处置价款中扣除该部分现金股利或债券利息之后，确认处置损益。同时，该交易性金融资产在持有期间已确认的累计公允价值变动净损益应确认为处置当期投资收益，同时调整公允价值变动损益。

处置交易性金融资产时，应按实际收到的金额，借记"银行存款"等科目，按该金融资产的账面余额，贷记"交易性金融资产——成本"科目，贷记或借记"交易性金融资产——公允价值变动"科目，按其差额，贷记或借记"投资收益"科目。同时，将与该金融资产相关的"公允价值变动损益"科目转出，借记或贷记"公允价值变动损益"科目，贷记或借记"投资收益"科目。

【例2—29】 沿用【例2—23】和【例2—28】资料，2015年1月15日，春晖实业股份有限公司将持有的M公司股票售出，实际收到出售价款367 000元。股票出售日，M公司股票账面价值350 000元，其中，成本375 000元，公允价值变动(贷方)25 000元。有关会计处理如下：

处置损益＝367 000－350 000＝17 000(元)

借：银行存款　　367 000

　　交易性金融资产——M公司股票(公允价值变动)　　25 000

　贷：交易性金融资产——M公司股票(成本)　　375 000

　　　投资收益　　17 000

借：投资收益　　25 000

贷：公允价值变动损益　　25 000

【例 2－30】 沿用【例 2－24】和【例 2－28】资料，春晖实业股份有限公司持有 N 公司股票 30 000 股。2015 年 3 月 6 日，N 公司宣告 2014 年度利润分配方案，每股分派现金股利 0.12 元，并拟于 2015 年 4 月 15 日发放。2015 年 4 月 1 日，春晖公司将持有的 N 公司股票售出，实际收到出售价款 299 000 元。股票出售日，N 公司股票账面价值 297 000 元，其中，成本 249 000 元，公允价值变动(借方)48 000 元。有关会计处理如下：

(1)2015 年 3 月 6 日，N 公司宣告分派现金股利：

应收现金股利＝0.12×30 000＝3 600(元)

借：应收股利　　3 600

　贷：投资收益　　3 600

(2)2015 年 4 月 1 日，将 N 公司股票售出：

处置损益＝299 000－297 000－3 600＝－1 600(元)

借：银行存款　　299 000

　　投资收益　　1 600

　贷：交易性金融资产——N 公司股票(成本)　　249 000

　　　　　　　　　　——N 公司股票(公允价值变动)　　48 000

　　应收股利　　3 600

借：公允价值变动损益　　48 000

　贷：投资收益　　48 000

【例 2－31】 沿用【例 2－25】和【例 2－28】资料，2015 年 1 月 2 日，春晖实业股份有限公司将 K 公司债券售出，实际收到出售价款 78 000 元。债券出售日，甲公司债券已计提但尚未收到的利息为 2 100 元，账面价值为 75 000 元，其中，成本 72 000 元，公允价值变动(借方)3 000 元。有关会计处理如下：

处置损益＝78 000－75 000－2 100＝900(元)

借：银行存款　　78 000

　贷：交易性金融资产——K 公司债券(成本)　　72 000

　　　　　　　　　　——K 公司债券(公允价值变动)　　3 000

　　　应收利息　　2 100

　　　投资收益　　900

借：公允价值变动损益　　3 000

　贷：投资收益　　3 000

思考题

1.我国货币资金内部控制制度一般包括哪些内容？

2.企业哪些开支可以使用现金？

3.企业在银行可以开立哪些账户？每个账户的用途是什么？

4.未达账项包括哪几种？在编制银行存款余额调节表时应如何处理？

5.什么是交易性金融资产？如何进行交易性金融资产的初始计量和后续计量？

练习题

1.资料：

某企业 2014 年 12 月 31 日银行存款日记账余额为 42 060 元，银行对账单余额为 46 500 元。对银行存款日记账与银行对账单逐项核对后，发现如下未达账项及错账：

(1)12 月 20 日，委托银行收款，金额为 2 000 元，银行已经收妥，但企业尚未收到收款通知。

(2)12 月 22 日，企业本月一笔销货款 2 600 元存入银行，企业出纳误记为 2 060元。

(3)12 月 25 日，银行将本企业存入的一笔款项串记至另一家公司账户中，金额 1 200元。

(4)12 月 29 日，企业开出转账支票支付货款，持票人尚未收到银行办理转账手续，金额 6 700 元。

(5)12 月 30 日，存入银行支票一张，金额 1 500 元，银行已承办，企业已凭回单记账，银行尚未记账。

(6)12 月 31 日，银行代付水电费 2 100 元，企业尚未收到付款通知。

要求：根据以上资料编制企业的银行存款余额调节表。

2.资料：

某企业 2014 年 11 月发生如下经济业务：

(1)11 月 2 日，向南京某银行汇款 40 000 元，开立采购专户，委托银行汇出该款项。

(2)11 月 19 日，采购员王某在南京以外埠存款购买材料，材料价款 30 000 元，增值税进项税额 5 100 元，材料尚未运达企业。

(3)11 月 21 日，外埠存款清户，收到银行转来收账通知，余额收妥入账。

要求：根据以上经济业务编制该企业的有关会计分录。

3.资料：

某企业 2014 年 12 月发生下列交易性金融资产业务：

(1)以存入证券公司投资款购入 A 公司股票 4 000 股，购买价格 20 000 元，另付交易手续费 480 元。

(2)12 月 31 日该股票每股收盘价 6 元。

(3)年末结转交易性金融资产有关损益。

(4)2015 年 1 月 25 日，出售该股票，收入款项 32 000 元存入证券公司。

要求：根据以上经济业务编制有关会计分录。

第三章 应收款项

【本章导读】

应收款项是企业在日常生产经营过程中形成的各种债权，泛指企业拥有的将来获取现款、商品或劳务的权利，它是以商业信用为基础，以购销合同、商品出库单、发票和发运单等书面文件为依据而确认的。应收款项主要包括应收账款、应收票据、预付款项、应收股利、应收利息、其他应收款等，相关业务发生较为频繁，是企业重要的流动资产。从上市公司的年报中可以了解到，某些行业或企业的应收款项越来越多，例如受高库存困扰的服装行业，库存和应收账款不断增长，一些公司出现回款难问题，对此，服装类上市公司纷纷对应收账款计提坏账准备。但也有例外，如美邦服饰公司对其近12亿元的应收账款却未计提坏账准备，着实令人费解。该案例有几个问题值得思考：应收款项是如何产生的？企业应如何加强应收款项的管理？为什么需要计提坏账准备？美邦服饰公司对高额的应收账款不计提坏账准备的行为是否合理合规？这些问题都需要通过在本章的学习过程中找到解答。

本章的重点是应收票据、应收账款、坏账准备的会计处理，难点是应收票据贴现和坏账准备的会计处理。

【学习目标】

理解应收票据、应收账款、预付款项、其他应收款项的基本含义以及会计处理；

重点掌握应收账款和坏账准备的会计处理。

第一节　应收票据

一、应收票据概述

（一）应收票据的性质与种类

票据是一种载有一定的付款日期、付款地点、付款金额和付款人无条件支付的流通证券，也是一种持票人可自由转让给他人的债权凭证，包括支票、银行本票、银行汇票和商业汇票。在我国，支票、银行本票和银行汇票都是见票即付的即期票据，不必作为应收票据处理。应收票据是指企业因销售商品或产品、提供劳务等而取得的尚未到期或尚未兑现的商业汇票。应收票据作为商业信用的工具，在到期前可以向银行贴现或背书转让，具有较强的流动性。在资产负债表上，应收票据列示于交易性金融资产之后、应收账款之前。

商业汇票可按不同的标准分类。按照票据承兑人的不同，商业汇票分为银行承兑汇票和商业承兑汇票；按照票据是否带息，分为带息票据和不带息票据；按照票据是否带有追索权，分为带追索权票据和不带追索权票据。

（二）应收票据的计价

应收票据可按票据面值或票据到期值的现值入账。按票据面值入账简单实用，按票据到期值的现值入账考虑了货币的时间价值，比较科学合理，但计量过程较复杂。在我国，商业票据的期限都较短，利息额不大，为简化核算均按面值入账。

对于带息应收票据，应于会计期末按应收票据的票面价值和确定的利率计提利息，增加应收票据的账面余额，或者单独通过应收利息项目反映。

二、应收票据核算

企业应设置“应收票据”账户核算因销售商品、提供劳务等而收到的商业汇票。该账户可按开出、承兑商业汇票的单位进行明细核算。企业应设置“应收票据备查簿”，逐笔登记商业汇票的种类、号数和出票日、票面金额、票面利率、交易合同号和付款人、承兑人、背书人的姓名或单位名称、到期日、背书转让日、贴现日、贴现率和贴现净额以及收款日和收回金额、退票情况等资料。商业汇票到期结清票款或退票后，在备查簿中应予注销。

（一）应收票据的取得

企业因销售商品、提供劳务等而收到开出、承兑的商业汇票，按商业汇票的票面金额，借记“应收票据”科目，按确认的营业收入，贷记“主营业务收入”等科目。涉及增值税销项税额的，还应进行相应的处理。

【例3—1】 企业向云海公司销售产品一批，价款50 000元，增值税率17%，收到云海公司承兑的商业承兑汇票一张，金额共计58 500元。编制会计分录如下：

借：应收票据——云海公司	58 500	
贷：主营业务收入		50 000
应交税费——应交增值税（销项税额）		8 500

【例3—2】 企业应收昌远公司货款共计30 000元，经双方协商，采用商业汇票方式结算，收到银行承兑汇票一张。编制会计分录如下：

借：应收票据——昌远公司	30 000	
贷：应收账款——昌远公司		30 000

（二）应收票据持有期间的计息

对于带息商业汇票，企业应于会计期末按应收票据的票面价值和票面利率计提利息，借记“应收利息”科目，贷记“财务费用”科目，反映企业已经获得收取这一部分票据利息的权利。一般地，如果应收票据的利息金额较大，可按月计提利息；如果应收票据的利息金额不大，可于季末或年末计提利息。

【例3—3】 企业于2014年6月1日向蓝天公司销售产品一批，货款60 000元，增值税率17%，收到带息商业承兑汇票一张，期限为3个月，到期日为2014年9月1日，票面利率为4%。企业对应收票据按月计提利息。编制有关会计分录如下：

(1)2014年6月1日收到商业承兑汇票：

借：应收票据——蓝天公司	70 200	
贷：主营业务收入		60 000
应交税费——应交增值税（销项税额）		10 200

(2)2014年6月30日计提应收票据利息：

70 200×4%×1/12＝234（元）

借：应收利息	234	
贷：财务费用		234

(3)2014年7月31日和8月31日计提应收票据利息的金额计算与账务处理同6月30日。

（三）应收票据到期

1.应收票据到期日的确定

应收票据的到期日有三种情况：

(1)票据上明确指定到期日,如“于 2014 年 3 月 31 日照付”。

(2)票据期限按日表示。这类票据的到期日应按实际经历的天数确定,出票日和到期日只计算其中的一天,即“算头不算尾”或“算尾不算头”。如 2014 年 3 月 10 日出票,期限为 60 天,到期日为 2014 年 5 月 9 日(3 月份剩余天数 31－10＝21 天,4 月份 30 天,5 月份 60－21－30＝9 天)。

(3)票据期限按月表示。这类票据的到期日按“月中对月中,月末对月末”的原则确定。如果是月中的某一天出票,到期日为到期月份与出票日相同的那一天。如 11 月 15 日出票,期限为 6 个月,到期日为次年的 5 月 15 日。如果是月末出票,到期日为到期月份的最后一天。如 1 月 31 日出票,期限分别为 1 个月、2 个月、3 个月时,其到期日分别为 2 月 28 日(或 29 日)、3 月 31 日、4 月 30 日。

2.应收票据到期的账务处理

不带息票据的到期值等于面值,到期收款时,借记“银行存款”科目,贷记“应收票据”科目。带息票据的到期值等于面值加上票面利息,到期收款时,借记“银行存款”科目,贷记“应收票据”“应收利息”和“财务费用”科目。带息票据到期值的计算公式如下:

票据到期值＝票据面值＋票面利息

＝票据面值＋票据面值×票面利率×时期

＝票据面值×(1＋票面利率×时期)

银行承兑汇票的票款一般能够及时收妥入账。商业承兑汇票的票款能否收妥入账分为两种情况:一是付款人足额支付票款,结清有关的债权债务;二是付款人账户资金不足或拒付,银行将票据退回,由收付款双方自行处理。

【例 3－4】 沿用【例 3－3】资料,企业于 2014 年 9 月 1 日收取应收票据本息。编制会计分录如下:

借:银行存款	70 902	
贷:应收票据——蓝天公司		70 200
应收利息		702

【例 3－5】 沿用【例 3－3】资料,若 2014 年 9 月 1 日该票据遭对方拒付。编制会计分录如下:

借:应收账款——蓝天公司	70 902	
贷:应收票据——蓝天公司		70 200
应收利息		702

(四)应收票据的转让

企业可将其持有的商业汇票背书转让以取得所需物资。取得材料物资时,按应计入取得物资成本的金额，借记“材料采购”或“原材料”“库存商品”等科目，按商业汇票的票面金额，贷记“应收票据”科目，按收到或补付的差额，借记或贷记“银行存款”等科目。涉及增值税进项税额的，还应进行相应的处理。

如为带息应收票据，还应计提至转让日尚未提取的利息，借记“应收利息”科目，贷记“财务费用”科目，在取得材料物资时按应收利息的账面余额，贷记“应收利息”科目。

【例 3－6】 沿用【例 3－3】资料，假设企业于 2014 年 8 月 10 日将票据背书转让采购材料，增值税专用发票注明材料价款为 50 000 元，增值税 8 500 元。材料已验收入库，差额已通过银行转账结清。编制会计分录如下：

(1)2014 年 8 月 10 日计提至转让日尚未提取的利息：

70 200×4%×10/360＝78(元)

借:应收利息　　78

　贷:财务费用　　78

(2)取得材料时：

借:原材料　　50 000

　应交税费——应交增值税(进项税额)　　8 500

　银行存款　　12 246

　贷:应收票据——蓝天公司　　70 200

　　应收利息　　546

上述(1)和(2)两笔会计分录也可以合并编制一笔会计分录：

借:原材料　　50 000

　应交税费——应交增值税(进项税额)　　8 500

　银行存款　　12 246

　贷:应收票据——蓝天公司　　70 200

　　应收利息　　468

　　财务费用　　78

应收票据的背书转让，当不符合金融资产终止确认条件时，会使企业承担因付款方不能到期支付票据款的连带责任，形成企业的一项或有负债。企业可专设“应收票据转让”科目予以反映，也可以通过附注披露的方式反映。上例中的企业未设“应收票据转让”科目核算，应在附注中披露因转让应收票据而产生的或有负债。

(五)应收票据的贴现

企业可以持未到期的商业汇票向银行贴现，所得贴现净额的计算方法如下：

贴现净额＝票据到期值－贴现息

贴现息＝票据到期值×贴现率×贴现天数/360

贴现天数是指自贴现日起至到期日止的实际天数，在票据贴现日和票据到期日这两天中，只计算其中的一天。例如 4 月 12 日将 3 月 20 日签发承兑的商业汇票贴现，期限分别为 60 天、90 天，到期日分别为 5 月 19 日、6 月 18 日，其贴现天数分别为 37 天、67 天。

1.不带追索权的票据贴现

应收票据贴现的账务处理视商业汇票是否带有追索权而不同。将不带追索权的未到期商业汇票贴现（如银行承兑汇票的贴现），企业在转让票据所有权的同时也将票据到期不能收回票款的风险一并转给了贴现银行，企业对票据到期无法收回的票款不承担连带责任，即符合金融资产终止确认的条件。因此，将不带追索权的商业汇票贴现时，企业应按实际收到的贴现款，借记“银行存款”科目，按贴现汇票的账面金额，贷记“应收票据”科目，按已提利息，贷记“应收利息”科目，按上述借贷方的差额借记或贷记“财务费用”科目。

【例 3—7】 2014 年 4 月 2 日，企业持所收到的带息银行承兑汇票一张到银行贴现，该票据出票日期为 3 月 1 日，期限 3 个月（到期日为 6 月 1 日），票面年利率为 6%，面值 10 万元。企业的会计政策为按月计提利息。银行年贴现率为 7.2%。

2014 年 4 月 2 日贴现时有关计算如下：

票据到期值＝100 000＋100 000×6%×3/12＝101 500（元）

贴现天数＝28＋31＋1＝60（天）

贴现息＝101 500×7.2%×60/360＝1 218（元）

贴现净额＝101 500－218＝100 282（元）

已提利息＝100 000×6%×1/12＝500（元）

贴现企业编制会计分录如下：

借：银行存款	100 282	
财务费用	218	
贷：应收票据		100 000
应收利息		500

2.带追索权的票据贴现

将带追索权的应收票据贴现，企业并未转嫁票据到期不能收回票据款的风险，贴现企业对票据到期无法收回的票据款负有连带偿还责任，形成企业的或有负债。因此，将带追索权的商业汇票贴现时，不符合金融资产终止确认的条件，不应冲销应收票据账户金额。在我国，商业承兑汇票的贴现，就是一种典型的带追索权的票据贴现业务。

企业将带追索权的票据贴现时，应根据实际收到的贴现款借记“银行存款”科目，贷记“短期借款”科目。

【例 3—8】 沿用【例 3—7】资料，假设贴现的票据为商业承兑汇票，贴现企业编制会计分录如下：

借：银行存款　　　　100 282

　贷：短期借款　　　　100 282

此后，若该票据的付款人于汇票到期日将票款足额付给贴现银行，企业未收到有关追索债务的通知，则企业因票据贴现而产生的负债责任解除，应作为偿还短期借款处理，借记“短期借款”科目，贷记“应收票据”“应收利息”科目，差额借记或贷记“财务费用”科目。

【例 3—9】 沿用【例 3—7】和【例 3—8】资料，商业承兑汇票付款人于到期日将票款足额付给银行，贴现企业编制会计分录如下：

借：短期借款　　　　100 282

　　财务费用　　　　218

　贷：应收票据　　　　100 000

　　　应收利息　　　　500

若该票据的付款人于汇票到期日未能向贴现银行足额支付票款，企业则成为实际的债务人，收到银行有关偿债通知后，企业应借记“短期借款”科目，贷记“应收票据”“应收利息”科目，差额借记或贷记“财务费用”科目；同时企业应按票据到期值中付款人的未付金额，反映对该汇票付款人的债权，借记“应收账款”科目，按情况贷记有关科目。这里所说的情况是指：若贴现企业的存款户有足额存款，银行将划回票据到期值，此时贷记“银行存款”；若贴现企业的存款户余额不足，则按银行划回的部分，贷记“银行存款”，不足部分贷记“短期借款”。

第二节　应收账款

一、应收账款概述

（一）应收账款的性质与范围

应收账款是企业因对外销售商品、提供劳务等经营活动应向客户收取的款项，通常是指应在1年内（可跨年度）收回的短期债权。因销售商品、提供劳务等，采用递延方式收取合同或协议价款、实质上具有融资性质的，属于长期应收款核算范围。

应收账款包括因销售商品产品或提供劳务等，应向客户收取的款项和代垫的运杂费，不包括各种经营活动发生的应收款项，例如存出的保证金和押金、对职工的预付款等。

（二）应收账款的确认

应收账款的确认应解决两个方面的问题：一是应收账款的入账时间；二是应收账款的入账金额。应收账款是在确认赊销收入时同时确认的商业债权，因此应收账款的入账时间应与企业营业收入的确认时间相同。应收账款的入账金额应当以供销双方共同确定的成交价为基础，但是，由于在交易中往往实行折扣政策、折让和退回制度，使得企业最终收到的金额与成交当时确认的金额并不一定相同。因折扣、折让和退回等对应收账款入账金额的影响将在应收账款核算中予以详细介绍。

二、应收账款核算

（一）商业折扣与现金折扣

1.商业折扣

商业折扣是指销货方出于促销、灵活掌握销售价格等原因，以商品价目单上规定的商品价格扣减的一定数额进行交易，实际上是对商品报价进行的折扣。商业折扣可以用百分比表示，如10%、15%，也可以用金额表示，如100元、500元，还可以按备份折扣形式表示，如顾客每支付100件商品的货款，可以收到103件货物，其中的3件即为备份折扣。

在商业折扣情况下，销售价格按照实际成交价即商品报价扣除商业折扣后的金额确定，并按其开具发票，因此，企业应收账款的入账金额应按扣除商业折扣后的实际售价确认入账。所以，商业折扣不需要在买卖任何一方的账上予以反映，对应收账款入账金额的确认并无实质性的影响。

【例3—10】 企业出售甲产品，价目单销售价格为每台3 000元，成批购买30台，可给予10%的商业折扣。实际成交价（即发票价格）计算如下：

价目单销售价格（3 000×30）	90 000
商业折扣 10%	9 000
实际成交价	81 000

2.现金折扣

现金折扣是指企业为了鼓励客户在一定时期内早日偿还货款，对销售价格给予的扣减，也称为销售折扣。现金折扣一般用2/10、1/20、n/30的方式表示，这一折扣条件表明：赊销期限为30天；若付款人在10天内付款，可享受2%的折扣；若在10～20天内付款，可享受1%的折扣；若在20～30天内付款则不给予折扣。

现金折扣使得企业收回货款的金额因客户付款时间不同而有差异，必然对应收账款入账价值产生影响，对于这种影响，会计上有两种处理方法可供选择，即总价法和净价法。

(1)总价法

总价法是将未扣减现金折扣的发票金额作为应收账款入账金额。客户在折扣期内付款时，企业给予客户的现金折扣，可视为融通资金的成本，在会计上作为财务费用处理。

总价法可以较好地反映销售的全过程，但在客户可能享受现金折扣的情况下，会高估应收账款和销售收入。例如，期末结账时，有些应收账款尚未超过折扣期，企业又无法确切知道客户是否会享受现金折扣，如果有一部分可能会享受现金折扣，而账上未予反映，其结果便是高估了应收账款、低估了费用、虚增了利润，不符合会计信息质量的谨慎性要求。

(2)净价法

净价法是将扣减现金折扣后的金额作为应收账款入账金额。这种方法是将客户取得折扣视为正常现象，将客户因超过折扣期限而丧失的折扣视为企业提供信贷获得的收入，作为冲减财务费用处理。

净价法可以避免总价法的不足，从理论上讲更为合理。但在客户超过折扣期限付款时，必须再查对原销售总额，在期末结账时，对已经超过折扣期限尚未付款的应收账款，要按客户未享受的现金折扣进行调整，核算较为烦琐。

【例3－11】 企业赊销给绿源公司商品一批，按价目表计算的价格为18 125元(不含税)，由于是成批销售，给予20%的商业折扣。现金折扣条件为2/10、1/20、n/30。企业适用增值税率17%，应收账款采用总价法核算。编制会计分录如下：

(1)应收账款按实际成交价入账：

实际成交价＝18 125×(1－20%)＝14 500(元)

借：应收账款——绿源公司	16 965	
贷：主营业务收入		14 500
应交税费——应交增值税(销项税额)		2 465

(2)若绿源公司在10天内付款：

现金折扣＝16 965×2%＝339.30(元)

借：银行存款	16 625.70	
财务费用	339.30	

贷:应收账款——绿源公司　　16 965

(3)若绿源公司在 10～20 天内付款:

现金折扣=16 965×1%=169.65(元)

借:银行存款　　16 795.35

财务费用　　169.65

贷:应收账款——绿源公司　　16 965

(4)若绿源公司在 20 天后付款,无现金折扣:

借:银行存款　　16 965

贷:应收账款——绿源公司　　16 965

【例 3—12】 沿用【例 3—11】资料,假设企业采用净价法核算应收账款。编制会计分录如下:

(1)应收账款按扣除最大现金折扣后的净额入账:

入账金额=18 125×(1—20%)×(1+17%)×(1—2%)=16 625.70(元)

借:应收账款——绿源公司　　16 625.70

贷:主营业务收入　　14 160.70

应交税费——应交增值税(销项税额)　　2 465

根据有关增值税纳税的规定,计算销项税额应以实际销货额为依据,发生的现金折扣不得从计税的销售额中减除。因此,该会计分录中的销项税额以实际销货额 14 500元为依据计算,相应的现金折扣金额作为减少主营业务收入处理。

(2)若绿源公司在 10 天内付款:

借:银行存款　　16 625.70

贷:应收账款——绿源公司　　16 625.70

(3)若绿源公司在 10～20 天内付款:

实际收款=18 125×(1—20%)×(1+17%)×(1—1%)=16 795.35(元)

借:银行存款　　16 795.35

贷:应收账款——绿源公司　　16 625.70

财务费用　　169.65

(4)若绿源公司在 20～30 天内付款:

实际收款=18 125×(1—20%)×(1+17%)=16 965(元)

借:银行存款　　16 965

贷:应收账款——绿源公司　　16 625.70

财务费用　　339.30

(5)若绿源公司超过信用期限尚未付款,应将其已丧失的现金折扣调整入账:

借:应收账款——绿源公司　　339.30

　贷:财务费用　　339.30

实际收到货款时:

借:银行存款　　16 965

　贷:应收账款——绿源公司　　16 965

(二)销售退回与折让

1.销售退回

销售退回是指企业销售商品后,由于商品的规格型号、质量等不符合购销合同的规定,可能会被客户全部或部分退回。发生销货退回业务时,应根据红字增值税发票冲减销售收入和应交增值税,同时需调整存货记录。

【例 3—13】 企业向云海公司赊销甲产品 400 件,每件售价 100 元,给予 5%商业折扣,实际售价 38 000 元,增值税率 17%。付款条件为 2/20、n/30,应收账款采用总价法核算。云海公司验收商品时,发现有 40 件规格与购销合同不符,经双方协商后将其退回。编制会计分录如下:

(1)销售甲产品时:

借:应收账款——云海公司　　44 460

　贷:主营业务收入　　38 000

　　应交税费——应交增值税(销项税额)　　6 460

(2)客户退回商品时:

销货退回应冲减销售收入额＝40×100×(1－5%)＝3 800(元)

销货退回应冲减销项税额＝3 800×17%＝646(元)

借:主营业务收入　　3 800

　　应交税费——应交增值税(销项税额)　　646

　贷:应收账款——云海公司　　4 446

同时,应调整原已结转的已销产品成本,借记"库存商品"科目,贷记"主营业务成本"科目。

2.销售折让

销售折让是指企业销售商品后,由于商品的规格型号、质量等不符合购销合同的规定或其他原因,被客户要求在价格上给予一定的减让。发生销售折让业务时,只需要根据红字发票冲减销售收入和应交增值税。

【例 3—14】 沿用【例 3—13】资料,云海公司验收商品时,发现另有 160 件商品质量与购销合同不符,经双方协商,同意按实际售价的 10%给予折让。编制会计分录如下：

销售折让应冲减销售收入额＝160×100×(1－5％)×10％＝1 520(元)

销售折让应冲减销项税额＝1 520×17％＝258.40(元)

借:主营业务收入　　　　　　　　　　　　　1 520

　应交税费——应交增值税(销项税额)　　　　258.40

　贷:应收账款——云海公司　　　　　　　　　1 778.40

如果退回的商品或发生的折让是在客户结清了货款之后,并实际发生了现金折扣,则销售退回和折让应冲减的销售收入和销项税额要按扣除现金折扣后的金额计算。

【例 3－15】 沿用【例 3－13】和【例 3－14】资料,假设云海公司在 20 天之内结清了货款,退回和折让都发生在结清货款之后。编制会计分录如下：

(1)云海公司在 20 天之内结清货款时：

现金折扣＝44 460×2％＝889.20(元)

借:银行存款　　　　　　　　　　　　　43 570.80

　财务费用　　　　　　　　　　　　　　　889.20

　贷:应收账款——云海公司　　　　　　　　　44 460

(2)发生销售退回时：

应退给购货方的款项＝(3 800＋3 800×17％)×(1－2％)＝4 357.08(元)

应冲减销售收入额＝3 800×(1－2％)－3800×17％×2％＝3 711.08(元)

应冲减销项税额＝3 800×17％＝646(元)

借:主营业务收入　　　　　　　　　　　　3 711.08

　应交税费——应交增值税(销项税额)　　　　646

　贷:银行存款　　　　　　　　　　　　　　4 357.08

(3)发生销售折让时：

应退给购货方的款项＝(1 520＋1 520×17％)×(1－2％)＝1 742.83(元)

应冲减销售收入额＝1 520×(1－2％)－1 520×17％×2％＝1 484.43(元)

应冲减销项税额＝1 520×17％＝258.40(元)

借:主营业务收入　　　　　　　　　　　　1 484.43

　应交税费——应交增值税(销项税额)　　　　258.40

　贷:银行存款　　　　　　　　　　　　　　1 742.83

第三节 预付和其他应收款项

一、预付款项

（一）预付账款

预付账款是指企业按照合同规定预先支付给供货单位的款项。企业应设置“预付账款”科目进行核算，并按供货单位进行明细核算。

企业因购货而预付的款项，借记“预付账款”科目，贷记“银行存款” 等科目。收到所购材料物资，按应计入购入材料物资成本的金额，借记“在途物资”“材料采购”或“原材料”“库存商品”等科目，按应支付的金额，贷记“预付账款”科目。补付的款项，借记“预付账款”科目，贷记“银行存款”等科目；退回多付的款项做相反的会计分录。涉及增值税进项税额的，还应进行相应的处理。

企业为在建工程预付的工程价款，借记“预付账款”科目，贷记“银行存款”等科目。按工程进度结算工程价款，借记“在建工程”科目，贷记“预付账款”“银行存款”等科目。

【例 3－16】 企业向百林公司采购材料，按合同规定于 2014 年 9 月 10 日预付款项 40 000 元，以银行存款支付。2014 年 10 月 7 日收到所购材料和百林公司开具的增值税专用发票。材料价款为 45 000 元，增值税率为 17%。材料已验收入库，应补付的货款已通过银行存款付讫。编制会计分录如下：

（1）2014 年 9 月 10 日预付货款时：

借：预付账款——百林公司	40 000	
贷：银行存款		40 000

（2）2014 年 10 月 7 日收到材料时：

借：原材料	45 000	
应交税费——应交增值税（进项税额）	7 650	
贷：预付账款——百林公司		52 650

（3）用银行存款补付货款时：

借：预付账款——百林公司	12 650	
贷：银行存款		12 650

预付款项情况不多的，也可以不设置“预付账款”科目，通过“应付账款”科目核算预付账款相关业务。

（二）预付费用

此外，企业已经支付，但应由本期和以后各期分别负担的各种费用，如预付报纸杂志费、预付保险费、预付经营租赁的租金等。若企业发生的此类预付费用金额小且实际受益期限短，可于支付时直接计入当期损益；若金额相对较大且受益期限相对较长（1年以内，含1年），可设置"待摊费用"科目进行核算；若金额大且受益期限长（超过1年），则应设置"长期待摊费用"科目进行核算。

二、其他应收款项

（一）应收股利

应收股利是指企业因进行股权投资应收取的现金股利和应收取其他单位分配的利润，应通过"应收股利"科目核算，并按被投资单位进行明细核算。

企业取得交易性金融资产、长期股权投资及可供出售金融资产时，按支付的价款中所包含的、已宣告但尚未发放的现金股利，借记"应收股利"科目，贷记"银行存款""其他货币资金"等科目。

在交易性金融资产、长期股权投资及可供出售金融资产持有期间，被投资单位宣告发放现金股利或利润时，按应享有的份额，借记"应收股利"科目，贷记"投资收益"科目。

企业实际收到现金股利或利润时，借记"银行存款"等科目，贷记"应收股利"科目。

（二）应收利息

应收利息是指企业因进行债权投资而应收取的利息，包括交易性金融资产、持有至到期投资、可供出售金融资产、发放贷款等发生的应收利息，应通过"应收利息"科目核算，并按被投资单位或借款人进行明细核算。

企业取得交易性金融资产、持有至到期投资及可供出售债券投资时，按支付的价款中所包含的、已到付息期但尚未领取的利息，借记"应收利息"科目，贷记"银行存款"等科目。

在交易性金融资产、持有至到期投资及可供出售债券投资持有期间，属于分期付息、一次还本债券投资的，应按票面利率计算确定的应收未收利息，借记"应收利息"科目，贷记"投资收益"等关科目。

实际收到利息时，借记"银行存款"科目，贷记"应收利息"科目。

（三）其他应收款

1.其他应收款核算的内容

其他应收款是指企业除应收票据、应收账款、预付账款、应收股利、应收利息、长期应收款等以外的其他各种应收及暂付款项。包括的主要内容如下：

(1)应收的各种赔款、罚款；

(2)应收出租包装物租金；

(3)应向职工收取的各种垫付款项；

(4)向企业各职能科室、车间等拨出的备用金；

(5)存出保证金，如租入包装物支付的押金；

(6)其他各种应收、暂付款项。

企业应设置“其他应收款”科目核算上述各种应收及暂付款项，并按对方单位或个人进行明细核算。

【例3－17】 企业管理部门职工刘群2014年9月28日预借差旅费3 000元，以现金支票支付。2014年10月12日刘群完成出差任务，报销差旅费2 000元。余款以现金交回。编制会计分录如下：

(1)2014年9月28日刘群预借差旅费时：

借：其他应收款——刘群	3 000	
贷：银行存款		3 000

(2)2014年10月12日刘群报销差旅费时：

借：管理费用	2 000	
库存现金	1 000	
贷：其他应收款——刘群		3 000

【例3－18】 企业一台机器设备发生非正常报废，根据保险协议，应向保险公司收取赔偿款10 000元。编制会计分录如下：

借：其他应收款——保险公司	10 000	
贷：固定资产清理		10 000

收到上述赔款时：

借：银行存款	10 000	
贷：其他应收款——保险公司		10 000

2.备用金的核算

在其他应收款核算内容中，备用金是指企业拨付给内部单位或个人作为零星开支的备用款项。企业可通过“其他应收款”科目核算，并设置“备用金”明细科目进行明细核算，也可以单独设置“备用金”科目进行核算。按对备用金管理方式的不同，分为定额备用金和非定额备用金两种，不同形式的备用金其会计处理方法也不一样。

定额备用金是指用款单位按定额持有的备用金。定额备用金制度主要包括以下内容：

(1)核定备用金定额并拨付款项。根据用款单位的需要，由财会部门会同有关单位核定备用金定额、拨付款项，并规定其用途和报销期限。

(2)备用金的管理和使用。用款单位必须设立专人经管定额备用金；支付零用现金时，必须由指定的负责人签字同意；备用金经管人员必须妥善保存使用备用金时取得的收据、发票等各种报销凭证，并设置备用金登记簿，记录各项零星支出。

(3)报销及拨补备用金。经管人员按规定的间隔日期或在备用金不够周转时，凭有效单据向财会部门报销，财会部门根据报销数以现金或签发支票补足备用金定额。一般于会计期末时，不论备用金剩余多少，都必须办理报销补足手续。

(4)定额备用金的取消。若企业根据实际情况认为该部门没有继续设置备用金的必要而予以取消，该部门在报销时同时交回剩余的现金。

定额备用金制度便于对备用金的使用进行管理和控制，一般适用于具有经常性零星开支的内部用款单位。

【例 3—19】 根据企业总务科有关定额备用金的经济业务，编制会计分录如下：

(1)2014 年 7 月 1 日，总务科开始实行定额备用金制度，财会部门根据核定的备用金定额 5 000 元，开出现金支票拨付。

借：其他应收款——备用金(总务科)　　5 000
　贷：银行存款　　5 000

(2)7 月 15 日，总务科向财会部门报销日常办公用品费 800 元，财会部门经审核有关单据后，同意报销，并以现金补足定额。

借：管理费用　　800
　贷：库存现金　　800

(3)7 月 31 日，总务科办理报销和补足备用金手续，报销日常办公用品费 750 元。

借：管理费用　　750
　贷：库存现金　　750

(4)根据实际情况，于 2014 年 12 月取消备用金，总务科报销 2 000 元办公费用，同时交回现金 3 000 元。

借：管理费用　　2 000
　　库存现金　　3 000
　贷：其他应收款——备用金(总务科)　　5 000

非定额备用金制度是指用款单位或个人不按固定定额持有备用金。当进行零星采购、出差或其他日常开支需要用备用金时，按需要逐次借用和报销。这种方法手续简单，一般适用于非经常性开支的用款单位或个人。【例 3—17】属于非定额备用金制度情况。

第四节 坏账损失

一、坏账及坏账损失

企业的应收款项可能由于种种原因而不能收回，这些不能收回的应收款项称为坏账，由于坏账而造成的损失称为坏账损失。

坏账的确认标准是有客观证据表明应收款项不能收回或收回的可能性极小，如债务单位已撤销、破产、发生严重财务困难或自然灾害等，导致其无法偿付债务。但是，已确认为坏账的债权，并不意味着企业放弃了追索权。企业仍应予以关注、积极追索，最大限度地回收债权，减少损失。一旦重新收回，应及时进行账务处理。

二、坏账损失核算

对坏账损失的处理，会计上有直接转销法和备抵法两种方法。

（一）直接转销法

直接转销法是指企业在确认应收款项确实无法收回时，将此坏账损失计入当期损益，同时注销相应的应收款项。

直接转销法的会计处理为：实际发生坏账时，借记“资产减值损失”，贷记“应收账款”。以后若有收回，借记“应收账款”，贷记“资产减值损失”，同时，借记“银行存款”，贷记“应收账款”，也可以合并为一笔分录，借记“银行存款”，贷记“资产减值损失”。

直接转销法的会计处理比较简单，但它忽视了坏账损失与赊销业务的联系，在反映赊销收入的同时，没有反映可能发生的坏账损失，导致前期资产和利润的高估，不符合会计信息质量的谨慎性要求。

（二）备抵法

备抵法是在会计期末检查应收款项收回的可能性的前提下，采用一定的方法估计可能发生的坏账损失，计提坏账准备。当某一应收款项全部或部分实际发生坏账时，将其金额冲减已提的坏账准备，并注销相应的应收款项。备抵法弥补了直接转销法的不足，避免高估资产和虚增利润，较好地遵循了谨慎性要求。但其核算手续较为烦琐。

企业应设置“坏账准备”科目核算应收款项的坏账准备，并按应收款项的类别进行明细核算。

资产负债表日，应收款项发生减值的，按应减记的金额，借记“资产减值损失”科目，贷记“坏账准备”科目，同时应考虑“坏账准备”的账面余额，本期应计提的坏账准备大于其账面余额的，应按其差额计提；应计提的坏账准备小于其账面余额的差额做相反的会计分录。

对于确实无法收回的应收款项，按管理权限报经批准后作为坏账，转销应收款项，借记“坏账准备”科目，贷记“应收票据”“应收账款”“预付账款”“其他应收款”“长期应收款”等科目。

已确认为坏账并转销的应收款项以后又收回的，应按实际收回的金额，借记“应收票据”“应收账款”“预付账款”“其他应收款”“长期应收款”等科目，贷记“坏账准备”科目；同时，借记“银行存款”科目，贷记“应收票据”“应收账款”“预付账款”“其他应收款”“长期应收款”等科目。对于已确认并转销的应收款项以后又收回的，也可以按照实际收回的金额，借记“银行存款”科目，贷记“坏账准备”科目。

【例 3－20】 企业从 2012 年开始按期末应收账款余额的 5％计提坏账准备。有关经济业务资料及会计分录如下：

(1)2012 年末应收账款余额 200 万元。

2012 年末首次计提坏账准备金额为 2 000 000×5％＝100 000(元)

借：资产减值损失　　100 000

　贷：坏账准备　　100 000

(2)2013 年末应收账款余额 250 万元，本年未发生坏账。

2013 年末应有坏账准备余额＝2 500 000×5％＝125 000(元)

坏账准备的年初账面余额＝100 000(元)

应补提的坏账准备金额＝125 000－100 000＝25 000(元)

借：资产减值损失　　25 000

　贷：坏账准备　　25 000

(3)2014 年应收天虹公司的一笔货款被确认为坏账，金额为 20 000 元。

借：坏账准备　　20 000

　贷：应收账款——天虹公司　　20 000

(4)2014 年末应收账款余额 180 万元。

2014 年末应有坏账准备余额＝1 800 000×5％＝90 000(元)

坏账准备已有的账面余额＝125 000－20 000＝105 000(元)

应冲回的坏账准备金额＝105 000－90 000＝15 000(元)

借：坏账准备　　15 000

　贷：资产减值损失　　15 000

(5)2015 年收回 2014 年已核销的坏账 10 000 元。

先按收回的金额，做一笔与注销应收账款时相反的会计分录：

借：应收账款——天虹公司　　10 000

　贷：坏账准备　　10 000

再做一笔收回款项的会计分录：

借：银行存款　　10 000

　贷：应收账款——天虹公司　　10 000

也可以将上述两笔会计分录合并编制为一笔会计分录如下：

借：银行存款　　10 000

　贷：坏账准备　　10 000

前一种处理方式能通过"应收账款"科目清晰地反映债务人的偿债信誉，后一种处理方式较为简单。

(6)2015 年末应收账款余额 240 万元。

2015 年末应有坏账准备余额＝2 400 000×5％＝120 000(元)

坏账准备已有的账面余额＝90 000＋10 000＝100 000(元)

应计提的坏账准备金额＝120 000－100 000＝20 000(元)

借：资产减值损失　　20 000

　贷：坏账准备　　20 000

三、估计坏账损失的方法

采用备抵法核算应收款项的坏账，必须采用一定的方法合理地估计各会计期间的坏账损失金额。按期估计坏账损失的方法主要有三种，即应收款项余额百分比法、账龄分析法和赊销百分比法。

(一)应收款项余额百分比法

应收款项余额百分比法是根据会计期末应收款项的余额和估计的坏账率来估计坏账损失，并据此计提坏账准备的方法。坏账率应根据企业以往的数据资料和目前的实际情况确定。

【例 3－20】是采用应收账款余额百分比来确定坏账损失金额的。

(二)账龄分析法

账龄分析法是根据应收款项账龄的长短和估计的坏账损失百分比来估计坏账损失的方法。一般认为，账龄越长，账款不能收回的可能性越大，即发生坏账的可能性就越大，就要有较大的估计损失比率。

【例 3－21】　企业 2014 年以账龄分析法估计应收账款的坏账损失金额，见表 3－

1 和表 3－2。

表 3－1　应收账款账龄分析表　　单位:元

项目 账龄	2014 年 12 月 31 日		2013 年 12 月 31 日	
	应收账款金额	百分比(%)	应收账款金额	百分比(%)
未超过信用期	50 000	37.88	40 000	32.52
超过信用期 1 个月	40 000	30.30	40 000	32.52
超过信用期 2 个月	10 000	7.58	10 000	8.13
超过信用期 3 个月	10 000	7.58	15 000	12.20
超过信用期 4 个月	9 000	6.82	8 000	6.50
超过信用期 5 个月	5 000	3.79	4 000	3.25
破产或追诉中	8 000	6.05	6 000	4.88
合　计	132 000	100	123 000	100

表 3－2　坏账损失估计计算表

2014 年 12 月 31 日　　单位:元

账龄	应收账款金额	估计损失百分比	估计坏账损失金额
未超过信用期	50 000	1%	500
超过信用期 1 个月	40 000	3%	1 200
超过信用期 2 个月	10 000	5%	500
超过信用期 3 个月	10 000	7%	700
超过信用期 4 个月	9 000	10%	900
超过信用期 5 个月	5 000	20%	1 000
破产或追诉中	8 000	80%	6 400
合　计	132 000		10 390

(三)赊销百分比法

赊销百分比法是指以赊销金额的一定百分比估计坏账损失的方法。一般根据历史经验估计发生坏账占赊销金额的百分比。按当期赊销金额的一定比率估计坏账损失，是因为应收款项的坏账只与赊销有关，而与现销无关。赊销业务越多，赊销金额越大，产生坏账损失的可能性就越大。

上述三种方法是估计坏账损失金额的方法，无论采用哪一种方法，其会计上的账务处理都相同，如【例 3－21】所示。

思考题

1.应收票据贴现的性质是什么？如何计算贴现净额？如何进行应收票据贴现的会计核算？

2.应收账款的总价法与净价法在会计处理上有何区别？两种处理方法各自的优点和缺点是什么？

3.坏账损失有哪几种核算方法？各自的利弊应如何评价？

练习题

1.资料：

某企业于 2014 年 12 月 20 日将签发日为 2014 年 10 月 1 日、期限为 90 天、面值为 80 000 元、票面利率为 6％的银行承兑汇票向银行办理贴现（不带追索权），贴现率为 7.2％。

要求：

（1）计算该企业能够获得的贴现款，并编制有关会计分录。

（2）若贴现的是带追索权的商业承兑汇票，且票据到期时付款人无资金支付。编制有关会计分录。

2.资料：

2014 年 5 月 2 日，甲企业销售一批商品给乙企业，商品价目表中所列示的价格为 120 元/件，共销售 500 件，并给予乙企业 5％的商业折扣，增值税税率为 17％，规定的付款条件是 2/10、1/20、n/30。乙企业于 2014 年 5 月 20 日付款。2014 年 5 月 25 日乙企业发现有 100 件产品不合格，将其退回。

要求：

根据上述资料，用总价法和净价法分别编制甲企业的有关会计分录。

3.资料：

某公司从 2011 年开始计提坏账准备，采用应收款项余额百分比法估计坏账损失，坏账准备的提取比例为 5‰，有关经济业务资料如下：

(1)2012 年末应收账款余额为 1 000 000 元；

(2)2013 年未发生坏账损失，该年末应收账款余额为 2 500 000 元；

(3)2014 年未发生坏账损失，该年末应收账款余额为 2 000 000 元；

(4)2015 年 6 月，经核实确认一笔坏账损失，金额为 18 000 元。同年 10 月，前述已核销的坏账又收回 5 000 元。2009 年末应收账款余额为 2 000 000 元。

要求：

根据上述资料，编制有关会计分录。

第四章 存 货

【本章导读】

存货是企业的一项重要的经济来源，通常都占资产总额的相当比重。同时，企业持有存货的最终目的即出售，使存货与销售成本之间又存在必然联系。因此，存货的确认、计量如何，对于企业的财务状况、经营成果，以及现金流量具有直接或间接的重要影响。例如国机汽车是一家主要从事汽车销售业务的上市公司，从该公司 2013 年的年报中可以看出，由于代理品牌热销，2013 年汽车批发业务市场占有率达 19.3%，汽车零售业务收入增长 29.77%，同时，销售费用、管理费用、财务费用占收入比例均下降，且获得大额投资收益(公司出售部分华夏银行股份)，在这种收入增长较大，而费用得到有效控制的情况下，公司的净利润率应该有较大的增长，可是该公司 2013 年的净利润率仅为 0.88%，同比只提升 0.06 个百分点。究其原因，是公司计提了 1.8 亿元的存货跌价准备，导致销售净利率仅小幅增长，计提大额存货跌价准备的主要原因是进口车供给大于需求造成经销商降价促销。存货跌价准备的计提理由是什么？为什么针对存货计提了跌价准备会影响到企业的净利润呢？

【学习目标】

了解存货的概念、特征、确认条件和分类；

掌握发出存货的计价方法；

存货按实际成本计价和计划成本计价的会计处理；

理解存货可变现净值的确认方法和存货跌价准备的会计处理。

第一节 存货概述

一、存货的概念和确认条件

（一）存货的概念

存货，是指企业在日常活动中持有的以备出售的产成品或商品、处在生产过程中的在产品、在生产过程或提供劳务过程中耗用的材料和物料等。存货包括企业为产成品生产和商品销售而持有的原材料、燃料、包装物、低值易耗品、在产品、产成品、商品等。存货通常在一年或超过一年的一个营业周期内被消耗或经出售转换为现金、银行存款或应收账款等，具有明显的流动性，属于流动资产。在大多数企业中，存货在流动资产中占很大比重，是流动资产的重要组成部分。

从上面存货的定义中，可以得出存货具有的几个基本特征：一是具有一定的物质实体，是一项有形资产；二是有较强的流动性，经常处于销售和重置或者耗用和重置的循环之中；三是持有的最终目的是为了出售，这是存货区别于固定资产等其他资产的本质特征。

一个资产项目是否属于存货，主要取决于其在生产经营过程中的用途或所起的作用，而不是物质实体。例如，同样一台机器设备，对于生产和销售机器设备的企业来说，属于存货，而对于使用机器设备进行生产的企业来说，则属于固定资产。再如，企业为建造固定资产而储备的各种材料，虽然在物质实体上与原材料等存货类似，但并不符合存货的概念，因而不能列入存货进行核算。此外，企业为国家储备的特种物资、专项物资等，并不参加企业的经营周转，因而也不能列入存货进行核算。

（二）存货的确认条件

存货必须在符合定义的前提下，同时满足下列两个条件，才能予以确认。

1.该存货包含的经济利益很可能流入企业

企业在确认存货时，需要判断与该项存货相关的经济利益是否很可能流入企业。在实务中，主要通过判断与该项存货所有权相关的风险和报酬是否转移到了企业来确定。其中，与存货所有权相关的风险，是指由于经营情况发生变化造成的相关收益的变动，以及由于存货滞销、毁损等原因造成的损失；与存货所有权相关的报酬，是指在处置该项存货或其经过进一步加工取得的其他存货时获得的收入，以及处置该项存货实现的利润等。

通常情况下，取得存货的所有权是与存货相关的经济利益很可能流入本企业的一个重要标志。例如，根据销售合同已经售出(取得现金或收取现金的权利)的存货，其所有权已经转移，与其相关的经济利益已不能再流入本企业，此时，即使该项存货尚未运离本企业，也不能再确认为本企业的存货。又如，委托代销商品，由于其所有权并未转移至受托方，因而委托代销的商品仍应当确认为委托企业存货的一部分。总之，企业在判断与存货相关的经济利益能否流入企业时，主要结合该项存货所有权的归属情况进行分析确定。

2.该存货的成本能够可靠地计量

作为企业资产的组成部分，要确认存货，企业必须能够对其成本进行可靠的计量。存货的成本能够可靠地计量必须以取得确凿、可靠的证据为依据，并且具有可验证性。如果存货成本不能可靠地计量，则不能确认为一项存货。例如，企业承诺的订货合同，由于并未实际发生，不能可靠确定其成本，因此就不能确认为购买企业的存货。又如，企业预计发生的制造费用，由于并未实际发生，不能可靠地确定其成本，因此不能计入产品成本。

二、存货的分类

存货分布于企业生产经营的各个环节，构成内容也很多，不同存货的具体特点和管理要求各不相同。为了加强存货的管理，提供有用的会计信息，应当对存货进行适当的分类。

(一)按经济用途分类

不同行业的企业，由于经济业务的具体内容各不相同，因而存货的构成也不尽相同。因此，存货的具体内容和类别应依企业所处行业的性质而定。以工业企业为例，存货按经济用途可做如下分类：

(1)原材料。指企业在生产过程中经加工改变其形态或性质并构成产品、主要实体的各种原料及主要材料、辅助材料、外购半成品(外购件)、修理用备件(备品备件)、包装材料、燃料等。为建造固定资产等各项工程而储备的各种材料，虽然同属于材料，但是由于用于建造固定资产等各项工程不符合存货的定义，因此不能作为企业的存货进行核算。

(2)在产品。指企业正在制造尚未完工的产品，包括正在各个生产工序加工的产品和已加工完毕但尚未检验或已检验但尚未办理入库手续的产品。

(3)半成品。指经过一定生产过程并已检验合格交付半成品仓库保管，但尚未制造完工成为产成品，仍需进一步加工的中间产品。

(4)产成品。指工业企业已经完成全部生产过程并验收入库,可以按照合同规定的条件送交订货单位或者可以作为商品对外销售的产品。企业接受外来原材料加工制造的代制品和为外单位加工修理的代修品,制造和修理完成验收入库后,应视同企业的产成品。

(5)商品。指商品流通企业外购或委托加工完成验收入库用于销售的各种商品。

(6)周转材料。指企业能够多次使用、价值逐渐转移但仍保持其原有形态而不确认为固定资产的材料,如为了包装本企业商品而储备的各种包装物,各种工具、管理用具、玻璃器皿、劳动保护用品以及在经营过程中周转使用的容器等低值易耗品和建造承包商的钢模板、木模板、脚手架等其他周转材料。但是,周转材料符合固定资产定义的,应当作为固定资产处理。

(二)按存货地点分类

存货按其存放地点一般可分为库存存货、在途存货、委托加工存货和委托代销存货四类。

(1)库存存货。指已经购进或生产完工并验收入库的各种原材料、周转材料、半成品、产成品以及商品。

(2)在途存货。指已经取得所有权但尚在运输途中或虽已运抵企业但尚未验收入库的各种材料物资及商品。

(3)委托加工存货。指企业已经委托外单位加工,但尚未加工完成的各种存货。

(4)委托代销存货。指企业已经委托外单位代销,但合同规定尚未办理代销货款结算的存货。

(三)按取得方式分类

存货按取得方式,可以分为外购存货、自制存货、委托加工存货、投资者投入的存货、接受捐赠取得的存货、通过债务重组取得的存货、非货币性资产交换取得的存货、盘盈的存货等。

(1)外购存货。指从企业外部购入的存货,如外购商品、外购材料、外购零部件等。

(2)自制存货。指由企业制造的存货,即自制材料、在产品、产成品等。

(3)委托加工存货。指通过支付加工费的方式委托外单位进行加工生产的存货。

(4)其他方式取得的存货。指企业通过其他方式取得的存货,例如投资者投入的存货、接受捐赠取得的存货、通过债务重组方式取得的存货、通过非货币性资产交换取得的存货、盘盈的存货等。

不同来源的存货,其入账价值的确定方法各不相同,在会计上应设置不同的科目来核算其成本。

三、存货的范围

企业应以所有权的归属而不以物品的存放地点来确定存货的范围，应特别注意以下几点：

(1)凡是开具了销售发票已经售出的存货，与所有权相对应的风险和报酬已经转移，即使暂时还存放在企业的仓库，也不能作为本企业的存货。

(2)凡是未转移所有权以及风险和报酬的发出物品，即使未存放于本企业，也应将其作为本企业的存货，如委托其他单位代销的存货。

(3)凡是所有权以及相对应的风险和报酬已经转移到企业的存货，即使尚未存放于本企业的仓库，也应作为本企业的存货，如尚在运输途中的购入存货。

(4)凡是不属于本企业所有的存货，即使存放在本企业的仓库，也不能作为本企业的存货，如受托代销的存货、受托加工的存货、受托保管的存货。

第二节　存货的初始计量

企业取得存货应按其成本进行初始计量，也就是企业为取得存货而发生的成本，理论上说应当包括使存货达到目前场所和状态所发生的一切必要支出。

一、外购存货的初始计量

(一)外购存货的入账价值

外购存货的入账价值即存货的采购成本，包括购买价款、相关税费、运输费、装卸费、保险费以及其他可归属于存货采购成本的费用。

存货的购买价款是指企业购入的材料或商品的发票账单上列明的价款，但不包括按规定可以抵扣的增值税额。

存货的相关税费是指企业购买存货发生的进口关税、消费税、资源税和不能抵扣的增值税进项税额以及相应的教育费附加等应计入存货采购成本的税费。对于增值税小规模纳税人购进存货所支付的增值税不能抵扣，应计入存货的采购成本中。

其他可归属于存货采购成本的费用是指采购成本中除上述各项以外的可归属于存货采购的费用，如在存货采购过程中发生的仓储费、包装费、运输途中的合理损耗、入库前的挑选整理费用等。

需要说明的是商品流通企业在采购商品过程中发生的运输费、装卸费、保险费以及其他可归属于存货采购成本的费用等进货费用，应当计入存货采购成本，也可以先进行归集，期末根据所购商品的结存和销售情况进行分摊。对于已售商品的进货费用，计入当期损益；对于未售商品的进货费用，计入期末存货成本。如果企业采购商品的进货费用金额较小的，可以在发生时直接计入当期损益。

(二)外购存货的会计处理

企业外购的存货，由于距离采购地点远近不同、货款结算方式不同等原因，可能造成存货验收入库和货款结算并不总是同步完成。同时，外购存货还可能采用预付货款方式、赊购方式等。因此，企业外购的存货应根据具体情况，分别进行会计处理。

1.存货验收入库和货款结算同时完成，即单到货到

在这种情况下，企业应于支付货款或开出、承兑商业汇票，并且存货验收入库后，按发票账单等结算凭证确定的存货成本，借记“原材料”“周转材料”“库存商品”等存货类科目，按增值税专用发票上注明的增值税进项税额，借记“应交税费——应交增值税(进项税额)”科目，按实际支付的款项或应付票据面值，贷记“银行存款”“应付票据”等科目。

【例 4—1】 甲公司购入一批原材料，增值税专用发票上注明的材料价款为30 000元，增值税进项税额为 5 100 元。货款已通过银行转账支付，材料也已验收入库。

借:原材料　　30 000

　应交税费——应交增值税(进项税额)　　5 100

　贷:银行存款　　35 100

2.货款已结算但存货尚在运输途中，即单到货未到

在已经支付货款或开出、承兑商业汇票，但存货尚在运输途中或虽已运达但尚未验收入库的情况下，企业应于支付货款或开出、承兑商业汇票时，按发票账单等结算凭证确定的存货成本，借记“在途物资”科目，按增值税专用发票上注明的增值税进项税额，借记“应交税费——应交增值税(进项税额)”科目，按实际支付的款项或应付票据面值，贷记“银行存款”“应付票据”等科目；待存货运达企业并验收入库后，再根据有关验证凭证，借记“原材料”“周转材料”“库存商品”等存货科目，贷记“在途物资”科目。

【例 4—2】 甲公司购入一批原材料，增值税专用发票上注明的材料价款为30 000元，增值税额为 5 100 元。货款已通过银行转账支付，材料尚在运输途中。

(1)支付货款

借:在途物资　　30 000

　应交税费——应交增值税(进项税额)　　5 100

　贷:银行存款　　35 100

(2)原材料运达企业并验收入库

借:原材料　　30 000

　贷:在途物资　　30 000

3.存货已验收入库但货款尚未结算,即货到单未到

在存货已送达企业且验收入库,但结算凭证尚未到达、货款尚未结算的情况下,企业在收到存货可先不进行会计处理;如果在本月内结算凭证能够到达企业,则应支付货款或开出、承兑商业汇票后,按发票账单等结算凭证确定的存货成本,借记"原材料""周转材料""库存商品" 等存货科目,按增值税专用发票上注明的增值税进项税额,借记"应交税费——应交增值税(进项税额)"科目,按应付或已付的金额贷记"银行存款""应付票据"等科目;如果月末时结算凭证仍未到达,应对存货暂估价值入账,借记"原材料""周转材料""库存商品"等存货科目,贷记"应付账款——暂估应付账款"科目,下月初再用红字做相同的分录予以冲销;待结算凭证到达,企业付款或开出、承兑商业汇票后,按单到货到的情况做会计处理;若下月末仍未收到相关结算单据,则在下月末继续暂估入账。

【例 4—3】 甲公司购入一批原材料,材料已运达企业并已验收入库,但发票账单等结算凭证月末时仍未到达,该公司对该批材料估价 40 000 元入账。下月,发票账单等结算凭证到达企业,增值税专用发票上注明的原材料价款为 41 000 元,增值税额为 6 970 元,货款已通过银行转账支付。

(1)本月末,对原材料暂估价值入账

借:原材料　　40 000

　贷:应付账款——暂估应付账款　　40 000

(2)下月初,编制红字记账凭证冲回

借:原材料　　[40 000]

　贷:应付账款——暂估应付账款　　[40 000]

(3)下月,收到结算凭证并支付货款

借:原材料　　41 000

　应交税费——应交增值税(进项税额)　　6 970

　贷:银行存款　　47 970

4.采用预付账款方式购入存货

购入存货时,采用预付账款的,应按照实际预付的金额,借记"预付账款"科目,贷记"银行存款"科目。购入的存货验收入库时,按发票账单等结算凭证确定的存货成本,借记"原材料""周转材料""库存商品"等存货项目,按增值税专用发票上注明的增

值税进项税额，借记“应交税费——应交增值税（进项税额）”科目，按存货成本与增值税进项税额之和，贷记“预付账款”科目。预付的货款不足，需补付货款时，按照补付的金额，借记“预付账款”，贷记“银行存款”。供货方退回多付的货款时，借记“银行存款”，贷记“预付账款。”

【例 4—4】 甲公司向乙公司预付货款 70 000 元，采购一批原材料。乙公司交付所购材料，增值税专用发票上注明的材料价款为 62 000 元，增值税额为 10 540 元，应补付的货款通过银行转账支付。

（1）预付货款

借：预付账款——乙公司　　70 000

　贷：银行存款　　70 000

（2）材料验收入库

借：原材料　　62 000

　应交税费——应交增值税（进项税额）　　10 540

　贷：预付账款——乙公司　　72 540

（3）补付货款

借：预付账款——乙公司　　2 540

　贷：银行存款　　2 540

5.外购存货发生短缺

企业外购的存货可能发生短缺，是指验收入库的存货数量小于结算凭证中记载的存货数量。购进存货发生溢余或短缺时，企业应及时查明原因并进行处理，并根据不同的处理结果分别予以反映。

（1）如果是定额内的合理损耗，按其实际成本计入入库存货的成本；

（2）如果是超定额损耗，将其实际成本及应负担的进项税额扣除保险公司、运输部门或其他过失人赔款后尚不能弥补的部分作为期间费用进入“管理费用”科目；

（3）购入存货发生的非常损失，如自然灾害损失、被盗损失和其他非常损失等，将其实际成本及应负担的进项税额扣除保险公司及有关过失人赔款后尚不能弥补的部分作为非常损失计入“营业外支出”科目。

外购存货发生短缺，如果是定额内的合理损耗，则合理损耗可以计入外购存货的成本，进项税额也可以抵扣；如果是超定额损耗，尚未查明原因或尚未做出处理之前，一般先按短缺存货的实际成本计入“待处理财产损溢——待处理流动资产损溢”科目的借方，即借记“待处理财产损溢——待处理流动资产损溢”科目，贷记“在途物资”科目；待查明原因后，再转入有关科目，借记“管理费用”“营业外支出”等科目，贷记“待处理财产损溢——待处理流动资产损溢”等科目。需要注意的是，原因查明后除残料和重大自然灾害经有关部门批准，短缺存货的进项税额可以抵扣外，其他超定额短缺的存货的进项税额的都要转出，即贷记“应交税费——应交增值税（进项税额转出）”科目。

【例 4—5】 甲企业采用实际成本法进行原材料的日常核算，外购材料一批，单价100元/公斤，数量50公斤，增值税率17%，款项已用银行存款支付。

（1）采购的账务处理为：

借：在途物资（100×50） 5 000

　应交税费——应交增值税（进项税额）（5000×17%） 850

　贷：银行存款 5 850

（2）一个月后，收到材料45公斤，经查明，短缺的材料属于合理损耗，则会计处理如下：

借：原材料 5 000

　贷：在途物资 5 000

这种短缺属于合理损耗，视同提高入库材料的单位成本，不另做账务处理，相当于如数收到原材料的账务处理。但由于验收入库材料实际数量为45公斤，因此，5 000/45>5 000/50，所以相当于提高了入库材料的单位成本。

（3）一个月后，收到材料45公斤，经查明，短缺的材料属于超定额损耗，则会计处理如下：

借：原材料（100×45） 4 500

　待处理财产损溢——待处理流动资产损溢 500

　贷：在途物资（100×50） 5 000

经查明，此次短缺系运输部门的责任，但赔款尚未收到，则会计分录如下：

借：其他应收款——运输部门 585

　贷：待处理财产损溢 500

　　应交税费——应交增值税（进项税额转出）（500×17%） 85

二、通过进一步加工而取得的存货的初始计量

通过进一步加工而取得的存货的成本由采购成本、加工成本以及为使存货达到目前场所和状态所发生的其他成本构成。

（一）委托外单位加工的存货

委托外单位加工完成的存货，以实际耗用的原材料或者半成品、加工费、运输费、装卸费等费用以及按规定应计入成本的税金，作为实际成本。其在会计处理上主要包

括拨付加工物资、支付加工费用和税金、收回加工物资和剩余物资等几个环节。

【例 4－6】 甲企业委托乙企业加工材料一批(属于应税消费品)。原材料成本为 20 000 元,支付的加工费为 7 000 元(不含增值税),材料加工完成并已验收入库,加工费用等已经支付。双方适用的增值税税率为 17%。

甲企业按实际成本核算原材料,有关账务处理如下:

(1) 发出委托加工材料

借:委托加工物资——乙企业	20 000	
贷:原材料		20 000

(2) 支付加工费和税金

应交增值税税额＝7 000×17%＝1 190(元)

借:委托加工物资——乙企业	7 000	
应交税费——应交增值税(进项税额)	1 190	
贷:银行存款		8 190

(3) 加工完成,收回委托加工材料

借:原材料(20 000＋7 000)	27 000	
贷:委托加工物资——乙企业		27 000

(二)自行生产的存货

自行生产的存货的初始成本包括投入的原材料或半成品、直接人工和按照一定方式分配的制造费用。制造费用是指企业为生产产品和提供劳务而发生的各项间接费用,包括企业生产部门(如生产车间)管理人员的薪酬、折旧费、办公费、水电费、机物料消耗、劳动保护费、季节性和修理期间的停工损失等。在生产车间只生产一种产品的情况下,企业归集的制造费用可直接计入该产品成本;在生产多种产品的情况下,企业应采用与该制造费用相关性较强的方法对其进行合理分配。通常采用的方法有:生产工人工时比例法、生产工人工资比例法、机器工时比例法和按年度计划分配法等,还可以按照耗用原材料的数量或成本、直接成本及产品产量分配制造费用。"生产成本"账户归集生产过程中发生的生产成本,"制造费用"账户归集生产过程中发生的间接费用,直接材料和直接人工直接计入"生产成本"账户,生产部门的间接费用先计入"制造费用"账户,月末,从"制造费用"账户结转到"生产成本"账户,待产品生产完工,将"生产成本"账户归集的全部生产成本结转到"库存商品"账户。

三、接受投资者投入的存货

投资者投入存货的成本,应当按照投资合同或协议约定的价值确定,但合同或协议约定价值不公允的除外。

【例 4—7】 2013 年 1 月 1 日，A、B、C 三方共同投资设立了甲责任有限公司(以下简称甲公司)。A 以其生产的产品作为投资(甲公司作为原材料管理和核算)，该批产品的公允价值为 5 000 000 元。甲公司取得的增值税专用发票上注明的不含税价款为 5 000 000 元，增值税税额为 850 000 元。假定甲公司的实收资本总额为 10 000 000 元，A 在甲公司享有的份额为 35%。甲公司为一般纳税人，适用的增值税税率为 17%；甲公司采用实际成本法核算存货。

本例中，由于甲公司为一般纳税人，投资合同约定的该项原材料的价值为 5 000 000元，因此，甲公司接受的这批原材料的入账价值为 5 000 000 元，增值税 850 000 元单独作为可抵扣的进项税额进行核算。

A 在甲公司享有的实收资本金额 ＝ 10 000 000×35% ＝ 3 500 000(元)

A 在甲公司投资的实收资本溢价 ＝ 5 000 000＋850 000－3 500 000 ＝ 2 350 000(元)

甲公司的账务处理如下：

借：原材料	5 000 000	
应交税费——应交增值税(进项税额)	850 000	
贷：实收资本——A		3 500 000
资本公积——资本溢价		2 350 000

第三节　发出存货的计量

一、发出存货的计价方法

存货计价方法不同，对纳税人的应税所得和应纳税额有直接的影响，不同存货计价方法的采用是企业纳税筹划的重要内容。企业可以根据各类存货的性质、企业管理的要求等实际情况，合理选择确定发出存货的计价方法，来确定发出存货的实际成本，以达到节约税收成本的目的。我国企业会计准则规定，企业在确定发出存货的实际成本时，可以采用先进先出法、月末一次加权平均法、移动加权平均法、个别计价法。对于性质和用途相似的存货，应当采用相同的计价方法。

(一)先进先出法

先进先出法是假定先入库的存货先发出，并根据这种假设的成本流转顺序，对发出存货和期末库存存货进行计价。

【例 4—8】 资料：华泰工厂 2014 年 6 月 A 商品的期初结存和本期购销情况

如下：

6月1日	期初结存	150件	单价60元	计9 000元
6月8日	销售	70件		
6月15日	购进	100件	单价62元	计6 200元
6月20日	销售	50件		
6月24日	销售	90件		
6月28日	购进	200件	单价68元	计13 600元
6月30日	销售	60件		

要求:用先进先出法对期末存货进行计价并进行本期已销售存货成本的计算。

根据先进先出法,库存商品明细分类账的登记结果如表4—1所示。

表4—1 库存商品明细账(先进先出法)

品名:A商品　　单位:件

2014年		摘要	收入			发出			结存		
月	日		数量	单价	金额	数量	单价	金额	数量	单价	金额
6	1	期初结存							150	60	9 000
	8	销售				70	60	4 200	80	60	4 800
	15	购进	100	62	6 200				80 100	60 62	11 000
	20	销售				50	60	3 000	30 100	60 62	8 000
	24	销售				30 60	60 62	1 800 3 720	40	62	2 480
	28	购进	200	68	13 600				40 200	62 68	16 080
	30	销售				40 20	62 68	2 480 1 360	180	68	12 240
		本期销售成本				270		16 560			

先进先出法的优点是据此方法计算出的期末结存存货的账面价值比较接近最新市价，从而资产负债表上存货的价值也更接近现行市场价格。此外,这种方法可以及时反映出发出存货和结存存货的成本,有利于存货的日常管理。这种方法的缺点是计算工作量较大，

比较烦琐，在存货种类较多且收发较频繁的企业更是如此；而且，当物价上涨时，会高估当期利润和库存存货价值；反之，则会低估企业当期利润和库存存货价值。

（二）一次加权平均法

一次加权平均法是指本月发出的存货，平时只登记数量，不登记单价和金额，月末按一次计算的加权平均单价，计算期末库存存货成本和本期发出存货成本。其计算公式如下：

$$加权平均单位成本=\frac{期初结存存货成本+本期验收入库存货成本}{期初结存存货数量+本期验收入库存货数量}$$

本月发出存货成本＝本月发出存货的数量×加权平均单位成本

本月结存存货成本＝本月结存存货数量×加权平均单位成本

由于在计算加权平均成本时往往不能除尽，为了保证月末结存存货的数量、单位成本与总成本的一致性，实务中，应先按加权平均单位成本计算月末结存存货成本，然后倒减出本月发出存货成本，将计算尾差挤入发出存货成本。

【例4－9】 承【例4－8】，要求用一次加权平均法计算期末库存存货成本和本期销售成本。

根据一次加权平均法，对于发出存货，平时只登记数量，不登记单价和金额，库存商品明细账的登记结果见表4－2：

表4－2 库存商品明细账(加权平均法)

品名：A商品　　　　单位：件

2014年		摘要	收入			发出			结存		
月	日		数量	单价	金额	数量	单价	金额	数量	单价	金额
6	1	期初结存							150	60	9 000
	8	销售				70			80		
	15	购进	100	62	6 200				180		
	20	销售				50			130		
	24	销售				90			40		
	28	购进	200	68	13 600				240		
	30	销售				60					
		本期销售成本				270	64	17 280	180	64	11 520

$$加权平均单位成本=\frac{9\ 000+6\ 200+13\ 600}{150+100+200}=64(元)$$

本月发出存货成本＝270×64＝17 280(元)

本月结存存货成本＝180×64＝11 520(元)

采用一次加权平均法时，库存商品明细账的登记方法与先进先出法基本相同，只是期末库存商品的结存单价为 64 元，据此计算出存货成本为 11 520 元，本期销售成本为 17 280 元。

一次加权平均法的优点是只在月末计算一次加权平均单价，简化了日常核算工作量；这种方法也考虑了不同批次进货的数量和单价，对存货成本的分摊比较均衡。这种方法的缺点是平时在账面上不能反映发出和结存存货的成本，不利于加强对存货的日常管理。

（三）移动加权平均法

移动加权平均法是在每次购入存货后，便计算新的加权平均单位成本，并据此计算下次购货前的存货成本和销售成本。采用这种方法，可以随时结转销售成本。其计算公式为：

$$移动加权平均单位成本=\frac{本次购入前结存存货成本+本次购入存货成本}{本次购入前结存存货数量+本次购入存货数量}$$

本批发出存货成本＝本批发出存货的数量×最近移动加权平均单位成本

期末结存存货成本＝本期结存存货的数量×期末移动加权平均单位成本

和月末一次加权平均法类似，采用移动加权平均法也应采用倒挤的方法，将计算尾差挤入发出商品成本。

【例 4－10】 承【例 4－8】，要求用移动加权平均法计算期末库存存货成本和本期销售成本。

根据移动加权平均法的特点，每购入一批存货就要重新计算一次加权平均单价，因此各批购入后的平均单位成本计算如下：

第一批购入后的平均单位成本＝(4 800＋6 200)/(80＋100)＝61.11(元)

第二批购入后的平均单位成本＝(2 444＋13 600)/(40＋200)＝66.85(元)

按移动加权平均法计算本期各批商品销售成本和结存成本，以及库存商品明细账的登记结果见表 4－3：

表 4—3 库存商品明细账(移动加权平均法)

品名:A 商品　　　　单位:件

2014 年		摘要	收入			发出			结存		
月	日		数量	单价	金额	数量	单价	金额	数量	单价	金额
6	1	期初结存							150	60	9 000
	8	销售				70	60	4 200	80	60	4 800
	15	购进	100	62	6 200				180	61.11	11 000
	20	销售				50	61.11	3 056	130	61.11	7 944
	24	销售				90	61.11	5 500	40	61.11	2 444
	28	购进	200	68	13 600				240	66.85	16 044
	30	销售				60	66.85	4 011	180	66.85	12 033
		本期销售成本				270		16 767			

采用移动加权平均法,可以及时反映发出存货和结存存货的成本,结转销售成本,有利于对存货进行数量、金额的日常控制。但这种方法,由于每次进货后都要计算一次加权平均单价,在收发频繁的时候势必会增加会计核算工作量。

(四)个别计价法

个别计价法,也称为个别认定法,是按照存货的实物流转方式来确定发出存货成本的方法,即发出存货的成本按照所发存货在收入时的单位成本进行计价的一种方法。这一方法适用于单位价值较高的、不能替代使用的,或者为特定项目专门购入的存货 。

发出存货的实际成本=各批(次)存货发出数量×该批次存货实际进货单价

【例 4—11】 某工厂本月生产过程中领用 A 材料 2 000 千克,经确认其中 1 000 千克属第一批入库,单位成本为 25 元;其中 600 千克属第二批入库,单位成本为 26 元;其中 400 千克属第三批入库,单位成本为 28 元。采用个别计价法,本月发出 A 材料的成本计算如下:

发出材料实际成本=1 000×25+600×26+400×28=51 800(元)

采用个别计价法,存货的成本流转与其实物流转是一致的,发出存货的成本和结存存货的成本都比较准确。但是,采用这一计价方法的时候,要求存货是可以辨别认定的，而且必须对每种(批)存货做出详细的记录。如果手工核算，这种方法的工作量可能会比较大，但随着条码技术的发展，使得个别计价法的运用更为方便和准确。

二、发出存货按实际成本计价的核算

存货的日常收发存核算主要有两种计价方法：一种是实际成本法，即存货的日常收发存计价都是按实际成本核算的；另一种计价方法是计划成本法，即存货的日常收发存计价都用计划成本进行核算，实际成本和计划成本的差额记录在材料成本差异里，期末再将成本差异额在发出存货和库存存货中进行分配，将存货的计划成本调整为实际成本。这一节将介绍几种主要的存货在实际成本法下的后续计量和账务处理。

(一)原材料

在实际成本法下，原材料采购的核算和其他外购存货的采购基本相同，相关计价和账务处理已经在上面的章节涉及，这里不再赘述。原材料验收入库后，会随着生产经营活动的开展被耗用，其原有实物形态会发生改变乃至消失，其成本也随之形成产品成本的一部分或直接转化为费用。根据原材料的消耗特点，企业应按发出原材料的用途，将其成本直接计入有关产品成本或当期费用。

1.生产经营领用的原材料

应根据领用部门和用途，分别计入有关成本费用项目。领用原材料时，按其实际成本，借记“生产成本”“制造费用”“销售费用”“管理费用”等科目，贷记“原材料”科目。

【例 4—12】 甲公司本月领用原材料的实际成本为 270 000 元。其中，基本生产领用 150 000 元，辅助生产领用 80 000 元，车间一般耗用 25 000 元，管理部门领用 15 000元。

借：生产成本——基本生产成本	150 000	
——辅助生产成本	80 000	
制造费用	25 000	
管理费用	15 000	
贷：原材料		270 000

2.在建工程领用的外购原材料

企业在建工程领用的外购原材料，原材料的成本应计入在建工程的成本中，借记“在建工程”科目，贷记“原材料”科目。关于与原材料相关的增值税进项税额是否需要转出，取决于在建固定资产的进项税额将来是否能够抵扣。如果在建固定资产的进项税额在固定资产建造完成并交付使用的时候可以抵扣，则耗用的外购原材料的进项税额也可以抵扣，可以不用转出；反之，在工程领用材料的时候，就要将不予抵扣的进项税额转出，计入在建工程的成本中，贷记“应交税费——应交增值税（进项税额转出）”科目。

【例 4－13】 甲公司自建仓库一间，领用外购的原材料 5 000 元，进项税额为 850 元。

由于仓库属于房屋建筑物，进项税额是不能抵扣的，则做如下分录：

借：在建工程——仓库　　5 850

　贷：原材料　　5 000

　　应交税费——应交增值税（进项税额转出）　　850

【例 4－14】 甲公司自建生产用固定资产一台，领用原材料 5 000 元，与原材料相关的进项税额为 850 元。

假设此固定资产的进项税额在将来是允许抵扣的，则原材料相应的进项税额不需要转出，做如下分录：

借：在建工程　　5 000

　贷：原材料　　5 000

3.出售原材料

原材料的出售收入计入其他业务收入，相应的原材料成本应计入其他业务支出。出售原材料时，按已收或应收的价款，借记“银行存款”“应收账款”等科目，按实现的营业收入，贷记“其他业务收入”科目，按增值税销项税额，贷记“应交税费——应交增值税（销项税额）”科目；期末，按出售原材料的实际成本结转销售成本，借记“其他业务支出”科目，贷记“原材料”科目。

【例 4－15】 甲公司销售一批原材料，售价 6 000 元，增值税额 1 020 元，原材料实际成本 4 500 元，款项收到。

借：银行存款　　7 020

　贷：其他业务收入　　6 000

　　应交税费——应交增值税（销项税额）　　1 020

借：其他业务支出　　4 500

　贷：原材料　　4 500

（二）周转材料

1.周转材料的定义和范围

周转材料是指企业能够多次使用，逐渐转移其价值但仍然保持其原有形态，不确认为固定资产的材料，包括包装物，低值易耗品，企业（建造承包商）的钢模板、木模板、脚手架和其他周转材料等。

包装物是指为了包装本企业商品而储备的各种包装容器，如桶、箱、瓶、坛、袋等。其核算内容包括：(1)生产过程中用于包装产品作为产品组成部分的包装物；(2)随同商品出售而不单独计价的包装物；(3)随同商品出售而单独计价的包装物；(4)出租或出借给购买单位使用的包装物。

低值易耗品是指单位价值在规定限额以下或使用年限比较短(一般在一年以内)的物品。它跟固定资产有相似的地方，在生产过程中可以多次使用不改变其实物形态，在使用时也需维修，报废时可能有残值。由于它价值低，使用期限短，所以采用简便的方法，将其价值摊入产品成本。作为存货核算和管理的低值易耗品，一般划分为一般工具、专用工具、替换设备、管理用具、劳动保护用品、其他用具等。

2.周转材料核算应设置的账户

企业周转材料的计划成本或实际成本，通过"周转材料"科目进行核算。本科目可按周转材料的种类，分"在库""在用"和"摊销"进行明细核算。

3.周转材料的核算

(1)企业购入、自制、委托外单位加工完成并已验收入库的周转材料等，比照"原材料"科目的相关规定进行处理。

(2)生产领用周转材料和摊销。

生产领用周转材料时，要根据各周转材料采用的摊销方法进行账务处理。一般来说，包装物和低值易耗品，应当采用一次转销法或者五五摊销法进行摊销；企业(建造承包商)的钢模板、木模板、脚手架和其他周转材料等，可以采用一次转销法、五五摊销法或者分次摊销法进行摊销。

采用一次转销法摊销周转材料，在领用周转材料时，将其价值一次、全部计入有关资产成本或者当期损益，主要适用于价值较低或极易损坏周转材料的摊销。

【例 4—16】 甲公司某基本生产车间领用一般工具一批，实际成本为 3 000 元，全部计入当期制造费用。应做如下会计处理：

借：制造费用　　3 000

　贷：周转材料——低值易耗品　　3 000

【例 4—17】 甲公司生产产品领用包装物的实际成本为 100 000 元，

借：生产成本　　100 000

　贷：周转材料——包装物　　100 000

采用五五摊销法摊销周转材料，周转材料在投入使用时注销其账面金额的一半，在资产报废时再摊销其账面价值的另一半。摊销次数在两次以上的，就是分次摊销法。采用分次摊销法时，按其使用次数确定其账面价值的单次平均摊销额。分次摊销法适用于可供多次反复使用的低值易耗品。在采用五五摊销法或分次摊销法时，需要单独设置“周转材料——在用”“周转材料——在库”和“周转材料——摊销”明细科目。

【例 4－18】 甲公司的基本生产车间领用专用工具一批，实际成本为 100 000 元，不符合固定资产定义，采用五五摊销法进行摊销。应做如下会计处理：

①领用专用工具

借：周转材料——低值易耗品——在用　　100 000

　贷：周转材料——低值易耗品——在库　　100 000

②第一次领用时摊销其价值的一半

借：制造费用　　50 000

　贷：周转材料——低值易耗品——摊销　　50 000

③第二次领用时摊销其价值的一半

借：制造费用　　50 000

　贷：周转材料——低值易耗品——摊销　　50 000

同时：

借：周转材料——低值易耗品——摊销　　100 000

　贷：周转材料——低值易耗品——在用　　100 000

(3)周转材料的销售

大部分周转材料都随着生产领用被耗用，有一部分周转材料会在周转使用中被出售，在周转材料中包装物的销售是比较有代表性的，因此以包装物为例介绍包装物销售时应做的账务处理。

随同商品出售而不单独计价的包装物，应于包装物发出时，按其实际成本计入销售费用，借记“销售费用”科目，贷记“周转材料——包装物”科目。

【例 4－19】 甲公司某月销售商品领用不单独计价包装物的实际成本为 50 000元。

借：销售费用　　50 000

　贷：周转材料——包装物　　50 000

随同商品出售且单独计价的包装物，一方面应反映其销售收入，计入其他业务收入；另一方面应反映其实际销售成本，计入其他业务成本。

【例 4－20】 甲公司某月销售商品领用单独计价包装物的实际成本为 80 000 元，销售收入为 100 000 元，增值税额为 17 000 元，款项已存入银行。

①出售单独计价包装物

借：银行存款　　117 000

　贷：其他业务收入　　100 000

应交税费——应交增值税(销项税额) 17 000

②结转所售单独计价包装物的成本

借:其他业务成本 80 000

贷:周转材料——包装物 80 000

三、发出存货按计划成本计价的核算

计划成本法是指日常存货的收入、发出和结余均按预先制定的计划成本计价,同时另设成本差异科目,登记、分摊、按期结转实际成本与计划成本的差额,期末将发出和结存存货的计划成本调整为实际成本的核算方法。以“原材料”为例,讲述如何运用计划成本法进行核算。其他存货的计划成本法核算与原材料的计划成本法相同。

(一) 计划成本法的核算程序

首先,企业应考察与存货成本相关的各种因素,规定存货的分类、名称、规格、计量单位和单位计划成本。除一些特殊情况外,计划单位成本在年度内一般不作调整。

其次,取得存货时,应按计划单位成本计算取得存货的计划成本填入收料单中,并按实际成本与计划成本的差额,作为“材料成本差异”进行登记。

第三,平时领用、发出存货都按计划成本计算,月份终了再将本月发出存货应负担的成本差异进行分摊,随同本月发出存货的计划成本记入有关账户,将发出存货的计划成本调整为实际成本。发出存货应负担的成本差异应按月分摊,不得在季末或年末一次分摊。

(二)计划成本法的科目设置

计划成本法只能对存货进行日常的会计核算。在会计期末,企业需要通过“材料成本差异”等账户,将发出的存货和期末结余的存货调整为实际成本。

存货采用计划成本法核算,除需要设置“原材料”“周转材料”等实际成本法核算运用的科目外,还需要增加“材料成本差异”科目,并将“在途物资”科目改为“材料采购”科目。

1.“材料采购”科目

“材料采购”科目用来核算企业购入材料、商品等的采购成本。其借方登记外购材料等存货的实际成本和结转已经验收入库实际成本小于计划成本的节约差额;贷方登记验收入库的材料等存货的计划成本和结转实际成本大于计划成本的超支差额。期末余额在借方,表示已经付款但尚未入库的材料等存货(即在途货物)的实际成本。“材料采购”科目应按供应单位和物资品种设置明细账,进行明细核算。

2."材料成本差异"科目

"材料成本差异"科目用来核算企业各种材料的实际成本与计划成本的差异，以及调整发出材料应负担的成本差异。其借方登记验收入库材料成本的超支差异；贷方登记验收入库材料成本的节约差异以及发出材料应负担的成本差异（超支用蓝字，节约用红字）；期末余额在借方，反映企业库存材料拥有的超支差异；期末余额在贷方，反映企业库存材料拥有的节约差异。本科目应分"原材料""周转材料"等，按照类别或品种进行明细核算，不能使用一个综合差异率。

（三）外购存货成本差异的形成

企业购进存货时，按确定的实际采购成本，借记"材料采购"科目，按增值税专用发票上注明的增值税额，借记"应交税费——应交增值税（进项税额）"科目，按已支付或应支付的金额，贷记"银行存款""应付票据""应付账款"等科目。已购进的存货验收入库时，按计划成本，借记"原材料"等存货科目，贷记"材料采购"科目。已购进并已验收入库的存货，按实际成本大于计划成本的超支差额，借记"材料成本差异"科目，贷记"材料采购"科目；按实际成本小于计划成本的节约差额，借记"材料采购"科目，贷记"材料成本差异"科目。月末，对已验收入库但尚未收到发票账单的存货，按计划成本暂估入账，借记"原材料"等存货科目，贷记"应付账款——暂估应付账款"科目，下月初再用红字做相同的会计分录予以冲回，以便下月收到发票账单并结算时，按正常的程序进行会计处理。

【例4—21】 甲公司2014年5月，发生下列材料采购业务：

（1）5月5日，购入一批原材料，增值税专用发票上注明的价款为200 000元，增值税额为34 000元。货款已通过银行转账支付，材料也已验收入库。原材料的计划成本为205 000元。

借：材料采购	200 000	
应交税费——应交增值税（进项税额）	34 000	
贷：银行存款		234 000
借：原材料	205 000	
贷：材料采购		205 000
借：材料采购	5 000	
贷：材料成本差异——原材料		5 000

（2）5月10日，购入一批原材料，增值税专用发票上注明的价款为160 000元，增值税额为27 200元。货款已通过银行转账支付，材料尚在运输途中。

借:材料采购 160 000

　应交税费——应交增值税(进项税额) 27 200

　贷:银行存款 187 200

(3)5 月 16 日,购入一批原材料,材料已经运达企业并已验收入库,但发票等结算凭证尚未收到,货款尚未支付。暂不做会计处理。

(4)5 月 18 日,收到 5 月 10 日购进的原材料并验收入库。该批原材料的计划成本为 150 000 元。

借:原材料 150 000

　贷:材料采购 150 000

借:材料成本差异——原材料 10 000

　贷:材料采购 10 000

(5)5 月 22 日,收到 4 月 16 日已入库原材料的发票等结算凭证,增值税专用发票上注明的材料价款为 250 000 元,增值税额为 42 500 元,开出一张商业汇票抵付。该批原材料的计划成本为 243 000 元。

借:材料采购 250 000

　应交税费——应交增值税(进项税额) 42 500

　贷:应付票据 292 500

借:原材料 243 000

　贷:材料采购 243 000

借:材料成本差异——原材料 7 000

　贷:材料采购 7 000

(6)5 月 25 日,购入一批原材料,增值税专用发票上注明的价款为 200 000 元,增值税额为 34 000 元。货款已通过银行转账支付,材料尚在运输途中。

借:材料采购 200 000

　应交税费——应交增值税(进项税额) 34 000

　贷:银行存款 234 000

(四)存货成本差异的分摊

采用计划成本法对存货进行日常核算,发出存货时先按计划成本计价,即按发出存货的计划成本,借记“生产成本”“制造费用”“管理费用”等有关成本费用科目,贷记“原材料”等存货科目;月末,再将期初结存存货的成本差异和本月取得存货形成的成本差异,在本月发出存货和期末结存存货之间进行分摊,将本月发出存货和期末结存存货的计划成本调整为实际成本。计划成本、成本差异与实际成本之间的关系如下:

实际成本＝计划成本＋超支差异

或　　　＝计划成本－节约差异

1.材料成本差异率的计算

为了便于存货成本差异的分摊，企业应当计算材料成本差异率，作为分摊存货成本差异的依据。材料成本差异率包括本月材料成本差异率和上月材料成本差异率两种，计算公式如下：

$$本月材料成本差异率=\frac{月初结存存货的成本差异+本月收入存货的成本差异}{月初结存存货的计划成本+本月收入存货的计划成本}\times 100\%$$

$$上月材料成本差异率=\frac{月初结存存货的成本差异}{月初结存存货的计划成本}\times 100\%$$

企业应当分原材料、包装物、低值易耗品等，按照类别或品种对存货成本差异进行明细核算，并计算相应的材料成本差异率，不能使用一个综合差异率。企业在计算发出存货应负担的成本差异时，除委托外部加工发出存货可按上月差异率计算外，一般应使用当月差异率计算。如果上月的成本差异率与本月成本差异率相差不大，也可按上月的成本差异率计算。材料成本差异率的计算方法一经确定，不得随意变更。如果确需变更，应在会计报表附注中予以说明。

本月发出存货应负担的成本差异及实际成本和月末结存存货应负担的成本差异及实际成本，可按如下公式计算：

本月发出存货应负担的差异＝发出存货的计划成本×材料成本差异率

本月发出存货的实际成本＝发出存货的计划成本±发出存货应负担的差异

月末结存存货应负担的差异＝结存存货的计划成本×材料成本差异率

月末结存存货的实际成本＝结存存货的计划成本±结存存货应负担的差异

2.材料成本差异分摊的账务处理

发出存货应负担的成本差异，必须按月分摊，不得在季末或年末一次分摊。企业在分摊发出存货应负担的成本差异时，按计算的各成本费用项目应负担的差异金额，借记“生产成本”“制造费用”“管理费用”等有关成本费用科目，贷记“材料成本差异”科目。实际成本大于计划成本的超支差异，用蓝字登记；实际成本小于计划成本的节约差异，用红字登记。

本月发出存货应负担的成本差异从“材料成本差异”科目转出之后，该科目的余额为月末结存存货应负担的成本差异。在编制资产负债表时，月末结存存货应负担的成本差异应作为存货的调整项目，将结存存货的计划成本调整为实际成本列示。

【例4－22】 甲公司2014年5月1日，结存原材料的计划成本为52 000元，“材料成本差异——原材料”科目的贷方余额为1 000元。5月份的材料采购业务如【例4

—21】中资料，经汇总，本月已经付款或已开出、承兑商业汇票并已验收入库的原材料计划成本为 498 000 元，实际成本为 510 000 元，材料成本差异为超支的 12 000 元。5 月份领用原材料的计划成本为 504 000 元，其中，基本生产领用 350 000 元，辅助生产领用 110 000 元，车间一般耗用 16 000 元，管理部门领用 8 000 元，出售 20 000 元。

(1)按计划成本发出原材料

借:生产成本——基本生产成本	350 000	
——辅助生产成本	110 000	
制造费用	16 000	
管理费用	8 000	
其他业务支出	20 000	
贷:原材料		504 000

(2)计算本月材料成本差异率

$$本月材料成本差异率=\frac{-1\,000+12\,000}{52\,000+49\,800}\times 100\%=2\%$$

(3)分摊材料成本差异

生产成本(基本生产成本)＝350 000×2%＝7 000(元)

生产成本(辅助生产成本)＝110 000×2%＝2 200(元)

制造费用＝1 6000×2%＝320(元)

管理费用＝8 000×2%＝160(元)

其他业务支出＝20 000×2%＝400(元)

借:生产成本——基本生产成本	7 000	
——辅助生产成本	2 200	
制造费用	320	
管理费用	160	
其他业务支出	400	
贷:材料成本差异——原材料		10 080

(4)月末，计算结存原材料实际成本，据以编制资产负债表。

“原材料”科目期末余额＝(52 000＋498 000＋80 000)－504 000＝126 000(元)

“原材料”科目的期末余额中包括已入库但结算凭证尚未到达，月末按计划成本估价入账的原材料。

“材料成本差异”科目期末借方余额＝(－1 000＋12 000)－10 080＝920(元)

结存原材料实际成本＝126 000＋920＝126 920(元)

月末编制资产负债表时，存货项目中的原材料存货应当按上列结存原材料实际成本 126 920 元列示。

领用的出租或出借包装物以及低值易耗品需要分期摊销时，应先将发出包装物或低值易耗品的计划成本调整为实际成本，然后按实际成本进行摊销。

第四节　存货的期末计量

存货期末计价是指企业在会计期末（通常指年末）编制资产负债表时，存货按何种价值列示，现行国际会计准则和我国企业会计准则都使用了成本与可变现净值孰低法。

一、成本与可变现净值孰低法的含义

成本与可变现净值孰低法，指对期末存货按照成本与可变现净值两者之中较低者计价的方法。即当成本低于可变现净值时，期末存货按成本计价；当可变现净值低于成本时，期末存货按可变现净值计价。

所谓成本，是指期末存货的实际成本，即采用先进先出法、加权平均法等存货计价方法，对发出存货（或期末存货）进行计价所确定的期末存货账面价值。如果存货的日常核算采用计划成本法、售价金额核算法等简化核算方法，则期末存货的实际成本是指通过差异调整而确定的存货成本。

所谓可变现净值，是指在日常活动中，存货的估计售价减去至完工时估计将要发生的成本、估计的销售费用以及相关税费后的金额。

采用成本与可变现净值孰低法对期末存货进行计价，当某项存货的可变现净值跌至成本以下时，表明该项存货为企业带来的未来经济利益将低于账面价值，企业应按可变现净值低于成本的金额确认存货跌价损失，并将其从存货价值中扣除，否则，就会虚计当期利润和存货价值；而当可变现净值高于成本时，企业则不能按可变现净值高于成本的金额确认这种尚未实现的存货增值收益，否则，也会虚计当期利润和存货价值。因此，成本与可变现净值孰低法体现了谨慎性会计原则的要求。

二、存货可变现净值的确定

根据存货的账面记录，可以很容易地获得存货的成本资料，因此，运用成本与可变现净值孰低法对期末存货进行计价的关键，是合理确定存货的可变现净值。

(一)确定存货可变现净值应考虑的主要因素

1.在确定存货的可变现净值时,应以取得的可靠证据为基础

这里所讲的"可靠证据",是指对确定存货的可变现净值有直接影响的确凿证明,如产品的市场销售价格、与企业产品相同或类似商品的市场销售价格、供货方提供的有关资料、销售方提供的有关资料、生产成本资料等。

2.在确定存货的可变现净值时,应考虑持有存货的目的

根据存货的定义,企业持有存货有两个基本目的,即持有以备出售和持有以备耗用。持有存货的目的不同,可变现净值的确定方法也不尽相同。

(1)持有以备出售的产成品或商品,以及直接用于出售的原材料等存货。我们可以称这类存货为商品存货。商品存货的可变现净值按照在正常生产经营过程中,以存货的估计售价减去估计的销售费用和相关税金后的金额确定。

【例4—23】 2013年12月1日,甲公司根据市场需求的变化,决定停止生产T1型机器。为减少不必要的损失,决定将原材料中专门用于生产T1型机器的外购原材料——W材料全部出售,2013年12月31日其账面成本为100万元,数量为5吨。据市场调查,W材料的市场销售价格为10万元/吨,同时可能发生销售费用及相关税费共计为0.5万元。

在本例中,由于企业已决定不再生产T1型机器,因此,该批W材料的可变现净值不能再以T1型机器的销售价格作为其计算基础,而应按其本身的市场销售价格作为计算基础。即:

该批W材料的可变现净值=10×5-0.5=49.5(万元)

(2)持有以备耗用的存货,主要是指仍然处在生产过程中的在产品,以及将在生产过程或提供劳务过程中耗用的材料、物料等存货。这类存货可以称之为材料存货,材料存货的可变现净值按照在正常生产经营过程中,以材料存货加工成的产成品的估计售价减去至完工估计将要发生的成本、估计的销售费用以及相关税金后的金额确定。

【例4—24】 2013年12月31日,甲公司库存原材料——A材料的账面成本为300万元,市场销售价格总额为280万元(假定本节中所称销售价格和成本均不含增值税),假定不发生其他销售费用。用A材料生产的产成品——T3型机器的可变现净值高于成本。

根据上述资料可知,2013年12月31日,A材料的账面成本高于其市场价格,但是由于用其生产的产成品——T3型机器的可变现净值高于成本,也就是用该原材料生产的最终产品此时并没有发生价值减损,因而,A材料即使其账面成本已高于市场价格,也不应计提存货跌价准备,仍应按300万元列示在2013年12月31日的资产负

债表的存货项目之中。

3.在确定存货的可变现净值时，还应考虑资产负债表日后事项的影响

这些事项应能够确定资产负债表日存货的存在状况。企业在确定资产负债表日存货的可变现净值时，不仅要考虑资产负债表日与该项存货相关的价格与成本波动，而且还应考虑未来的相关事项。

(二)估计售价的确定

在确定存货的可变现净值时，应合理确定估计售价、至完工将要发生的成本、估计的销售费用和相关税金。其中，存货估计售价的确定对于计算存货可变现净值至关重要。

企业在确定存货的估计售价时，应当以资产负债表日为基准。但是，如果当月存货价格变动较大，则应当以当月该存货平均销售价格或资产负债表日最近几次销售价格的平均数，作为确定估计售价的基础。此外，企业还应当按照以下原则确定存货的估计售价：

1.为执行销售合同或者劳务合同而持有的存货，通常应当以产成品或商品的合同价格作为其可变现净值的计量基础

【例4—25】 2013年9月1日，甲公司与乙公司签订了一份不可撤销的销售合同，双方约定，2014年1月20日，甲公司应按每台31万元的价格向乙公司提供W3型机器10台。2013年12月31日，甲公司W3型机器的账面成本为280万元，数量为10台，单位成本为28万元/台。2013年12月31日，W3型机器的市场销售价格为30万元/台。假定不考虑相关税费和销售费用。

根据甲公司与乙公司签订的销售合同规定，该批W3型机器的销售价格已由销售合同约定，并且其库存数量等于销售合同约定的数量，因此，在这种情况下，计算W3型机器的可变现净值应以销售合同约定的价格310万元(31×10)作为计算基础。

2.如果企业持有存货的数量多于销售合同订购数量，超出部分的存货可变现净值应当以产成品或商品的一般销售价格作为计量基础

【例4—26】 2013年11月1日，甲公司与乙公司签订了一份不可撤销的销售合同，双方约定，2014年4月20日，甲公司应按每台30万元的价格向乙公司提供W5型机器12台。2013年12月31日，甲公司W5型机器的成本为392万元，数量为14台，单位成本为28万元/台。根据甲公司销售部门提供的资料表明，向乙公司销售的W5型机器的平均运杂费等销售费用为0.12万元/台；向其他客户销售W5型机器的平均运杂费等销售费用为0.1万元/台。2013年12月31日，W5型机器的市场销售价格为32万元/台。

W5 型机器的可变现净值：

(1)销售合同数量部分＝30×12－0.12×12＝358.56＞28×12

(2)超出合同的部分＝32×2－0.1×2＝63.8＞28×2

3.没有销售合同或者劳务合同约定的存货，其可变现净值应当以产成品或商品一般销售价格或原材料的市场价格作为计量基础

三、存货跌价准备的计提方法

(一)存货的减值迹象

企业应当定期对存货进行全面检查，如果由于存货毁损、全部或部分陈旧过时或销售价格低于成本等原因，使存货可变现净值低于其成本，应按可变现净值低于成本的部分，计提存货跌价准备。企业在对存货进行定期检查时，如果存在下列情况之一，应当考虑计提存货跌价准备：

(1)市价持续下跌，并且在可预见的未来无回升的希望；

(2)企业使用该项原材料生产的产品的成本大于产品的销售价格；

(3)企业因产品更新换代，原有库存原材料已不适应新产品的需要，而该原材料的市场价格又低于其账面成本；

(4)因企业所提供的商品或劳务过时或消费者偏好改变而使市场的需求发生变化，导致市场价格逐渐下跌；

(5)其他足以证明该项存货实质上已经发生减值的情形。

(二)存货跌价准备的计提与转回

在一般情况下，存货跌价准备应当按照单个存货项目计提，即应当将每一存货项目的成本与可变现净值逐一进行比较，取其低者计量存货，并按可变现净值低于成本的差额计提存货跌价准备。但在某些情况下，比如，与具有类似目的或最终用途并在同一地区生产和销售的产品系列相关，且难以将其与该产品系列的其他项目区别开来进行估价的存货，可以合并计提存货跌价准备。此外，对于数量繁多、单价较低的存货，也可以按存货类别计提存货跌价准备。

在具体进行存货跌价准备的会计处理时，首先应按本期存货可变现净值低于成本的金额，确定本期存货的减值金额，然后将本期存货的减值金额与“存货跌价准备”科目的余额进行比较，按下列公式计算确定本期应计提的存货跌价准备金额：

某期应计提的存货跌价准备＝当期可变现净值低于成本的金额－“存货跌价准备”科目原有余额

根据上述公式，如果本期存货减值的金额与“存货跌价准备”科目的贷方余额相

等，不需要计提存货跌价准备；如果本期存货减值的金额大于“存货跌价准备”科目的贷方余额，应按二者之差补提存货跌价准备，借记“资产减值损失”科目，贷记“存货跌价准备”科目。如果本期存货减值的金额小于“存货跌价准备”科目的贷方余额，表明以前引起存货减值的影响因素已经消失，存货的价值又得以恢复，应按二者之差冲减已计提的存货跌价准备，借记“存货跌价准备”科目，贷记“资产减值损失”科目。

如果本期存货可变现净值高于成本，应将已计提的存货跌价准备全部转回，借记“存货跌价准备”科目，贷记“资产减值损失”科目。

【例4—27】 甲公司在半年末和年末对存货按成本与可变现净值孰低计价，有关会计业务如下：

(1)2013年6月30日，A商品的账面成本为70 000元，可变现净值跌至60 000元。

借：资产减值损失　　10 000

　贷：存货跌价准备　　10 000

(2)2013年12月31日，A商品尚未售出，可变现净值已跌至58 000元。

A商品的减值金额＝80 000－58 000＝22 000(元)

应计提的跌价准备＝22 000－10 000＝12 000(元)

借：资产减值损失　　12 000

　贷：存货跌价准备　　12 000

(3)2014年6月30日，A商品仍未售出，可变现净值回升至65 000元。

A商品的减值金额＝80 000－65 000＝15 000(元)

应计提的跌价准备＝15 000－22 000＝－7 000(元)

借：存货跌价准备　　7 000

　贷：资产减值损失　　7 000

假定A商品的可变现净值升至85 000元，高于A商品的成本，则应将A商品的账面价值恢复至初始成本，即将已计提的存货跌价准备全部转回。会计处理如下：

已计提的存货跌价准备＝10 000＋12 000＝22 000(元)

借：存货跌价准备　　22 000

　贷：资产减值损失　　22 000

当存货存在以下一项或若干情况时，应当将存货的账面价值全部转入当期损益：①已霉烂变质的存货；②已过期且无转让价值的存货；③生产中已不再需要，并且已无使用价值和转让价值的存货；④其他足以证明已无使用价值和转让价值的存货。

【例4—28】 甲公司的库存商品已过保质期，不可再使用或销售。商品账面成本30 000元，已计提存货跌价准备10 000元。

借:待处理财产损溢　　20 000

　存货跌价准备　　10 000

　贷:库存商品——D商品　　30 000

第五节 存货清查

一、存货清查的意义与方法

存货是企业资产的重要组成部分,且处于不断销售或耗用以及重置之中,具有较强的流动性。为了加强对存货的控制,维护存货的安全完整,企业应当定期或不定期对存货的实物进行盘点和抽查,并与账面记录进行核对,确保存货账实相符。企业至少应当在编制年度财务会计报告之前,对存货进行一次全面的清查盘点。

存货的清查采用实地盘点、账实核对的方法。在每次进行清查盘点前,应将已经收发的存货数量全部登记入账,并准备盘点清册,抄列各种存货的编号、名称、规格和存放地点。盘点时,应在盘点清册上逐一登记各种存货的账面结存数量和实存数量,并进行核对。对于账实不符的存货,应查明原因,分清责任,并根据清查结果编制"存货盘存报告单",作为存货清查的原始凭证。

在进行存货清查盘点时,如果发现存货盘盈或盘亏,应于期末前查明原因,并根据企业的管理权限,报经股东大会或董事会,或经理(厂长)会议或类似机构批准后,在期末结账前处理完毕。

二、期末存货数量的确定

会计期末,对企业存货数量的确定在会计处理上有实地盘存制和永续盘存制两种方法。

(一)实地盘存制

实地盘存制又称定期盘存制,通过对期末库存存货的实物盘点,确定期末存货和当期销货成本的方法。实地盘存制下,平时只记存货的收入数,不记发出数,期末通过实地盘点得出期末结存数之后,倒轧出本期存货的发出数和销售成本。本期存货的销售成本计算公式:

期初存货成本+本期购货成本－期末存货成本=销货成本

实地盘存制的优点是核算工作比较简单,工作量较小。其缺点是,手续不够严密,不能通过账簿随时反映和监督各项财产物资的收、发、结存情况,反映的数字不精确,把因失窃等管理不善而减少的存货也视为销售，不利于存货的管理。因此，实地盘存制只适应数量大、价值低、收发频繁的存货。

（二）永续盘存制

永续盘存制也称账面盘存制，就是通过设置存货明细账，对日常发生的存货增加或减少，都必须根据会计凭证在账簿中进行连续登记，并随时在账面上结算各项存货的结存数。

采用这种方法时，库存品明细账卡要按每一品种、规格设置。在明细账卡中，要登记收、发、结存数量，有的还同时登记金额。在永续盘存制下，对库存商品仍须定期或不定期地进行实地盘点，以便核对账存数和实存数是否相符。

永续盘存制的优点是加强了对库存商品的管理。在库存品明细账卡中，可以随时反映出每种库存商品的收入、发出和结存情况，并在数量和金额两方面进行控制。明细账卡的结存数量，可以通过盘点与实存数量进行核对。当发生库存溢余或短缺，可以查明原因，及时纠正。此外，明细账卡上的结存数，还可以随时与预定的最高和最低库存限额进行比较，取得库存积压或不足的资料，以便及时组织库存品的购销或处理，加速资金周转。

三、存货盘盈与盘亏的会计处理

通过存货的财产清查，可能出现盘盈或者盘亏的情况。企业应设置“待处理财产损溢——待处理流动资产损溢”科目核算企业在财产清查过程中查明的各项流动资产盘盈、盘亏和毁损的价值。对于出现的盘亏或者盘盈，应该进一步查明原因，在期末结账前处理完毕，处理后该科目应无余额。

（一）存货盘盈的会计处理

存货盘盈，是指存货的实存数量超过账面结存数量的差额。存货发生盘盈，应按照重置成本将存货登记入账，以使账实相符。借记“原材料”等存货科目，贷记“待处理财产损溢——待处理流动资产损溢”科目；待查明原因，报经批准处理，在无法确定具体原因的情形下，一般冲减当期管理费用。

【例 4—29】 甲公司在存货清查中发现盘盈一批 A 材料，原因待查，该材料的市场价格为 5 000 元。

（1）发现盘盈

借：原材料　　　　5 000

　贷：待处理财产损溢——待处理流动资产损溢　　　　5 000

（2）报经批准处理

借:待处理财产损溢——待处理流动资产损溢　　5 000

　贷:管理费用　　5 000

(二)存货盘亏

存货盘亏,是指存货的实存数量少于账面结存数量的差额。存货发生盘亏,应将其账面成本及时转销,借记“待处理财产损溢——待处理流动资产损溢”科目,贷记“原材料”等存货科目;因非常损失而造成的存货毁损,还应将不能抵扣的增值税进项税额一并转出,借记“待处理财产损溢——待处理流动资产损溢”科目,贷记“应交税费——应交增值税(进项税额转出)”科目。待查明原因,报经批准处理后,根据造成盘亏的原因,分以下情况进行会计处理:

(1)属于定额内自然损耗和收发计量差错造成的短缺,直接计入管理费用;

(2)属于管理不善等原因造成的短缺或毁损,在减去过失人或者保险公司等赔款和残料价值之后,将净损失计入管理费用;

(3)属于自然灾害或意外事故造成的毁损,在减去保险公司赔款和残料价值之后,将净损失计入营业外支出。

(4)属于个人原因造成的损失,计入其他应收款。

【例 4—30】　××公司在存货清查中发现盘亏一批材料,账面成本为 3 000 元。

(1)发现盘亏

借:待处理财产损溢——待处理流动资产损溢　　3 000

　贷:原材料　　3 000

(2)查明原因,属于收发计量差错,报经批准处理。

借:管理费用　　3 000

　贷:待处理财产损溢——待处理流动资产损溢　　3 000

如果盘盈或盘亏的存货在期末结账前尚未经批准,在对外提供财务会计报告时,应先按上述方法进行会计处理,并在会计报表附注中做出说明。如果其后批准处理的金额与已处理的金额不一致,应当调整当期会计报表相关项目的年初数。

四、报表列示与附注披露

在资产负债表上,“存货”项目是按照账面价值列示的。账面价值是指各个存货科目的借方科目余额(即账面余额)的合计数减去存货跌价准备后的净额。

在报表附注中,应单独列示存货跌价准备的年初账面余额、本期增加额、本期减少额(包括转回、转销)和期末账面余额。此外,还应在附注中披露与存货有关的下列信息:(1)各类存货的期初和期末账面价值。(2)确定发出存货成本所用的方法。(3)存货可变现净值的确定依据,存货跌价准备的计提方法,当期计提的存货跌价准备的金额,当期转回的存货跌价准备的金额,以及计提和转回的有关情况;用于担保的存货账面价值。

思考题

1.什么是存货？确认存货的条件是什么？

2.比较发出存货计价的先进先出法、一次加权平均法、移动加权平均法的优缺点。

3.在永续盘存制和实地盘存制下,对存货清查结果应如何进行会计处理？

练习题

一、单项选择题

1.下列各项支出中,一般纳税企业不计入存货成本的是(　　)。

A.购入存货时发生的增值税进项税额　　B.入库前的挑选整理费

C.购买存货而发生的运输费用　　D.购买存货而支付的进口关税

2.在发出存货的计价方法中,期末存货价值最接近期末进货成本的是(　　)。

A.先进先出法　　B.后进先出法

C.加权平均法　　D.计划成本法

3. 某企业存货的日常核算采用毛利率法计算发出存货成本。该企业1997年1月份实际毛利率为30%,本年度2月1日的存货成本为1 200万元,2月份购入存货成本为2 800万元,销售收入为3 000万元,销售退回为300万元。该企业2月末存货成本为(　　)万元。

A.1 300　　B.1 900　　C.2 110　　D.2 200

4.2008年12月26日,新世纪公司与希望公司签订了一份不可撤销的销售合同,双方约定,2009年3月20日,新世纪公司应按每台62万元的价格向希望公司提供乙产品6台。2008年12月31日,新世纪公司还没有生产该批乙产品,但持有的库存C材料专门用于生产该批乙产品,其账面价值(成本)为144万元,市场销售价格总额为152万元。将C材料加工成乙产品尚需发生加工成本230万元,不考虑其他相关税费。2008年12月31日,C材料的可变现净值为(　　)万元。

A.144　　B.152　　C.372　　D.142

5.下列各种物资中，不应作为企业存货核算的是(　　)。

A.包装物　　B.低值易耗品

C.在产品　　D.工程物资

6.某企业为增值税一般纳税人，2009 年 4 月购入 A 材料 1 000 公斤，增值税专用发票上注明价款 30 000 元，税 5 100 元，该批材料在运输途中发生 1%的合理损耗，实际验收入库 990 公斤，入库前发生挑选整理费用 300 元。该批入库 A 材料的实际总成本为(　　)元。

A.29 700　　B.29 997　　C.30 300　　D.35 400

7.在物价不断上涨时期，一个企业可以选用的存货计价方法中，若要使会计报表中的净收益最高，可以采用的计价方法是(　　)。

A.加权平均法　　B.先进先出法

C.移动加权平均法　　D.个别计价法

8.存货采用先进先出法进行核算的企业，在物价持续上涨的情况下将会使企业(　　)。

A.期末库存升高，当期损益增加　　B.期末库存降低，当期损益减少

C.期末库存升高，当期损益减少　　D.期末库存降低，当期损益增加

9.某企业为增值税小规模纳税人，原材料采用计划成本法核算，A 材料计划成本每吨 20 元。本期购进 A 材料 6 000 吨，收到的增值税专用发票上注明的价款 102 000 元，税 17 340 元。另发生运杂费用 1 400 元，途中保险费用 359 元。原材料运抵企业后验收入库原材料 5 995 吨，运输途中合理损耗 5 吨。购进 A 材料发生的成本差异(超支)是(　　)元。

A.1 099　　B.1 199　　C.16 141　　D.16 241

10.下列关于存货可变现净值的表述中，正确的是(　　)

A.可变现净值等于存货的市场销售价格

B.可变现净值等于销售存货产生的现金流入

C.可变现净值等于销售存货产生现金流入的现值

D.可变现净值是确认存货跌价准备的重要依据之一

11.2008 年 9 月 3 日，新世纪公司与希望公司签订了一份不可撤销的销售合同，双方约定，2009 年 1 月 20 日，新世纪公司应按每台 62 万元的价格向希望公司提供甲产品 6 台。2008 年 12 月 31 日，新世纪公司甲产品的成本为 280 万元，数量 5 台，单位成本 56 万元。2008 年 12 月 31 日甲产品的市场销售价格每台 60 万元。销售 5 台甲产品预计发生销售费用及税金为 10 万元。2008 年 12 月 31 日，新世纪公司结存的 5 台甲产品的账面价值是(　　)万元。

A.300　　B.290　　C.280　　D.270

12.某股份有限公司发出材料采用加权平均法计价，期末存货采用成本与可变现净值孰低法计价，按单项存货计提跌价准备，存货跌价准备在结转成本时结转。2008年末该公司库存A产品的成本为1 000万元，其中有60%是订有销售合同的，合同价合计金额为700万元，预计销售费用及税金为70万元。未订有合同的部分预计销售价格为420万元，预计销售费用及税金为60万元。2009年度，由于该公司产品结构调整，不再生产A产品。当年售出A产品情况：订有销售合同的部分全部售出，无销售合同的部分售出10%。至2009年末，剩余A产品的预计销售价格为300万元，预计销售税费60万元，则2009年12月31日应计提的存货跌价准备为（　　）万元。

A.120　　B.84　　C.80　　D.40

13.下列各项，不会引起企业期末存货账面价值变动的是（　　）。

A.已发出商品但尚未确认销售收入

B.已确认销售收入但尚未发出商品

C.已收到材料但尚未收到发票账单

D.已收到发票账单并付款但尚未收到材料

二、多项选择题

1.下列项目中，应计入材料采购成本的有（　　）。

A.制造费用

B.进口关税

C.运输途中的合理损耗

D.一般纳税人购入材料支付的可以抵扣的增值税

2.企业对发出存货的实际成本进行计价的方法有（　　）。

A.个别计价法　　B.加权平均法

C.先进先出法　　D.后进先出法

3.下列各项与存货相关的费用中，应计入存货成本的有（　　）。

A.材料采购过程中发生的保险费

B.材料入库前发生的挑选整理费

C.在生产过程中为达到下一个生产阶段所必需的仓储费用

D.非正常消耗的直接材料

4.下列各项中，增值税一般纳税企业应计入收回委托加工物资成本的有（　　）。

A.支付的加工费

B.随同加工费支付的增值税

C.支付的收回后继续加工的委托加工物资的消费税

D.支付的收回后直接销售的委托加工物资的消费税

5.下列关于存货会计处理的表述中,正确的有(　　)。

A.存货采购过程中发生的合理损耗计入存货采购成本

B.存货跌价准备通常应当按照单个存货项目计提也可分类计提

C.债务人因债务重组转出存货时不结转已计提的相关存货跌价准备

D.发出原材料采用计划成本核算的应于资产负债表日调整为实际成本

6.下列有关可变现净值的表述中,正确的有(　　)。

A.无销售合同的库存商品以该库存商品的估计售价为基础

B.有销售合同的库存商品以该库存商品的合同价格为基础

C.用于出售的无销售合同的材料以该材料的市场价格为基础

D.用于生产有销售合同产品的材料以该材料的市场价格为基础

7.下列应计入"销售费用"的有(　　)。

A.支付的广告费

B.出借包装物的成本

C.随同产品出售不单独计价的包装物的成本

D.随同产品出售单独计价的包装物的成本

三、业务题

1.甲公司 2013 年 4 月份 A 商品有关收、发、存情况如下:

(1)4 月 1 日结存 400 件,单位成本为 2 万元。

(2)4 月 8 日购入 200 件,单位成本 2.2 万元。

(3)4 月 10 日发出 500 件。

(4)4 月 20 日购入 300 件,单位成本为 2.3 万元

(5)4 月 28 日发出 200 件。

(6)4 月 30 日购入 200 件,单位成本为 2.5 万元。

要求:(1)采用先进先出法计算 A 商品 2013 年 4 月份发出存货的成本和 4 月 30 日结存存货的成本。

(2)采用移动加权平均法计算 A 商品 2013 年 4 月份发出存货的成本和 4 月 30 日结存存货的成本。

(3)采用月末一次加权平均法计算 A 商品 2013 年 4 月份发出 A 商品的成本和 4 月 30 日结存 A 商品的成本。

2.某企业对甲材料按计划成本法核算,5 月初甲材料账面余额为借方 200 万元,材料成本差异的余额为借方 4 万元。该企业 5 月份发生如下经济业务:

(1)购入甲材料一批,增值税专用发票上注明的材料价款为 60 万元,税款 102 000

元。该批材料的计划成本 66 万元，货款已支付并验收入库。

(2)购入甲材料一批，普通发票上标明的价款为 20 万元。材料的计划成本 19 万元。材料已验收入库，并以银行存款支付全部货款。

(3)本月生产领用甲材料一批，计划成本为 40 万元。

要求：计算发出材料应负担的材料成本差异，并编制相应的会计分录。

3.甲公司期末存货采用成本与可变现净值孰低法计价。2008 年 9 月 26 日甲公司与乙公司签订销售合同：由甲公司于 2009 年 3 月 6 日向乙公司销售电子设备 10 000 台，每台 1.5 万元。2008 年 12 月 31 日甲公司库存电子设备 13 000 台，单位成本 1.4 万元。2008 年 12 月 31 日市场销售价格为每台 1.4 万元，预计销售税费均为每台 0.1 万元。甲公司于 2009 年 3 月 6 日向南方公司销售电子设备 10 000 台，每台 1.5 万元。甲公司于 2009 年 4 月 6 日销售电子设备 100 台，市场销售价格为每台 1.2 万元。货款均已收到。甲公司系增值税一般纳税企业，适用的增值税税率为 17%。

要求：编制计提存货跌价准备的会计分录，并列示计算过程。编制有关销售业务的会计分录。(金额单位用万元表示)

4.甲公司对存货按照单项计提存货跌价准备，2013 年末关于计提存货跌价准备的资料如下：

(1)库存商品甲，账面余额为 300 万元，已计提存货跌价准备 30 万元。按照一般市场价格预计售价为 400 万元，预计销售费用和相关税金为 10 万元。

(2)库存商品乙，账面余额为 500 万元，未计提存货跌价准备。库存商品乙中，有 40%已签订销售合同，合同价款为 230 万元；另 60%未签订合同，按照一般市场价格预计销售价格为 290 万元。库存商品乙的预计销售费用和税金为 25 万元。

(3)库存材料丙因改变生产结构，导致无法使用，准备对外销售。丙材料的账面余额为 120 万元，预计销售价格为 110 万元，预计销售费用及相关税金为 5 万元，未计提跌价准备。

(4)库存材料丁 20 吨，每吨实际成本 1 600 元。全部 20 吨丁材料用于生产 A 产品 10 件，A 产品每件加工成本为 2 000 元，每件一般售价为 5 000 元，现有 8 件已签订销售合同，合同规定每件为 4 500 元，假定销售税费均为销售价格的 10%。丁材料未计提存货跌价准备。

要求：计算上述存货的期末可变现净值和应计提的跌价准备，并进行相应的账务处理。

第五章
可供出售金融资产和持有至到期投资

【本章导读】

20 世纪 80 年代，美国出现了大规模的次贷危机，这种情况下，证监会作为银行上市公司的监管者要求将贷款按照期末的公允价值来反映，按照当时的处理思路这样就会影响到利润表，需要在利润表中确认大量的损失。而银行家、企业不同意这么做，因为按照公允价值反映，同时将公允价值变动计入利润表，银行的损失就出现了大幅度的波动，影响到银行的业绩，进而影响到股价。为了协调双方的矛盾，便产生了可供出售金融资产的处理方法，即要用公允价值反映，但是公允价值的变动不计入利润表，而是计入资产负债表的资本公积。因此，可供出售金融资产实际上成为美国会计实务中各方利益调和的一个结果。

在企业平时的投资交易中，有很多能够划分为持有至到期投资的金融资产，比如，企业从二级市场上购入的固定利率国债、浮动利率金融债券等。持有至到期投资，顾名思义，到期日要固定，当然回收的金额也要固定。如果企业管理层决定将某项金融资产持有至到期，则在该金融资产未到期前，不能随意地改变其“最初意图”。也就是说，投资者在取得投资时意图就应当是明确的。

在投资时可能会折价购买或溢价购买，作为企业的财务人员，在对持有至到期投资进行后续计量时应确定其摊余成本和实际利率来确定各期利息，也要核算后期的减值准备及持有至到期投资的出售。持有至到期投资作为一种承诺，表示一种信用与能力，对资产结构产生影响，从而对信息使用者做出决策产生影响。

【学习目标】

掌握可供出售金融资产的主要内容和特征，掌握可供出售金融资产的初始计量和后续计量，了解可供出售金融资产减值损失的计量原则和方法，了解可供出售债务工具和可供出售权益工具在确认减值损失后价值回升会计处理的区别；了解持有至到期投资的概念和特征，掌握持有至到期投资的初始计量和后续计量；了解持有至到期投资的转换。

第一节 可供出售金融资产

一、可供出售金融资产概述

(一)可供出售金融资产的主要内容

可供出售金融资产,是指初始确认时即被指定为可供出售的非衍生金融资产,以及除下列各类资产以外的金融资产:(1)贷款及应收账款;(2)持有至到期投资;(3)以公允价值计量且其变动计入当期损益的金融资产。通常情况下,划分为此类的金融资产应当在活跃市场上有报价,比如,企业购入的在活跃市场上有报价的股票、债券和基金等,没有划分为以公允价值计量且其变动计入当期损益的金融资产或持有至到期投资等金融资产的,可归为此类。某项金融资产的具体分类,主要取决于企业管理层的风险管理、投资决策等因素。因此,可供出售的金融资产可以大体分为两类:一类是直接指定的可供出售金融资产,是企业取得的可以公允价值计量但投资意图不十分明确的金融资产;另一类是企业全部金融资产中不属于上述三类金融资产的部分。可供出售金融资产可以重分类为持有至到期投资。

(二)可供出售金融资产的基本特征

可供出售金融资产有两个明显特征:一是在活跃市场上有公开报价,公允价值能够持续可靠获得或计量;二是持有意图不十分明确。

对于在活跃市场上有报价的金融资产,既可能划分为以公允价值计量且其变动计入当期损益的金融资产,也可能划分为可供出售金融资产;如果该金融资产有固定到期日、回收金额固定或可固定,则该金融资产还可能划分为持有至到期投资。

可供出售金融资产和交易性金融资产的最大区别在于持有目的不同。交易性金融资产的持有目的是为了近期出售获利,而可供出售金融资产的持有目的并不十分确切。因此,企业持有上市公司限售股权且对上市公司不具有控制、共同控制或重大影响的,按《企业会计准则第 22 号——金融工具确认和计量》,根据其持有目的是否明确,可以划分为可供出售金融资产或交易性金融资产。

按《企业会计准则第 22 号——金融工具确认和计量》对限售股权进行如下分类：

(1)企业在股权分置改革过程中持有对被投资单位重大影响以上的股权，应当作为长期股权投资，视对被投资单位的影响程度分别采用成本法或权益法核算；企业在股权分置改革过程中持有对被投资单位不具有控制、共同控制或重大影响的股权，应当划分为可供出售金融资产。

(2)企业持有上市公司限售股权且对上市公司不具有控制、共同控制或重大影响的，应当按金融工具确认和计量准则规定，将该限售股权划分为可供出售金融资产，除非满足该准则规定条件划分为以公允价值计量且其变动计入当期损益的金融资产。

二、可供出售金融资产的会计处理

可供出售金融资产的会计处理，与以公允价值计量且其变动计入当期损益的金融资产的会计处理有类似之处，但也有不同。具体而言：

(1)初始确认时，都应按公允价值计量，但对于可供出售金融资产，相关的交易费用应计入初始入账金额；

(2)资产负债表日，都应按公允价值计量，但对于可供出售金融资产，公允价值变动不是计入当期损益，而通常计入所有者权益。

可供出售金融资产会计处理的要点见表 5—1：

表 5—1　可供出售金融资产的会计处理

初始计量	债券投资	按公允价值和交易费用之和计量(其中，交易费用在“可供出售金融资产——利息调整”科目核算)
		实际支付的款项中包含的已到付息期尚未领取的利息，应当确认为应收项目
	股票投资	按公允价值和交易费用之和计量
		实际支付的款项中包含的已宣告尚未发放的现金股利，应当确认为应收项目

续表

后续计量		资产负债表日按公允价值计量，公允价值变动计入资本公积（其他资本公积）
减值计量		资产的减值不计入所有者权益，而是计入当期损益
减值转回	债券投资	借记“可供出售金融资产——公允价值变动”科目，贷记“资产减值损失”科目
	股票投资	借记“可供出售金融资产——公允价值变动”科目，贷记“资本公积——其他资本公积”科目
处　置		处置时，售价与账面价值的差额计入投资收益
		持有可供出售金融资产期间产生的“资本公积——其他资本公积”转入“投资收益”

（一）可供出售金融资产的初始计量

企业应当设置“可供出售金融资产”科目，核算持有的可供出售金融资产的公允价值，并设立“成本”“利息调整”“应计利息”等明细科目。其中，“成本”反映可供出售权益工具投资的初始入账金额或可供出售权益工具的面值；“利息调整”反映可供出售债务工具投资的初始入账金额与面值的差额，以及按照实际利率法分别摊销后该差额的摊余金额；“应计利息”反映企业计提的到期一次还本付息可供出售债务工具投资应计未付的利息。

可供出售金融资产应当按取得该金融资产的公允价值和相关交易费用之和作为初始入账金额。如果支付的价款中包含已宣告但尚未发放的现金股利或已到付息期但尚未领取的利息，应单独确认为应收项目，不构成可供出售金融资产的初始入账金额。

企业取得可供出售权益工具时，应按其公允价值与交易费用之和，借记“可供出售金融资产——成本”科目，按支付的价款中包含的已宣告发放但尚未发放的现金股利，借记“应收股利”科目，按实际支付的金额，贷记“银行存款”科目；企业取得可供出售债务工具投资时，应按其面值，借记“可供出售金融资产——成本”科目，按支付价款中包含的已到付息期但尚未领取的利息，借记“应收利息”科目，按实际支付的金额，贷记“银行存款”科目，按上列差额，借记或贷记“可供出售金融资产——利息调整”科目。

收到支付的借款中包含的已宣告发放但尚未发放的现金股利或已到付息期但尚未领取的利息，借记“银行存款”科目，贷记“应收股利”或“应收利息”科目。

【例5—1】 2013年1月20日，甲公司从深圳证券交易购入乙公司股票100万股，占乙公司表决权股份的5%，支付价款合计5 080 000元，其中，证券交易税等交易费用8 000元，已宣告发放现金股利72 000元。甲公司没有在乙公司董事会中派出代表，甲公司将其划分为可供出售金融资产。2013年2月20日，甲公司收到乙公司发放的2012年现金股利72 000元。

(1)2013年1月20日，购入乙公司股票100万股。

初始入账金额=5 080 000－72 000=5 008 000(元)

借：可供出售金融资产——成本——乙公司股票　　5 008 000
　应收股利　　72 000
　贷：银行存款　　5 080 000

(2)2013年2月20日，收到乙公司发放的现金股利。

借：银行存款　　72 000
　贷：应收股利　　72 000

【例5—2】 2010年1月1日，甲公司从活跃市场上购入乙公司债券12 500份，债券票面价值总额为1 250 000元，期限5年，票面年利率4.72%，于每年末支付本年度债券利息，本金在债券到期时一次性偿还，初始入账金额为1 000 000元(含交易费用)，甲公司没有意图将该债券持有至到期，划分为可供出售金融资产。

2010年1月1日，购入乙公司债券

借：可供出售金融资产——成本　　1 250 000
　贷：银行存款　　1 000 000
　　可供出售金融资产——利息调整　　250 000

(二)可供出售金融资产的后续计量

1.可供出售金融资产持有期间的股利和利息

在可供出售金融资产持有期间，应将被投资单位已宣告但尚未发放的现金股利或在资产负债表日已到付息期尚未收到的利息，作为可供出售金融资产持有期间的投资收益。

可供出售权益工具投资持有期间被投资单位宣告发放现金股利时，按享有的份额，借记“应收股利”科目，贷记“投资收益”科目；收到发放的现金股利，借记“银行存款”科目，贷记“应收股利”科目。

可供出售债务工具投资如为分期付息、一次还本债务工具，应于付息日或资产负债表日，按照以可供出售债务工具投资面值和票面利率计算确定的应收利息，借记“应收利息”科目；按照以可供出售债务工具投资摊余成本和实际利率计算的利息收入，贷记“投资收益”科目；按其差额，借记或贷记“可供出售金融资产——利息调整”科目。收到上列应计未收的利息时，借记“银行存款”科目，贷记“应收利息”科目。

可供出售债务工具如为一次还本付息债务工具时，应于资产负债表日，按照以可供出售债务工具投资面值和票面利率计算确定的应收利息，借记“可供出售金融资产——应计利息”科目；按照以可供出售债务工具投资摊余成本和实际利率计算确定的利息收入，贷记“投资收益”科目；按其差额，借记或贷记“可供出售金融资产——利息调整”科目。

摊余成本是指该金融资产或金融负债的初始确认金额经下列调整后的结果：(1)扣除已偿还的本金；(2)加上或减去采用实际利率法将该初始确认金额与到期日金额之间的差额进行摊销形成的累积摊销额；(3)扣除已发生的减值损失。

实际利率法，是指按照金融资产或金融负债的实际利率计算摊余成本及各期利息收入和利息费用的方法。实际利率，是指将金融资产或金融负债在预期存续期间或适用的更短期间内的未来现金流量，折现为该金融资产或金融负债当前账面价值所适用的利率。

【例5—3】 接【例5－1】资料，2013年4月20日，乙公司宣告发放现金股利2 000 000元，2013年5月10日，甲公司收到乙公司发放的该现金股利。

(1)2013年4月20日，乙公司宣告发放现金股利。

应收现金股利＝2 000 000×5%＝100 000(元)

借：应收股利　　100 000

　贷：投资收益　　100 000

(2)2013年5月20日，收到乙公司发放的现金股利。

借：银行存款　　100 000

　贷：投资收益　　100 000

【例5—4】 接【例5－2】资料，编制2010年至2012年利息收入并摊销利息调整，收到债券利息的会计分录。

计算实际利率：

$$59\,000\times(1+r)^{-1}+59\,000\times(1+r)^{-2}+59\,000\times(1+r)^{-3}+59\,000\times(1+r)^{-4}+(59\,000+1\,250\,000)\times(1+r)^{-5}=1\,000\,000(元)$$

当 r=9%时,59 000×3.8897+1 250 000×0.6499=1 041 867.3>1 000 000 元

当 r=12%时,59 000×3.6048+1 250 000×0.5674=921 933.2<1 000 000 元

因此,(1 041 867.3－1 000 000)/(1 041 867.3－921 933.2)=(9%－r)/(9%－12%)

解得 r=10%。

采用实际利率法编制利息收入与摊余成本计算表:

利息收入与摊余成本计算表

(实际利率法)　　　　金额单位:元

日期	应收利息	实际利率(%)	利息收入	利息调整摊销	摊余成本
2010 年 1 月 1 日					1 000 000
2010 年 12 月 31 日	59 000	10	100 000	41 000	1 041 000
2011 年 12 月 31 日	59 000	10	104 100	45 100	1 086 100
2012 年 12 月 31 日	59 000	10	108 610	49 610	1 135 710
2013 年 12 月 31 日	59 000	10	113 571	54 571	1 190 281
2014 年 12 月 31 日	59 000	10	118 719 *	59 719	1 250 000
合　计	295 000	—	545 000	250 000	—

* 尾数调整:1 250 000+59 000－1 190 281=118 719(元)

(1)2010 年 12 月 31 日

借:应收利息　　59 000

　可供出售金融资产——利息调整　　41 000

　贷:投资收益　　100 000

借:银行存款　　59 000

　贷:应收利息　　59 000

(2)2011 年 12 月 31 日

借:应收利息　　59 000

　可供出售金融资产——利息调整　　45 100

　贷:投资收益　　104 100

借:银行存款　　59 000

　贷:应收利息　　59 000

(3)2012 年 12 月 31 日

借:应收利息 59 000

可供出售金融资产——利息调整 49 610

贷:投资收益 108 610

借:银行存款 59 000

贷:应收利息 59 000

2.可供出售金融资产的公允价值变动

根据会计准则的规定,可供出售金融资产以公允价值计量。因可供出售金融资产的持有目的不明确,其公允价值变动形成的利得或损失无法直接认定为经营损益,所以只能作为另一种形式的收益计入所有者权益。因此,可供出售金融资产公允价值变动形成的利得或损失应计入所有者权益,而不是当期损益。

资产负债表日,可供出售金融资产的公允价值高于其账面价值的,应按二者之间的差额,调增可供出售金融资产的账面余额,同时将公允价值变动计入所有者权益,借记"可供出售金融资产——公允价值变动"科目,贷记"资本公积——其他资本公积"科目;可供出售金融资产的公允价值低于账面价值的,做相反分录。

【例 5—5】 接【例 5—1】资料,2013 年 7 月 31 日,乙公司股票收盘价为 5.20 元,2013 年 10 月 31 日,乙公司股票收盘价为 4.90 元。

(1)2013 年 7 月 31 日,调整可供出售金融资产账面余额。

乙公司股票的单位成本=(5 080 000－72 000)/1 000 000=5.008(元/股)

公允价值变动=(5.20－5.008)×1 000 000=192 000(元)

借:可供出售金融资产——公允价值变动——乙公司股票 192 000

贷:资本公积——其他资本公积 192 000

(2)2013 年 10 月 31 日,调整可供出售金融资产账面余额。

公允价值变动=(4.90－5.20)×1 000 000=－300 000(元)

借:资本公积——其他资本公积 300 000

贷:可供出售金融资产——公允价值变动——乙公司股票 300 000

【例 5—6】 接【例 5—2】和【例 5—4】资料,2010 年 12 月 31 日,乙公司债券市价为900 000元,甲公司认定该市价的下跌为债券价格的正常波动;2011 年 12 月 31 日,乙公司债券市价为 960 000 元。

(1)2010 年 12 月 31 日,确认公允价值变动。

本期公允价值变动=900 000－1 041 000=－141 000(元)

借:资本公积——其他资本公积 141 000

贷:可供出售金融资产——公允价值变动 141 000

调整后乙公司债券账面价值为 900 000 元。

(2)2011 年 12 月 31 日，确认公允价值变动。

摊销利息调整后乙公司债券账面价值＝900 000＋45 100＝945 100(元)

本期公允价值变动＝960 000－945 100＝14 900(元)

借：可供出售金融资产——公允价值变动　　14 900

　贷：资本公积——其他资本公积　　14 900

调整后乙公司债券账面价值为 960 000 元。

3.可供出售金融资产的减值损失

企业会计准则规定，在可供出售金融资产的后续计量中，还需要对其价值进行不定期的评估，如果有确凿的证据表明其已发生减值，则需要对此减值进行单独的计量，因为可供出售金融资产公允价值变动不计入当期损益，而是资本公积，一旦可供出售金融资产发生了减值，如不对减值进行单独处理，就无法对其减值损失作为经营损益项目反映在利润表上。因此，与可供出售金融资产期末计量不同的是，资产的减值不计入所有者权益，而是计入当期损益。

(1)可供出售金融资产发生减值的主要依据

现行会计准则规定公允价值低于成本不一定要确认减值，只有发生了对可供出售金融资产预计未来现金流量有不利影响且这种影响能够可靠计量的事项才表明该可供出售金融资产发生了减值。一般的，当存在下列一项客观证据时，可判断可供出售金额资产发生了减值：

发行方或债务人发生严重财务困难；债务人违反了合同条款，如偿付利息或本金发生逾期；债权人出于经济或法律等方面因素的考虑，对发生财务困难的债务人做出让步；债务人很可能倒闭或进行其他债务重组；因发行方发生重大财务困难，该金融资产无法在活跃市场上继续交易；无法辨认一组金融资产中的某项资产的流量是否已经减少，但根据公开的数据对其进行总体评价后发现，该组金融资产自初始确认以来的预计未来现金流量确已减少且可计量，如该组金融资产的债务人支付能力逐步恶化，或债务人所在国家或地区失业率提高、担保物在其所在地区的价格明显下降、所处行业不景气等；债务人经营所处的技术、市场、经济或法律环境发生重大不利变化，使权益工具投资人可能无法收回成本；权益工具投资的公允价值发生严重或非暂时性下跌；其他表明金融资产发生减值的客观证据。

(2)可供出售金融资产减值的会计处理

可供出售金融资产发生减值的，在确认减值损失时，应当将原直接计入所有者权益的公允价值下降形成的累计损失一并转出，计入减值损失。确定可供出售金融资产发生减值时，按应减值的金额，借记“资产减值损失”科目；按应从所有者权益中转出原计入资本公积的累计损失金额，贷记“资本公积——其他资本公积”科目；按其差额，贷记“可供出售金融资产——公允价值变动”科目。

对于已确认减值损失的可供出售金融资产，在随后会计期间内公允价值已上升且客观上与确认原减值损失事项有关的，应按原确认的减值损失，借记“可供出售金融资产——公允价值变动”科目，贷记“资产减值损失”科目，但可供出售金融资产为股票等权益工具投资的，借记“可供出售金融资产——公允价值变动”科目，贷记“资本公积——其他资本公积”科目。

【例 5—7】 接【例 5—1】及【例 5—5】资料，2013 年 12 月 31 日，乙公司发生重大违法事件导致股价严重下跌，每股收盘价为 1 元，且该下跌并非暂时性下跌，则应对该可供出售权益工具计提减值准备。2014 年 10 月 31 日，乙公司股票收盘价为 5 元，每股升值 4 元。

(1)2013 年 12 月 31 日，计提可供出售金融资产减值准备。

借：资产减值损失 4 008 000

　贷：资本公积——其他资本公积 108 000

　　可供出售金融资产——公允价值变动——乙公司股票 3 900 000

(2)2014 年 10 月 31 日，调整可供出售金融资产账面价值。

借：可供出售金融资产——公允价值变动——乙公司股票 4 000 000

　贷：资本公积——其他资本公积 4 000 000

【例 5—8】 接【例 5—2】、【例 5—4】和【例 5—6】资料，2012 年 12 月 31 日，由于产品缺乏竞争力、内部管理松懈，财务状况不断恶化，导致乙公司债券市价下跌至 500 000 元，但预计仍可收回当年的利息，甲公司预计如果乙公司不采取有效措施，该债券的公允价值会持续下跌，因此，甲公司认定乙公司债券发生了减值损失。

2013 年 12 月 31 日，乙公司经过调整，财务状况得到改善，市价回升至 1 000 000 元，预计可收回当年的票面利息。

(1)2012 年 12 月 31 日，调整资产减值损失。

摊销利息调整后乙公司债券账面价值＝960 000＋49 610＝1 009 610(元)

本期公允价值变动＝500 000－1 009 610＝－509 610(元)

应确认的资产减值损失＝141 000－14 900＋509 610＝635 710(元)

借：资产减值损失 635 710

　贷：资本公积——其他资本公积 126 100

　　可供出售金融资产——公允价值变动 509 610

调整后乙公司债券账面价值为 500 000 元。

(2)2013 年 12 月 31 日，确认利息收入并转回资产减值损失。

利息收入＝500 000×10％＝50 000(元)

利息调整摊销＝50 000－59 000＝－9 000(元)

借:应收利息	59 000	
贷:投资收益		50 000
可供出售金融资产——利息调整		9 000
借:银行存款	59 000	
贷:应收利息		59 000

摊销利息调整后乙公司债券账面价值＝500 000－9 000＝491 000(元)

本期公允价值变动＝1 000 000－491 000＝509 000(元)

由于本期公允价值回升的金额小于原已确认的资产减值损失 635 710 元,因此,应按 509 000 元转回资产减值损失。

借:可供出售金融资产——公允价值变动	509 000	
贷:资产减值损失		509 000

调整后乙公司债券账面价值＝491 000＋509 000＝1 000 000(元)

需要注意的是,如果本期公允价值回升的金额大于原已确认的资产减值损失,则转回的资产减值损失应当以原已确认的资产减值损失为限,公允价值回升的金额大于原已确认的资产减值损失的差额,应当计入资本公积。

4.可供出售金融资产的处置

处置可供出售金融资产时,应将取得的处置价款与该金融资产账面余额之间的差额,计入投资收益;同时,将原直接计入所有者权益的累计公允价值变动对应处置部分的金额转出,计入投资收益。其中,可供出售金融资产的账面余额,是指可供出售金融资产的初始金额(或摊余成本)加上或减去资产负债表日累计公允价值变动(包括可供出售金融资产减值金额)后的金额。如果在处置时,已计入应收项目的现金股利或债券利息尚未收回,还应从处置价款中扣除该部分现金股利或债券利息后,确认处置损益。

处置可供出售权益工具投资时,应按实际收到的处置价款,借记"银行存款"科目;按可供出售权益工具投资的初始入账金额,贷记"可供出售金融资产——成本"科目;按累计公允价值变动金额,贷记或借记"可供出售金融资产——公允价值变动"科目;按上列差额,贷记或借记"投资收益"科目。

处置可供出售债务工具时,应按实际收到的处置价款,借记"银行存款"科目,按债务工具的面值,贷记"可供出售金融资产——成本"科目;按应计未收的利息,贷记"可供出售金融资产——应计利息"科目;按利息调整摊余余额,贷记或借记"可供出售金融资产——利息调整"科目;按累计公允价值变动金额,贷记或借记"可供出售金融资产——公允价值变动”科目；按上列差额，贷记或借记“投资收益”科目。同时，将直接计入所有者权益的累计公允价值变动对应处置部分的金额转出，借记或贷记“资本公积——其他资本公积”科目，贷记或借记“投资收益”科目。

【例 5—9】 接【例 5—1】和【例 5—7】资料，2014 年 12 月 31 日，甲公司以每股 4.50元的价格将股票全部转让，同时支付证券交易税等交易费用 7 200 元。

股票出售价格＝4.50×1 000 000＝4 500 000(元)

出售股票时取得的价款＝4 500 000－7 200＝4 492 800(元)

公允价值变动＝4 008 000－4 000 000＝8 000(元)

借：银行存款	4 492 800	
投资收益	5 072 000	
可供出售金融资产——公允价值变动	8 000	
贷：可供出售金融资产——成本		5 008 000
借：资本公积——其他资本公积	4 000 000	
贷：投资收益		4 000 000

【例 5—10】 接【例 5—2】、【例 5—4】、【例 5—6】和【例 5—8】资料，2014 年 12 月 31 日，市价回升至 1 250 000 元，预计可收回当年的票面利息和全部债券本金。

2014 年 12 月 31 日，确认利息收入及转回资产减值损失。

由于乙公司债券已经到期，甲公司应将尚未摊销的利息调整贷方金额 123 290 元(250 000－41 000－45 100－49 610＋9 000)全部摊销完毕。

借：应收利息	59 000	
可供出售金融资产——利息调整	123 290	
贷：投资收益		182 290

摊销利息调整后乙公司债券账面价值＝1 000 000＋123 290＝1 123 290(元)

本期公允价值变动＝1 250 000－1 123 290＝126 710(元)

借：可供出售金融资产——公允价值变动	126 710	
贷：资产减值损失		126 710

5.可供出售金融资产在资产负债表上的列示

可供出售金融资产在资产负债表上以公允价值列示。同时为了提供可供出售金融资产的详细信息，还应以披露方式提供可供出售金融资产的构成及公允价值变动情况。

第二节　持有至到期投资

一、持有至到期投资概述

持有至到期投资，是指到期日固定、回收金额固定或可确定，且企业有明确意图和能力持有至到期的非衍生金融资产。通常情况下，能够划分为持有至到期投资的金融资产，主要是债权性投资。企业从二级市场上购入的固定利率国债、浮动利率公司债券等，符合持有至到期投资条件的，可以划分为持有至到期投资。购入的股权投资因其没有固定的到期日，不符合持有至到期投资的条件，不能划分为持有至到期投资。持有至到期投资通常具有长期性质，但期限较短（1 年以内）的债券投资，符合持有至到期投资条件的，也可将其划分为持有至到期投资。

下列非衍生金融资产不应当划分为持有至到期投资：(1)初始确认时被指定为以公允价值计量且其变动计入当期损益的非衍生金融资产；(2)初始确认时被指定为可供出售的非衍生金融资产；(3)贷款和应收款项。

持有至到期投资具有以下特征：

（一）金融资产到期日固定、回收金额固定或可确定

“到期日固定、回收金额固定或可确定”是指相关合同明确了投资者在确定的期间内获得或应收取现金流量的金额和时间。因此从投资者角度看，如果不考虑其他条件，在将某项投资划分为持有至到期投资时可以不考虑可能存在的发行方重大支付风险。

（二）企业有明确意图将该金融资产持有至到期

“有明确意图持有至到期”是指投资者在取得投资时意图就是明确的，除非遇到一些企业不能控制、预期不会重复发生且难以合理预计的独立事项，否则将持有至到期。

存在下列情况之一的，表明企业没有明确意图将金融资产投资持有至到期：

(1)该金融资产的期限不确定。

(2)发生市场利率变化、流动性需要变化、替代投资机会及其投资收益率变化、融资来源和条件变化、外汇风险变化等情况时，将出售该金融资产。但是，无法控制、预期不会重复发生且难以合理预计的独立事项引起的金融资产出售除外。

(3)金融资产的发行方可以按照明显低于其摊余成本的金额清偿。

(4)其他表明企业没有明确意图将该金融资产持有至到期的情况。

（三）企业有能力将该金融资产持有至到期

“有能力持有至到期”是指企业有足够的财务资源，并不受外部因素影响将投资持有至到期。

存在下列情况之一的，表明企业没有能力将具有固定期限的金融资产投资持有至到期：

（1）没有可利用的财务资源持续地为该金融资产投资提供资金支持，以使该金融资产投资持有至到期。

（2）受法律、行政法规的限制，使企业难以将该金融资产投资持有至到期。

（3）其他表明企业没有能力将具有固定期限的金融资产投资持有至到期的情况。

企业应当于每个资产负债表日对持有至到期投资的意图和能力进行评价。发生变化的，应当将其重分类为可供出售金融资产进行处理。

（四）持有至到期投资在到期前处置或重分类的影响

企业将持有至到期投资在到期前处置或重分类，通常表明其违背了将持有至到期投资的最初意图。如果企业将尚未到期的某项持有至到期投资在本会计年度内出售或重分类为可供出售金融资产的金额，相对于该类投资在出售或重分类前的总额较大时，应当将该类投资的剩余部分重分类为可供出售金融资产，且在本会计年度及以后两个完整的会计年度内不得再将该金融资产划分为持有至到期投资。但是，下列情况除外：

（1）出售日或重分类日距离该项投资到期日或赎回日较近（如到期前三个月内），市场利率变化对该项投资的公允价值没有显著影响。

（2）根据合同约定的定期偿付或提前还款方式收回该投资几乎所有初始本金后，将剩余部分予以出售或重分类。

（3）出售或重分类是由于企业无法控制、预期不会重复发生且难以合理预计的独立事项所引起。此种情况主要包括：

①因被投资单位信用状况严重恶化，将持有至到期投资予以出售；

②因相关税收法规取消了持有至到期投资的利息税前可抵扣政策，或显著减少了税前可抵扣金额，将持有至到期投资予以出售；

③因发生重大企业合并或重大处置，为保持现行利率风险头寸或维持现行信用风险政策，将持有至到期投资予以出售；

④因法律、行政法规对允许投资的范围或特定投资品种的投资限额做出重大调整，将持有至到期投资予以出售；

⑤因监管部门要求大幅度提高资产流动性，或大幅度提高持有至到期投资在计算

资本充足率时的风险权重，将持有至到期投资予以出售。

二、持有至到期投资的会计处理

企业对持有至到期投资的会计处理主要解决该金融资产实际利率的计算、摊余成本的确定、持有期间的收益确认以及将其处置时损益的处理。

为了反映持有至到期投资的取得、收益、处置等情况，可设置“持有至到期投资”科目核算企业持有至到期投资的摊余成本。本科目可按持有至到期投资的类别和品种，分“成本”“利息调整”“应计利息”等进行明细核算。

(一)持有至到期投资的初始计量

持有至到期投资应当按取得时的公允价值和相关交易费用之和作为初始确认金额。支付的价款中包含的已到付息期但尚未领取的债券利息，应单独确认为应收项目。

持有至到期投资初始确认时，应当计算确定其实际利率，并在该持有至到期投资预期存续期间或适用的更短期间内保持不变。

实际利率是指将持有至到期投资在预期存续期间或适用的更短期间内的未来现金流量，折现为当前账面价值所使用的利率。

(二)持有至到期投资的后续计量

企业应当采用实际利率法，按摊余成本对持有至到期投资进行后续计量。实际利率法是指按照金融资产的实际利率计算其摊余成本及各期利息收入或利息费用的方法。摊余成本是指该金融资产的初始确认金额经下列调整后的结果：(1)扣除已偿还的本金；(2)加上或减去采用实际利率法将该初始确认金额与到期日金额之间的差额进行摊销形成的累计摊销额；(3)扣除已发生的减值损失。

持有至到期投资在持有期间应当按照摊余成本和实际利率计算确认利息收入，计入投资收益。实际利率应当在取得持有至到期投资时确定。实际利率与票面利率差别较小的，也可按票面利率计算利息收入，计入投资收益。

资产负债表日，持有至到期投资为分期付息、一次还本债券投资的，应按票面利率计算确定的应收未收利息，借记“应收利息” 科目；按持有至到期投资摊余成本和实际利率计算确定的利息收入，贷记“投资收益”科目；按其差额，借记或贷记持有至到期投资(利息调整)。持有至到期投资为一次还本付息债券投资的，应于资产负债表日按票面利率计算确定的应收未收利息，借记“持有至到期投资(应计利息)”；按持有至到期投资摊余成本和实际利率计算确定的利息收入，贷记“投资收益”科目；按其差额，借记或贷记“持有至到期投资(利息调整)”。

处置持有至到期投资时，应将所取得价款与该投资账面价值之间的差额计入投资收益。

【例 5—11】 某公司于 2012 年 1 月 1 日购入 B 公司当天发行的两年期债券作为持有至到期投资，票面价值为 200 000 元，票面利率为 10%，到期一次还本付息，用银行存款实际支付价款 206 000 元，未发生交易费用。

溢价购入时分录：

借：持有至到期投资——成本　　200 000

　　　　　　　　——利息调整　　6 000

　贷：银行存款　　206 000

2012 年 12 月 31 日：

摊余成本＝206 000

实际利息（投资收益）＝206 000×7.937%＝16 350

$20.6\times(1+i)^2=24\quad i=7.937\%$

实际利率＝7.937%

借：持有至到期投资——应计利息　　20 000

　贷：投资收益　　16 350

　　持有至到期投资——利息调整　　3 650

2013 年 12 月 31 日：

摊余成本＝206 000＋20 000－3 650＝222 350

实际利率＝7.937%

实际利息（投资收益）＝222 350×7.937% ＝17 648（尾差调整：17 650）

借：持有至到期投资——应计利息　　20 000

　贷：投资收益　　17 650

　　持有至到期投资——利息调整　　2 350

到期收回：

借：银行存款　　240 000

　贷：持有至到期投资——成本　　200 000

　　　　　　　　——应计利息　　40 000

【例 5—12】 某公司于 2012 年 1 月 1 日购入 D 公司当天发行的两年期债券作为持有至到期投资，票面价值为 200 000 元，票面利率为 10%，每半年付息一次，付息日为 7 月 1 日和 1 月 1 日，到期还本。用银行存款实际支付价款 207 529 元，未发生交易费用。

分期付息、一次还本债券

溢价购入时分录：

借：持有至到期投资——成本　200 000

　　　　　　　　——利息调整　7 259

　贷：银行存款　207 259

2012 年 6 月 30 日：

摊余成本＝207 259

实际利率＝4%（半年期）

207259＝200000×复利现值系数＋10000 ×年金现值系数

i＝ 4%

实际利息（投资收益）＝207 259×4%＝8 290

借：应收利息　10 000

　贷：投资收益　8 290

　　持有至到期投资——利息调整　1 710

借：银行存款　10 000

　贷：应收利息　10 000

2012 年 12 月 31 日：

摊余成本＝207 259－1 710＝205 549

实际利率＝4%（半年期）

实际利息（投资收益）＝205 549×4%＝8 222

借：应收利息　10 000

　贷：投资收益　8 222

　　持有至到期投资——利息调整　1 778

借：银行存款　10 000

　贷：应收利息　10 000

2013 年 6 月 30 日：

摊余成本＝205 549－1 778＝203 771

实际利率＝4%（半年期）

实际利息（投资收益）＝203 771×4%＝8 151

借：应收利息　10 000

　贷：投资收益　8 151

　　持有至到期投资——利息调整　1 849

借：银行存款　10 000

　贷：应收利息　10 000

2013 年 12 月 31 日：

摊余成本＝203 771－1 849＝201 922

实际利率＝4％(半年期)

实际利息(投资收益)＝201 922×4％＝8 077(尾差调整：8 078)

借：应收利息　　10 000

　贷：投资收益　　8 078

　　持有至到期投资——利息调整　　1 922

到期收回：

借：银行存款　　210 000

　贷：持有至到期投资——成本　　200 000

　　应收利息　　10 000

(三)持有至到期投资的转换

企业持有至到期投资部分出售或重分类的金额较大，且不属于企业会计准则第22号第十六条所指的例外情况，使该投资的剩余部分不再适合划分为持有至到期投资的，企业应当将该投资的剩余部分重分类为可供出售金融资产，并以公允价值进行后续计量。重分类日，该投资剩余部分的账面价值与其公允价值之间的差额计入所有者权益，在该可供出售金融资产发生减值或终止确认时转出，计入当期损益。

将持有至到期投资重分类为可供出售金融资产的，应在重分类日按其公允价值，借记“可供出售金融资产”，按其账面余额，贷记“持有至到期投资”科目，按其差额，贷记或借记“资本公积——其他资本公积” 科目。已计提减值准备的，还应同时结转减值准备。

【例 5－13】 华星公司于 2013 年 1 月 1 日从证券市场上购入美隆公司于 2012 年 1 月 1 日发行的债券，该债券 5 年期、票面年利率为 5％、每年 1 月 5 日支付上年度的利息，到期日为 2017 年 1 月 1 日，到期日一次归还本金和最后一次利息。华星公司购入债券的面值为 1 000 万元，实际支付价款为 100 5.35 万元，另支付相关费用 10 万元。华星公司购入后将其划分为持有至到期投资。购入债券的实际利率为 6％。假定按年计提利息。2013 年 12 月 31 日，该债券的预计未来现金流量现值为 930 万元(不属于暂时性的公允价值变动)。2014 年 1 月 2 日，华星公司将该持有至到期投资重分类为可供出售金融资产，其公允价值为 925 万元。

2013 年 1 月 1 日：

借：持有至到期投资——成本　　1 000

　　应收利息(1 000×5％)　　50

贷:银行存款　　1 015.35

持有至到期投资——利息调整　　34.65

2013 年 1 月 5 日:

借:银行存款　　50

贷:应收利息　　50

2013 年 12 月 31 日:

应确认的投资收益=(1 000－34.65)×6%=965.35×6%=57.92(万元)

应收利息=1 000×5%=50(万元)

持有至到期投资——利息调整=57.92－50=7.92(万元)

借:应收利息　　50

持有至到期投资——利息调整　　7.92

贷:投资收益　　57.92

借:资产减值损失(965.35+7.92－930)　　43.27

贷:持有至到期投资减值准备　　43.27

2014 年 1 月 2 日:

持有至到期投资的账面价值=1 000－34.65+7.92－43.27=930(万元)

公允价值为 925 万元,应确认的资本公积=930－925=5(万元)(借方)

借:可供出售金融资产——成本　　1 000

持有至到期投资减值准备　　43.27

持有至到期投资——利息调整(34.65－7.92)　　26.73

资本公积——其他资本公积　　5

贷:持有至到期投资——成本　　1 000

可供出售金融资产——利息调整　　75

思考题

1.可供出售权益工具与可供出售债务工具公允价值变动金额的计量方法有什么不同?

2.什么情况下需要对可供出售金融资产计提资产减值损失?

3.已计提减值损失的可供出售金融资产价格回升时应如何处理?

4.什么是持有至到期投资,持有至到期投资具有哪些特征?

5.简述持有至到期投资的初始计量和后续计量。

练习题

一、单项选择题

1.下列金融资产中，在活跃的交易市场中没有报价的是（　　）。

A.交易性金融资产　　B.持有至到期投资

C.贷款和应收账款　　D.可供出售金融资产

2.下列各项中，不应计入相关金融资产或金融负债初始入账价值的是（　　）。

A.发行长期债券发生的交易费用

B.取得交易性金融资产发生的交易费用

C.取得持有至到期投资发生的交易费用

D.取得可供出售金融资产发生的交易费用

3.A 公司于 2013 年 4 月 5 日从证券市场上购入 B 公司发行在外的股票 200 万股作为交易性金融资产，每股支付价款 4 元（含已宣告但尚未发放的现金股利 0.5 元），另支付相关费用 12 万元。A 公司该金融资产取得时的入账价值为（　　）万元。

A.700　　B.800　　C.712　　D.812

4.甲公司 2013 年 12 月 25 日支付价款 2 040 万元（含已宣告但尚未发放的现金股利 60 万元）取得一项股权投资，另支付交易费用 10 万元，划分为可供出售金融资产。2013 年 12 月 28 日，收到现金股利 60 万元。2013 年 12 月 31 日，该项股权投资的公允价值为 2 105 万元。假定不考虑所得税等其他因素。甲公司 2013 年因该项股权投资应直接计入资本公积的金额为（　　）万元。

A.55　　B.65　　C.115　　D.125

5.2013 年 6 月 1 日，企业将持有至到期投资重分类为可供出售金融资产，重分类日公允价值为 50 万元，账面价值为 48 万元；2013 年 6 月 20 日，企业将该可供出售金融资产出售，所得价款为 53 万元，则出售时确认的投资收益为（　　）万元。

A.3　　B.2　　C.5　　D.8

6.下列金融资产中，应作为可供出售金融资产核算的是（　　）。

A.企业从二级市场购入准备随时出售的普通股票

B.企业购入有意图和能力持有至到期的公司债券

C.企业购入没有公开报价且不准备随时变现的 A 公司 5%股权

D.企业购入有公开报价但不准备随时变现的 A 公司 5%的流通股票

7.2011 年 5 月 8 日，甲公司以每股 8 元的价格自二级市场购入乙公司股票 120 万股，支付价款 960 万元，另支付相关交易费用 3 万元。甲公司将其购入的乙公司股票分类为可供出售金融资产。2011 年 12 月 31 日，乙公司股票的市场价格为每股 9 元。2012 年 12 月 31 日，乙公司股票的市场价格为每股 5 元，甲公司预计乙公司股票的市场价格将会持续下跌。2013 年 12 月 31 日，乙公司股票的市场价格为每股 6 元。

要求：根据上述材料，不考虑其他因素，回答下列(1)至(2)小题。

(1)甲公司 2012 年度利润表因乙公司股票市场价格下跌应当确认的减值损失是(　　)万元。

A.0　　B.360　　C.363　　D.480

(2)甲公司 2013 年度利润表因乙公司股票市场价格回升应当确认的收益是(　　)万元。

A.0　　B.120　　C.363　　D.480

二、多项选择题

1.下列有关可供出售金融资产会计处理的表述中，正确的有(　　)。

A.可供出售金融资产发生的减值损失应计入当期损益

B.取得可供出售金融资产发生的交易费用应计入成本

C.可供出售金融资产期末应采用摊余成本计量

D.可供出售金融资产持有期间取得的现金股利应冲减成本

2.下列金融资产中，应按摊余成本进行后续计量的有(　　)。

A.交易性金融资产　　B.持有至到期投资

C.贷款及应收款项　　D.可供出售金融资产

3.关于金融资产的重分类，下列说法中错误的有(　　)。

A.交易性金融资产可以和持有至到期投资进行重分类

B.交易性金融资产和可供出售金融资产之间不能进行重分类

C.可供出售金融资产可以随意和持有至到期投资进行重分类

D.交易性金融资产在符合一定条件时可以和持有至到期投资进行重分类

4.持有至到期投资在(　　)情况下，可以不重分类为可供出售金融资产。

A.出售日或重分类日距离该项投资到期日或赎回日较近，且市场利率变化对该项投资的公允价值没有显著影响

B.根据合同约定的定期偿付或提前还款方式收回该投资几乎所有初始本金后，将剩余部分予以出售或重分类

C.因发生重大企业合并或重大处置，为保持现行利率风险头寸或持续现行信用风险政策，将持有至到期投资予以出售

D.因法律、行政法规对允许投资的范围或特定投资品种的投资限额做出重大调

整，将持有至到期投资予以出售

5.关于金融资产的计量，下列说法中正确的有（　　）。

A.交易性金融资产应当按照取得时的公允价值和相关的交易费用作为初始确认金额

B.可供出售金融资产应当按取得该金融资产的公允价值和相关交易费用之和作为初始确认金额

C.可供出售金融资产应当按照取得时的公允价值作为初始确认金额，相关的交易费用在发生时计入当期损益

D.持有至到期投资在持有期间应当按照摊余成本和实际利率计算确认利息收入，计入投资收益

三、业务题

1.2009 年 1 月 1 日，甲公司支付价款 100 万元（含交易费用）从上海证券交易所购入 A 公司同日发行的 5 年期公司债券 12 500 份，债券票面价值总额为 125 万元，票面年利率为 4.72%，于年末支付本年度债券利息，本金在债券到期时一次性偿还。甲公司没有意图将该债券持有至到期，划分为可供出售金融资产。

其他资料如下：

(1)2009 年 12 月 31 日，A 公司债券的公允价值为 120 万元（不含利息）。

(2)2010 年 12 月 31 日，A 公司债券的公允价值为 130 万元（不含利息）。

(3)2011 年 12 月 31 日，A 公司债券的公允价值为 125 万元（不含利息）。

(4)2012 年 12 月 31 日，A 公司债券的公允价值为 120 万元（不含利息）。

(5)2013 年 1 月 20 日，通过上海证券交易所出售了 A 公司债券 12 500 份取得价款 126 万元。

要求：不考虑所得税、减值损失等因素，根据上述经济业务编制有关会计分录。

2.2010 年 1 月 1 日，A 公司从证券市场上购入 B 公司于 2009 年 1 月 1 日发行的 5 年期债券，划分为可供出售金融资产，面值为 2 000 万元，票面年利率为 5%，实际利率为 4%，每年 1 月 5 日支付上年度的利息，到期日一次归还本金和最后一次利息。实际支付价款为 2 172.60 万元，假定按年计提利息。

(1)2010 年 12 月 31 日，该债券的公允价值为 2 040 万元。

(2)2011 年 12 月 31 日，该债券的预计未来现金流量现值为 2 000 万元并将持续下降。

(3)2012 年 12 月 31 日，该债券的公允价值回升至 2 010 万元。

(4)2013 年 1 月 20 日，A 公司将该债券全部出售，收到款项 1 990 万元存入银行。

要求：不考虑其他相关因素，根据上述经济业务编制有关会计分录。

3.A公司有关投资资料如下：

(1)2011年2月5日，A公司以银行存款从二级市场购入B公司100 000股，划分为可供出售金融资产，每股买价12元，同时支付相关税费10 000元。

(2)2011年4月10日，B公司宣告发放现金股利，每股0.5元。

(3)2011年4月20日，收到B公司发放的现金股利50 000元。

(4)2011年12月31日，B公司股票市价为每股11元。

(5)2012年12月31日，B公司股票市价下跌为每股9.5元，预计B公司股票还将继续下跌。

(6)2013年12月31日，B公司股票市价为每股11.5元。

要求：不考虑其他相关因素，根据上述经济业务编制有关会计分录。

4.2009年1月1日，宏达公司支付价款1 000元(含交易费用)从活跃市场上购入某公司5年期债券，面值1 250元，票面利率4.72%，按年支付利息(即每年59元)，本金最后一次支付。合同约定，该债券的发行方在遇到特定情况时可以将债券赎回，且不需要为提前赎回支付额外款项。宏达公司在购买该债券时，预计发行方不会提前赎回。宏达公司将购入的该公司债券划分为持有至到期投资，且不考虑所得税、减值损失等因素。

要求：编制2009－2013年持有至到期投资相关的会计分录。

第六章 长期股权投资

【本章导读】

雅戈尔公司是中国男装第一品牌，行业优势突出。不过雅戈尔投资收益的光芒远远盖过了服装主业，雅戈尔开始摘取股权投资的硕果，2007 年通过抛售手中的部分中信证券股权，获得了巨额投资收益。该公司年报显示，2007 年净利润同比大增 220%，其中投资收益贡献了多达七成的利润。包括中信证券在内，雅戈尔 2007 年末共持有 9 家上市公司股权。对所持 7 万多股百联股份和 6 万多股上海九百，雅戈尔将其划分为交易性金融资产。由于持股数量不多，这部分交易性金融资产的公允价值变动对雅戈尔的利润影响不大。对所持 17 900 万股宁波银行和 3 264.62 万股广博股份，雅戈尔将其作为长期股权投资以成本法核算，对所持有 1 730.56 万股宜科科技，雅戈尔则作为对联营企业投资用权益法核算，对仍处于限售期的金马股份、海通证券和交通银行，雅戈尔将其划分为可供出售金融资产。雅戈尔投资分类的依据究竟是什么？按照 2014 年 7 月 1 日新修订执行的《企业会计准则第 2 号——长期股权投资》，它的这种分类恰当吗？

【学习目标】

掌握同一控制下的企业合并形成的长期股权投资初始投资成本的确定方法；掌握非同一控制下的企业合并形成的长期股权投资初始投资成本的确定方法；掌握以非企业合并方式取得的长期股权投资初始投资成本的确定方法；掌握长期股权投资成本法和权益法的核算；掌握长期股权投资核算方法转换的核算；掌握长期股权投资处置的核算等。

第一节 长期股权投资的初始计量

一、长期股权投资概述

(一)长期股权投资的概念与范围

2014年新修订的《企业会计准则第2号——长期股权投资》中所称长期股权投资,是指投资方对被投资单位实施控制、重大影响的权益性投资,以及对其合营企业的权益性投资。本章所指的长期股权投资包括以下内容:(1)企业持有的能够对被投资单位实施控制的权益性投资,即对子公司投资。(2)企业持有的能够与其他合营方一同对被投资单位实施共同控制的权益性投资,即对合营企业投资。(3)企业持有的能够对被投资单位施加重大影响的权益性投资,即对联营企业投资。

除上述情况以外,企业持有的其他权益性投资,应当按照《企业会计准则第22号——金融工具确认和计量》的规定处理。

(二)长期股权投资的取得方式

长期股权投资取得方式分为企业合并形成的长期股权投资和非企业合并以其他方式取得的长期股权投资两种。企业合并形成的长期股权投资分为同一控制下企业合并形成的长期股权投资和非同一控制下企业合并形成的长期股权投资两种类型;除企业合并形成的长期股权投资以外,其他方式取得的长期股权投资是指以支付现金、发行权益性证券取得的长期股权投资、投资者投入的长期股权投资、通过非货币性资产交换取得的长期股权投资、通过债务重组取得的长期股权投资。

二、企业合并形成的长期股权投资的初始计量

企业合并形成的长期股权投资,初始投资成本的确定应区分企业合并的类型,分为同一控制下控股合并和非同一控制下控股合并,确定形成长期股权投资的投资成本。

(一)同一控制下企业合并形成的长期股权投资

对于同一控制下的企业合并,参与合并的企业在合并前后均受同一方或相同的多方最终控制且该控制并非暂时性的,从能够对参与合并的企业在合并前后均实施最终控制的一方来看,最终控制方在企业合并前及合并后能够控制的资产没有发生变化。合并方通过企业合并形成的对被合并方的长期股权投资,其成本代表的是在被合并方账面所有者权益中享有的份额。

1.合并方以支付现金、转让非现金资产或承担债务方式作为合并对价的

应当在合并日按照被合并方所有者权益在最终控制方合并财务报表中的账面价值的份额作为长期股权投资的初始投资成本。长期股权投资初始投资成本与支付的现金、转让的非现金资产以及所承担债务账面价值之间的差额，应当调整资本公积（资本溢价或股本溢价）；资本公积（资本溢价或股本溢价）的余额不足冲减的，调整留存收益。

具体进行会计处理时：在合并日按取得被合并方所有者权益账面价值的份额，借记本科目；按享有被投资单位已宣告但尚未发放的现金股利或利润，借记"应收股利"科目；按支付的合并对价的账面价值，贷记有关资产或借记有关负债科目；按其差额，贷记"资本公积——资本溢价或股本溢价"科目；为借方差额的，借记"资本公积——资本溢价或股本溢价"科目，资本公积（资本溢价或股本溢价）不足冲减的，借记"盈余公积""利润分配——未分配利润"科目。

【例6－1】 甲公司和乙公司同为A集团的子公司，2012年6月1日，甲公司以银行存款1 450万元取得乙公司所有者权益的80%，同日，乙公司所有者权益的账面价值为2 000万元，可辨认净资产公允价值为2 200万元。

长期股权投资成本＝2 000×80%＝1 600（万元）

借：长期股权投资——投资成本　　16 000 000

　贷：银行存款　　14 500 000

　　资本公积——资本溢价　　1 500 000

2.合并方以发行权益性证券作为合并对价的

应当在合并日按照被合并方所有者权益在最终控制方合并财务报表中的账面价值的份额作为长期股权投资的初始投资成本。按照发行股份的面值总额作为股本，长期股权投资初始投资成本与所发行股份面值总额之间的差额，应当调整资本公积（资本溢价或股本溢价）；资本公积（资本溢价或股本溢价）的余额不足冲减的，调整留存收益。

具体进行会计处理时：

借：长期股权投资——投资成本（取得被合并方所有者权益账面价值的份额）

　应收股利（已宣告发放尚未支取的现金股利）

　贷：股本（发行股份的面值）

　　资本公积（差额）

如为借方差额，应借记"资本公积（资本溢价或股本溢价）"科目，资本公积（资本溢价或股本溢价）的余额不足冲减的，借记"盈余公积""利润分配——未分配利润"科目。

【例 6－2】 甲公司和乙公司同为 A 集团的子公司，2012 年 8 月 1 日甲公司发行 600 万股普通股（每股面值 1 元）作为对价取得乙公司 60％的股权，同日乙企业账面净资产总额为 1 300 万元。

借：长期股权投资（1 300×60％）　　　7 800 000

　贷：股本　　　6 000 000

　　资本公积——股本溢价　　　1 800 000

上述在按照合并日应享有被合并方所有者权益账面价值的份额作为长期股权投资的初始投资成本时，前提是合并方与被合并方采用的会计政策应当一致。企业合并前，合并方与被合并方采用的会计政策不一致的，应首先按合并方的会计政策对被合并方的资产、负债的账面价值进行调整，在此基础上计算确定形成长期股权投资的初始投资成本。

（二）非同一控制下企业合并形成的长期股权投资

1.非同一控制下的控股合并中，购买方在购买日应当按照《企业会计准则第 20 号——企业合并》的有关规定确定的合并成本作为长期股权投资的初始投资成本

企业合并成本包括购买方在购买日为取得对被购买方的控制权而付出的资产、发生或承担的负债以及发行的权益性证券的公允价值。

非同一控制下企业合并形成的长期股权投资，应在购买日按企业合并成本（不含应自被投资单位收取的现金股利或利润），借记“长期股权投资”；按享有被投资单位已宣告但尚未发放的现金股利或利润，借记“应收股利”科目；按支付合并对价的账面价值，贷记有关资产或借记有关负债科目；按其差额，贷记“营业外收入”或借记“营业外支出”等科目。

合并方或购买方为企业合并发生的审计、法律服务、评估咨询等中介费用以及其他相关管理费用，应当于发生时计入当期损益。

非同一控制下企业合并涉及以库存商品等作为合并对价的，应按库存商品的公允价值，贷记“主营业务收入”科目，并同时结转相关的成本。涉及增值税的，还应进行相应的处理。

【例 6－3】 南方公司于 2012 年 3 月 31 日取得东方公司 70％的股权。为核实东方公司的资产价值，南方公司聘请专业资产评估机构对东方公司的资产进行评估，支付评估费用 300 万元。合并中，南方公司支付的有关资产在购买日的账面价值与公允价值如表 6－1 所示：

表6—1 2012年3月31日 单位:万元

项　　目	账面价值	公允价值
土地使用权(自用)	6 000	9 600
专利技术	2 400	3 000
银行存款	2 400	2 400
合　　计	10 800	15 000

假定合并前南方公司和东方公司不存在任何关联方关系，南方公司用作合并对价的土地使用权和专利技术原价为 9 600 万元，至企业合并发生时已累计摊销 1 200 万元。

南方公司与东方公司在合并前不存在任何关联方关系，应作为非同一控制下的企业合并处理。南方公司对于合并形成的对东方公司的长期股权投资，应按确定的企业合并成本作为其初始投资成本。南方公司应进行如下账务处理：

借：长期股权投资	150 000 000	
管理费用	3 000 000	
累计摊销	12 000 000	
贷：无形资产		96 000 000
银行存款		27 000 000
营业外收入		42 000 000

2.通过多次交换交易，分步取得股权最终形成控股合并的，在个别财务报表中，应当以购买日之前所持被购买方的股权投资的账面价值与购买日新增投资成本之和，作为该项投资的初始投资成本

其中，形成控股合并前持有的长期股权投资采用成本法核算的，长期股权投资在购买日的初始投资成本为原成本法下的账面价值加上购买日为取得新的股份所支付对价的公允价值之和；形成控股合并前对长期股权投资采用权益法核算的，长期股权投资在购买日的初始投资成本为原权益法下的账面价值加上购买日为取得新的股份所支付对价的公允价值之和；形成控股合并前对长期股权投资采用公允价值计量的(例如原分类为可供出售金融资产的股权投资)，长期股权投资在购买日的初始投资成本为原公允价值计量的账面价值加上购买日取得新的股份所支付对价的公允价值之和。购买日之前持有的被购买方的股权涉及其他综合收益的，购买日对这部分其他综合收益不作处理，等到处置该项投资时将与其相关的其他综合收益(例如，可供出售金

融资产公允价值变动计入资本公积的部分)转入当期投资收益。

【例 6－4】 华星公司于 2013 年 3 月以 2 000 万元取得 B 上市公司 5%的股权，对 B 公司不具有重大影响，华星公司将其分类为可供出售金融资产，按公允价值计量。2014 年 4 月 1 日，华星公司又斥资 25 000 万元自 C 公司取得 B 公司另外 50%股权。假定华星公司在取得对 B 公司的长期股权投资后，B 公司未宣告发放现金股利。华星公司原持有 B 公司 5%的股权于 2014 年 3 月 31 日的公允价值为 2 500 万元，累计计入其他综合收益的金额为 500 万元。华星公司与 C 公司不存在任何关联方关系。

本例中，华星公司是通过分步购买最终达到对 B 公司控制，因华星公司与 C 公司不存在任何关联方关系，故形成非同一控制下企业合并。在购买日，华星公司应进行如下账务处理：

借：长期股权投资	275 000 000	
贷：可供出售金融资产		25 000 000
银行存款		250 000 000

假定，华星公司于 2013 年 3 月以 12 000 万元取得 B 公司 20%的股权，并能对 B 公司施加重大影响，采用权益法核算该项股权投资，当年度确认对 B 公司的投资收益 450 万元。2014 年 4 月，华星公司又斥资 15 000 万元自 C 公司取得 B 公司另外 30%的股权。华星公司按净利润的 10%提取盈余公积。华星公司对该项长期股权投资未计提任何减值准备。其他资料同上。购买日，华星公司应进行以下账务处理：

借：长期股权投资	150 000 000	
贷：银行存款		150 000 000

购买日对 B 公司长期股权投资的账面价值＝(12 000＋450)＋15 000＝27 450(万元)

三、非合并方式取得的长期股权投资的初始计量

除企业合并形成的长期股权投资以外，其他方式取得的长期股权投资，应当按照下列规定确定其初始投资成本：

1. 以支付现金取得的长期股权投资，应当按照实际支付的购买价款作为初始投资成本

初始投资成本包括与取得长期股权投资直接相关的费用、税金及其他必要支出。但所支付价款中包含的被投资单位已宣告但尚未发放的现金股利或利润应作为应收项目核算，不构成取得长期股权投资的成本。

【例 6－5】 2012 年 4 月 1 日，A 公司从证券市场上购入 B 公司发行在外的 1 000 万股股票作为长期股权投资，每股 8 元(含已宣告但尚未发放的现金股利 0.5 元)，实

际支付价款8 000万元，另支付相关税费40万元。

借：长期股权投资　　75 400 000

　应收股利　　5 000 000

　贷：银行存款　　80 400 000

2.以发行权益性证券取得的长期股权投资，应当按照发行权益性证券的公允价值作为初始投资成本，但不包括应自被投资单位收取的已宣告但尚未发放的现金股利和利润

为发行权益性证券支付给有关证券承销机构等的手续费、佣金等与权益性证券发行直接相关的费用，不构成取得长期股权投资的成本，应当抵减权益性证券溢价收入，溢价收入不足冲减的，冲减留存收益。

【例6—6】 2012年4月，蓝天公司通过增发6000万股本公司普通股（每股面值1元）取得星云公司20%的股权，按照增发前后的平均股份计算，该6 000万股股份的公允价值为12 600万元。为增发该部分股份，蓝天公司向证券承销机构等支付了300万元的佣金和手续费。假定蓝天公司取得该部分股权后，能够对星云公司的生产经营决策施加重大影响。

蓝天公司应以所发行股份的公允价值作为取得长期股权投资的成本，账务处理为：

借：长期股权投资　　126 000 000

　贷：股本　　60 000 000

　　资本公积——股本溢价　　66 000 000

借：资本公积——股本溢价　　3 000 000

　贷：银行存款　　3 000 000

3.投资者投入的长期股权投资，应当按照投资合同或协议约定的价值作为初始投资成本，但合同或协议约定价值不公允的除外

投资者投入的长期股权投资，是指投资者以其持有的对第三方的投资作为出资投入企业，接受投资的企业原则上应当按照投资各方在投资合同或协议中约定的价值作为取得投资的初始投资成本。

【例6—7】 2012年8月1日，A公司接受B公司投资，B公司将持有的对C公司的长期股权投资投入A公司。B公司持有的对C公司的长期股权投资的账面余额为800万元，未计提减值准备。A公司和B公司投资合同约定的价值为1 600万元，A公司的注册资本为5 000万元，B公司投资持股比例为20%。

A公司的会计处理为：

借：长期股权投资　　16 000 000

贷:实收资本　　10 000 000

　　资本公积——资本溢价　　6 000 000

4.通过非货币性资产交换取得的长期股权投资,其初始投资成本应当按照《企业会计准则第 7 号——非货币性资产交换》确定

5.通过债务重组取得的长期股权投资,其初始投资成本应当按照《企业会计准则第 12 号——债务重组》确定

第二节　长期股权投资的后续计量

长期股权投资在持有期间,根据投资企业对被投资单位的影响程度进行划分,应分别采用成本法及权益法进行核算。

一、长期股权投资的成本法

(一)成本法的适用范围

成本法是指长期股权投资按成本计价的方法,适用于以下情况:投资企业能够对被投资单位实施控制的长期股权投资。

在确定能否对被投资单位实施控制时,投资方应当按照《企业会计准则第 33 号——合并财务报表》的有关规定进行判断。投资方能够对被投资单位实施控制的,被投资单位为其子公司。投资方属于《企业会计准则第 33 号——合并财务报表》规定的投资性主体且子公司不纳入合并财务报表的情况除外。

在确定能否控制被投资单位时,应当考虑企业和其他企业持有的被投资单位的当期可转换的可转换公司债券、当期可执行的认股权证等潜在表决权因素。

投资企业对子公司的长期股权投资,应当采用成本法核算,编制合并财务报表时按照权益法进行调整。

(二)成本法的核算

1.科目的设置

应设置“长期股权投资”科目核算企业持有的采用成本法核算的长期股权投资,本科目可按被投资单位进行明细核算。

2.成本法的核算方法

(1)采用成本法核算的长期股权投资应当按照初始投资成本计价。追加或收回投资应当调整长期股权投资的成本。

(2)被投资单位宣告分派的现金股利或利润，投资企业按应享有的部分确认为当期投资收益。

投资企业在确认自被投资单位应分得的现金股利或利润后，投资方应当关注长期股权投资的账面价值是否大于享有被投资单位所有者权益账面价值的份额等类似情况。出现类似情况时，投资方应当按照《企业会计准则第8号——资产减值》对长期股权投资进行减值测试，可收回金额低于长期股权投资账面价值的，应当计提减值准备。

【例6—8】 2011年1月1日，大德公司用银行存款5 000万元(含支付相关税费)购入宏源公司60%的股份，2011年1月1日，宏源公司的可辨认资产公允价值为7 500万元。2011年4月20日，宏源公司宣告分派2010年的现金股利500万元。2011年1月1日宏源公司的所有者权益合计为6 000万元，其中，股本为5 000万元，未分配利润为1 000万元；2011年实现净利润2 000万元；2012年5月10日，宣告分配现金股利750万元。

大德公司的账务处理如下：

(1)2011年1月1日，大德公司投资

借：长期股权投资　　50 000 000

　贷：银行存款　　50 000 000

(2)2011年4月20日，宏源公司宣告分派2010年的现金股利500万元

当年度宏源公司宣告分派的现金股利虽属于2010年已实现利润的分配，大德公司按持股比例计算取得的300万元，但成本法按应享有的部分确认为当期投资收益，而不管利润分配是否是被投资单位投资前实现利润进行分配而得来的。

借：应收股利　　3 000 000

　贷：投资收益　　3 000 000

(3)2012年5月10日，宏源公司宣告分派现金股利750万元

借：应收股利(7 500 000×60%)　　4 500 000

　贷：投资收益　　4 500 000

二、长期股权投资的权益法

(一)权益法的适用范围

权益法是指长期股权投资以初始投资成本计量后，在投资持有期间根据投资企业享有被投资单位所有者权益的份额的变动对投资的账面价值进行调整的方法。

投资企业对被投资单位具有共同控制或重大影响的长期股权投资，应当采用权益法核算。

投资方对联营企业的权益性投资，其中一部分通过风险投资机构、共同基金、信托公司或包括投连险基金在内的类似主体间接持有的，无论以上主体是否对这部分投资具有重大影响，投资方都可以按照《企业会计准则第 22 号——金融工具确认和计量》的有关规定，对间接持有的该部分投资选择以公允价值计量且其变动计入损益，并对其余部分采用权益法核算。

（二）权益法的核算

1.科目的设置

设置“长期股权投资”科目核算企业持有的采用权益法核算的长期股权投资，长期股权投还应当分“投资成本”“损益调整”“其他权益变动”进行明细核算。

2.权益法的核算方法

(1)初始投资成本的调整

长期股权投资的初始投资成本大于投资时应享有被投资单位可辨认净资产公允价值份额的，不调整长期股权投资的初始投资成本；该部分差额从本质上是投资企业在取得投资过程中通过购买作价体现出的与所取得股权份额相对应的商誉及不符合确认条件的资产价值。

长期股权投资的初始投资成本小于投资时应享有被投资单位可辨认净资产公允价值份额的，其差额应当计入当期的营业外收入，同时调整长期股权投资的成本：借记“长期股权投资——成本”，贷记“营业外收入”科目。该部分差额体现为双方在交易作价过程中转让方的让步，这部分经济利益流入应作为收益处理。

【例 6－9】 A 公司以银行存款 1 000 万元取得 B 公司 30%的股权。投资后，A 公司能够对 B 公司施加重大影响，取得投资时 B 公司可辨认净资产的公允价值为 3 000万元。

A 公司因能够对 B 公司施加重大影响，A 企业对该投资应采用权益法核算。取得投资时，A 企业应进行如下账务处理：

借：长期股权投资——投资成本　　　　10 000 000

　贷：银行存款　　　　10 000 000

长期股权投资的初始投资成本 1 000 万元大于取得投资时应享有被投资单位可辨认净资产公允价值的份额 900 万元，两者之间的差额不调整长期股权投资的账面价值。

如投资时 B 公司可辨认净资产的公允价值为 3 500 万元，A 企业按持股比例 30%计算确定应享有 1 050 万元，则初始投资成本与取得投资时应享有被投资单位可辨认净资产公允价值的份额之间的差额 50 万元应计入取得投资当期的营业外收入，A 公司应进行的处理为：

借：长期股权投资——投资成本 10 000 000
　贷：银行存款 10 000 000
借：长期股权投资——投资成本 500 000
　贷：营业外收入 500 000

（2）投资损益的确认

投资企业取得长期股权投资后，应当按照应享有或应分担的被投资单位实现的净损益和其他综合收益的份额，分别确认投资收益和其他综合收益，同时调整长期股权投资的账面价值：借记“长期股权投资——损益调整”，贷记“投资收益”科目。投资企业按照被投资单位宣告分派的利润或现金股利计算应分得的部分，相应减少长期股权投资的账面价值：借记“应收股利”科目，贷记“长期股权投资——损益调整”。收到被投资单位宣告发放的股票股利，不进行账务处理，但应在备查簿中登记。

在确认应享有或应分担的被投资单位实现的净损益的份额时，对被投资单位的账面净利润应考虑以下因素进行适当调整：

①确认投资损益时，应当以取得投资时被投资单位各项可辨认资产等的公允价值为基础，对被投资单位的净利润进行调整后加以确定。比如，以取得投资时被投资单位固定资产、无形资产的公允价值为基础计提的折旧额或摊销额，相对于被投资单位已计提的折旧额、摊销额之间存在差额的，应按其差额对被投资单位净损益进行调整，并按调整后的净损益和持股比例计算确认投资损益。在进行有关调整时，应当考虑具有重要性的项目，不具有重要性的项目可不予以调整。存在下列情况之一的，投资企业可以按照被投资单位的账面净损益与持股比例计算确认投资损益，但应当在附注中说明这一事实及其原因。

A.无法可靠确定投资时被投资单位各项可辨认资产等的公允价值；

B.投资时被投资单位可辨认资产等的公允价值与其账面价值之间的差额较小；

C.其他原因导致无法对被投资单位净损益进行调整。

②被投资单位采用的会计政策及会计期间与投资企业不一致的，应当按照投资企业的会计政策及会计期间对被投资单位的财务报表进行调整，并据以确认投资损益。

③投资企业在计算确认应享有或应分担被投资单位的净损益时，与被投资单位之间发生的未实现内部交易损益按照持股比例计算归属于投资企业的部分应当予以抵销。

【例6—10】 投资企业于2012年1月1日取得对联营企业30%的股权，购买价款为3 300万元，并自取得投资之日起派人参与联营企业的生产经营决策。取得投资当日，该联营企业可辨认净资产公允价值为9 000万元，除表6—2所列项目外，联营企业其他资产、负债的公允价值与账面价值相同。

表 6—2

项　目	账面原价	已提折旧或摊销	公允价值	联营企业预计使用年限	投资企业取得投资后剩余使用年限
存　货	750		1 050		
固定资产	1 800	360	2 400	20	16
无形资产	1 050	210	1 200	10	8
合　计	3 600	570	4 650		

假定该联营企业 2012 年度实现净利润为 800 万元，其中投资企业取得投资时的账面存货有 90%对外出售。两企业的会计年度及采用的会计政策相同。固定资产、无形资产均按直线法提取折旧或摊销，预计净残值为零。

该投资企业在确认投资收益时，应当以取得投资时联营企业各项可辨认资产等的公允价值为基础，对联营企业的净利润进行调整后加以确定。（假定不考虑所得税的影响。）

存货账面价值与公允价值的差额应调减的利润＝(1 050－750)×90%＝270(万元)

固定资产公允价值与账面价值的差额应调整增加的折旧额＝2 400/16－1 800/20＝60(万元)

无形资产公允价值与账面价值的差额应调整增加的摊销额＝1 200/8－1 050/10＝45(万元)

调整后的净利润＝800－270－60－45＝425(万元)

投资企业应享有的份额＝425×30%＝127.5(万元)

确认投资收益的账务处理为：

借:长期股权投资——损益调整　　　　　　1 275 000

　贷:投资收益　　　　　　　　　　　　　　1 275 000

(3)超额亏损的确认

投资企业确认被投资单位发生的净亏损，应当以长期股权投资的账面价值以及其他实质上构成对被投资单位净投资的长期权益减记至零为限，投资企业负有承担额外损失义务的除外。

其他实质上构成对被投资单位净投资的长期权益，通常是指长期应收项目。比如，企业对被投资单位的长期债权，该债权没有明确的清收计划且在可预见的未来期间不准备收回的，实质上构成对被投资单位的净投资。

在确认应分担被投资单位发生的亏损时，应当按照以下顺序进行处理：

首先，冲减长期股权投资的账面价值。

其次，长期股权投资的账面价值不足以冲减的，应当以其他实质上构成对被投资单位净投资的长期权益账面价值为限继续确认投资损失，冲减长期应收项目等的账面价值。

最后，经过上述处理，按照投资合同或协议约定企业仍承担额外义务的，应按预计承担的义务确认预计负债，计入当期投资损失。

被投资单位以后期间实现盈利的，企业扣除未确认的亏损分担额后，应按与上述相反的顺序处理，减记已确认预计负债的账面余额、恢复其他实质上构成对被投资单位净投资的长期权益及长期股权投资的账面价值，同时确认投资收益。

企业在实务操作中，在发生投资亏损时，借记“投资收益”科目，贷记“长期股权投资——损益调整”，在长期股权投资的账面价值减记至零以后；还需承担的投资损失，应将其他实质上构成对被投资单位净投资的“长期应收款”等的账面价值减记至零为限；借记“投资收益”科目，贷记“长期应收款”科目，因投资合同或协议约定企业仍承担额外义务的，应按预计承担的义务确认预计负债，计入当期投资损失，借记“投资收益”科目，贷记“预计负债”。

被投资单位以后期间实现盈利的，企业扣除未确认的亏损分担额后，应按与上述相反的顺序处理，减记已确认预计负债的账面余额、恢复其他实质上构成对被投资单位净投资的长期权益及长期股权投资的账面价值，同时确认投资收益。即应按顺序分别借记“预计负债”“长期应收款”“长期股权投资”科目，贷记“投资收益”科目。

【例 6－11】 大德公司持有 W 公司 40％的股权，对 W 公司有重大影响，但不构成控制。2011 年 12 月 31 日该项长期股权投资的账面价值为 227.5 万元，2012 年 W 公司全年净亏损 750 万元，2013 年 W 公司全年实现净利润 375 万元。假定大德公司在取得投资时，W 公司各项可辨认资产、负债的公允价值与其账面价值相等，双方采用的会计政策及会计期间相同。

本例中，大德公司应分担的亏损＝750×40％＝300 万元，长期股权投资的账面价值为 227.5 万元，在长期股权投资的账面价值减记至零以后；还需承担的投资损失，应将其他实质上构成对被投资单位净投资的“长期应收款”等的账面价值减记至零为限，如果大德公司仍有对 W 公司的长期应收款 80 万元，应分担的亏损余额 72.5(300－227.5)万元，再冲减实质上构成对 W 公司净投资的“长期应收款”。

账务处理：

2012 年大德公司确认亏损时：

借:投资收益　　3 000 000

　贷:长期股权投资——损益调整　　2 275 000

　　长期应收款　　725 000

2013 年 12 月 31 日，大德公司确认投资收益时：

借:长期应收款　　725 000

　长期股权投资——损益调整　　775 000

　贷:投资收益　　1 500 000

(4)投资方对于被投资单位除净损益、其他综合收益和利润分配以外所有者权益的其他变动,应当调整长期股权投资的账面价值并计入所有者权益。

三、长期股权投资的减值

投资方应当关注长期股权投资的账面价值是否大于享有被投资单位所有者权益账面价值的份额等类似情况。出现类似情况时,投资方应当按照《企业会计准则第 8 号——资产减值》对长期股权投资进行减值测试,可收回金额低于长期股权投资账面价值的,应当计提减值准备。其中投资方与被投资单位发生的未实现内部交易损失,按照《企业会计准则第 8 号——资产减值》等的有关规定,属于资产减值损失的,应当全额确认。上述有关长期股权投资的减值准备在提取以后,均不允许转回。

实务中设置"长期股权投资减值准备"科目核算企业长期股权投资的减值准备,该科目可按被投资单位进行明细核算。资产负债表日,长期股权投资发生减值的,按应减记的金额,借记"资产减值损失"科目,贷记"长期股权投资减值准备"科目。

【例 6－12】 2013 年 12 月 31 日,大德公司占 W 公司表决权股本的 30%,该项长期股权投资的账面价值 7 500 000 元,据相关资料分析,该长期股权投资的可收回金额为 6 000 000 元。

资产负债表日,大德公司账务处理:

借:资产减值损失——长期股权投资减值准备　　1 500 000

　贷:长期股权投资减值准备　　1 500 000

第三节 长期股权投资核算方法的转换及处置

一、长期股权投资核算方法的转换

(一)成本法转换为权益法

长期股权投资由成本法转换为权益法时,应以成本法下长期股权投资的账面价值作为按照权益法核算的初始投资成本,并在此基础上比较该初始投资成本与应享有被投资单位可辨认净资产公允价值份额的差额,确定是否需要对长期股权投资的账面价值进行调整。

1.因持股比例上升由成本法改为权益法

投资方因追加投资等原因能够对被投资单位施加重大影响或实施共同控制但不构成控制的,应当按照《企业会计准则第 22 号——金融工具确认和计量》确定的原持有的股权投资的公允价值加上新增投资成本之和,作为改按权益法核算的初始投资成本。原持有的股权投资分类为可供出售金融资产的,其公允价值与账面价值之间的差额,以及原计入其他综合收益的累计公允价值变动应当转入改按权益法核算的当期损益。

【例 6—13】 北海公司于 2011 年 2 月取得方正公司 10%的股权,成本为 1 000 万元,因对被投资单位不具有重大影响且无法可靠确定该项投资的公允价值,北海公司将其确认为可供出售金融资产核算,北海公司按净利润的 10%提取盈余公积。资产负债表日方正公司可辨认净资产公允价值总额为 9 400 万元(假定公允价值与账面价值相同)。

2012 年 4 月 12 日,北海公司又以 1 900 万元的价格取得方正公司 12%的股权,当日方正公司可辨认净资产公允价值总额为 12 200 万元。取得该部分股权后,北海公司能够派人参与方正公司的生产经营决策,长期股权投资转为权益法核算。假定北海公司在取得对方正公司 10%的股权后,方正公司实现的净利润为 1 000 万元,未派发现金股利或利润。除所实现净利润外,未发生其他计入资本公积的交易或事项。

(1)2012 年 4 月 12 日,北海公司确认对方正公司的投资

借:长期股权投资　　　　19 000 000

　贷:银行存款　　　　　　19 000 000

(2)对长期股权投资账面价值的调整

①2011 年 2 月取得投资确认可出售金融资产时

借:可供出售金融资产　　10 000 000

　贷:银行存款　　10 000 000

2011 年 12 月 31 日,调整可供出售金融资产账面价值

借:资本公积——其他资本公积　　600 000

　贷:可供出售金融资产——公允价值变动　　600 000

2012 年 4 月 12 日,将公允价值变动转入当期损益

借:投资收益　　600 000

　贷:资本公积——其他资本公积　　600 000

②对于被投资单位可辨认净资产在原取得投资后至新增投资的交易日之间公允价值的变动 2 800(12 200－9 400)万元相对于原持股比例部分 280 万元,其中属于投资后北海公司实现的净利润部分 100(1 000×10%)万元,应调增长期股权投资的账面价值,另一方面应同时调整留存收益;属于除实现净损益外其他原因导致的可辨认净资产公允价值的变动 180 万元,应调增长期股权投资的账面价值,同时计入"资本公积——其他资本公积"。

账务处理:

借:长期股权投资　　2 800 000

　贷:资本公积——其他资本公积　　1 800 000

　　盈余公积　　100 000

　　利润分配——未分配利润　　900 000

③对于新取得的股权,其成本为 1 900 万元,按照持股比例计算确定应享有取得投资时被投资单位可辨认净资产公允价值份额 1 464(12 200×12%)万元,之间的差额为投资作价体现出的商誉,不调整长期股权投资的账面价值。

2.投资方因处置部分权益性投资等原因丧失了对被投资单位的控制的

在编制个别财务报表时,处置后的剩余股权能够对被投资单位实施共同控制或施加重大影响的,应当改按权益法核算,并对该剩余股权视同自取得时即采用权益法核算进行调整;处置后的剩余股权不能对被投资单位实施共同控制或施加重大影响的,应当改按《企业会计准则第 22 号——金融工具确认和计量》的有关规定进行会计处理,其在丧失控制之日的公允价值与账面价值间的差额计入当期损益。在编制合并财务报表时,应当按照《企业会计准则第 33 号——合并财务报表》的有关规定进行会计处理。

按 2014 年新修订的《企业会计准则第 2 号——长期股权投资》的规定,因处置投资导致对被投资单位的影响能力由控制转为具有重大影响或实施共同控制的情况下,在投资企业的个别财务报表中,首先应按处置或收回投资的比例结转应终止确认的长

期股权投资。在此基础上，应比较剩余的长期股权投资成本与按照剩余持股比例计算原投资时应享有被投资单位可辨认净资产公允价值份额，属于商誉部分，不调整长期股权投资的账面价值；属于投资成本小于应享有被投资单位可辨认净资产公允价值份额的，一方面调整长期股权投资的账面价值，另一方面同时调整留存收益。

对于原取得投资后至转变为权益法核算之间被投资单位实现净损益中按照持股比例计算应享有的份额，一方面调整长期股权投资的账面价值，同时对原取得投资时至处置投资当期期初被投资单位实现的净损益中应享有的份额，调整留存收益；对于处置投资当期期初至处置投资日被投资单位实现的净损益中应享有的份额，调整当期损益；对于被投资单位在此期间所有者权益的其他变动应享有的份额，一方面调整长期股权投资的账面价值，另一方面计入“资本公积——其他资本公积”。

在合并财务报表中，对于剩余股权，应当按照其在丧失控制权日的公允价值进行重新计量。处置股权取得的对价与剩余股权公允价值之和，减去按原持股比例计算应享有原有子公司自购买日开始持续计算的净资产的份额之间的差额，计入丧失控制权当期的投资收益。与原有子公司股权投资相关的其他综合收益，应当在丧失控制权时转为当期投资收益。企业应当在附注中披露处置后的剩余股权在丧失控制权日的公允价值、按照公允价值重新计量产生的相关利得或损失的金额。

【例6—14】 2007年1月1日，甲公司支付600万元取得乙公司100%的股权，投资当时乙公司可辨认净资产的公允价值为500万元，有商誉100万元。2007年1月1日至2008年12月31日，乙公司的净资产增加了75万元，其中按购买日公允价值计算实现的净利润50万元，持有可供出售金融资产的公允价值升值25万元。

2009年1月8日，甲公司转让乙公司60%的股权，收取现金480万元存入银行，转让后甲公司对乙公司的持股比例为40%，能够对其施加重大影响。2009年1月8日，即甲公司丧失对乙公司的控制权日，乙公司剩余40%股权的公允价值为320万元。假定甲、乙公司提取盈余公积的比例均为10%。假定乙公司未分配现金股利，并不考虑其他因素。甲公司在其个别和合并财务报表中的处理分别如下：

(1)甲公司个别财务报表的处理

①确认部分股权处置收益

借：银行存款	4 800 000	
贷：长期股权投资(6 000 000×60%)		3 600 000
投资收益		1 200 000

②对剩余股权改按权益法核算

借：长期股权投资	300 000	
贷：盈余公积(500 000×40%×10%)		20 000

利润分配(500 000×40%×90%)　　　　　180 000

资本公积(250 000×40%)　　　　　100 000

经上述调整后,在个别财务报表中,剩余股权的账面价值为 270(600×40%+30 万元)。

(2)甲公司合并财务报表的处理

合并财务报表中应确认的投资收益=(480+320)-(500+75)-100+25=150(万元)。由于个别财务报表中已经确认了 120 万元的投资收益,在合并财务报表中做如下调整:

①对剩余股权按丧失控制权日的公允价值重新计量的调整

借:长期股权投资　　　　　3 200 000

贷:长期股权投资(6 750 000×40%)　　　　　2 700 000

投资收益　　　　　500 000

②对个别财务报表中的部分处置收益的归属期间进行调整

借:投资收益(500 000×60%)　　　　　300 000

贷:未分配利润　　　　　300 000

③从资本公积转出与剩余股权相对应的原计入权益的其他综合收益 10 万元,重分类转入投资收益

借:资本公积　　　　　100 000

贷:投资收益(250 000×40%)　　　　　100 000

(二)权益法转为成本法

投资方因追加投资等原因能够对非同一控制下的被投资单位实施控制的,在编制个别财务报表时,应当按照原持有的股权投资账面价值加上新增投资成本之和,作为改按成本法核算的初始投资成本。购买日之前持有的股权投资因采用权益法核算而确认的其他综合收益,应当在处置该项投资时采用与被投资单位直接处置相关资产或负债相同的基础进行会计处理。购买日之前持有的股权投资按照《企业会计准则第 22 号——金融工具确认和计量》的有关规定进行会计处理的,原计入其他综合收益的累计公允价值变动应当在改按成本法核算时转入当期损益。在编制合并财务报表时,应当按照《企业会计准则第 33 号——合并财务报表》的有关规定进行会计处理。

除此之外,投资方因处置部分股权投资等原因丧失了对被投资单位的共同控制或重大影响的,处置后的剩余股权应当改按《企业会计准则第 22 号——金融工具确认和计量》核算,其在丧失共同控制或重大影响之日的公允价值与账面价值之间的差额计入当期损益。原股权投资因采用权益法核算而确认的其他综合收益,应当在终止采用

权益法核算时采用与被投资单位直接处置相关资产或负债相同的基础进行会计处理。

二、长期股权投资的处置

处置长期股权投资，其账面价值与实际取得价款的差额，应当计入当期损益。采用权益法核算的长期股权投资，在处置该项投资时，采用与被投资单位直接处置相关资产或负债相同的基础，按相应比例对原计入其他综合收益的部分进行会计处理。

【例6－15】 大德公司对W公司有重大影响，但不能控制。2013年12月30日，大德公司出售W公司的所有股权，所得价款6 250 000元全部存入银行。出售时，该项长期股权投资账面价值5 000 000元，其中投资成本3 750 000元，损益调整1 250 000元，其他权益变动1 000 000元，长期股权投资减值准备500 000元。不考虑相关税费。

借：银行存款	6 250 000	
长期股权投资减值准备	500 000	
贷：长期股权投资——投资成本		3 750 000
——损益调整		1 250 000
——其他权益变动		750 000

同时将原计入资本公积准备项目转入投资收益

借：资本公积——其他资本公积	1 000 000	
贷：投资收益		1 000 000

思考题

1.简述同一控制下的企业合并形成的长期股权投资、非同一控制下的企业合并形成的长期股权投资、以非企业合并方式取得的长期股权投资初始投资成本的确定方法。

2.简述长期股权投资成本法和权益法的核算要点。

3.简述长期股权投资成本法和权益法转换的要点。

练习题

1.A公司2007年1月1日，以银行存款购入C公司10%的股权，并准备长期持有，采用成本法核算。C公司于2007年5月2日宣告分派2006年度的现金股利10万元，C公司2007年实现净利润400 000元。

(1)若C公司2008年5月1日宣告分派2007年现金股利300 000元；

(2)若C公司2008年5月1日宣告分派2007年现金股利450 000元；

(3)若C公司2008年5月1日宣告分派2007年现金股利360 000元；

(4)若C公司2008年5月1日宣告分派2007年现金股利200 000元；

要求：用成本法编制对该项长期股权投资进行核算的相关会计分录。

2.鸿星公司于2007年1月1日以1 035万元(含支付的相关费用1万元)购入B公司股票400万股，每股面值1元，占B公司实际发行在外股数的30%，鸿星公司采用权益法核算此项投资。2007年1月1日B公司可辨认净资产公允价值为3 000万元。取得投资时B公司的固定资产公允价值为300万元，账面价值为200万元，固定资产的预计使用年限为10年，净残值为零，按照直线法计提折旧。2007年1月1日B公司的无形资产公允价值为100万元，账面价值为50万元，无形资产的预计使用年限为5年，净残值为零，按照直线法摊销，2007年B公司实现净利润200万元，提取盈余公积40万元。2008年B公司发生亏损4 000万元，2008年B公司增加资本公积100万元。2009年鸿星公司实现净利润520万元。假定不考虑所得税和其他事项。

要求：完成鸿星公司上述有关投资业务的会计分录(金额单位以万元表示)。

3.宏达公司于2013年1月1日取得B公司10%的股权，成本为500万元，取得投资时B公司可辨认净资产公允价值总额为6 000万元(假定公允价值和账面价值相同)。宏达公司将其确认为可供出售金融资产核算。宏达公司按照净利润的10%提取盈余公积。2014年1月1日，宏达公司又以1 450万元的价格取得B公司20%的股权，当日B公司可辨认净资产公允价值总额为7 500万元。取得该部分股权后，按照B公司章程规定，宏达公司能够派人参与B公司的生产经营决策，对该项长期股权投资转为采用权益法核算。假定宏达公司在取得对B公司10%股权后至新增投资日，B公司通过生产经营活动实现的净利润为1 000万元，未派发现金股利或利润。除所实现净利润外，未发生其他计入资本公积的交易或事项。

要求：(1)编制转为权益法核算时对长期股权投资账面价值进行调整的会计分录。

(2)编制2014年1月1日宏达公司以1 450万元的价格取得B公司20%股权的会计分录。

(3)若2014年1月1日宏达公司支付1 650万元的价格取得B公司20%的股权，编制相关会计分录。

(4)若2014年1月1日宏达公司支付1 520万元的价格取得B公司20%的股权，编制相关会计分录。

第七章
固定资产

【本章导读】

固定资产在企业资产总额中占有较大比例，其安全性及完整性对企业的生产经营影响极大，其余额的真实与否对企业的财务状况的影响很大，并且其相关的费用也是决定净利润的重要因素。例如贵州茅台，2001 年 8 月上市，过去 12 年间，公司固定资产规模的扩张在白酒行业上市公司中遥遥领先。2001 年末，贵州茅台固定资产原值仅为 4.94 亿元，到了 2013 年末已经猛增至 108.56 亿元，增长了 20.98 倍。科学合理地对固定资产进行价值的估算以及折旧的核算，关系到企业经济效益的真实反映和后续投资的管理。

与贵州茅台不断扩大固定资产规模相反，有些企业在进行财务处理时会选择清理固定资产或者计提固定资产减值准备等方式，作为盈余管理的手段。例如天宸股份 2010 年发布公告称，公司将对控股 85%的子公司上海南方综合物流园区管理有限公司所属颛桥镇 879 街坊 1 丘、880 街坊 1 丘地块进行商业用房的开发，因此南方园区对区域内现有地上建筑物及部分停车场设施等固定资产进行了整体拆除。天宸股份指出，本次整体拆除建筑面积 4.6 万平方米，账面净值 1.45 亿元；在扣除残值处理后，估计将产生巨额的清理损失，公司将按相应 85%比例反映在本年度损益中。由于 2010 前三季度，天宸股份已经出现了 3 665 万元亏损，这一消息无疑再次给投资者泼了一盆冷水。从这两个案例看出，固定资产的增加和固定资产的清理等都是固定资产非常重要的业务，需要进行正确的会计处理，正确地计算相关的损益，才能使固定资产的管理更有效率。

【学习目标】

了解固定资产的特征、分类标准及确认条件；理解固定资产入账价值的构成和固定资产后续支出核算的原则；重点掌握固定资产取得的核算、固定资产折旧的计算方法以及处置固定资产的核算方法。

第一节　固定资产概述

固定资产是企业的主要劳动手段，是企业生产经营的物质基础，它对企业生产效率、产品成本以及产品的质量等都具有重大影响。管好用好固定资产，是提高企业经济效益的重要保证，也是会计工作的重要任务。

一、固定资产的定义与特征

（一）固定资产的定义

我国的《企业会计准则第 4 号——固定资产》中指出，“固定资产，是指同时具有下列特征的有形资产：1.为生产商品、提供劳务、出租或经营管理而持有的；2.使用寿命超过一个会计年度”。使用寿命，是指企业使用固定资产的预计期间，或者该固定资产所能生产产品或提供劳务的数量。企业生产经营用的机器设备、厂房等，都属于固定资产。

（二）固定资产的特征

根据固定资产的定义，企业的固定资产应具备以下两个特征：

1.企业持有固定资产的目的在于使用而非出售

企业持有固定资产是为了生产商品、提供劳务、出租或经营管理的需要，而不是像商品一样为了对外出售。这一特征是固定资产区别于商品等流动资产的重要标志。

2.固定资产的期限较长，使用寿命一般超过一个会计年度

固定资产的这一特征表明企业固定资产的收益期超过一年，能在一年以上的时间里为企业创造经济利益。

固定资产的上述特征，首先将它与无形资产区别开来。无形资产可能满足固定资产的其他特征，但是因为没有实物形态而属于无形资产，而不属于固定资产；其次，又将其与存货等流动资产区分开来，凡不符合上述特征的劳动手段，企业应将其作为低值易耗品进行管理与核算。

二、固定资产的确认

固定资产的确认是指企业在什么时候和以多少金额将固定资产作为企业所拥有或控制的资源进行反映。固定资产确认应同时满足以下两个条件：

(一)该固定资产包含的经济利益很可能流入企业

企业在确认固定资产时,需要判断与该项固定资产有关的经济利益是否很可能流入企业。实务中,主要是通过判断与该固定资产所有权相关的风险和报酬是否转移到了企业来确定。通常情况下,取得固定资产所有权是判断与固定资产所有权有关的风险和报酬是否转移到企业的一个重要标志。凡是所有权已属于企业,无论企业是否收到或拥有该固定资产,均可作为企业的固定资产;反之,如果没有取得所有权,即使存放在企业,也不能作为企业的固定资产。但是所有权是否转移不是判断的唯一标准。在有些情况下,某项固定资产的所有权虽然不属于企业,但是,企业能够控制与该项固定资产有关的经济利益流入企业,在这种情况下,企业应将该固定资产予以确认。例如,融资租赁方式下租入的固定资产,企业(承租人)虽然不拥有该项固定资产的所有权,但企业能够控制与该固定资产有关的经济利益流入企业,与该固定资产所有权相关的风险和报酬实质上已转移到了企业,因此,符合固定资产确认的第一个条件。

(二)该固定资产的成本能够可靠地计量

成本能够可靠地计量是资产确认的一项基本条件。要确认固定资产,企业取得该固定资产所发生的支出必须能够可靠地计量。企业在确定固定资产成本时,有时需要根据所获得的最新资料,对固定资产的成本进行合理的估计。如果企业能够合理地估计出固定资产的成本,则视同固定资产的成本能够可靠地计量。

固定资产的各组成部分如果具有不同使用寿命,或者以不同方式为企业提供经济利益,并以不同的折旧率或折旧方法计提折旧,则应当分别将各组成部分确认为单项固定资产。如电梯,就应该与房屋主体分别确认为单项固定资产。

三、固定资产的分类

企业的固定资产种类繁多、规格不一,为加强管理,便于组织会计核算,有必要对其进行科学、合理的分类。根据不同的管理需要和核算要求以及不同的分类标准,可以对固定资产进行不同的分类。主要有以下几种分类方法:

(一)按经济用途进行分类

固定资产按经济用途分类,可以分为生产经营用固定资产和非生产经营用固定资产。生产经营用固定资产是指直接服务于生产经营全过程的固定资产,如厂房、机器设备、仓库、销售场所、运输车辆等。非生产经营用固定资产是指不直接服务于生产经营,而是为了满足职工物质文化、生活福利需要的固定资产,如职工宿舍、食堂、托儿所、幼儿园、浴室、医务室、图书馆以及科研等其他方面使用的房屋、设备等固定资产。

（二）按使用情况分类

固定资产按使用情况分类，可以分为使用中固定资产、未使用固定资产和不需用固定资产。使用中固定资产是指企业正在使用的各种固定资产，包括由于季节性和大修理等原因暂时停用、出租（指经营性租赁）给其他单位的固定资产以及存放在使用部门以备替换使用的固定资产；未使用固定资产是指尚未投入使用的新增固定资产和经批准停止使用的固定资产；不需用固定资产是指企业多余或不适用的各种固定资产。

（三）按所有权归属分类

固定资产按所有权归属分类，可以分为自有固定资产和融资租入固定资产。自有固定资产是指企业拥有所有权，可以自由支配使用的各种固定资产；融资租入固定资产是指企业从外部通过融资租赁方式租赁来的固定资产，在租赁期承租人可以视为自有资产进行管理，要计提折旧，经营租入的固定资产不属于本企业的固定资产。

（四）按实物形态分类

在实务中，可以按实物形态对固定资产进行分类，具体可分为房屋及建筑物、机器设备、电子设备、运输设备和其他设备五大类。

由于企业的经营性质不同，经营规模有大有小，对于固定资产的分类可以不同的分类方法，企业可以根据自己的实际情况和经营管理、会计核算的需要进行必要的分类。

四、固定资产的计价标准

固定资产的计价是指以货币为计量单位计算固定资产的价值额，这是进行固定资产价值核算的重要内容。一般而言，固定资产存在以下四种计价标准：

（一）原始价值

原始价值也称原值、历史成本，它是指企业为取得某项固定资产所支付的全部价款以及使固定资产达到预期工作状态前所发生的一切合理、必要的支出。采用原始价值计价的主要优点在于原始价值具有客观性和可验证性；同时，原始价值可以如实反映企业的固定资产投资规模，是企业计提折旧的依据。因此，原始价值是固定资产的基本计价标准，我国对固定资产的计价采用这种计价方法。

这种计价方法的缺点在于，在经济环境和社会物价水平发生变化时，由于货币时间价值的作用和物价水平变动的影响，使原始价值与现时价值之间会产生差异，原始价值不能反映固定资产的真实价值。

固定资产的原始价值登记入账后，除发生下列情况外，企业不得任意变动、调整固定资产的账面价值。

第一，根据国家规定对固定资产价值重新估价，如产权变动、股份制改造时对固定资产价值进行重估。

第二，增加补充设备或改良装置。

第三，将固定资产的一部分拆除。

第四，根据实际价值调整原来的暂估价值。

第五，发现原固定资产价值有误。

（二）重置价值

重置价值也称现时重置成本，它是指在当前的生产技术条件下重新购建同样的固定资产所需要的全部支出。按重置价值计价可以比较真实地反映固定资产的现时价值，但是这种方法缺乏可验证性，具体操作也比较复杂，一般在无法取得固定资产原始价值或需要对报表进行补充说明时采用。如发现盘盈固定资产时，可以用重置价值入账。

（三）净值

净值也称折余价值，是指固定资产的原始价值或重置价值减去已提折旧后的净额。固定资产净值可以反映企业一定时期固定资产尚未磨损的现有价值，将净值与原始价值相比，可反映企业当前固定资产的新旧程度。

（四）现值

现值是指固定资产在使用期间以及处置时产生的未来净现金流量的折现值。在进行固定资产的减值测试过程中，就需要用到现值这个计价标准。

五、固定资产核算的科目设置

（一）“固定资产”科目

“固定资产”总账科目总括反映固定资产原值的增减变动的结存情况。该科目借方登记增加固定资产的原值，贷方登记减少固定资产的原值，借方余额表示实有固定资产原值。

（二）“累计折旧”科目

“累计折旧”科目属于“固定资产”科目的抵减科目。该科目贷方登记计提固定资产的折旧，借方登记减少的固定资产的已提折旧，贷方余额表示全部固定资产已提折旧的累计数。

（三）“在建工程”科目

“在建工程”科目反映各项在建工程的实际成本，借方登记在建工程发生的各项实际成本，贷方登记已完工的实际成本，借方余额表示未完工程的实际成本。“在建工程”科目应按工程项目设置明细账。

（四）“工程物资”科目

“工程物资”科目反映各项工程物资实际成本的增减变动和结存情况，借方登记验收入库的工程物资的实际成本，贷方登记出库的工程物资的实际成本，借方余额表示库存的工程物资的实际成本。“工程物资”科目按应按工程物资的品种设置明细账。

第二节 固定资产的初始计量

一、固定资产初始计量原则

固定资产应当按照成本进行初始计量。固定资产的成本，是指企业购建某项固定资产达到预定可使用状态前所发生的一切合理、必要的支出。这些支出包括直接发生的价款、运杂费、包装费和安装成本等，也包括间接发生的，如应承担的借款利息、外币借款折算差额以及应分摊的其他间接费用。

对于特殊行业的特定固定资产，确定其初始入账成本时还应考虑弃置费用。弃置费用通常是指根据国家法律和行政法规、国际公约等规定，企业承担的环境保护和生态恢复等义务所确定的支出，如核电站核设施等的弃置和恢复环境等义务。对于这些特殊行业的特定固定资产，企业应当按照弃置费用的现值计入相关固定资产成本。如石油天然气开采企业应当按照油气资产的弃置费用现值计入相关油气资产成本。在固定资产或油气资产的使用寿命内，按照预计负债的摊余成本和实际利率计算确定的利息费用，应当在发生时计入财务费用。一般工商企业的固定资产发生的报废清理费用，不属于弃置费用，应当在发生时作为固定资产处置费用处理。

二、不同方式取得固定资产的初始计量

（一）外购固定资产

企业外购固定资产的成本，包括购买价款、相关税费、使固定资产达到预定可使用状态前所发生的可归属于该项资产的运输费、装卸费、安装费和专业人员服务费等。

1.购入不需安装的固定资产

如果购入不需安装的固定资产，购入后即可发挥作用，因此，购入后即可达到预定可使用状态。根据买价、按税法规定不予抵扣的增值税、进口关税等相关税费，以及为使固定资产达到预定可使用状态前所发生的可直接归属于该资产的其他支出，如场地整理费、运输费、装卸费等。

在实务中，企业可能以一笔款项同时购入多项没有单独标价的资产。如果这些资产均符合固定资产的定义，并满足固定资产的确认条件，则应将各项资产单独确认为固定资产，并按各项固定资产公允价值的比例对总成本进行分配，分别确定各项固定资产的成本。如果以一笔款项购入的多项资产中还包括固定资产以外的其他资产，也应按类似的方法予以处理。

关于取得固定资产发生的增值税能否抵扣，首先要有合法的抵扣凭证，如增值税专用发票的税款抵扣联、海关进口增值税的专用缴款书和运输费用结算单据等；其次，可以抵扣进项税额的固定资产范围，是指使用期限超过 12 个月的机器、机械、运输工具以及其他与生产经营有关的设备、工具、器具等，有特殊规定的除外。

必须注意的是，房屋建筑物以及不动产的在建工程，不能抵扣进项税额。

在会计处理上，外购不需安装的固定资产应按确定的取得成本借记"固定资产"科目，按可抵扣的进项税额借记"应交税费——应交增值税（进项税额）"科目，按实际应支付的金额贷记"银行存款"或"应付账款"等账户。

【例 7—1】 甲公司购入一台不需要安装的设备，买价 20 000 元，增值税 3 400 元，包装费 100 元，运输费 200 元（其中 7%可作为增值税进项税额抵扣），所有款项均通过银行转账支票支付，机器设备已经投入使用。其账务处理如下：

固定资产原始价值＝20 000＋100＋200×(1－7%)＝20 286(元)

增值税进项税额＝3 400＋200×7%＝3 414(元)

借：固定资产　　　　　　　　　　　　20 286

　　应交税费——应交增值税（进项税额）　　3 414

　贷：银行存款　　　　　　　　　　　　　23 700

【例 7—2】 甲公司一揽子购买某工厂的汽车、设备和厂房，共计支付现金 39 万元，经评估，上述三项资产的公允价值分别为 150 000 元、120 000 元和 130 000 元。假如设备和厂房不需要安装和改建、扩建，可以直接使用，暂不考虑增值税。则：

分配比例＝390 000÷(150 000＋120 000＋130 000)＝0.975

汽车的购买成本＝150 000×0.975＝146 250(元)

设备的购买成本＝120 000×0.975＝117 000(元)

厂房的购买成本＝130 000×0.975＝126 750(元)

借:固定资产——汽车　　146 250

　　　　　——设备　　117 000

　　　　　——厂房　　126 750

　贷:银行存款　　390 000

2.购入需要安装的固定资产

企业购入需要安装的固定资产,应在购入的固定资产取得成本的基础上加上安装调试费等,作为购入固定资产的成本,先通过“在建工程”科目核算,待安装完毕达到预定可使用状态时,再由“在建工程”科目转入“固定资产”科目。

【例 7—3】 甲公司购入一台需要安装的专用设备,发票上注明设备价款 50 000 元,应交增值税 8 500 元,支付运输费、装卸费等合计 2 100 元,支付安装成本 700 元。以上款项均通过银行支付。根据有关凭证编制会计分录如下:

(1)设备运抵企业,等待安装

借:在建工程　　52 100

　应交税费——应交增值税(进项税额)　　8 500

　贷:银行存款　　60 600

(2)设备投入安装,并支付安装成本

借:在建工程　　700

　贷:银行存款　　700

(3)设备安装完毕,达到预定可使用状态

借:固定资产　　52 800

　贷:在建工程　　52 800

(二)自行建造固定资产

自行建造的固定资产,按建造该项资产达到预定可使用状态前所发生的必要支出作为入账价值,包括工程用物资成本、人工成本、按规定不能抵扣的税金、应予资本化的借款费用以及应分摊的间接费用等。企业为在建工程准备的各种物资,应按实际支付的购买价款、增值税税额、运输费、保险费等相关税费作为实际成本,并按各种专项物资的种类进行明细核算。

企业自行建造固定资产包括自营工程和出包工程两种方式。

1.自营工程

自营工程是指企业自己建造的固定资产工程,通过在“在建工程”科目下设置明细分类账进行工程成本的核算。借方登记工程实际发生的支出,贷方登记工程完工转入“固定资产”科目的实际成本,期末借方余额反映已经开工但尚未完工或虽已完工但尚未办理工程竣工决算的工程的实际支出，以及尚未领用的工程物资的实际成本。

在确定自营工程成本时还需要注意以下几个方面的问题：

(1)购进工程物资所支付的增值税额，应计入工程成本，不能作为进项税额单独列示，也就是不能从销项税额中抵扣。

(2)工程领用外购存货，若用于按税法规定不可抵扣的不动产等项目，应按原材料的成本和增值税额，借记"在建工程"科目，同时贷记"原材料""应交税费——应交增值税(进项税额转出)"等科目；若用于按税法规定可以抵扣的与生产经营有关的机器设备等项目，应按原材料的成本借记"在建工程"科目，贷记"原材料"科目。

(3)工程领用自制半成品和产成品，应视同销售，按售价计算销项税额，连同自制半成品和产成品的生产成本一并计入工程成本。

(4)建设期间发生的工程物资盘亏、报废及毁损净损失，计入工程成本，借记"在建工程"科目，贷记"工程物资"科目；盘盈的工程物资或处置净收益做相反的会计处理。

(5)工程达到预定可使用状态前因进行负荷联合试车所发生的净支出，计入工程成本。企业的在建工程项目在达到预定可使用状态前所取得的负荷联合试车过程中形成的、能够对外销售的产品，其发生的成本，计入在建工程成本，销售或转为库存商品时，按其实际销售收入或预计售价冲减工程成本。

(6)在建工程发生单项或单位工程报废或毁损，减去残料价值和过失人或保险公司等赔款后的净损失，计入营业外支出，借记"营业外支出"科目，贷记"在建工程"科目。

【例7—4】 甲公司因自营工程需要，建造房屋。购买工程物资，价款200 000元，应交增值税34 000元，已经验收入库，货款已付。

(1)购入为工程准备的物资

借:工程物资	234 000	
贷:银行存款		234 000

(2)将工程物资全部用于工程

借:在建工程	234 000	
贷:工程物资		234 000

(3)工程领用库存材料一批，实际成本6 000元，增值税1 020元

借:在建工程	7 020	
贷:原材料		6 000
应交税费——应交增值税(进项税额转出)		1 020

(4)工程领用本企业生产的产品一批，实际成本8 000元，计税价格10 000元

借:在建工程	9 700	

贷:库存商品　　8 000

　　应交税费——应交增值税(销项税额)(10 000×17%)　　1 700

(5)结转应由工程负担的水、电费,合计5 000元

借:在建工程　　5 000

　贷:生产成本——辅助生产成本　　5 000

(6)结转应由工程负担的工程人员工资30 000元

借:在建工程　　30 000

　贷:应付职工薪酬　　30 000

(7)工程完工,固定资产达到预定可使用状态,计算并结转工程成本

工程成本合计 =234 000+7 020+9 700+5 000+30 000=285 720(元)

借:固定资产　　285 720

　贷:在建工程　　285 720

2.出包工程

出包工程是指企业委托建筑公司等其他单位进行的固定资产建造工程,多用于企业的房屋、建筑物的新建、改建及扩建工程等。

在出包方式下,固定资产建造工程支出由承包单位核算,出包企业只需按出包合同规定向承包单位支付工程价款,并将支付的全部工程价款作为固定资产成本入账即可。预付工程价款时,应借记"在建工程"科目,贷记"银行存款"等科目;工程完工补付工程价款时,也应借记"在建工程"科目,贷记"银行存款"等科目;出包工程在竣工结算前应负担的长期借款利息,也应计入工程成本,借记"在建工程"科目,贷记"长期借款"等科目。出包工程完工后,应根据工程实际成本,借记"固定资产"科目,贷记"在建工程"科目。

【例7—5】 甲公司2013年采用出包方式建造一栋厂房,与承包方签订的工程合同的总造价为80 000 000元。2013年发生的与厂房建造有关的事项如下:

1月1日,厂房正式动工新建。当日用银行存款向承包方支付工程进度款1 400万元。

3月1日,用银行存款向承包方付工程进度款28 000 000元。

10月1日,用银行存款向承包方付工程进度款18 000 000元。

12月31日,工程全部完工,经验收合格交付使用,并办理厂房工程竣工决算手续,与承包方决算的工程总造价为80 000 000元,剩余工程价款20 000 000元尚未支付。

甲公司与建造厂房有关经济业务的账务处理如下:

(1)1月1日,支付工程进度款14 000 000元

借:在建工程　　14 000 000

　贷:银行存款　　14 000 000

(2)3 月 1 日,支付工程进度款 28 000 000 元

借:在建工程　　28 000 000

　贷:银行存款　　28 000 000

(3)10 月 1 日,支付工程进度款 18 000 000 元

借:在建工程　　18 000 000

　贷:银行存款　　18 000 000

(4)12 月 31 日,工程全部完工,经验收交付使用,并办理厂房工程竣工决算手续

借:固定资产　　80 000 000

　贷:在建工程　　60 000 000

　　应付账款　　20 000 000

(三)租入的固定资产

租入的固定资产是指企业采用租赁形式取得、使用,并按期支付租金的固定资产。分为经营性租入的固定资产和融资租赁租入的固定资产两种形式。

1.经营性租入的固定资产

经营性租入是临时租入,资产所有权不属承租人,承租人只定期支付租金。租入固定资产的所有权仍属于租出单位。经营性租赁具有以下特点:

(1)出租的固定资产由出租人根据市场需求来选购,然后再寻找承租人;承租人则根据自己的需要,向拥有自己所需固定资产的出租人租入现成的固定资产。

(2)固定资产的租赁期较短,一般长则几个月,短则几天甚至几个小时。

(3)租赁的固定资产在租赁期间由出租人负责维修、保养、保险、纳税及提取折旧,承租人必须保证租入固定资产的安全完整,并不得任意对租入固定资产进行改造。持有固定资产的一切风险实际上由出租人承担。

(4)租赁费用相对较低,一般仅包括租赁期间的折旧费、利息及手续费等。

(5)承租人可根据实际需要,在租赁期满时将租入固定资产退还出租人或继续租用,也可以在租赁期满前中途解约。

企业采用经营性租赁方式租入的固定资产,由于没有所有权,不能作为固定资产的增加记入正式会计账簿,但为了便于对实物的管理,应在备查簿中进行登记。对支付的租赁费,应根据租入的固定资产的用途,分别计入制造费用、管理费用、营业费用、在建工程等。经出租人同意,对租入固定资产进行改良所发生的支出,如果数额很大,摊销期在一年以上,应作为长期待摊费用并分期摊销。

【例 7—6】 甲公司 2013 年 1 月 1 日从一家租赁公司采用经营租赁方式租入 1 台生产设备。租赁合同规定:租赁期开始日为 2013 年 1 月 1 日,租赁期一个月,甲公司付租金 2 000 元,租金一次付清。期满归还设备。

(1)租入时,将设备在备查登记簿中登记。

(2)支付租金。

借:管理费用　　　　　　　　　　　　2 000

　贷:银行存款　　　　　　　　　　　　2 000

(3)期满将设备在备查簿中注销。

2.融资租赁租入的固定资产

融资租赁,是指实质上转移了与资产所有权有关的全部风险和报酬的租赁,资产的所有权最终可能转移,也可能不转移。与经营租赁相比,融资租赁期限较长,基本包括了资产的有效使用年限,承租企业实质上获得了租赁资产所提供的主要经济利益,同时也承担了与资产所有权有关的风险。因此,根据实质重于形式原则,承租企业应将其视同自有固定资产进行核算和管理,并且要计提固定资产折旧。

为了区别融资租入固定资产和企业其他自有固定资产,企业应对融资租入固定资产单独设立"融资租入固定资产"明细科目核算。在租赁开始日,承租人应当将租赁开始日租赁资产公允价值与最低租赁付款额现值两者之中较低者作为租入资产的入账价值,借记"固定资产——融资租入固定资产"科目或"在建工程"科目,按最低租赁付款额,贷记"长期应付款",其差额借记"未确认融资费用"科目。承租人在租赁谈判和签订租赁合同过程中发生的,可归属于租赁项目的手续费、律师费、印花税等初始直接费用,应当计入租入资产价值,而不是确认为当期费用。具体的账务处理案例见本书"第十一章　中长期应付款"的核算部分,在此不再赘述。

(四)接受捐赠的固定资产

接受捐赠的固定资产入账价值,分两种情况进行考虑:(1)捐赠方提供了有关凭据的,按凭据上标明的金额加上应支付的相关税费,作为入账价值。(2)捐赠方没有提供有关凭据的,入账价值按如下顺序和方法确定:①同类或类似固定资产存在活跃市场的,按同类或类似固定资产的市场价格估计的金额,加上应支付的相关税费,作为入账价值;②同类或类似固定资产不存在活跃市场的,按该固定资产的预计未来现金流量的现值,加上应支付的相关税费,作为入账价值。

接受捐赠固定资产在按照上述会计规定确定入账价值以后,借记"固定资产"或"在建工程(需要安装的固定资产)"科目,贷记"营业外收入"。若因接受捐赠固定资产而额外支付的运杂费、包装费等,应计入固定资产的入账价值;若接受捐赠的系旧的固定资产，则应按新旧程度进行折合后，按相同的方式进行会计处理。

【例 7—7】 甲公司接受一台不需安装的全新非生产经营用固定资产一件，捐赠者提供的有关价值凭证上标明价格为 117 000 元，办理产权过户手续时支付相关税费 2 900 元。该公司适用 25%的所得税税率，则：

设备入账价值＝117 000＋2 900＝119 900(元)

借：固定资产　　119 900

　贷：营业外收入——捐赠利得　　117 000

　　　银行存款　　2 900

(五)非货币性资产交换取得的固定资产

对于企业通过非货币性资产交换方式取得的固定资产，如果换入固定资产和换出固定资产的公允价值能够可靠计量，应当以换出固定资产的公允价值作为换入固定资产成本的基础，除非有确凿的证据表明换入固定资产的公允价值更为可靠。具体可以分为两种情况处理：

1.以非货币性资产进行交换的业务具有商业实质，而且换入资产或换出资产公允价值能够可靠计量时，换入的固定资产应当以公允价值和应支付的相关税费之和作为换入资产成本，换出资产公允价值与账面价值的差额计入当期损益

涉及补价，要分两种情况处理：一是换入资产方支付补价的，换入资产成本应按照换出资产的公允价值加上支付的补价和应支付的相关税费确定，换入资产成本与换出资产账面价值加支付补价、应支付相关税费之和的差额，计入当期损益；二是换入资产方收到补价的，换入资产成本应按照换入资产的公允价值和应支付的相关税费确定，换入资产成本加收到补价之和与换出资产账面价值加应支付相关税费之和的差额，计入当期损益。

【例 7—8】 甲公司决定以一批库存商品换入乙公司的一台设备。库存商品的实际成本为 28 000 元，已计提跌价准备 1 000 元，计税价格 30 000 元，应交增值税 5 100 元。假定该批存货的公允价值为计税价格，其他因素不考虑。按照规定，以存货交换非货币性资产应作为销售业务处理，换出资产公允价值与其账面价值的差额体现为企业的营业利润。账务处理如下：

借：固定资产　　35 100

　贷：主营业务收入　　30 000

　　　应交税费——应交增值税(销项税额)　　5 100

借：主营业务成本　　27 000

　　存货跌价准备　　1 000

贷:库存商品　　　　　　　　　　　　28 000

假定上例中,甲公司换入固定资产的同时,收到对方企业的现金补价 2 000 元,其他条件不变,则:

借:固定资产　　　　　　　　　　　　33 100
　银行存款　　　　　　　　　　　　　2 000
　贷:主营业务收入　　　　　　　　　　　　30 000
　　应交税费——应交增值税(销项税额)　　　5 100
借:主营业务成本　　　　　　　　　　27 000
　存货跌价准备　　　　　　　　　　　1 000
　贷:库存商品　　　　　　　　　　　　　　28 000

2.以非货币性资产进行交换的业务不具有商业实质,而且换入资产或换出资产公允价值不能可靠计量时,应当以换出资产的账面价值和应支付的相关税费之和作为换入资产成本,不确认损益

涉及补价时,也要分两种情况进行处理。如果债权人支付补价的,换入资产成本应当以换出资产账面价值加支付补价、应支付相关税费来确定,不确认损益;如为收到补价的,换入资产成本应当以换出资产账面价值,减去收到的补价,并加上应支付的相关税费来确定,也不确认损益。

如果同时换入多项固定资产,则每项固定资产的成本应该按照各自的公允价值占公允价值总额的百分比或者按照各自的原账面价值占原账面价值总额的百分比分配计算。

【例 7-9】 甲公司应生产需要,以一项专利权交换某单位的一项固定资产。此项专利权账面余额 125 000 元,累计摊销 30 000 元。资产交换时发生相关税费 1 000 元。假定此项业务不满足以公允价值为基础对换入固定资产进行价值计量的条件。

换入固定资产成本=125 000-30 000+1 000=96 000(元)

借:固定资产　　　　　　　　　　　　96 000
　累计摊销　　　　　　　　　　　　30 000
　贷:无形资产　　　　　　　　　　　　　　125 000
　银行存款　　　　　　　　　　　　1 000

假定甲公司向对方企业支付补价 6 000 元,其他条件不变。则:

换入固定资产成本=125 000-30 000+1 000+6 000=102 000(元)

借:固定资产　　　　　　　　　　　　102 000
　累计摊销　　　　　　　　　　　　30 000
　贷:无形资产　　　　　　　　　　　　　　125 000
　　银行存款　　　　　　　　　　　　　　　7 000

(六)债务重组取得的固定资产

债务重组是指在债务人发生财务困难的情况下,债权人按照其与债务人达成的协议或者法院的裁决做出让步的事项。债务重组的基本特征是债权人在债务重组过程中做出了让步,即债权人同意发生财务困难的债务人现在或将来以低于重组债务账面价值偿还债务,具体情形包括债权人减免债务人部分债务本金或者利息、降低债务人应付债务的利率等。对于债权人来讲,如果通过这种方式取得固定资产,其入账价值应当按照受让固定资产的公允价值确定。重组债务的账面额与受让的固定资产公允价值之间的差额作为债务重组损失,计入营业外支出。如果债权人已对债权计提减值准备的,应当先将该差额冲减减值准备,减值准备不足以冲减的部分,计入营业外支出;如果减值准备冲减该差额后仍有余额,应该转回并抵减当期资产减值损失,而不再确认债务重组损失。

【例7—10】 甲公司应收账款中,有一笔是A公司前欠的货款,金额为214 000元。因A公司现金短缺,短期内难以偿还,经双方协商,公司同意A公司以一辆汽车抵债,汽车的公允价值为200 000元。该项应收账款已计提坏账准备8 000元,则:

受让固定资产公允价值=200 000(元)

重组债权的账面余额=214 000(元)

二者差额=214 000—200 000=14 000(元)

债务重组损失=14 000—8 000=6 000(元)

借:固定资产——汽车	200 000	
坏账准备	8 000	
营业外支出——债务重组损失	6 000	
贷:应收账款		14 000

(七)投资者投入的固定资产

投资者向企业投入的固定资产,无论其新旧程度如何,也无论其在投出方的账面价值是否与投资各方确认的价值相等,企业均应于办妥有关手续时按投资合同或协议约定的价值作为其入账价值(合同或协议约定价值不公允的除外),借记"固定资产"或"在建工程"科目;将该项投资在注册资本中所占的份额确认为实收资本,贷记"实收资本"或"股本"科目,将两者之间的差额确认为资本公积,贷记"资本公积"科目;接受投入固定资产发生的应由企业支付的相关费用,也应计入固定资产的成本。

【例7—11】 甲公司根据投资各方达成的协议,按照资产评估确认的价值作为投资各方投入资本价值确认的标准。在各方的投资中A股东以一座厂房作为投资投入该公司,该厂房经评估确认价值为1 200 000元,按协议可折换成每股面值为1元、数量为 1 000 000 股股票的股权。B 股东以一台设备作为投资投入该公司，该设备经评估确认价值为 192 000 元，按协议可折换成每股面值为 1 元、数量为 160 000 股股票的股权。此项设备需要安装才能使用，公司支付设备安装成本 3 000 元。账务处理如下：

(1)A 股东投入厂房

借：固定资产——厂房　　1 200 000

　贷：股本——A 股东　　1 000 000

　　资本公积　　200 000

(2)B 股东投入设备，设备运抵公司，等待安装

借：在建工程——设备　　192 000

　贷：股本——B 股本　　160 000

　　资本公积　　32 000

(3)设备投入安装，用银行存款支付安装成本

借：在建工程　　3 000

　贷：银行存款　　3 000

(4)设备安装完毕，计算并结转工程成本

借：固定资产　　195 000

　贷：在建工程　　195 000

(八)取得存在弃置费用的固定资产

对于特殊行业的特殊固定资产，在确定其原始价值时，还应考虑弃置费用。弃置费用通常是指根据国家法律和行政法规、国际公约等规定，企业承担的环境保护和生态恢复等义务而在未来弃置固定资产时预计发生的支出。如核电站核设施，在未来弃置时，为恢复良好环境，企业应对其产生的核辐射等进行治理，预计发生的大额支出即为弃置费用。该弃置费用应计入固定资产的原始价值，通过折旧的方式予以补偿。由于弃置费用数额一般都较大，且支出时间也较久远，因此，弃置费用应按照取得固定资产时的实际利率进行折现，将其现值计入固定资产的原始价值，借记"固定资产""在建工程"等科目，贷记"预计负债"科目。

预计未来发生的弃置费用与其现值之间的差额，在固定资产使用期间内，按实际利率，分期确认为财务费用，借记"财务费用"科目，贷记"预计负债"科目。一旦该固定资产的使用寿命结束，预计负债的所有后续变动应在发生时确认为损益。

第三节 固定资产折旧

一、固定资产折旧概述

固定资产折旧是指固定资产由于损耗而减少的价值。固定资产的损耗分为有形损耗和无形损耗。有形损耗是指固定资产在使用过程中由于使用和自然力的影响在使用价值和价值上的损耗;无形损耗是指由于技术进步而引起的固定资产价值上的损耗。企业应将固定资产因损耗而减少的价值在其预计使用寿命内进行分摊,计入各期的产品成本或费用中,与当期的营业收入相配比,从而使这部分价值损耗得以补偿。固定资产折旧额的计提,就是将应计折旧额在固定资产的使用寿命内,按照确定的方法进行系统分摊。正确地计提折旧,不仅是正确计算产品成本和经营成果的前提,也是保证固定资产再生产正常运行的重要措施。

二、影响折旧的因素及折旧范围

(一)影响折旧的因素

1.固定资产原始价值

固定资产原始价值,指固定资产的实际取得成本,就折旧计算而言,也称为折旧基数。以原始价值作为计算折旧的基数,可以使折旧的计算建立在客观的基础上,不容易受会计人员主观因素的影响。

2.预计净残值

预计净残值,指假定固定资产预计使用寿命已满并处于使用寿命终了时的预期状态,企业目前从该项资产处置中获得的扣除预计处置费用后的金额。固定资产的净残值是企业在固定资产使用期满后对固定资产的一个回收额,在计算固定资产折旧时应从固定资产的折旧计算基数中扣除。实务上一般通过固定资产在报废清理时预计残值收入扣除预计清理费用后的净额来确定。其中预计残值收入是指固定资产报废清理时预计可收回的器材、零件、材料等残料价值收入;预计清理费用是指固定资产报废清理时预计发生的拆卸、整理、搬运等费用。固定资产原始价值减去预计净残值后的数额为固定资产应计提折旧总额。

3.固定资产减值准备

固定资产减值准备,指固定资产已计提的固定资产减值准备累计金额。固定资产计提减值准备后，应当在剩余使用寿命内根据调整后的固定资产账面价值（固定资产账面余额扣减累计折旧和累计减值准备后的金额）和预计净残值重新计算确定折旧率和折旧额。

4.固定资产的使用寿命

固定资产的使用寿命，指企业使用固定资产的预计期间，或者该固定资产所能生产产品或提供劳务的数量。企业确定固定资产使用寿命时，应当考虑下列因素：

(1)该项资产预计生产能力或实物产量；

(2)该项资产预计有形损耗，如设备使用中发生磨损、房屋建筑物受到自然侵蚀等；

(3)该项资产预计无形损耗，如因新技术的出现而使现有的资产技术水平相对陈旧、市场需求变化使产品过时等；

(4)法律或者类似规定对该项资产使用的限制。

企业应该根据上述因素，并结合固定资产的性质、消耗方式以及所处环境等因素，对固定资产的预计使用寿命进行合理判断。某些固定资产的使用寿命可能受法律或类似规定的约束。如对于融资租赁的固定资产，根据《企业会计准则第 21 号——租赁》规定，能够合理确定租赁期届满时将会取得租赁资产所有权的，应当在租赁资产使用寿命内计提折旧；如果无法合理确定租赁期届满时能够取得租赁资产所有权的，应当在租赁期与租赁资产使用寿命两者中较短的期间内计提折旧。

(二)固定资产的折旧范围

1.折旧的空间范围

除以下情况外，企业应对所有固定资产计提折旧：

第一，已提足折旧但仍继续使用的固定资产；

第二，按规定单独估价作为固定资产入账的土地。

要注意的是，经营租赁方式租入的固定资产，以及在建工程达到预计可使用状态之前，均不应计提折旧。

2.折旧的时间范围

企业在具体计提折旧时，一般应按月提取折旧，以当月月初应计折旧的固定资产为依据，即当月增加的固定资产，当月不提折旧，从下月起计提折旧；当月减少的固定资产，当月照提折旧，从下月起不提折旧。固定资产提足折旧后，不论能否继续使用，均不再提取折旧；提前报废的固定资产，也不再补提折旧。

3.确定折旧范围时应注意的几点问题

(1)已达到预定可使用状态但尚未办理竣工决算的固定资产，应当按照暂估价值确定其成本，并计提折旧；待办理竣工决算后，再按实际成本调整原来的暂估价值，但不需要调整原已计提的折旧额。

(2)处于更新改造过程停止使用的固定资产，应将其账面价值转入在建工程，不再计提折旧。更新改造项目达到预定可使用状态转为固定资产后，再按照重新确定的折旧方法和该项固定资产尚可使用寿命计提折旧。

(3)季节性停用和大修理停用的固定资产，应当照提折旧，计提的折旧额应计入相关资产成本或当期损益。

三、计提固定资产折旧的方法

企业应当根据固定资产所含经济利益的预期实现方式，选择折旧方法。可选择的折旧方法包括年限平均法(直线法)、工作量法、年数总和法和双倍余额递减法。年数总和法和双倍余额递减法都属于加速折旧法。折旧方法一经选定，不得随意变更。如果企业在对折旧方法定期的复核中，发现固定资产包含经济利益的预期实现方式有重大改变，则应当相应改变固定资产折旧方法，变更时应报有关部门进行备案，并在财务报表附注中予以说明。

(一)年限平均法

年限平均法又称直线法，是指按固定资产使用年限平均计算折旧的方法。采用这种方法固定资产的应计提折旧总额是均匀地分摊到预计使用年限的各个会计期间，因此每期折旧额相等。计算公式如下：

$$年折旧额=\frac{固定资产原值-(预计残值收入-预计清理费用)}{预计使用年限}$$

$$=\frac{固定资产应计提折旧总额}{预计使用年限}$$

在日常核算中，固定资产的折旧额，是按固定资产的折旧率来计算的。固定资产折旧率是折旧额与固定资产价值的百分比。固定资产折旧率通常是按年计算的。在按月计算折旧时，可将年折旧率除以 12，折合为月折旧率，再与固定资产价值相乘计算。固定资产年限平均折旧法的折旧率和折旧额的计算公式如下：

$$年折旧率=\frac{1-预计净残值率}{预计使用年限}\times 100\%$$

$$月折旧率=年折旧率\div 12$$

$$月折旧额=固定资产原值\times 月折旧率$$

$$预计净残值率=\frac{预计净残值}{原始价值}\times 100\%$$

【例 7—12】 甲公司有一台设备，原始价值 160 000 元，预计使用年限 5 年，预计净残值率 4%。采用年限平均法计算折旧。

年折旧率＝(1－4%)÷5＝19.2%

月折旧率＝19.2%÷12＝1.6%

年折旧额＝160 000×19.2%＝30 720(元)

月折旧额＝30 720÷12＝2 560(元)(或 160 000×1.6%)

当一项固定资产在各期使用情况大致相同，其负荷程度也相同时，修理和维护费用在资产的使用期内没有显著的变化时，资产的收入在整个年限内差不多时，满足或部分满足这些条件时，选择平均年限法比较合理。在实际工作中，平均年限法适用于房屋、建筑物等固定资产折旧的计算。

年限平均法最大的优点是简单明了，易于掌握，简化了会计核算。因此在实际工作中得到了广泛的应用。但是这种方法也存在几个明显的缺陷：一是忽略了固定资产在不同使用中使用强度和使用效率不相同的事实；二是忽略了修理费会随着时间的推移而逐步增大的事实，因此很难达到收入与费用的正确配比；最后，平均年限法没有考虑到无形损耗对固定资产的影响。

(二)工作量法

工作量法，是根据固定资产的实际工作量计提折旧额的一种方法。它的理论依据在于资产价值的降低是资产使用状况的函数，根据企业的经营活动情况或设备的使用状况来计提折旧。假定固定资产成本代表了购买一定数量的服务单位(可以是行驶里程数、工作小时数或产量数)，然后按服务单位分配成本。这种方法弥补了平均年限法只重使用时间，不考虑使用强度的特点。计算公式如下：

$$单位工作量折旧额=\frac{固定资产原值\times(1-预计净残值率)}{预计工作量总额}$$

某期固定资产月折旧额＝该期固定资产实际完成工作量×单位工作量折旧额

【例 7—13】 甲公司的一台大型精密仪器原始价值 260 000 元，预计净残值率 4%，预计可工作 31 200 个小时。这台大型精密仪器共使用了 6 年，各年的实际工作时数分别为：第一年 6 900 小时，第二年 6 500 小时，第三年 6 300 小时，第四年 5 600 小时，第五年 4 000 小时，第六年 1 900 小时。按工作量法计算各年折旧额。

单位工作量的折旧额＝260 000×(1－4%)/ 31 200＝ 8(元)

第一年折旧额＝6 900×8＝55 200(元)

第二年折旧额＝6 500×8＝52 000(元)

第三年折旧额＝6 300×8＝50 400(元)

第四年折旧额＝5 600×8＝44 800(元)

第五年折旧额＝4 000×8＝32 000(元)

第六年折旧额＝1 900×8＝15 200(元)

【例7－14】 甲公司有运输卡车一辆，该卡车的原始价值300 000元，预计净残值12 000元，预计总行驶里程500 000千米，本月行驶4 000千米。该卡车的月折旧额计算如下：

单位里程折旧额＝(300 000－12 000)/500 000＝0.576(元/千米)

本月折旧额＝4 000×0.576＝2 304(元)

实际工作中，在运输企业和其他的专业车队和客货汽车，某些价值大而又不经常使用或季节性使用的大型机器设备中，可以用工作量法来计提折旧。工作量法的优点和年限平均法一样，比较简单实用，而且工作量法以固定资产的工作量为分配固定资产成本的标准，使各年计提的折旧额与固定资产的使用程度成正比例关系，体现了收入与费用相配比的会计原则。但是，同年限平均法一样，未能考虑到修理费用递增以及操作效能或收入递减等因素；忽视了无形损耗对资产的影响。

(三)加速折旧法

加速折旧法也称递减折旧法，是指根据固定资产的效能在使用初期计提折旧较多，而在后期计提折旧较少，从而相对加速折旧的方法。采用加速折旧法，各年的折旧额呈递减趋势，但是可以使固定资产成本在使用寿命中加快得到补偿，也可以使企业获得推迟纳税的好处。常用的加速折旧法主要有双倍余额递减法和年数总和法两种方法。

1.双倍余额递减法

双倍余额递减折旧法是根据固定资产净值(原值减累计折旧)乘以双倍直线折旧率来计算折旧额的折旧计算方法。随着固定资产净值的逐年减少，各年计提的折旧额也逐年递减。计算公式如下：

$$双倍直线折旧率=\frac{2}{预计使用年限}\times 100\%$$

固定资产年折旧额＝固定资产期初净值×双倍直线折旧率

固定资产月折旧额 ＝固定资产年折旧额÷12

由于双倍余额递减法计算时不考虑固定资产的净残值，为了保证寿命期内各期计提折旧额合计数与固定资产的应提折旧总额相等，按现行财务制度的规定，采用双倍余额递减折旧法计算折旧的固定资产，应在其固定资产折旧年限到期两年内，将固定资产净值扣除预计净残值后的净额平均摊销。

【例 7—15】 甲企业某项固定资产原值为 60 000 元，预计净残值为 2 000 元，预计使用年限为 5 年。该项固定资产采用双倍余额递减法计提折旧。年折旧率及各年折旧额计算见表 7—1。

表 7—1 折旧计算表

（双倍余额递减法） 单位：元

年份	期初净值	年折旧率	年折旧额	累计折旧额	期末净值
1	60 000	40%	24 000	24 000	36 000
2	36 000	40%	14 400	38 400	21 600
3	21 600	40%	8 640	47 040	12 960
4	12 960	—	5 480	52 520	7 480
5	7 480	—	5 480	58 000	2 000

【例 7—16】 甲公司一台设备，原始价值 160 000 元，预计使用年限 5 年，预计净残值率 4%。采用双倍余额递减法计算折旧。

折旧率＝1/5×2＝40%

第一年折旧额＝160 000×40%＝64 000(元)

第二年折旧额＝(160 000－64 000)×40%＝38 400(元)

第三年折旧额＝(160 000－64 000－38 400)×40%＝23 040 (元)

第四年折旧额＝(160 000－64 000－38 400－23 040－160 000×4%)/2＝14 480(元)

第五年折旧额＝14 480(元)

2.年数总和法

年数总和折旧法也叫年限合计折旧法，它是以固定资产的原值减去预计净残值后的差额为基数，乘以一个逐年递减的分数(年折旧率)来计算年折旧额的一种方法。这个分数的分母代表固定资产预计使用年限的逐年数字总和，分子代表固定资产的尚可使用年限。采用年数总和折旧法计算固定资产折旧时的折旧率和折旧额，按照下列公式计算：

$$年折旧率=\frac{尚可使用年限}{预计使用年限的逐年数字总和}\times 100\%$$

$$=\frac{预计使用年限-已使用年限}{预计使用年限\times(预计使用年限+1)\div 2}\times 100\%$$

年折旧额＝应计提折旧总额×年折旧率

【例 7－17】 甲公司一台设备，原始价值 160 000 元，预计使用年限 5 年，预计净残值率 4%。采用年数总和法计算折旧。

第一年的折旧＝(160 000－5 600)×5/15＝51 466.70(元)

第二年的折旧＝(160 000－5 600)×4/15＝41 173.36(元)

第三年的折旧＝(160 000－5 600)×3/15＝30 880.02(元)

第四年的折旧＝(160 000－5 600)×2/15＝20 586.68(元)

第五年的折旧＝(160 000－5 600)×1/15＝10 293.34(元)

双倍余额递减折旧法和年数总和折旧法都属加速折旧法。采用这两种折旧方法的理由，主要是考虑到固定资产在使用过程中，一方面它的效率或收益能力逐年下降，另一方面它的修理费用要逐年增加。为了均衡固定资产在折旧年限内各年的使用费，固定资产在早期所提的折旧额应大于后期所提的折旧额。

四、固定资产折旧的账务处理

为了核算固定资产计提的累计折旧的情况，企业应设置"累计折旧"科目，本科目属于资产类科目，是"固定资产"科目的备抵科目。贷方登记企业按月计提的折旧额；借方登记固定资产减少时转销的累计折旧额；期末余额在贷方，反映期末现有固定资产的累计折旧总额。

企业每月计提固定资产折旧时，应以月初应提取的固定资产为依据。企业各月计算提取折旧时，可以在上月计提折旧的基础上，对上月固定资产的增减情况进行调整后计算当月应提取的折旧额。本月应提折旧额的计算公式为：

本月固定资产应提折旧额＝上月固定资产应提折旧额＋上月增加的固定资产应提折旧额－上月减少的固定资产应提折旧额

固定资产应当按月计提，计提的折旧应当计入"累计折旧"科目，并根据用途计入相关资产的成本或者当期损益，企业自行建造固定资产过程中使用的固定资产，其计提的折旧应计入在建工程成本；基本生产车间所使用的固定资产，其计提的折旧应计入制造费用；管理部门所使用的固定资产，其计提的折旧应计入管理费用；销售部门所使用的固定资产，其计提的折旧应计入销售费用；经营租出的固定资产，其计提的折旧额应计入其他业务成本；企业计提固定资产折旧时，借记"制造费用""销售费用""管理费用"等科目，贷记"累计折旧"科目。

【例 7－18】 甲公司 2013 年 8 月 31 日对每个部门固定资产计提折旧，金额如下：

一车间：厂房本月折旧额 60 000 元，机械设备本月折旧额 182 600 元，其他设备本月折旧额 20 000 元，合计 262 600 元。

二车间：厂房本月折旧额 47 600 元，机械设备本月折旧额 68 200 元，合计 115 800元。

厂部：办公楼本月折旧额 30 000 元，办公设备本月折旧额 20 600 元，运输设备 8 000 元，合计 58 600 元。

其他部门：经营出租本月计提折旧额 3 000 元。

根据上述计算金额，编制会计分录：

借：制造费用——一车间　　262 600

　　　　　　——二车间　　115 800

　　管理费用　　58 600

　　其他业务成本　　3 000

　贷：累计折旧　　440 000

【例 7—19】 甲企业 2013 年 9 月份的固定资产折旧汇总计算表如表 7—2 所示：

表 7—2　固定资产折旧汇总计算表　　单位：元

使用部门	上月计提折旧额	加：上月增加固定资产应计提折旧额	减：上月减少固定资产应计提折旧额	本月应计提折旧额
A 车间	28 350	1 250		29 600
B 车间	42 000		1 700	40 300
C 车间	24 150			24 150
车间合计	94 500	1 250	1 700	94 050
企业管理部门	4 050	250		4 300
出　租	2 400			2 400
合　计	100 950	1 500	1 700	100 750

根据上表，本月计提折旧应编制如下会计分录：

借：制造费用——A 车间　　29 600

　　　　　　——B 车间　　40 300

　　　　　　——C 车间　　24 150

　　管理费用　　4 300

　　其他业务成本　　2 400

　贷：累计折旧　　100 750

第四节　固定资产后续支出

一、固定资产后续支出概述

固定资产后续支出属于固定资产后续计量的范畴，是指企业为了维护或提高固定资产的使用效能，而对资产进行维护、改建、扩建或者改良所发生的开支，如生产设备的日常维修、定期大修，房屋进行装修等。《企业会计准则第 4 号——固定资产》规定："与固定资产有关的后续支出，符合本准则第四条规定的确认条件的，应当计入固定资产成本；不符合本准则第四条规定的确认条件的，应当在发生时计入当期损益。"这是固定资产核算中的一次重要变革，也是第一次在会计准则中明确规定了固定资产后续支出的概念、范围和处理原则。

二、固定资产后续支出的核算

（一）资本化的后续支出

固定资产发生可资本化的后续支出时，企业一般应将该固定资产的原价、已计提的累计折旧和减值准备转销，将其账面价值转入"在建工程"科目，并停止计提折旧。发生的可资本化的后续支出，通过"在建工程"科目核算。在固定资产发生的后续支出完工并达到预定可使用状态时，再从在建工程转为固定资产，并按重新确定的使用寿命、预计净残值和折旧方法计提折旧。

固定资产的后续支出，准则规定必须满足两个条件之一，才能资本化处理（记入固定资产原值）：

（1）使用年限延长 2 年以上；

（2）资产原值增加 50％以上。

企业发生的一些固定资产后续支出可能涉及替换原固定资产的某组成部分。如对某项机器设备进行检测时，发现其中的电机（未单独确认为一项固定资产）出现难以修复的故障，将其拆除，重新安装了一个新电机。在这种情况下，当发生的后续支出符合固定资产确认条件时，应将其计入固定资产成本，同时将被替换部分的账面价值扣除，以避免将替换部分的成本和被替换部分的成本同时计入固定资产成本，导致固定资产成本重复计算。

【例 7－20】 2013 年 8 月 31 日，甲公司对某项固定资产进行技术改造，以提高其生产能力和降低产品成本。该固定资产的账面原价为 5 000 000 元，预计使用年限 5

年，已使用 3 年，累积已计提折旧为 3 000 000 元，未计提减值准备。改造过程共计发生 800 000 元支出，全部以银行存款支付。改造工程于 2013 年 11 月 25 日完工达到预定可使用状态，改造后该固定资产预计尚可使用年限为 5 年。

本例中，固定资产改造前尚可使用年限为 2 年，改造后尚可使用年限延长到 5 年，符合后续支出资本化的条件，对该固定资产的技术改造支出计入固定资产的价值中。

(1)2013 年 8 月 31 日，固定资产转入技术改造

借：在建工程　　　　2 000 000

　累计折旧　　　　3 000 000

　贷：固定资产　　　　5 000 000

(2)发生固定资产技术改造支出

借：在建工程　　　　800 000

　贷：银行存款　　　　800 000

(3)2013 年 11 月 25 日技术改造工程完工

借：固定资产　　　　2 800 000

　贷：在建工程　　　　2 800 000

【例 7—21】　甲公司改建机器设备一台，改建前的原值为 100 000 元，预计使用年限为 10 年，预计净残值为 5 000 元，已使用 8 年，采用年限平均法计提折旧；该项机器设备采用出包方式进行改造，用银行存款支付改建工程款 30 000 元，支付增值税 5 100元；改建机器设备拆除部件的残值计价 2 000 元入库；工程完工后，延长使用年限 2 年，预计净残值提高到 6 000 元。

由于改建使得固定资产的使用年限延长 2 年，符合资本化的条件，编制会计分录如下：

(1)固定资产转入改扩建

累计折旧＝(100 000－5 000)×8/10＝76 000(元)

净值＝100 000－76 000＝24 000(元)

借：在建工程　　　　24 000

　累计折旧　　　　76 000

　贷：固定资产　　　　100 000

(2)用银行存款支付改建工程款 30 000 元，支付增值税 5 100 元

借：在建工程　　　　30 000

　应交税费——应交增值税(进项税额)　　5 100

　贷：银行存款　　　　35 100

(3)拆除部件的残值计价 2 000 元入库

借:原材料　　　　　　　　　　　　　　　　2 000

　贷:在建工程　　　　　　　　　　　　　　　2 000

(4)改建完成

借:固定资产　　　　　　　　　　　　　　　52 000

　贷:在建工程　　　　　　　　　　　　　　52 000

(5)改建后第 9 至 12 年的各年折旧额计算

改建后的年折旧额=(52 000-6 000)/4=115 000(元)

(二)费用化的后续支出

一般情况下,固定资产投入使用之后,由于固定资产磨损、各组成部分耐用程度不同,可能导致固定资产的局部损坏,为了维护固定资产的正常运转和使用,充分发挥其使用效能,企业会对固定资产进行必要的维护。

固定资产的日常维护支出通常不满足固定资产的确认条件,应在发生时直接计入当期损益。企业生产车间和行政管理部门等发生的固定资产修理费用等后续支出分别计入管理费用;企业专设销售机构的,其发生的与专设销售机构相关的固定资产修理费用等后续支出,计入销售费用。固定资产更新改造支出不满足固定资产确认条件的,也应在发生时直接计入当期损益。具体来说,固定资产费用化的后续支出主要包括以下几个方面的内容:

1.换新

换新是指以新的资产单元或部件替换废弃的资产单元或部件。换新从性质上来说是对资产质量的恢复,而不是对资产质量的提高。换新按替换范围的大小,分为资产单元换新和部分换新两种。

(1)资产单元换新

资产单元是指附属于一个固定资产项目,但具有相对独立性并具有可单独辨认其成本的某些结构、装置,如成套设备附属的电机、仪表等。对资产单元进行换新,应将替换下来的旧资产单元成本从有关资产中减除,代之以新资产单元的成本。

【例 7-22】 甲公司一套生产设备附带的电机由于连续工作而烧毁,无法修复,需更换。该套生产设备原价 540 000 元,累计折旧 180 000 元,电机的成本 21 000 元,购买的新电机成本 21 800 元。

(1)注销烧毁电机的成本

废弃电机的原始价值=540 000(元)

累计折旧=21 000×(180 000÷540 000)=7 000(元)

借:累计折旧　　　　　　　　　　　　　　　7 000

营业外支出　　　　　　　　　　　　　14 000

贷:固定资产　　　　　　　　　　　　　21 000

(2)新电机安装完毕

借:固定资产　　　　　　　　　　　　21 800

贷:银行存款　　　　　　　　　　　　　21 800

(2)部分换新

部分换新是指对固定资产零配件、部分的替换。由于换新是伴随着固定资产修理而进行的,实务中不可能(也不需要)对哪些支出属于换新、哪些支出属于修理加以区分,因而在会计处理上可与固定资产修理一并进行。一般来说,大量换新是伴随固定资产大修理而进行的,可视同大修理进行核算;零星换新是伴随固定资产日常修理进行的,可视同日常修理进行核算。

2.修理

固定资产由于使用、自然侵蚀、意外事故等原因会发生不同程度的损坏,影响其正常使用。为了恢复固定资产使用效能,保证固定资产经常处于完好状态,企业必须定期或不定期地对固定资产进行维护保养,并对损坏的部分进行及时的修复。

固定资产的修理按其修理范围大小、费用支出多少、修理间隔时间长短等,分为日常修理和大修理两种。日常修理的特点是修理范围小,成本支出少,修理次数多,间隔时间短。但是,需要指出的是,日常修理的间隔时间短,不一定意味着其收益期限短。这是因为日常修理的范围小,这次修理这一部分,下次修理另一部分,每次修理的零部件不一定是同一零部件,对于某一零部件来说,修理后的受益期也可能较长。大修理的特点是修理范围大,成本支出多,修理次数少,间隔时间长。但是也要指出,大修理的成本支出多,是指某项固定资产的大修理成本支出相对每次日常修理成本支出而言较多,其支出数额在企业全部成本费用中的比重则不一定较大。

固定资产的日常修理费用,应当直接确认为当期费用;固定资产的大修理费用,如果有确凿证据表明符合资本化条件,则可将大修理费用计入固定资产成本。如果不符合资本化条件,应当费用化,计入当期损益。

《企业会计准则——应用指南》附录《会计科目和主要账务处理》中明确指出:企业发生的与专设销售机构相关的固定资产修理费用等后续支出,在"销售费用"科目核算;企业生产车间(部门)和行政管理部门等发生的固定资产修理费用等后续支出,在"管理费用"科目核算。

【例 7—23】 甲公司在 2013 年对车间设备进行日常修理,用银行存款支付修理费 1 000 元。其账务处理如下:

借:管理费用——修理费 1 000

  贷:银行存款 1 000

第五节 固定资产的清查

一般来说,企业会定期或者至少于每年年末对固定资产进行清查盘点,以保证固定资产核算的真实性和完整性。如果清查中发现固定资产的损益,应及时查明原因,在期末结账前处理完毕。

一、盘盈的固定资产

实行新准则后,固定资产盘盈的会计核算发生了变化。旧准则对固定资产的盘盈在批准转销前通常是计入“待处理财产损溢——待处理固定资产损溢”科目,批准转销后则从该科目转入“营业外收入”科目。按新准则规定,固定资产盘盈应作为前期差错记入“以前年度损益调整”科目。固定资产盘盈不再计入当期损益,而是作为以前期间的会计差错。

企业在盘盈固定资产时,首先应按同类或类似固定资产的市场价格,减去按该项固定资产的新旧程度估计的价值损耗后的余额,或该固定资产的预计未来现金流量的现值,对该盘盈固定资产入账,借记“固定资产”科目,贷记“以前年度损益调整”科目;其次再计算应纳的所得税费用,借记“以前年度损益调整”科目,贷记“应交税费——应交所得税”;接着补提盈余公积,借记“以前年度损益调整”科目,贷记“盈余公积”;最后调整利润分配,借记“以前年度损益调整”,贷记“利润分配——未分配利润”。

需要注意的是,盘盈的固定资产在大多数情况下都是旧的固定资产,其价值损耗应当在确定固定资产入账价值时予以扣除,在会计处理中不必单独反映其价值的损耗程度,即不必贷记“累计折旧”科目。

【例 7—24】 甲公司于 2013 年 8 月 30 日对企业全部的固定资产进行盘查,盘盈一台五成新的机器设备,该设备同类产品市场价格为 120 000 元,企业所得税税率为 25%。那么该企业的有关会计处理为:

借:固定资产 60 000

  贷:以前年度损益调整 60 000

借:以前年度损益调整(60 000×25%) 15 000

  贷:应交税费——应交所得税 15 000

借:以前年度损益调整[(60 000—15 000)×10%] 4 500

贷:盈余公积——法定盈余公积　　4 500

借:以前年度损益调整(60 000－15 000－4 500)　　40 500

贷:利润分配——未分配利润　　40 500

二、盘亏的固定资产

固定资产盘亏造成的损失,应当计入当期损益。企业在财产清查中盘亏的固定资产,按盘亏固定资产的账面价值借记"待处理财产损益——待处理固定资产损益"科目;按已计提的累计折旧,借记"累计折旧"科目;按已计提的减值准备,借记"固定资产减值准备"科目;按固定资产原价,贷记"固定资产"科目。

按管理权限报经批准后处理时,按可收回的保险赔偿或过失人赔偿,借记"其他应收款"科目,按应计入营业外支出的金额,借记"营业外支出——固定资产盘亏"科目,贷记"待处理财产损溢"科目。

【例 7－25】 甲公司年末组织人员对固定资产进行清查时,发现丢失一台电机,该设备原价 100 000 元,已计提折旧 30 000 元,并已计提减值准备 20 000 元。经查,设备丢失的原因在于设备管理员看守不当。经董事会批准,由设备管理员赔偿 15 000元。

有关账务处理如下:

(1)盘点发现电机设备丢失时

借:待处理财产损溢——待处理固定资产损溢　　50 000

累计折旧　　30 000

固定资产减值准备　　20 000

贷:固定资产　　100 000

(2)董事会报经批准后

借:其他应收款　　15 000

营业外支出——固定资产盘亏　　35 000

贷:待处理财产损溢——待处理固定资产损溢　　50 000

(3)收到设备管理员赔款

借:库存现金　　15 000

贷:其他应收款　　15 000

第六节　固定资产的处置与减值

一、固定资产处置概述

固定资产处置是指对企业不再适用或不需用的固定资产转让出售；对因严重磨损不能继续使用的固定资产报废清理；或由于技术进步等原因发生提前报废的固定资产的清理；以及因意外事故造成毁损的固定资产的清理等。对于上述事项在进行账务核算时，应按照规定程序办理有关手续，结转固定资产的账面价值，计算有关的清理收入、清理费用及残料价值等。处置固定资产应通过“固定资产清理”科目核算。具体包括以下几个环节：

第一，固定资产转入清理。固定资产转入清理时，按固定资产账面价值，借记“固定资产清理”科目；按已计提的累计折旧，借记“累计折旧”科目；按已计提的减值准备，借记“固定资产减值准备”科目；按固定资产账面余额，贷记“固定资产”科目。

第二，发生的清理费用。固定资产清理过程中发生的有关费用以及应支付的相关税费，借记“固定资产清理”科目，贷记“银行存款”“应交税费”等科目。

第三，出售收入和残料等的处理。企业收回出售固定资产的价款、残料价值和变价收入等，应冲减清理支出。按实际收到的出售价款以及残料变价收入等，借记“银行存款”“原材料”等科目，贷记“固定资产清理”科目。

第四，保险赔偿的处理。企业计算或收到的应由保险公司或过失人赔偿的损失，应冲减支出，借记“其他应收款”“银行存款”等科目，贷记“固定资产清理”科目。

第五，清理净损益的处理。固定资产清理完成后的净损失，属于生产经营期间正常的处理损失，借记“营业外支出——处置非流动资产损失”科目，贷记“固定资产清理”科目；属于生产经营期间由于自然灾害等非正常原因造成的，借记“营业外支出——非常损失”科目，贷记“固定资产清理”科目；固定资产清理完成后的净收益，借记“固定资产清理”科目，贷记“营业外收入”科目。

二、固定资产处置的核算

(一)出售

企业对多余闲置不再需用的固定资产，可出售给其他需要该项固定资产的企业，以收回资金，避免资源的浪费。出售固定资产的损益是指出售固定资产取得的价款与固定资产账面价值、发生的清理费用以及出售不动产缴纳的营业税之间的差额。

【例 7－26】 甲公司出售机器设备 1 台，原价为 50 000 元，已提折旧额为 30 000 元，未计提固定资产减值准备，用现金支付清理费 150 元，取得出售价款 22 000 元，增值税额 3 740 元，存入银行。编制会计分录如下：

(1)注销售出固定资产的原值和已提折旧额

借：固定资产清理　　20 000
　累计折旧　　30 000
　贷：固定资产　　50 000

(2)支付清理费

借：固定资产清理　　150
　贷：库存现金　　150

(3)收取价款

借：银行存款　　25 740
　贷：固定资产清理　　22 000
　　应交税费——应交增值税(销项税额)　　3 740

(4)结转设备清理净损益

净收益＝22 000－20 000－150＝1 850(元)

借：固定资产清理　　1 850
　贷：营业外收入　　1 850

(二)报废

固定资产的报废有到期正常报废、提前报废和超龄使用后报废三种情况。无论是何种情况的报废，其损益的计算方法是一样的，都是指报废时固定资产的残料变价收入与固定资产账面价值、发生的清理费用之间的差额。

【例 7－27】 甲公司一台机器设备因管理不善提前报废。该机器设备原价 50 000元，已提折旧 30 000 元；在清理过程中，用现金支付清理费 500 元，残料作价 2 000元，可验收入库作为材料使用。

(1)设备报废，注销原价及累计折旧

借：固定资产清理　　20 000
　累计折旧　　30 000
　贷：固定资产　　50 000

(2)用现金支付清理费用

借：固定资产清理　　500
　贷：库存现金　　500

(3)残料入库

借:原材料　　2 000

　贷:固定资产清理　　2 000

(4)结转报废固定资产净损失

报废净损失=20 000+500-2 000=18 500(元)

借:营业外支出　　18 500

　贷:固定资产清理　　18 500

【例 7-28】 甲企业某项固定资产的原值为 80 000 元,预计净残值为 2 500 元,预计使用年限为 10 年,现已使用 11 年(超龄使用 1 年),由于不能继续使用而报废。报废时残料计价 2 600 元入库,用银行存款支付清理费用 300 元。根据以上资料,编制会计分录:

(1)注销固定资产原值和累计折旧

由于超龄使用不再计提折旧,因而累计折旧为 80 000-2 500=77 500(元)

借:固定资产清理　　2 500

　累计折旧　　77 500

　贷:固定资产　　80 000

(2)支付清理费

借:固定资产清理　　300

　贷:银行存款　　300

(3)残料入库

借:原材料　　2 600

　贷:固定资产清理　　2 600

(4)结转固定资产清理净损益

固定资产清理净损失=2 500+300-2 600=200(元)

借:营业外支出　　200

　贷:固定资产清理　　200

(三)毁损

固定资产的毁损有的是由于自然灾害等不可抗力因素造成的,有的是由于责任事故等人为因素造成的。不论什么原因,固定资产发生毁损对企业的影响都是负面的。因此,企业应加强对固定资产的管理,防止此类事情的发生,减少企业的意外损失。固定资产毁损的净损失是指毁损的固定资产的账面价值,加上发生的清理费用,扣除残料变价收入以及保险赔款、责任人赔款后的净额。

【例 7－29】 甲公司一厂房因火灾烧毁。厂房原价为 300 000 元，已提折旧 120 000元；大火扑灭后对现场进行清理，用银行存款支付清理费 20 000 元，残料变卖收入 18 000 元；收到保险公司赔偿 100 000 元。

(1)注销烧毁厂房原价及累计折旧

借：固定资产清理　　180 000

　　累计折旧　　120 000

　贷：固定资产　　300 000

(2)用银行存款支付清理费用

借：固定资产清理　　20 000

　贷：银行存款　　20 000

(3)残料变卖收入存入银行

借：银行存款　　18 000

　贷：固定资产清理　　18 000

(4)收到保险公司赔款

借：银行存款　　100 000

　贷：固定资产清理　　100 000

(5)计算并结转毁损净损失

毁损净损失＝180 000＋20 000－18 000－100 000＝82 000(元)

借：营业外支出　　82 000

　贷：固定资产清理　　82 000

三、固定资产的减值

(一)固定资产的减值迹象

每年年末，企业应对固定资产的账面价值进行检查，如果出现下列情况之一，表明该固定资产已经出现减值迹象，应对固定资产的可收回金额进行估计。

(1)固定资产的市价当期大幅度下跌，其跌幅明显高于因时间的推移或者正常使用而预计的下跌。

(2)企业经营所处的经济、技术或者法律等环境以及固定资产所处的市场在当期或者将在近期发生重大变化，从而对企业产生不利影响。

(3)市场利率或者其他市场投资报酬率在当期已经提高，从而影响企业计算固定资产预计未来现金流量现值的折现率，导致固定资产可收回金额大幅度降低。

(4)有证据表明固定资产已经陈旧过时或者其实体已经损坏。

(5)固定资产已经或者将被闲置、终止使用或者计划提前处置。

(6)企业内部报告的证据表明固定资产的经济绩效已经低于或者将低于预期,如固定资产所创造的净现金流量或者实现的营业利润(或者亏损)远远低于(或者高于)预计金额等。

(7)其他表明固定资产可能已经发生减值的迹象。

(二)固定资产可收回金额的确定

固定资产的可收回金额应当根据固定资产的公允价值减去处置费用后的净额与固定资产预计未来现金流量的现值两者之间较高者确定。处置费用包括与固定资产处置有关的法律费用、相关税费、搬运费以及为使固定资产达到可销售状态所发生的直接费用等。

固定资产的公允价值,应当根据公平交易中销售协议价格确定。不存在销售协议但存在资产活跃市场的,应当按照该固定资产的市场价格确定。固定资产的市场价格通常应当根据资产的买方出价确定。在不存在销售协议和固定资产活跃市场的情况下,应当以可获取的最佳信息为基础,估计固定资产的公允价值。

【例 7—30】 2013 年 12 月,某企业对一辆汽车进行检查时发现该汽车可能因市场环境变化发生减值,汽车的公允价值为 100 000 元,处置费 10 000 元,尚可使用 3 年,预计其未来 2 年内每年末产生的现金流量分别为 48 000 元、40 000 元,第三年产生的现金流量以及使用寿命结束时处置形成的现金流量合计为 45 000 元,折现率为 10%。则可回收金额计算如下:

汽车的公允价值减去处置费用后的净额=100 000−10 000=90 000(元)

$$汽车预计未来现金流量现值=\frac{48000}{1+10\%}+\frac{40000}{(1+10\%)^2}+\frac{45000}{(1+10\%)^3}$$

$$=43\ 600+33\ 100+33\ 800=110\ 500(元)>90\ 000(元)$$

根据孰高原则,汽车的可回收金额为 110 500 元。

(三)固定资产减值损失的确定

固定资产可收回金额的计量结果表明,可收回金额低于其账面价值时,应当将固定资产的账面价值减记至可收回金额,借记“资产减值损失”科目,贷记“固定资产减值准备”科目。固定资产减值损失确认后,减值固定资产的折旧费用应当在未来期间做相应调整,以使该固定资产在剩余使用寿命内,系统地分摊调整后的固定资产账面价值。固定资产的减值损失一经确定,在以后会计期间不得转回。

【例 7—31】 仍以【例 7—30】为例,假设该汽车购入时的原始价值为 200 000 元,预计使用年限为 5 年,截至 2013 年末,已经使用 2 年,采用直线法计提折旧,无残值。

该汽车至 2013 年 12 月 31 日的累计折旧＝200 000÷5×2＝80 000(元)

该汽车 2013 年 12 月 31 日的账面净值＝200 000－80 000＝120 000(元)

该汽车应计提的减值准备＝120 000－110 500＝9 500(元)

借:资产减值损失　　　　9 500

　贷:固定资产减值准备　　　　9 500

2014 年 1 月起的月折旧额＝110 500÷(12×3)＝3 069.44(元)

四、固定资产持有待售

同时满足下列条件的固定资产应当划分为持有待售资产：

(1)企业已经就处置该非流动资产做出决议；

(2)企业已经与受让方签订了不可撤销的转让协议；

(3)该项转让将在 1 年内完成。

企业对于划归于持有待售的固定资产,应该按其账面价值与公允价值减去处置费用后的余额孰低计量,即调整该项固定资产的预计净残值,使该固定资产的预计净残值能够反映其公允价值减去处置费用后的余额,但不得超过符合持有待售条件时该固定资产的原账面价值,原账面价值高于调整后的预计净残值的差额,应作为资产减值损失计入当期损益。

第七节　报表列示及披露

一、资产负债表中的披露(表内披露)

“固定资产”项目反映全部固定资产的账面价值,即以原始价值扣除累计折旧和固定资产减值准备后的净额列示。

“在建工程”项目反映全部在建工程的账面价值,即以在建工程的账面余额扣除在建工程减值准备后的净额列示。

“工程物资”项目反映全部工程物资的账面价值,即以工程物资的账面余额扣除工程物资减值准备后的净额列示。

“固定资产清理”项目反映尚未清理完毕的固定资产净额,以“固定资产清理”科目余额直接列示。年度资产负债表日,应将尚未清理完毕的全部清理完毕,一般没有余额。

二、会计报表附注中的披露(表外披露)

根据企业会计准则规定,企业还应当在报表附注中披露与固定资产有关的以下信息:

第一,固定资产的确认条件、分类、计量基础和折旧方法;

第二,各类固定资产的使用寿命、预计净残值和折旧率;

第三,各类固定资产期初和期末原值,累计折旧额及固定资产减值准备累计金额,当期确认的折旧费用;

第四,对固定资产所有权的限制及其金额和用于担保的固定资产账面价值;

第五,准备处置的固定资产名称、账面价值、公允价值、预计处置费用和预计处置时间等。

在会计报表附注中,固定资产原价和累计折旧的项目注释,要分类披露其期初数、本期增加、本期减少和期末数。分类一般分为房屋及建筑物、通用设备、专用设备、运输工具和其他设备。

思考题

1.固定资产计价标准有哪些?

2.如何确定自行建造固定资产的成本?

3.我国对固定资产折旧范围有哪些规定?

4.固定资产折旧有那几种方法?每种方法都有什么特点?

5.固定资产改扩建如何进行核算?

6.如何进行固定资产处置的核算?

练习题

一、单项选择题

1.企业接受投资者投入的一项固定资产,应按(　　)作为入账价值。

A.公允价值

B.投资方的账面原值

C.投资合同或协议约定的价值(但合同或协议约定的价值不公允的除外)

D.投资方的账面价值

2.下列固定资产中，不应计提折旧的固定资产有（　　）。

A.大修理的固定资产　　B.当月减少的固定资产

C.正处于更新改造期间的固定资产　　D.融资租入的固定资产

3.某项固定资产的原始价值 600 000 元，预计可使用年限为 5 年，预计残值为 50 000元。企业对该项固定资产采用双倍余额递减法计提折旧，则第 4 年对该项固定资产计提的折旧额为（　　）元。

A.39 800　　B.51 840

C.20 800　　D.10 400

4.下列说法正确的有（　　）。

A.固定资产改良支出，应当计入固定资产账面价值，其增计后的金额不应超过该固定资产的可收回金额；超过部分直接计入当期管理费用

B.固定资产修理费用，应当计入在建工程中

C.与固定资产有关的后续支出，如果不可能使流入企业的经济利益超过原先的估计，则应在发生时确认为费用

D.经营租赁方式租入的固定资产视同自有资产处理，并按照一定的方法计提折旧

5.企业盘盈的固定资产，应在报告批准后，转入（　　）科目。

A.其他业务收入　　B.以前年度损益调整

C.资本公积　　D.营业外收入

二、多项选择题

1.以下属于固定资产特征的有（　　）。

A.为生产商品、提供劳务而持有的资产

B.单位价值在 2 000 元以上的设备

C.为出租或经营管理而持有的资产

D.使用寿命超过一个会计年度

2.采用自营方式建造固定资产的情况下，下列项目中应计入固定资产取得成本的有（　　）。

A.工程领用本企业商品生产的实际成本

B.生产车间为工程提供水电等费用

C.工程在达到预定可使用状态后进行试运转时发生的支出

D.工程耗用原材料购进时发生的增值税

3.影响企业某一会计期间固定资产折旧额的主要因素有（　　）。

A.固定资产原价　　B.预计净残值

C.使用寿命　　D.固定资产减值准备

4.下列各项中,可能构成融资租赁固定资产入账价值的有(　　)。

A.租赁期开始日租赁资产的公允价值　　B.最低租赁付款额

C.最低租赁付款额的现值　　D.租赁资产的原账面价值

5.下列各项,应通过"固定资产清理"科目核算的有(　　)。

A.盘亏的固定资产　　B.出售的固定资产

C.报废的固定资产　　D.毁损的固定资产

三、业务题

1.甲公司为一家制造性企业。2013 年 4 月 1 日,为降低采购成本,向乙股份有限公司(以下简称"乙公司")一次购进了三套不同型号且具有不同生产能力的设备 A、B 和 C。甲公司为该批设备共支付货款 15 600 000 元,增值税进项税额 2 652 000 元,包装费 84 000 元,全部以银行存款支付;假定设备 A、B 和 C 分别满足固定资产的定义及其确认条件,公允价值分别为:5 852 000 元、7 189 600 元、3 678 400 元;甲公司实际支付的货款等于计税价格,不考虑其他相关税费。请编制会计分录。

2.某企业有一固定资产,该固定资产原值为 100 000 元,预计使用年限为 5 年,预计净残值为 2 000 元。

要求:(1)计算采用双倍余额递减法计提折旧时各年的折旧率和折旧额。

(2)计算采用年数总和法计提折旧时各年的折旧率和折旧额。

3.甲公司生产线一条,原价为 1 400 000 元,预计使用年限为 6 年,预计净残值为 0,采用直线法计提折旧。该生产线已使用 3 年,已提折旧为 700 000 元。2013 年 12 月对该生产线进行更新改造,以银行存款支付改良支出 240 000 元。改造后的生产线预计还可使用 4 年,预计净残值为 0。根据上述资料,编制甲公司有关会计分录。

4.某企业某项固定资产的原值为 30 000 元,累计折旧为 13 000 元,因自然原因造成毁损。清理过程中残料出售收入 1 500 元;用银行存款支付清理费用 500 元;应收保险公司赔款 14 000 元。根据以上资料编制会计分录。

5.丙公司为一家上市公司,其 2009 年到 2013 年与固定资产有关的业务资料如下:

(1)2009 年 12 月 12 日,丙公司购进一台不需要安装的设备,取得的增值税专用发票上注明的设备价款为 500 万元,增值税为 85 万元,另发生运输费 20 万元,款项以银行存款支付;没有发生其他相关税费。该设备于当日投入使用,预计使用年限为 10 年,预计净残值为 5 万元,采用直线法计提折旧。

(2)2010 年 12 月 31 日,丙公司对该设备进行检查时发现其已经发生减值,预计可收回金额为 500 万元;计提减值准备后,该设备原预计使用年限、预计净残值、折旧方法保持不变。

(3)2011 年 12 月 31 日，丙公司因生产经营方向调整，决定采用出包方式对该设备进行改良，改良工程验收合格后支付工程价款。该设备于当日停止使用，开始进行改良。

(4)2012 年 3 月 12 日，改良工程完工并验收合格，丙公司以银行存款支付工程总价款 30 万元。当日，改良后的设备投入使用，预计尚可使用年限 8 年，采用直线法计提折旧，预计净残值为 11 万元。2012 年 12 月 31 日，该设备未发生减值。

(5)2013 年 12 月 31 日，该设备因遭受自然灾害发生严重毁损，丙公司决定进行处置，取得残料变价收入 45 万元、保险公司赔偿款 28.5 万元，发生清理费用 5 万元；款项均以银行存款收付，不考虑其他相关税费。

要求：(1)编制 2009 年 12 月 12 日取得该设备的会计分录。

(2)计算 2010 年度该设备计提的折旧额。

(3)计算 2010 年 12 月 31 日该设备计提的固定资产减值准备，并编制相应的会计分录。

(4)计算 2011 年度该设备计提的折旧额。

(5)编制 2011 年 12 月 31 日该设备转入改良时的会计分录。

(6)编制 2012 年 3 月 12 日支付该设备改良价款、结转改良后设备成本的会计分录。

(7)计算 2012 年度该设备计提的折旧额。

(8)计算 2013 年 12 月 31 日处置该设备实现的净损益。

(9)编制 2013 年 12 月 31 日处置该设备的会计分录。

第八章
投资性房地产

【本章导读】

三木集团公司资本金不大，但长线项目和土地储备资产不小，在房地产限购政策下企业资金紧张，2011 年末公司资产负债率高达 81. 43%，与同行业其他公司相比资产负债率较高，债务融资能力受到制约，公司资金压力较大。为了应对资金压力，公司所持有的投资性房地产的后续计量从成本模式变更为公允价值模式。变更后，2012 年度三木集团合并利润表中净利润为 15 321 205.95 元，计量模式变更后产生的公允价值变动损益使得 2012 年净利润增加 9 399 780.40 元，占全年净利润的 61.35%，三木集团投资性房地产占总资产的比重由 2011 年的 3.04%上升到 2012 年的 28.87%，资产负债率由 2011 年的 81.43%下降到 2012 年的 72.34%。不仅仅是三木集团，还有很多家公司如 ST 国商、中兴通讯等都利用投资性房地产项目的会计处理调节了利润和其他财务指标。因此，本章将介绍投资性房地产的会计处理规范，让大家了解这样的利润调节是如何实现的。

【学习目标】

了解投资性房地产的概念、范围；

重点掌握投资性房地产的两种后续计量模式的会计处理及差异；

掌握投资性房地产转换和处置的核算。

第一节 投资性房地产概述

一、投资性房地产的性质

投资性房地产是指为赚取租金或资本增值，或两者兼有而持有的房地产。

随着我国房地产市场的日益活跃，企业持有的房地产除了用做自身管理、生产经营活动场所和对外销售外，还出现了将房地产用于赚取租金或增值收益的活动。其中，用于赚取租金或增值收益的房地产，就属于投资性房地产。

投资性房地产的主要形式是出租建筑物和土地使用权，其实质是让渡资产使用权，所获得的租金属于让渡资产使用权取得的使用费收入，是企业为完成其经营目标所从事的经常性活动以及与之相关的其他活动形成的经济利益总流入；投资性房地产的另一种形式是持有并准备增值后转让的土地使用权，其目的是为了增值后转让以赚取增值收益，也是企业为完成其经营目标所从事的经常性活动以及与之相关的其他活动形成的经济利益总流入。因此，出租建筑物和土地使用权以及持有土地使用权并准备增值后转让属于企业的日常活动，一般情况下取得的租金收入或转让增值收益构成企业的其他业务收入。

为了更加清晰地反映企业所持有房地产的构成情况和盈利能力，需要将投资性房地产与企业自用的房地产以及作为存货的房地产区别开来，单独作为一个资产项目予以核算和反映。

二、投资性房地产的范围

（一）属于投资性房地产的项目

投资性房地产的范围限于已出租的土地使用权、持有并准备增值后转让的土地使用权以及已出租的建筑物。

1.已出租的土地使用权

已出租的土地使用权，是指企业通过出让或转让方式取得的、以经营租赁方式出租的土地使用权。企业取得的土地使用权包括在一级市场上以交纳土地出让金的方式取得的土地使用权，也包括在二级市场上接受其他单位转让取得的土地使用权。企业将通过上列方式取得的土地使用权以经营租赁方式出租给其他单位使用的，属于投资性房地产。但是，承租人将以经营租赁方式租入的土地使用权再转租给其他单位的，不能确认为投资性房地产。例如，A公司与B公司签署了土地使用权租赁协议，A公司将其拥有的土地使用权以经营租赁方式出租给B公司使用，则从租赁协议约定的租赁期开始日起，该项土地使用权属于A公司的投资性房地产。但若B公司将租入的该项土地使用权又转租给C公司，则不能确认为B公司的投资性房地产。

2.持有并准备增值后转让的土地使用权

企业取得的、准备增值后转让的土地使用权，很可能给企业带来资本增值收益，符合投资性房地产的定义。例如，企业因厂址搬迁，部分土地使用权停止自用，管理层决定继续持有这部分土地使用权，待其增值后再转让以赚取增值收益，该土地使用权属于投资性房地产。

企业依法取得土地使用权后，应当按照国有土地有偿使用合同或建设用地批准书规定的期限动工开发建设，未经原批准用地的人民政府同意，超过规定的期限未动工开发建设的建设用地属于闲置土地。按照国家有关规定认定的闲置土地，不属于持有并准备增值后转让的土地使用权，也就不属于投资性房地产。

3.已出租的建筑物

已出租的建筑物，是指企业拥有产权并以经营租赁(不含融资租赁)方式出租的建筑物，包括自行建造或开发活动完成后用于出租的建筑物以及正在建造或开发过程中将来用于出租的建筑物。例如，A公司将其拥有产权的一栋厂房以经营租赁方式出租给B公司使用，自租赁期开始日起，该栋厂房属于A公司的投资性房地产。在判断和确认已出租的建筑物时，应当把握以下几个要点：

(1)用于出租的建筑物是指企业拥有产权的建筑物。企业以经营租赁方式租入再转租的建筑物不属于投资性房地产。例如，A公司与B公司签订了一项经营租赁合同，A公司将其拥有产权的一栋房屋以经营租赁方式出租给B公司使用；B公司将该房屋改装后用做营业场所，后因连续亏损，B公司又将其转租给C公司使用，以赚取租金差价。这种情况下，该栋房屋对于A公司而言，属于投资性房地产，但对于B公司而言，则不属于投资性房地产。

(2)已出租的建筑物是企业已经与其他方签订了租赁协议，约定以经营租赁方式出租的建筑物。从确认时点上来看，自租赁协议规定的租赁期开始日起，经营租出的建筑物才属于已出租的建筑物。对于企业持有的空置建筑物或在建建筑物，如果董事会或类似机构已做出正式书面决议，明确表示将其用于经营出租且持有意图短期内不再发生变化，即使尚未签订租赁协议，也可视为投资性房地产。这里所说的“空置建筑物”，是指企业新购入、自行建造或开发完成但尚未使用的建筑物，以及不再用于日常生产经营活动且经整理后达到可经营出租状态的建筑物。

(3)企业已将建筑物出租，按租赁协议向承租人提供的相关辅助服务在整个协议中不重大的，应当将该建筑物确认为投资性房地产。例如，企业将其拥有产权的写字楼经营出租给其他单位，同时向承租人提供保安、维修等日常辅助服务，企业应当将该写字楼确认为投资性房地产。

(二)不属于投资性房地产的项目

企业自用的房地产以及作为存货的房地产，不属于投资性房地产。

1.自用房地产

自用房地产，是指企业为生产商品、提供劳务或者经营管理而持有的房地产。自用房地产的特征是服务于企业自身的生产经营活动，其价值将随着房地产的使用而逐渐转移到企业的产品或服务中去，通过销售产品或提供服务为企业带来经济利益，在产生现金流量的过程中与企业持有的其他资产密切相关。例如，企业用于自身生产经营的厂房和办公楼属于固定资产，企业用于自身生产经营的土地使用权属于无形资产。需要注意的是，企业出租给本企业职工居住的宿舍，虽然也收取租金，但间接为企业自身的生产经营服务，因此具有自用房地产的性质；企业拥有并自行经营的旅馆或饭店，在向顾客提供住宿服务的同时，还提供餐饮、娱乐等其他服务，其经营目的主要是通过向客户提供服务取得劳务收入，因此，是企业的经营场所，属于自用房地产。

2.作为存货的房地产

作为存货的房地产，通常是指房地产开发企业在正常经营过程中销售的或为销售而正在开发的商品房和土地。这部分房地产属于房地产开发企业的存货，其生产、销售构成企业的主营业务活动，产生的现金流量也与企业的其他资产密切相关。因此，具有存货性质的房地产不属于投资性房地产。

从事房地产经营开发的企业依法取得的、用于开发后出售的土地使用权，属于房地产开发企业的存货，即使房地产开发企业决定待增值后再转让其开发的土地，也不得将其确认为投资性房地产。

在实务中，存在某项房地产部分自用或作为存货出售、部分用于赚取租金或资本增值的情形。如果该项房地产不同用途的部分能够单独计量和出售，应当分别确认为固定资产(或无形资产、存货)和投资性房地产。例如，某开发商建造了一栋商住两用楼盘，一层出租给一家大型超市，已签订经营租赁合同；其余楼层均为普通住宅，正在公开销售中。这种情况下，如果一层商铺能够单独计量和出售，应当确认为该企业的投资性房地产，其余楼层为该企业的存货，即开发产品。

三、投资性房地产的确认条件

同固定资产相似，投资性房地产只有在符合定义的前提下，同时满足下列条件的，才能予以确认：

(1)与该投资性房地产有关的经济利益很可能流入企业；

(2)该投资性房地产的成本能够可靠地计量。

对于已出租的土地使用权和已出租的建筑物，确认为投资性房地产的时点一般为租赁期开始日，即土地使用权和建筑物已进入出租状态、开始赚取租金的日期，但其中的企业持有以备经营出租、可视为投资性房地产的空置建筑物或在建建筑物，确认为投资性房地产的时点是企业董事会或类似机构就该事项做出正式书面决议的日期。对于持有并准备增值后转让的土地使用权，确认为投资性房地产的时点是企业将自用土地使用权停止自用，准备增值后转让的日期。

四、投资性房地产核算的账户设置

为核算投资性房地产，企业应设置"投资性房地产""投资性房地产累计折旧(摊销)""投资性房地产减值准备"等账户进行总分类核算。

在公允价值计量模式下，对于投资性房地产除应设置"投资性房地产"账户进行总分类核算外，企业还应当按照投资性房地产的类别和项目并分别以"成本"和"公允价值变动"进行明细分类核算。

五、投资性房地产的后续计量模式

投资性房地产的后续计量模式有成本模式和公允价值模式两种。企业通常应当采用成本模式对投资性房地产进行后续计量，有确凿证据表明投资性房地产的公允价值能够持续可靠取得的，也可以采用公允价值模式对投资性房地产进行后续计量。同一个企业只能采用一种后续计量模式，不得对一部分投资性房地产采用成本模式计量，而另一部分投资性房地产采用公允价值模式计量。

企业选择公允价值模式，就应当对其所有投资性房地产采用公允价值模式计量。在极少数情况下，采用公允价值模式对投资性房地产进行后续计量的企业，有证据表明某项投资性房地产在首次取得时(或某项房地产在完成建造或开发活动后或改变用途后首次成为投资性房地产时)，其公允价值不能持续可靠地取得，应当对该投资性房地产采用成本模式计量直至处置，并且假设无残值。但是，采用成本模式对投资性房地产进行后续计量的企业，即使有证据表明某项投资性房地产在首次取得时(或某项房地产在完成建造或开发活动后或改变用途后首次成为投资性房地产时)，其公允价值能够持续可靠地取得，仍应当对该投资性房地产采用成本模式计量。

六、投资性房地产在报表中的列示和披露

在资产负债表中,“投资性房地产”项目反映全部投资性房地产的账面价值。以成本模式计量的投资性房地产,该项目以原始价值扣减累计折旧(或摊销)和投资性房地产减值准备后的净额列示;以公允价值模式计量的投资性房地产,该项目可以根据“投资性房地产”科目的余额直接列示。

在利润表中,采用公允价值计量模式的投资性房地产因为公允价值变动等原因形成的公允价值变动损益,计入“公允价值变动损益”项目中。

企业应当在附注中披露与投资性房地产有关的下列信息:一是投资性房地产的种类、金额和计量模式;二是采用成本模式的,投资性房地产的折旧或摊销,以及减值准备的计提情况;三是采用公允价值模式的,公允价值的确定依据和方法,以及公允价值变动对损益的影响;四是房地产转换情况、理由,以及对损益或所有者权益的影响;五是当期处置的投资性房地产及其对损益的影响。

第二节 投资性房地产的初始计量

投资性房地产取得时均应当按照成本进行初始计量,且初始计量方式与固定资产、无形资产相同。投资性房地产的成本一般应当包括取得投资性房地产时和直至使该项投资性房地产达到预定可使用状态前实际发生的各项必要的、合理的支出,如购买价款、土地开发费、建筑安装成本、应予以资本化的借款费用等。投资性房地产的取得渠道不同,成本的具体构成内容就会有所不同。

一、外购的投资性房地产

企业外购房地产的成本包括购买价款、相关税费和可直接归属于该资产的其他支出。如果外购的房地产部分用于出租(或资本增值)、部分自用,用于出租(资本增值)的部分可以单独确认为投资性房地产的,应按照不同部分的公允价值占公允价值总额的比例将成本在不同部分之间进行合理分配。

采用成本模式计量的企业,外购投资性房地产时,应按照确定的实际成本,借记“投资性房地产”科目,贷记“银行存款”等科目。采用公允价值模式计量的企业,应当在“投资性房地产”科目下设置“成本”和“公允价值变动”两个明细科目,分别核算投资性房地产的取得成本和持有期间的累计公允价值变动金额,外购投资性房地产时,按照确定的实际成本,借记“投资性房地产——成本”科目,贷记“银行存款”等科目。

【例 8—1】 2013 年 8 月，创新实业股份有限公司计划购入办公楼用于对外出租。8 月 10 日，创新公司与 A 公司签订了经营租赁合同，约定自办公楼购买日起，将该办公楼出租给 A 公司使用，租赁期为 5 年。8 月 31 日，创新公司购入办公楼，实际支付购买价款和相关税费共计 1 400 万元。根据租赁合同，租赁期开始日为 2013 年 9 月 1 日。

(1)假定创新公司采用成本模式进行后续计量

借：投资性房地产——办公楼　　14 000 000

　贷：银行存款　　14 000 000

(2)假定创新公司采用公允价值模式进行后续计量

借：投资性房地产——办公楼（成本）　　14 000 000

　贷：银行存款　　14 000 000

二、自行建造投资性房地产

企业自行建造的房地产，其成本由建造该项资产达到预定可使用状态前发生的必要支出构成，包括土地开发费、建筑安装成本、应予以资本化的借款费用、支付的其他费用和分摊的间接费用等。建造过程中发生的非正常损失直接计入当期营业外支出，不计入建造成本。

采用成本模式计量的企业，自行建造的投资性房地产达到可使用状态时，应按照确定的实际成本，借记"投资性房地产"科目，贷记"投资性房地产——在建"科目或"在建工程""开发产品"等科目；采用公允价值模式计量的企业，自行建造的投资性房地产达到可使用状态时，应按照确定的实际成本，借记"投资性房地产——成本"科目，贷记"投资性房地产——在建"科目或"在建工程""开发产品"等科目。

【例 8—2】 2013 年 2 月，创新实业股份有限公司以 780 万元的成本从其他单位购入一项土地使用权，用于自行建造 3 栋厂房。2013 年 10 月 31 日，3 栋厂房同时完工，实际造价均为 1500 万元，能够单独出售。同日，创新公司董事会做出书面协议，将其中 1 栋厂房用于经营出租，并与 C 公司签订了经营租赁合同，将该栋厂房出租给 C 公司使用，租赁期为 5 年，租赁期开始日为 2013 年 11 月 1 日。其余 2 栋厂房作为生产车间，用于本企业的产品生产。

(1)假定创新公司采用成本模式进行后续计量

转换为投资性房地产的土地使用权成本＝780×(1500÷4500)＝260(万元)

借：固定资产——厂房　　30 000 000

　　投资性房地产——厂房　　15 000 000

　贷：在建工程　　45 000 000

借:投资性房地产——土地使用权　　　　　　2 600 000
　贷:无形资产——土地使用权　　　　　　　　2 600 000

(2)假定创新公司采用公允价值模式进行后续计量

借:固定资产——厂房　　　　　　　　　　30 000 000
　投资性房地产——厂房(成本)　　　　　15 000 000
　贷:在建工程　　　　　　　　　　　　　　45 000 000

借:投资性房地产——土地使用权(成本)　　2 600 000
　贷:无形资产——土地使用权　　　　　　　　2 600 000

第三节　投资性房地产的后续计量

投资性房地产一般采用成本模式计量,在符合一定条件时也可以采用公允价值模式计量。但是,企业对投资性房地产的计量模式一经确定,不得随意变更。成本模式转为公允价值模式的,应当作为会计政策变更,按照《企业会计准则第 28 号——会计政策、会计估计变更和差错更正》处理。企业只能采用一种模式对投资性房地产进行后续计量,不得同时采用两种计量模式。

一、投资性房地产的成本模式

企业选择成本模式,就应当对其所有投资性房地产采用成本模式进行后续计量。采用成本模式进行后续计量的企业,对投资性房地产会计处理的基本要求与固定资产或无形资产相同,即按照固定资产的有关规定按月计提折旧,或者按照无形资产的相关规定按月摊销成本,计提的折旧或摊销的成本计入其他业务成本。按月计提折旧时,按照计算的建筑物月折旧额,借记"其他业务成本"科目,贷记"投资性房地产累计折旧"科目;按月摊销成本时,按照计算的土地使用权月摊销额,借记"其他业务成本"科目,贷记"投资性房地产累计摊销"科目。投资性房地产取得的租金收入,借记"银行存款"等科目,贷记"其他业务收入"等科目。

投资性房地产存在减值迹象的,适用《企业会计准则第 8 号——资产减值》的有关规定。经减值测试后确定发生减值的,应当计提减值准备,借记"资产减值损失"科目,贷记"投资性房地产减值准备"科目。已经计提减值准备的投资性房地产,其减值损失在以后的会计期间不得转回。

【例 8—3】 2011 年 8 月 31 日,创新股份有限公司购入写字楼,实际支付购买价款和相关税费共计 2 400 万元。该写字楼预计使用寿命为 20 年,预计净残值为零,采用直线法计提折旧。2011 年 9 月 1 日，创新公司将该外购的办公楼以经营租赁方式出租给 B 公司使用，合同规定，办公楼租赁期为 5 年，年租金为 138 万元，B 公司须于每年的 8 月 31 日之前预付下一租赁年度的租金。创新公司对投资性房地产采用成本模式进行后续计量。2013 年 12 月 31 日，办公楼出现减值迹象，经减值测试，确定其可收回金额为 1 800 万元。

(1)2011 年 8 月 31 日，取得投资性房地产

借：投资性房地产　　24 000 000

　贷：银行存款　　24 000 000

(2)2011 年 8 月 31 日，预收租金

借：银行存款　　1 380 000

　贷：预收账款——B 公司　　1 380 000

(3)2011 年 9 月 30 日，计提折旧

月折旧额＝2 400÷(20×12)＝10(万元)

借：其他业务成本　　100 000

　贷：投资性房地产累计折旧　　100 000

(4)2011 年 9 月 30 日，确认租金收入

月租金收入＝138÷12＝11.5(万元)

借：预收账款——B 公司　　115 000

　贷：其他业务收入　　115 000

(5)2013 年 12 月 31 日，计提减值准备

投资性房地产账面价值＝2 400－10×28＝2 120(万元)

投资性房地产减值金额＝2 120－1 800＝320(万元)

借：资产减值损失　　3 200 000

　贷：投资性房地产减值准备　　3 200 000

二、投资性房地产的公允价值模式

(一)采用公允价值模式计量的条件和公允价值的确定

1.采用公允价值模式计量的条件

依据《企业会计准则第 3 号——投资性房地产》规定，投资性房地产同时满足下列条件，应当采用公允价值模式进行计量：(1)投资性房地产所在地有活跃的房地产交易市场。(2)企业能够从活跃的房地产交易市场上取得同类或类似房地产的市场价格及其他相关信息，从而对投资性房地产的公允价值做出科学合理的估计。

投资性房地产所在地有活跃的房地产交易市场，意味着投资性房地产可以在房地产交易市场中直接交易。所在地，通常是指投资性房地产所在的城市。活跃市场，是指同时具有下列特征的市场：(1)市场内交易对象具有同质性；(2)可随时找到自愿交易的买方和卖方；(3)市场价格信息是公开的。同类或类似的房地产，对建筑物而言，是指所处地理位置和地理环境相同、性质相同、结构类型相同或相近、新旧程度相同或相近、可使用状况相同或相近的建筑物；对于土地使用权而言，是指同一城区、同一位置区域、所处地理环境相同或相近、可使用状况相同或相近的土地。

2.公允价值的确定

在使用公允价值进行计量时，应适用财政部公布的于 2014 年 7 月 1 日执行的《企业会计准则第 39 号——公允价值计量》规定的相关要求。根据第 39 号准则，公允价值被定义为市场参与者在计量日发生的有序交易中，出售一项资产所能收到或者转移一项负债所需支付的价格。根据该定义，衡量公允价值的关键在于以市场为基础的计量，而不是特定主体的计量。因此，在计量公允价值时，企业应当采用当前市场条件下，市场参与者在对资产或负债进行定价时可能采用的假设。

企业以公允价值计量相关资产或负债，应当假定市场参与者在计量日出售资产或者转移负债的交易，是在当前市场条件下的有序交易。

公允价值是基于市场的计量，不过，对于某些资产和负债而言，存在可供利用的市场交易或市场信息，但也有一些资产和负债，则没有可以利用的市场交易或市场信息。在此情况下，企业计量公允价值应当采用其他估价技术，并尽可能多地使用相关可观察输入值，尽可能少地使用不可观察输入值。在第 39 号准则中，就估值技术等问题均有详细表述。

企业使用估值技术的目的，是为了估计在计量日当前主要市场或最有利市场条件下，市场参与者在有序交易中出售一项资产或者转移一项负债的价格。企业以公允价值计量相关资产或负债，使用的估值技术主要包括市场法、收益法和成本法。企业应当使用与其中一种或多种估值技术相一致的方法计量公允价值。企业使用多种估值技术计量公允价值的，应当考虑各估值结果的合理性，选取在当前情况下最能代表公允价值的金额作为公允价值。市场法，是利用相同或类似的资产、负债或资产和负债组合的价格以及其他相关市场交易信息进行估值的技术；收益法，是将未来金额转换成单一现值的估值技术；成本法，是反映当前要求重置相关资产服务能力所需金额(通常指现行重置成本)的估值技术。

企业以交易价格作为初始确认时的公允价值，且在公允价值后续计量中使用了涉及不可观察输入值的估值技术的，应当在估值过程中校正该估值技术，以使估值技术确定的初始确认结果与交易价格相等。企业在公允价值后续计量中使用估值技术的，尤其是涉及不可观察输入值的，应当确保该估值技术反映了计量日可观察的市场数据，如类似资产或负债的价格等。

企业在估值技术的应用中，应当优先使用相关可观察输入值，只有在相关可观察输入值无法取得或取得不切实可行的情况下，才可以使用不可观察输入值。

输入值，是指市场参与者在给相关资产或负债定价时所使用的假设，包括可观察输入值和不可观察输入值。可观察输入值，是指能够从市场数据中取得的输入值。该输入值反映了市场参与者在相关资产或负债定价时所使用的假设。不可观察输入值，是指不能从市场数据中取得的输入值。该输入值应当根据可获得的市场参与者在相关资产或负债定价时所使用假设的最佳信息确定。

（二）采用公允价值模式计量的会计处理

投资性房地产采用公允价值模式进行后续计量的，不需要计提折旧或摊销，企业应当在资产负债表日按照投资性房地产的公允价值高于其账面余额的差额，调增投资性房地产的账面余额，同时确认公允价值上升的收益，借记“投资性房地产——公允价值变动”科目，贷记“公允价值变动损益”科目；若投资性房地产的公允价值低于其账面余额，则按其差额，调减投资性房地产的账面余额，同时确认公允价值下跌的损失，借记“公允价值变动损益”科目，贷记“投资性房地产——公允价值变动”科目。

【例 8—4】 2013 年 7 月 30 日，创新公司将所拥有的一项投资性房地产的公允价值确定为 2 800 万元，而此前该投资性房地产的账面价值为 2 700 万元。据此，创新公司编制会计分录如下：

借：投资性房地产——公允价值变动　　1 000 000

　贷：公允价值变动损益　　1 000 000

投资性房地产持有期间所发生的后续支出，满足投资性房地产确认条件的，应当计入投资性房地产成本，可比照固定资产的核算方式进行处理；不满足投资性房地产确认条件的，应当在发生时计入当期其他业务成本。

二、投资性房地产后续计量模式的变更

为保证会计信息的可比性，投资性房地产的计量模式一经确定，不得随意变更。只有在房地产市场比较成熟、有确凿证据表明投资性房地产的公允价值能够持续可靠取得、可以满足采用公允价值模式条件的情况下，企业才能将投资性房地产的计量从成本模式转为公允价值模式。已采用公允价值模式计量的投资性房地产，不得从公允价值模式转为成本模式。

成本模式转为公允价值模式，应当作为会计政策变更处理，按计量模式变更时投

资性房地产的公允价值与账面价值的差额，调整期初留存收益。

【例 8－5】 创新实业股份有限公司的投资性房地产原采用成本模式进行后续计量。由于创新公司所在地的房地产市场现已比较成熟，房地产的公允价值能够持续可靠地取得，可以满足采用公允价值模式的条件，创新公司决定从 2014 年 1 月 1 日起，对投资性房地产采用公允价值模式进行后续计量。创新公司作为投资性房地产核算的资产有两项，一项是成本为 5 600 万元、累计已提折旧为 700 万元的办公楼；另一项是成本为 1 800 万元、累计已摊销金额为 450 万元的土地使用权。2014 年 1 月 1 日，办公楼的公允价值为 5 200 万元，土地使用权的公允价值为 1 600 万元。创新公司按净利润的 10％提取盈余公积。

(1)办公楼转为公允价值模式计量

借：投资性房地产——办公楼(成本)	52 000 000	
投资性房地产累计折旧	7 000 000	
贷：投资性房地产——办公楼		56 000 000
盈余公积		300 000
利润分配——未分配利润		2 700 000

(2)土地使用权转为公允价值模式计量

借：投资性房地产——土地使用权(成本)	16 000 000	
投资性房地产累计摊销	4 500 000	
贷：投资性房地产——土地使用权		18 000 000
盈余公积		250 000
利润分配——未分配利润		2 250 000

第四节　投资性房地产的后续支出

一、投资性房地产后续支出的处理原则

投资性房地产的后续支出，是指已确认为投资性房地产的项目在持有期间发生的与投资性房地产使用效能直接相关的各种支出，如改扩建支出、装修装潢支出、日常维修支出等。

投资性房地产发生的后续支出，如果延长了投资性房地产的使用寿命或明显改良了投资性房地产的使用效能，从而导致流入企业的经济利益超过了原先的估计，能够满足投资性房地产确认条件的，应当计入投资性房地产的成本。例如，企业为了使投

资性房地产更加坚固耐用而对其进行改扩建所发生的支出，或为了提高投资性房地产使用效能而对其进行装修装潢所发生的支出，一般可以满足投资性房地产的确认条件，应当将其资本化，计入投资性房地产的成本。

投资性房地产发生的后续支出，如果只是维护或恢复投资性房地产原有的使用效能，不可能导致流入企业的经济利益超过原先的估计，应当在发生时计入当期损益。例如，企业为了保持投资性房地产的正常使用效能而对其进行日常维护和维修所发生的支出，不能满足投资性房地产的确认条件，应当将其费用化，计入支付当期损益。

二、资本化的后续支出

企业对某项投资性房地产进行改扩建等再开发，如果再开发活动完成后仍作为投资性房地产的，再开发期间应继续将其作为投资性房地产，再开发期间不计提折旧或摊销。

（一）采用成本计量模式的投资性房地产

采用成本模式计量的，投资性房地产转入再开发时，应将其转为在建的投资性房地产，即按其账面价值，借记“投资性房地产——在建”科目，按其累计已提折旧或累计已摊销金额，借记“投资性房地产累计折旧（摊销）”科目，按其账面原价，贷记“投资性房地产”科目；发生的资本化改扩建支出或装修装潢支出，计入投资性房地产的成本，借记“投资性房地产——在建”科目，贷记“银行存款”等科目；改扩建或装修装潢完成后，应当从在建的投资性房地产转回到在用的投资性房地产，借记“投资性房地产”等科目，贷记“投资性房地产——在建”科目。

【例8－6】 创新公司对投资性房地产采用成本模式进行后续计量。该公司与B公司签订的一项厂房经营租赁合同即将于2012年12月31日到期，该厂房原价为1 850万元，租赁合同到期日累计已提折旧为370万元。为了提高厂房的租金收入，创新公司决定在租赁期满后对厂房进行改建，并与C公司签订了经营租赁合同，约定自改建完工之日起将厂房出租给C公司使用。2012年12月31日，与B公司的租赁合同到期，厂房随即转入改建工程，在改建过程中，用银行存款支付改建支出160万元。2013年8月31日，厂房改建工程完工，即日按照租赁合同将厂房出租给C公司。

（1）2012年12月31日，将厂房转入改建工程

借：投资性房地产——厂房（在建）	14 800 000	
投资性房地产累计折旧	3 700 000	
贷：投资性房地产——厂房		18 500 000

(2)2013 年 1 月 1 日至 8 月 31 日，发生改建支出

借：投资性房地产——厂房(在建)　　1 600 000

　贷：银行存款　　1 600 000

(3)2013 年 8 月 31 日，改建工程完工

扩建后厂房价值＝1 480＋160＝1 640(万元)

借：投资性房地产——厂房　　16 400 000

　贷：投资性房地产——厂房(在建)　　16 400 000

(二)采用公允价值模式计量的投资性房地产

采用公允价值模式计量的，投资性房地产转入再开发时，按其账面余额，借记“投资性房地产——在建”科目，按其账面原价，贷记“投资性房地产——成本”科目，按其累计公允价值变动金额，贷记(或借记)“投资性房地产——公允价值变动”科目；发生的资本化改扩建支出或装修装潢支出，借记“投资性房地产——在建”科目，贷记“银行存款”等科目；改扩建或装修装潢完成后，将在建的投资性房地产转回到在用的投资性房地产时，借记“投资性房地产——成本”科目，贷记“投资性房地产——在建”科目。

【例 8－7】 按【例 8－6】资料，现假定创新公司对投资性房地产采用公允价值模式进行后续计量，2012 年 12 月 31 日，厂房账面余额为 2 150 万元，其中成本为 1 850 万元，累计公允价值变动金额为 300 万元，其他条件不变，则创新公司有关厂房改建的会计处理如下：

(1)2012 年 12 月 31 日，将厂房转入改建工程

借：投资性房地产——厂房(在建)　　21 500 000

　贷：投资性房地产——厂房(成本)　　18 500 000

　　　　　　　　——厂房(公允价值变动)　　3 000 000

(2)2013 年 1 月 1 日至 8 月 31 日，发生改建支出

借：投资性房地产——厂房(在建)　　1 600 000

　贷：银行存款　　1 600 000

(3)2013 年 8 月 31 日，改建工程完工

扩建后厂房价值＝2 150＋160＝2 310(万元)

借：投资性房地产——厂房(成本)　　23 100 000

　贷：投资性房地产——厂房(在建)　　23 100 000

三、费用化的后续支出

与投资性房地产有关的后续支出，不能满足投资性房地产确认条件的，应当作为

费用化的后续支出，于发生时计入当期损益，借记“其他业务成本”等科目，贷记“银行存款”等科目。

【例 8—8】 创新公司某月对其投资性房地产进行日常维修，以银行存款支付维修费 2 万元。

借：其他业务成本　　20 000

　贷：银行存款　　20 000

第五节　投资性房地产与非投资性房地产的转换

一、房地产的转换形式

房地产的转换，是因房地产用途发生改变而对房地产进行的重新分类。企业必须有确凿证据表明房地产用途发生了改变，才能将非投资性房地产转换为投资性房地产或者将投资性房地产转换为非投资性房地产。这里的确凿证据包括两个方面：一是企业董事会或类似机构应当就改变房地产用途形成正式的书面决议；二是房地产因用途改变而发生实际状态上的改变，如从自用状态改为出租状态。房地产转换形式具体包括：

(1)自用房地产转换为投资性房地产，包括自用土地使用权停止自用，改为用于赚取租金或资本增值，相应地由无形资产转换为投资性房地产；自用建筑物停止自用，改为出租，相应地由固定资产转换为投资性房地产。

(2)作为存货的房地产转换为投资性房地产，通常指房地产开发企业将其持有的开发产品以经营租赁的方式出租，相应地由存货转换为投资性房地产。

(3)投资性房地产转换为自用房地产，包括将用于赚取租金或资本增值的土地使用权改为自用，相应地由投资性房地产转换为无形资产；将用于出租的建筑物收回，改为自用，相应地由投资性房地产转换为固定资产。

(4)投资性房地产转换为存货，通常指房地产开发企业将以经营租赁方式租出的开发产品收回，重新用于对外出售，相应地由投资性房地产转换为存货。

二、非投资性房地产转换为投资性房地产

(一)自用房地产转换为投资性房地产

企业将原本用于生产商品、提供劳务或者经营管理的房地产改用于出租，通常应于租赁期开始日，将相应的固定资产或无形资产转换为投资性房地产。对不再用于日

常生产经营活动且经整理后达到可经营出租状况的房地产，如果企业董事会或类似机构正式做出书面决议，明确表明其自用房地产用于经营出租且持有意图短期内不再发生变化的，应视为自用房地产转换为投资性房地产，转换日为企业董事会或类似机构做出书面决议的日期。自用土地使用权停止自用，改为用于资本增值，转换日是指企业停止将该项土地使用权用于生产商品、提供劳务或经营管理且企业董事会或类似机构做出房地产转换决议的日期。

1.自用建筑物或土地使用权转换为以成本模式计量的投资性房地产

企业应当将该项建筑物或土地使用权在转换日的原价、累计折旧（或摊销）、减值准备等，分别转入“投资性房地产”“投资性房地产累计折旧（或摊销）”“投资性房地产减值准备”科目。转换时，按自用建筑物或土地使用权的账面余额，借记“投资性房地产”科目，贷记“固定资产”或“无形资产”科目；按自用建筑物累计已提折旧或土地使用权累计已摊销金额，借记“累计折旧”或“累计摊销”科目，贷记“投资性房地产累计折旧（摊销）”科目；自用建筑物或土地使用权原已计提减值准备的，按已计提的减值准备金额，借记“固定资产减值准备”或“无形资产减值准备”科目，贷记“投资性房地产减值准备”科目。

【例 8—9】 创新公司决定将因转产而闲置的一栋厂房用于对外出租。2013 年 6 月 10 日，创新公司与 B 公司签订了经营租赁协议，将厂房出租给 B 公司使用，租赁期开始日为 2013 年 7 月 1 日，租赁期为 5 年。2013 年 7 月 1 日，厂房账面原价 1 200 万元，累计已提折旧 300 万元。创新公司对投资性房地产采用成本模式计量。

借：投资性房地产——厂房	12 000 000	
累计折旧	300 000	
贷：固定资产——厂房		12 000 000
投资性房地产累计折旧		3 000 000

2.自用建筑物或土地使用权转换为以公允价值模式计量的投资性房地产

企业应当以该项建筑物或土地使用权在转换日的公允价值作为投资性房地产的入账价值。公允价值小于原账面价值的差额，计入当期损益；公允价值大于原账面价值的差额，计入资本公积（其他资本公积），待该项投资性房地产处置时，转入处置当期收益。转换时，按自用建筑物或土地使用权的公允价值，借记“投资性房地产——成本”科目，按累计已提折旧或累计已摊销金额，借记“累计折旧”或“累计摊销”科目，原已计提减值准备的，按已计提的减值准备金额，借记“固定资产减值准备”“无形资产减值准备”科目；按其账面余额，贷记“固定资产”或“无形资产”科目。同时，转换日的公允价值小于账面价值的，按其差额，借记“公允价值变动损益”科目；转换日的公允价值大于账面价值的，按其差额，贷记“资本公积——其他资本公积”科目。

【例 8—10】 某房地产开发公司的办公楼处于商业繁华地段，为了获得更大的经济利益，该公司决定将办公地点迁往新地址，原办公楼腾空后用于出租，以赚取租金收入。2013 年 10 月，房地产开发公司完成了办公地点的搬迁工作，原办公楼停止自用。2013 年 12 月，房地产开发公司与 D 公司签订了租赁协议，将原办公楼出租给 D 公司使用，租赁期开始日为 2014 年 1 月 1 日，租赁期为 3 年。该办公楼原价为 25 000 万元，累计已提折旧 7 500 万元。该房地产开发公司对投资性房地产采用公允价值模式计量。

(1)假定办公楼 2014 年 1 月 1 日的公允价值为 17 000 万元

借：投资性房地产——办公楼（成本）	170 000 000	
公允价值变动损益	5 000 000	
累计折旧	75 000 000	
贷：固定资产——办公楼		250 000 000

(2)假定办公楼 2014 年 1 月 1 日的公允价值为 18 000 万元

借：投资性房地产——办公楼（成本）	180 000 000	
累计折旧	75 000 000	
贷：固定资产——办公楼		250 000 000
资本公积——其他资本公积		5 000 000

(二)作为存货的房地产转换为投资性房地产

房地产开发企业将其持有的开发产品以经营租赁的方式出租，转换日通常为房地产的租赁期开始日。租赁期开始日是指承租人有权行使其使用租赁资产权利的日期。对于企业自行建造或开发完成但尚未使用的建筑物，如果企业董事会或类似机构正式做出书面决议，明确表明其自行建造或开发产品用于经营出租、持有意图短期内不再发生变化的，应视为存货转为投资性房地产，转换日为企业董事会或类似机构做出书面决议的日期。

1.作为存货的房地产转换为采用成本模式计量的投资性房地产

企业应当按该项投资性房地产在转换日的账面价值，作为投资性房地产的入账价值。转换时，按该项房地产的账面价值，借记“投资性房地产”科目，按已计提的跌价准备，借记“存货跌价准备”科目，按其账面余额，贷记“开发产品”等科目。

【例 8—11】 2014 年 6 月 10 日，某房地产开发公司与 C 公司签订了租赁协议，将其开发的一栋原准备出售的写字楼出租给 C 公司使用，租赁期开始日为 2014 年 7 月 1 日。该写字楼的实际建造成本为 65 000 万元，未计提存货跌价准备。该房地产开发公司对投资性房地产采用成本模式计量。

借:投资性房地产——写字楼　　650 000 000

　贷:开发产品　　650 000 000

2.作为存货的房地产转换为采用公允价值模式计量的投资性房地产

企业应当按该项房地产在转换日的公允价值,作为投资性房地产的入账价值。公允价值小于原账面价值的差额,计入当期损益;公允价值大于原账面价值的差额,计入资本公积(其他资本公积),待该项投资性房地产处置时,转入处置当期损益。转换时,按该项房地产的公允价值,借记"投资性房地产——成本"科目,按已计提的跌价准备,借记"存货跌价准备"科目,按其账面余额,贷记"开发产品"等科目。同时,转换日的公允价值小于账面价值的,按其差额,借记"公允价值变动损益"科目;转换日的公允价值大于账面价值的,按其差额,贷记"资本公积——其他资本公积"科目。

【例 8—12】 按【例 8—11】资料,现假定该房地产开发公司对投资性房地产采用公允价值模式计量,2012 年 7 月 1 日,写字楼的公允价值为 68 000 万元,其他条件不变。则该房地产开发公司将作为存货的房地产转换为投资性房地产的会计处理如下:

借:投资性房地产——写字楼(成本)　　680 000 000

　贷:开发产品　　650 000 000

　　资本公积——其他资本公积　　30 000 000

三、投资性房地产转换为非投资性房地产

(一)投资性房地产转换为自用房地产

企业将原本用于赚取租金或资本增值的房地产改用于生产商品、提供劳务或者经营管理,转换日是指房地产达到自用状态,企业开始将房地产用于生产商品、提供劳务或者经营管理的日期。

1.成本模式计量的投资性房地产转换为自用房地产

企业应当将该项投资性房地产在转换日的账面余额、累计折旧(摊销)、减值准备等,分别转入"固定资产"或"无形资产"、"累计折旧"或"累计摊销"、"固定资产减值准备"或"无形资产减值准备"科目。转换时,按投资性房地产的账面余额,借记"固定资产"或"无形资产"科目,贷记"投资性房地产"科目;按累计已提折旧或累计已摊销金额,借记"投资性房地产累计折旧(摊销)"科目,贷记"累计折旧"或"累计摊销"科目;按已计提的减值准备金额,借记"投资性房地产减值准备"科目,贷记"固定资产减值准备"或"无形资产减值准备"科目。

【例 8—13】 2012 年 7 月 1 日,创新公司将出租的厂房收回,开始用于本企业的

产品生产。厂房在转换前采用成本模式计量，账面原价为 2 000 万元，累计已提折旧为 450 万元。

借：固定资产——厂房　　20 000 000
　投资性房地产累计折旧　　4 500 000
　贷：投资性房地产——厂房　　20 000 000
　　累计折旧　　4 500 000

2.公允价值模式计量的投资性房地产转换为自用房地产

应当以转换日的公允价值作为自用房地产的账面价值，公允价值与原账面价值的差额计入当期损益。转换时，按该项投资性房地产的公允价值，借记"固定资产"或"无形资产"科目，按该项投资性房地产的成本，贷记"投资性房地产——成本"科目，按该项投资性房地产的累计公允价值变动，贷记或借记"投资性房地产——公允价值变动"科目，按其差额，贷记或借记"公允价值变动损益"科目。

【例 8－14】 2012 年 3 月 1 日，某房地产开发公司对外出租的写字楼租赁期满予以收回，准备作为办公楼用于本企业的行政管理。写字楼在转换前采用公允价值模式计量，原账面价值为 8 500 万元，其中，成本为 8 000 万元，公允价值变动（截至 2011 年 12 月 31 日）为 500 万元。2012 年 3 月 1 日，写字楼开始自用，当日的公允价值为 8 600万元。

借：固定资产——写字楼　　86 000 000
　贷：投资性房地产——写字楼（成本）　　80 000 000
　　　　——写字楼（公允价值变动）　　5 000 000
　　公允价值变动损益　　1 000 000

（二）投资性房地产转换为存货

房地产开发企业将用于经营出租的房地产收回，重新开发用于对外销售，转换日为租赁期届满、企业董事会或类似机构做出书面决议明确表明将其重新开发用于对外销售的日期。

1.成本模式计量的投资性房地产转换为存货

企业应当按照该项投资性房地产在转换日的账面价值，作为存货的入账价值。转换时，应当按照投资性房地产在转换日的账面价值，借记"开发产品"科目；按照累计已提折旧或累计已摊销金额，借记"投资性房地产累计折旧（摊销）"科目；原已计提减值准备的，按已计提的减值准备金额，借记"投资性房地产减值准备"科目，按其账面余额，贷记"投资性房地产"科目。

【例 8－15】 某房地产开发公司将其开发的一栋写字楼以经营租赁方式出租给

其他单位使用。2014 年 4 月 1 日，因租赁期满，该房地产开发公司将出租的写字楼收回，并做出书面决议，将写字楼重新开发用于对外销售。写字楼在转换前采用成本模式计量，账面原价为 5 800 万元，已计提的折旧为 420 万元，已计提的减值准备金额为 200 万元。

借：开发产品	51 800 000	
投资性房地产累计折旧	4 200 000	
投资性房地产减值准备	2 000 000	
贷：投资性房地产——写字楼		58 000 000

2.公允价值模式计量的投资性房地产转换为存货

企业应当以转换日的公允价值作为存货的账面价值，公允价值与原账面价值的差额计入当期损益。转换时，按该项投资性房地产的公允价值，借记“开发产品”科目；按该项投资性房地产的成本，贷记“投资性房地产——成本”科目；按该项投资性房地产的累计公允价值变动，贷记或借记“投资性房地产——公允价值变动”科目，按其差额，贷记或借记“公允价值变动损益”科目。

【例 8－16】 按【例 8－15】资料，现假定写字楼的转换前采用公允价值模式计量，原账面价值为 6 200 万元，其中，成本为 5 800 万元，公允价值变动(截至 2013 年 12 月 31 日)为 400 万元；2014 年 4 月 1 日，写字楼的公允价值为 6 300 万元，其他条件不变。则该房地产开发公司将投资性房地产转换为存货的会计处理如下：

借：开发产品	63 000 000	
贷：投资性房地产——写字楼(成本)		58 000 000
——写字楼(公允价值变动)		4 000 000
公允价值变动损益		1 000 000

第六节　投资性房地产的处置

一、投资性房地产的终止确认与处置损益

投资性房地产的处置主要指投资性房地产的出售、报废和毁损，也包括对外投资、非货币性资产交换、债务重组等原因转出投资性房地产的情形。当投资性房地产被处置，或者永久退出使用且预计不能从其处置中取得经济利益时，应当终止确认该项投资性房地产。

投资性房地产在处置时会发生处置损益。出售、报废或毁损的投资性房地产，处

置损益是指取得的处置收入扣除投资性房地产账面价值和相关税费后的金额。其中，处置收入包括出售价款、残料变价收入、保险及过失人赔偿等项收入；账面价值是指投资性房地产的成本扣减累计已提折旧(摊销)和已计提的减值准备后的金额(采用成本模式计量的投资性房地产)，或者是指投资性房地产的成本加上或减去累计公允价值变动后的金额(采用公允价值模式计量的投资性房地产)；相关税费主要包括处置投资性房地产时发生的整理、拆卸、搬运等项清理费用，以及出售建筑物或转让土地使用权而应当交纳的营业税。投资性房地产的处置损益，应当计入处置当期损益。

二、处置投资性房地产的会计处理

(一)成本模式计量的投资性房地产的处置

企业处置采用成本模式计量的投资性房地产，应将取得的处置收入作为其他业务收入，将所处置的投资性房地产账面价值计入其他业务成本。处置时，应当按照实际收到的金额，借记“银行存款”等科目，贷记“其他业务收入”科目；结转投资性房地产成本，按照累计已提折旧或累计已摊销金额，借记“投资性房地产累计折旧(摊销)”科目，按照已计提的减值准备金额，借记“投资性房地产减值准备”科目，按其账面原值，贷记“投资性房地产”科目，按借贷方差额，借记“其他业务成本”科目；按出售过程中发生的相关税费，借记“营业税金及附加”科目，贷记“应交税费”科目。

【例 8－17】 创新公司将其一栋写字楼用于对外出租，采用成本模式计量。租赁期届满后，创新公司将该写字楼出售给 N 公司，合同价款为 12 500 万元，N 公司已用银行存款付清。出售时，该栋写字楼的成本为 11 000 万元，累计已提折旧 1 320 万元，已提减值准备 20 万元。创新公司出售写字楼应交营业税 625 万元，假定不考虑其他相关税费。

借：银行存款	125 000 000	
贷：其他业务收入		125 000 000
借：其他业务成本	96 600 000	
投资性房地产累计折旧	13 200 000	
投资性房地产减值准备	200 000	
贷：投资性房地产——写字楼		110 000 000
借：营业税金及附加	6 250 000	
贷：应交税费——应交营业税		6 250 000

(二)公允价值模式计量的投资性房地产的处置

企业处置采用公允价值模式计量的投资性房地产，应将取得的处置收入作为其他业务收入，将所处置的投资性房地产账面价值计入其他业务成本；同时，还应将该投资性房地产累计公允价值变动损益转出，计入处置当期其他业务成本；若存在原转换日计入资本公积的金额，也需一并转出，计入处置当期其他业务成本。处置时，应当按实际收到的金额，借记“银行存款”等科目，贷记“其他业务收入”科目；按该项投资性房地产的账面余额，借记“其他业务成本”科目，按其成本，贷记“投资性房地产——成本”科目，按其累计公允价值变动，贷记或借记“投资性房地产——公允价值变动”科目；同时，结转投资性房地产累计公允价值变动，借记或贷记“公允价值变动损益”科目，贷记或借记“其他业务成本”科目。若存在原转换日计入资本公积的金额，还应借记“资本公积——其他资本公积”科目，贷记“其他业务成本”科目。按出售过程中发生的相关税费，借记“营业税金及附加”科目，贷记“应交税费”科目。

【例 8—18】 2013 年 6 月 25 日，创新公司与 C 公司签订经营租赁协议，将其原为自用的一栋写字楼出租给 C 公司使用，租期为 2 年，租赁期开始日为 2013 年 7 月 1 日，写字楼的实际建造成本为 46 000 万元，截至 2013 年 6 月 30 日，累计已提折旧 5 750万元，创新公司对投资性房地产采用公允价值模式计量。2013 年 7 月 1 日，写字楼的公允价值为 42 000 万元；2013 年 12 月 31 日，写字楼的公允价值为 41 000 万元；2014 年 12 月 31 日，写字楼的公允价值为 44 000 万元。2015 年 6 月 30 日，租赁期届满，创新公司收回写字楼，并以 45 000 万元售出，价款已收存银行。创新公司出售写字楼应交营业税 2 250 万元，假定不考虑其他相关税费。

(1)2013 年 7 月 1 日，自用房地产转换为投资性房地产

借：投资性房地产——写字楼(成本)	420 000 000	
累计折旧	57 500 000	
贷：固定资产——写字楼		460 000 000
资本公积——其他资本公积		17 500 000

(2)2013 年 12 月 31 日，确认公允价值变动

借：公允价值变动损益	10 000 000	
贷：投资性房地产——写字楼(公允价值变动)		10 000 000

(3)2014 年 12 月 31 日，确认公允价值变动

借：投资性房地产——写字楼(公允价值变动)	30 000 000	
贷：公允价值变动损益		30 000 000

(4)2015 年 6 月 30 日，出售投资性房地产

借：银行存款	450 000 000	
贷：其他业务收入		450 000 000
借：其他业务成本	440 000 000	

贷:投资性房地产——写字楼(成本) 420 000 000
——写字楼(公允价值变动) 20 000 000
借:公允价值变动损益 20 000 000
贷:其他业务成本 20 000 000
借:资本公积——其他资本公积 17 500 000
贷:其他业务成本 17 500 000
借:营业税金及附加 22 500 000
贷:应交税费——应交营业税 22 500 000

思考题

1.举例说明投资性房地产的范围。

2.举例说明哪些房地产不属于投资性房地产。

3.投资性房地产的初始计量应遵循什么原则?

4.投资性房地产采用成本模式进行后续计量和采用公允价值模式进行后续计量有何不同?

5.投资性房地产采用公允价值模式计量的条件是什么?

练习题

一、单项选择题

1.甲公司将一办公楼转换为采用公允价值模式计量的投资性房地产,该办公楼的账面原值为 50 000 万元,已计提的累计折旧为 1 000 万元,已计提的固定资产减值准备 2 000 万元,转换日的公允价值为 60 000 万元,则记入“资本公积——其他资本公积”科目的金额为(　　)万元。

A.60 000　　B.47 000　　C.50 000　　D.13 000

2.自用房地产转换为采用公允价值模式计量的投资性房地产,投资性房地产应当按照转换当日的公允价值计量。转换当日的公允价值小于原账面价值的其差额通过(　　)科目核算。

A.营业外收入　　B.资本公积

C.公允价值变动损益　　D.其他业务支出

3.甲企业将某一栋写字楼租赁给乙公司使用,并一直采用成本模式进行后续计量。2014 年 1 月 1 日,甲企业认为,出租给乙公司使用的写字楼,其所在地的房地产交易市场比较成熟,具备了采用公允价值模式计量的条件,决定对该项投资性房地产从成本模式转换为公允价值模式计量。该写字楼的原造价为 20 000 万元,已计提折旧 400 万元。2014 年 1 月 1 日,该写字楼的公允价值为 26 000 万元。假设甲企业按净利润的 10%计提盈余公积。则转换日影响资产负债表的"未分配利润"项目的金额是(　　)万元。

A.6 400　　B.5 760　　C.640　　D.26 000

4.关于对投资性房地产进行后续计量,下列说法中正确的是(　　)。

A.企业通常应当采用公允价值模式对投资性房地产进行后续计量,也可采用成本模式对投资性房地产进行后续计量

B.企业通常应当采用成本模式对投资性房地产进行后续计量,也可采用公允价值模式对投资性房地产进行后续计量

C.同一企业对不同的投资性房地产可以采用不同的计量模式

D.企业只能采用成本价值模式对投资性房地产进行后续计量

5.某企业采用成本模式对投资性房地产进行后续计量,2013 年 9 月 20 日达到预定可使用状态的自行建造的办公楼对外出租,该办公楼建造成本为 2 600 万元,预计使用年限为 25 年,预计净残值为 100 万元。在采用年限平均法计提折旧的情况下,2013 年该办公楼应计提的折旧额为(　　)万元。

A.0　　B.25　　C.100　　D.50

6.甲企业 2012 年 1 月 1 日外购一建筑物,成本为 1 000 万元,该建筑用于出租,年租金 40 万元,每年年初收取。该企业采用公允价值模式对其进行后续计量。2012 年 12 月 31 日该建筑物的公允价值为 1 040 万元,2013 年 12 月 31 日该建筑物的公允价值为 1 020 万元,2014 年 1 月 1 日甲企业出售该建筑物,售价 1 020 万元,不考虑相关税费,处置时影响损益的金额是(　　)万元。

A.60　　B.20　　C.40　　D.0

二、多项选择题

1.下列项目中,属于投资性房地产的有(　　)。

A.已出租的建筑物

B.已出租的土地使用权

C.持有并准备增值后转让的土地使用权

D.按照国家有关规定认定的闲置土地

E.自用的建筑物

2.关于投资性房地产，下列说法中正确的有(　　)。

A.投资性房地产是指为赚取租金或资本增值，或者两者兼有而持有的房产、地产和机器设备等

B.已出租的建筑物是指从租赁期开始日以经营租赁方式出租的建筑物，包括自行建造完成后用于出租的房地产

C.用于出租的建筑物是指企业拥有产权的建筑物

D.一项房地产，部分用于赚取租金或资本增值，部分用于生产商品、提供劳务或经营管理，即使用于赚取租金或资本增值的部分能够单独计量和出售的，也不可以确认为投资性房地产

E.投资性房地产是指为赚取租金或资本增值，或者两者兼有而持有的房地产，不包括机器设备

3.某企业投资性房地产采用公允价值计量模式。2013 年 1 月 1 日购入一幢建筑物直接用于出租，租期 5 年，每年租金收入 100 万元。该建筑物的购买价格 600 万元，发生相关税费 10 万元，用银行存款支付。税法规定，建筑物预计使用年限为 20 年，预计净残值为 10 万元，采用年限平均法计提折旧。2013 年 12 月 31 日，该建筑物的公允价值为 560 万元。不考虑其他因素，下列表述中正确的有(　　)。

A.2013 年该项投资性房地产应计提折旧 27.5 万元

B.2013 年该项投资性房地产减少当期营业利润 60 万元

C.2013 年该项投资性房地产增加当期营业利润 50 万元

D.2013 年末该项投资性房地产的列报金额为 560 万元

E.2013 年该项投资性房地产可以变更为成本模式计量

4.关于投资性房地产的后续计量，下列说法中错误的有(　　)。

A.采用公允价值模式计量的，不对投资性房产计提折旧

B.采用公允价值模式计量的，应对投资性房产计提折旧

C.已采用公允价值模式计量的投资性房地产，不得从公允价值模式转为成本模式

D.已采用成本模式计量的投资性房地产，不得从成本模式转为公允价值模式

E.已采用公允价值模式计量的投资性房地产，可以从公允价值模式转为成本模式

5.企业采用公允价值模式对投资性房地产进行后续计量，下列说法中错误的有(　　)。

A.企业应对已出租的建筑物计提折旧

B.企业不应对已出租的建筑物计提折旧

C.企业不应对已出租的土地使用权进行摊销

D.企业应当以资产负债表日投资性房地产的公允价值为基础调整其账面价值，公

允价值与原账面价值之间的差额计入当期损益

E.企业应对已出租的土地使用权进行摊销

6.关于投资性房地产的确认和计量，下列说法中正确的有(　　)。

A.外购投资性房地产的成本，包括购买价款、相关税费和可直接归属于该资产的其他支出

B.自行建造投资性房地产的成本，由建造该项资产达到预定可使用状态前所发生的必要支出构成

C.只要与投资性房地产有关的经济利益很可能流入企业，就应确认为投资性房地产

D.与投资性房地产有关的后续支出，满足投资性房地产准则规定的确认条件的，应当计入投资性房地产成本；不满足准则规定的确认条件的，应当在发生时计入当期损益

E.投资性房地产的成本能够可靠计量，就应确认为投资性房地产

7.企业有确凿证据表明房地产用途发生改变，应当将投资性房地产转换为其他资产或者将其他资产转换为投资性房地产的有(　　)。

A.投资性房地产开始自用

B.作为存货的房地产，改为出租

C.自用建筑物停止自用，改为出租

D.自用土地使用权停止自用，用于赚取租金或资本增值

E.自用机器设备停止自用，改为出租

三、业务题

1.天华股份有限公司(以下简称天华公司)为增值税一般纳税企业，适用的增值税税率为17%。不考虑除增值税以外的其他税费。天华公司对投资性房地产采用公允价值模式计量。天华公司有关房地产的相关业务资料如下：

(1)2011年1月，天华公司自行建造办公大楼。在建设期间，天华公司购进为工程准备的一批物资，价款为1 400万元，增值税为238万元。该批物资已验收入库，款项以银行存款支付。该批物资全部用于办公楼工程项目。天华公司为建造工程，领用本企业生产的库存商品一批，成本160万元，计税价格200万元，另支付在建工程人员薪酬362万元。

(2)2011年8月，该办公楼的建设达到了预定可使用状态并投入使用。该办公楼预计使用寿命为20年，预计净残值为94万元，采用直线法计提折旧。

(3)2012年12月，天华公司与华盛公司签订了租赁协议，将该办公大楼经营租赁给华盛公司，租赁期为10年，年租金为260万元，租金于每年年末结清。租赁期开始

日为2013年1月1日。

(4)与该办公大楼同类的房地产在2013年年初的公允价值为2 200万元,2013年年末的公允价值为2 400万元。

(5)2014年1月,甲公司与华盛公司达成协议并办理过户手续,以2 550万元的价格将该项办公大楼转让给华盛公司,全部款项已收到并存入银行。

要求:

(1)计算自行建造办公大楼的初始入账成本。

(2)计算天华公司该项办公大楼2012年年末累计折旧的金额。

(3)编制天华公司将该项办公大楼停止自用改为出租的有关会计分录。

(4)编制天华公司该项办公大楼有关2013年末后续计量的有关会计分录。

(5)编制天华公司该项办公大楼有关2013年租金收入的会计分录。

(6)编制天华公司2014年处置该项办公大楼的有关会计分录。(答案中的金额单位用万元表示。)

2.新星公司采用成本模式对投资性房地产进行后续计量。营业税率为5%。有关资料如下:

(1)2009年12月31日新星公司以银行存款购入一栋写字楼,价款为51 000万元;其中包括土地使用权为1 000万元,新星公司作为投资性房地产,写字楼预计尚可使用年限为40年,于当日办理完毕相关手续;土地使用权预计尚可使用年限为50年,于2010年1月1日办理完毕相关手续。写字楼和土地使用权的预计净残值为零,均采用直线法计提折旧和进行摊销,假定按年计提折旧和进行摊销。

(2)2010年1月1日新星公司与B公司签订租赁协议,将该写字楼整体出租给B公司,租期为3年,年租金为2 000万元,每年年末支付。

(3)2011年1月1日,新星企业认为出租给B公司使用的写字楼土地使用权具备了采用公允价值模式计量的条件,决定对该项投资性房地产从成本模式转换为公允价值模式计量。2011年1月1日公允价值为59 690万元。

(4)租赁期满后,将写字楼转为自用办公楼,假设转换日投资性房地产的账面价值为60 690万元。转换日公允价值为62 000万元,土地使用权的公允价值为1 500万元,办公楼的公允价值为60 500万元。假设不考虑所得税影响。

要求:编制相关的会计分录。

3.甲公司采用公允价值模式计量投资性房地产。有关资料如下:

(1)2011年12月1日甲公司与A公司签订协议,将自用的办公楼出租给A公司,租期为3年,每年租金为1 000万元,于年末收取,2012年1月1日为租赁期开始日,2014年12月31日到期。转换日的公允价值为30 000万元,该固定资产账面原值为 20 000 万元，已计提的累计折旧为 10 000 万元，未计提减值准备。各年 1 月 1 日均收到租金。

(2)2012 年 12 月 31 日该投资性房地产的公允价值为 30 500 万元。

(3)2013 年 12 月 31 日该投资性房地产的公允价值为 30 800 万元。

(4)2014 年 12 月 31 日租赁协议到期，甲公司收回办公楼作为自有办公楼，该办公楼的公允价值为 30 700 万元。

要求：

(1)编制 2012 年 1 月 1 日转换日转换房地产的有关会计分录。

(2)编制收到租金的相关会计分录。

(3)编制 2012 年 12 月 31 日调整投资性房地产的会计分录。

(4)编制 2013 年 12 月 31 日调整投资性房地产的会计分录。

(5)编制 2014 年 12 月 31 日租赁协议到期的相关会计分录。

(6)假定 2014 年 12 月 31 日租赁协议到期时，将其出售，价款为 30 700 万元，编制相关分录。

第九章
无形资产、商誉和长期待摊费用

【本章导读】

从广义角度来说，凡是没有实物状态的资产，都是无形资产，例如管理诀窍、品牌、商标、专利等。无形资产虽然没有实体形态，但有时它比有形资产更重要，优秀的无形资产能给企业带来超额收益。但是受某些因素限制，并非所有的无形资产都反映在财务报表上，目前财务会计核算的只是狭义的无形资产，一般涉及专利权、非专利技术、商标权、著作权、特许权、土地使用权等。

商誉的本质也是一种无形资产，但它与上述无形资产有一定的区别。商誉是与企业整体结合在一起的，无法单独辨认，但企业一旦拥有它，就具有超过正常盈利水平的盈利能力和服务潜力。因此，它的价值只有通过作为整体所创造的超额收益才能集中表现出来。

长期待摊费用是一种预付费用，将在相对较长的受益期间内摊销进入各期损益，它是为了遵循权责发生制会计基础而进行的会计处理。

本章的重点是无形资产的会计处理，难点是商誉的会计处理。

【学习目标】

了解无形资产、商誉、长期待摊费用的基本含义；

熟练掌握无形资产取得、摊销、出租、减值、处置的会计处理；

理解商誉取得、期末计价的会计处理；

掌握长期待摊费用的会计处理。

第一节　无形资产

一、无形资产的概念及特征

无形资产是指企业拥有或者控制的没有实物形态的可辨认非货币性资产。无形资产具有以下特征：

(1)无形性。无形资产没有实物形态。这一特征，主要是与固定资产等具有实物形态的资产相对而言的。但是，没有实物形态并不是无形资产独有的特性，其他许多资产也不具有实物形态，如应收账款、对外投资等。

(2)长期性。无形资产应能在较长时间内供企业使用，一般来说，使用年限应在1年以上。这一特征，主要是与应收账款等没有实物形态的流动资产相对而言的。但是，能在较长时间内供企业使用也不是无形资产的独有特征，其他许多资产也能在较长时期内供企业使用，如长期投资等。

(3)不确定性。无形资产能为企业带来多少未来的经济利益具有较大的不确定性。当代科学技术的迅猛发展，使得许多无形资产的经济寿命难以准确地预计，因而也使得无形资产能为企业带来多少未来的经济利益难以准确地预计。这一特征，主要是与长期投资等既没有实物形态又能在较长时期内供企业使用的资产相对而言的。

(4)可辨认性。无形资产能够从企业中分离或者划分出来，并能单独或者与相关合同、资产或负债一起，用于出售、转移、授予许可、租赁或者交换。这一特征，主要是与商誉等不可辨认经济资源相对而言的。

二、无形资产的分类

无形资产按照不同的标准，可以分为不同的类别。

(一)按经济内容分类

无形资产按其反映的经济内容，可以分为专利权、非专利技术、商标权、著作权、土地使用权和特许权等。

1.专利权

专利权是指经国家专利管理机关审定并授予发明者在一定年限内对其成果的制造、使用和出售的专门权利。专利权一般包括发明专利权、实用新型专利权和外观设计专利权等。专利权受法律保护，在某项专利权的有效期内，该项专利权的非持有者如需使用与之相同的原理、结构和技术用于生产经营，应向该专利权的持有者支付专利使用费，否则视为侵犯了专利权。

2.非专利技术

非专利技术是指发明者未申请专利或不够申请专利的条件而未经公开的先进技术，包括先进的生产经验、先进的技术设计资料以及先进的原料配方等。非专利技术不需到有关管理机关注册登记，只靠少数技术持有者采用保密方式维持其独占性。只要非专利技术不泄露于外界，就可以由其持有者长期享用，因而非专利技术没有固定的有效期。

3.商标权

商标权是指企业拥有的在某类指定的商品上使用特定名称或图案的权利。商标经商标管理机关核准后，成为注册商标，受法律保护。

4.著作权

著作权也称为版权，是指著作者或文艺作品创作者以及出版商依法享有的在一定年限内发表、制作、出版和发行其作品的专有权利。著作权受法律保护，未经著作权所有者许可或转让，他人不得占有和使用。

5.土地使用权

土地使用权是指企业经国家土地管理机关批准享有的在一定期间内对国有土地开发、利用和经营的权利。在我国，土地归国家所有，任何单位或个人只能拥有土地使用权，没有土地所有权。

6.特许权

特许权是指企业经批准在一定区域内，以一定的形式生产经营某种特定商品的权利。特许权可以是政府授予的，也可以是某单位或个人授予的。

(二)按来源途径分类

无形资产按其来源途径，可以分为外来无形资产和自创无形资产。

外来无形资产是指企业购入、接受投资或者接受捐赠等方式形成的无形资产。自创无形资产是指企业自行开发、研制的无形资产。

(三)按经济寿命期限分类

无形资产按是否具备确定的经济寿命期限，可以分为期限确定的无形资产和期限不确定的无形资产。

期限确定的无形资产是指在有关法律中规定有最长有效期限的无形资产，如专利权、商标权、著作权、土地使用权和特许权等。这些无形资产，在法律规定的有效期限内受法律保护；有效期满时，如果企业未继续办理有关手续，将不再受法律保护。

期限不确定的无形资产是指没有相应法律规定其有效期限，其经济寿命难以预先准确估计的无形资产，如非专利技术。这些无形资产的经济寿命取决于技术进步的快慢以及技术保密工作的好坏等因素。当新的可替代技术成果出现时，旧的非专利技术自然贬值。当技术不再是秘密时，也就无价值可言。

企业确定无形资产的使用寿命，通常应考虑以下因素：

(1)运用该资产生产的产品通常的寿命周期、可获得的类似资产使用寿命的信息；

(2)技术、工艺等方面的现阶段情况及对未来发展趋势的估计；

(3)以该资产生产的产品或提供的服务的市场需求情况；

(4)现在或潜在的竞争者预期将采取的行动；

(5)为维持该资产带来经济利益能力的预期维护支出，以及企业预计支付有关支出的能力；

(6)对该资产控制期限的相关法律规定或类似限制，如特许使用期、租赁期等；

(7)与企业持有的其他资产使用寿命的关联性等。

三、无形资产的确认条件

某个资产项目要确认为无形资产，应符合无形资产的定义，并同时满足下列两个条件：

(一)与该无形资产有关的经济利益很可能流入企业

通常情况下，无形资产产生的未来经济利益可能包括在销售商品、提供劳务的收入当中，或者企业使用该项无形资产而减少或节约了成本，或者体现在获得的其他利益当中。例如，生产加工企业在生产工序中使用了某种知识产权，使其降低了未来生产成本。

会计实务中，要确定无形资产所创造的经济利益是否很可能流入企业，需要实施职业判断，对无形资产在预计使用寿命内可能存在的各种经济因素做出合理估计，并且应当有确凿的证据支持。例如，企业是否有足够的人力资源、高素质的管理队伍、相关的硬件设备等来配合无形资产为企业创造经济利益。同时，更为重要的是关注一些外界因素的影响，例如，是否存在与该无形资产相关的新技术、新产品冲击，或据其生产的产品是否存在市场等。在实施判断时，企业的管理当局应对在无形资产的预计使用寿命内存在的各种因素做出最稳健的估计。

(二)该无形资产的成本能够可靠地计量

这是无形资产得以入账的一个基本条件。例如，企业自创商誉以及内部产生的品牌、报刊名等，因其成本无法可靠地计量，因此不作为无形资产确认。

四、无形资产的核算

（一）无形资产的取得

无形资产应当按照成本进行初始计量。对于不同来源取得的无形资产，其成本构成也不尽相同。

1.购入的无形资产

企业购入无形资产的实际成本包括购买价款、相关税费以及直接归属于使该项资产达到预定用途所发生的其他支出，如律师费、咨询费、公证费、鉴定费、注册登记费等。企业应根据购入无形资产的实际成本，借记“无形资产”科目，贷记“银行存款”等科目。

如果企业购买无形资产的价款超过正常信用条件延期支付，实质上具有融资性质，无形资产的成本应以购买价款的现值为基础确定。实际支付的价款与购买价款的现值之间的差额，除按照会计准则规定应予资本化的以外，应当在信用期间内计入当期财务费用。具体核算的例子见本教材第十一章非流动负债中“长期应付款”有关内容。

【例 9－1】 某企业购入一项专利技术，双方协商确认的价值为 500 000 元，以银行存款支付。编制会计分录如下：

借：无形资产——专利权　　　　　　　　500 000

　贷：银行存款　　　　　　　　　　　　　500 000

2.自行研究开发的无形资产

企业自行研究开发无形资产，需区分研究阶段和开发阶段，按以下情况进行核算：

第一，研究阶段的有关支出费用化，计入当期损益。

研究，是指为获取新的科学或技术知识而进行的独创性的有计划调查。比如，意在获取知识而进行的活动，研究成果或其他知识的应用研究、评价和最终选择，材料、设备、产品、工序、系统或服务替代品的研究，新的或经改进的材料、设备、产品、工序系统或服务的可能替代品的配置、设计、评价和最终选择等，均属于研究活动。

研究阶段是探索性的，是为进一步的开发活动进行资料及相关方面的准备，已进行的研究活动将来是否会转入开发、开发后是否会形成无形资产等均具有较大的不确定性，因此，研究阶段的有关支出，在发生时应当费用化计入当期损益（管理费用）。

第二，开发阶段的支出符合条件时资本化，计入无形资产成本。

开发，是指在进行商业性生产或使用前，将研究成果或其他知识应用于某项计划或设计，以生产出新的或具有实质性改进的材料、装置、产品等，比如，生产前或使用前的原型和模型的设计、建造和测试，含新技术的工具、夹具、模具和冲模的设计，不具有商业性生产经济规模的试生产设施的设计、建造和运营，新的或经改造的材料、设备、产品、工序、系统或服务所选定的替代品的设计、建造和测试等，均属于开发活动。

开发阶段应当是已完成研究阶段的工作，在很大程度上具备了形成一项新产品或新技术的基本条件。此时，如果企业能够证明开发支出符合无形资产的定义及相关确认条件，所发生的开发支出可资本化，确认为无形资产的成本。

开发阶段相关支出在同时满足以下条件时，可予以资本化计入无形资产成本：

①完成该无形资产以使其能够使用或出售在技术上具有可行性。企业在判断无形资产的开发在技术上是否具有可行性时，应当以目前阶段的成果为基础，并提供相关证据和材料，证明企业进行开发所必需的技术条件等已经具备，基本上不存在技术上的障碍或其他不确定性。

②具有完成该无形资产并使用或出售的意图。企业研发项目形成成果后，是对外出售还是使用，并从使用中获得经济利益，应当由管理当局的意图而定。企业的管理当局应当能够说明其开发无形资产的目的，并具有完成该项无形资产开发并使其能够使用或出售的可能性。

③无形资产产生经济利益的方式，包括能够证明运用该无形资产生产的产品存在市场或无形资产自身存在市场，无形资产将在内部使用的，应当证明其有用性。作为一项资产，其基本条件是能够为企业带来未来经济利益。就其为企业带来未来经济利益的方式而言，如果有关的无形资产在形成以后，主要是用于形成新产品或新工艺的，企业应对运用该无形资产生产的产品市场情况进行估计，应能够证明所生产的产品存在市场，并能够带来经济利益的流入；如果有关的无形资产开发以后主要是用于对外出售的，则企业应能够证明市场上存在对该类无形资产的需求，开发以后存在外在的市场可以出售并带来经济利益的流入；如果无形资产开发以后，不是用于生产产品，也不是用于对外出售，而是在企业内部使用的，则企业应能够证明在企业内部使用时对企业的有用性。

④有足够的技术、财务和其他资源支出，以完成该无形资产的开发，并有能力使用或出售该无形资产。这一条件主要包括为完成该项无形资产的开发具有技术上的可靠性；财务和其他资源支持；能够证明企业可以取得无形资产开发所必需的技术、财务和其他资源，以及获得这些资源的相关计划。

⑤归属于该无形资产开发阶段的支出能够可靠地计量。

需要说明的是，企业自行开发无形资产的成本仅包括在满足资本化条件的时点至无形资产达到预定用途前发生的支出总和，对于该项无形资产在开发过程中达到资本化条件之前已经费用化计入当期损益的支出不再进行调整。

第三，当无法区分研究阶段和开发阶段时，应当在研发支出发生时作为管理费用计入当期损益。

企业应设置“研发支出”科目，核算企业进行研究与开发无形资产过程中发生的各项支出。并按照研究开发项目，分“费用化支出”与“资本化支出”进行明细核算。企业自行开发无形资产发生的研发支出，不满足资本化条件的，借记“研发支出——费用化支出”科目，满足资本化条件的，借记“研发支出——资本化支出”科目，贷记“原材料”“银行存款”“应付职工薪酬”等科目。研究开发项目达到预定用途形成无形资产的，应按“研发支出——资本化支出”科目的余额，借记“无形资产”科目，贷记“研发支出——资本化支出”科目。期末，企业应将归集的费用化支出金额转入“管理费用”科目，借记“管理费用”科目，贷记“研发支出——费用化支出”科目。

【例 9—2】 2014 年 1 月 10 日，新锐公司经董事会批准研发某项新产品专利技术。公司董事会认为，研发该项目具有可靠的技术和财务等资源的支持，并且一旦研发成功，将降低该公司产品的生产成本。公司在研究开发过程中发生材料费 90 000 元、人工工资 60 000 元，以及其他费用 50 000 元，总计 200 000 元，其中，符合资本化条件的支出为 120 000 元。2014 年 12 月 31 日，该专利技术已经达到预定用途。

编制会计分录如下：

(1)发生研究和开发支出

借:研究支出——费用化支	80 000	
——资本化支出	120 000	
贷:原材料		90 000
应付职工薪酬		60 000
银行存款		50 000

(2)2014 年 12 月 31 日，该专利技术已经达到预定用途

借:管理费用	80 000	
无形资产	120 000	
贷:研发支出——费用化支出		80 000
——资本化支出		120 000

3.接受投资的无形资产

企业接受无形资产投资时，应按双方协商确认的价值入账，借记“无形资产”科目，贷记“实收资本”科目。如果无形资产的价值大于投资方在企业注册资本中占有的份

额，其差额应贷记“资本公积”科目。

【例 9－3】 某企业接受投资者土地使用权投资，经资产评估机构评估，土地使用权作价 650 000 元。根据以上资料，编制会计分录如下：

借：无形资产——土地使用权　　650 000

　贷：实收资本　　650 000

4.接受捐赠的无形资产

企业接受捐赠的无形资产，应按下列情况分别进行计价：

如果捐赠者提供了有关凭据，应按凭据中的金额加上应支付的相关税费计价。

如果捐赠者没有提供有关凭据，则应按下列顺序计价：

(1)同类或类似无形资产存在活跃的市场，应参照同类或类似无形资产的市场价格估计的金额，加上应支付的相关税费计价。

(2)同类或类似无形资产不存在活跃的市场，应按其预计未来现金流量的现值计价。

企业接受无形资产捐赠时，应根据确定的价值，借记“无形资产”科目，贷记“营业外收入”科目。

(二)无形资产的摊销

1.无形资产的摊销期限

企业应当于取得无形资产时分析判断其使用寿命。如果无形资产的使用寿命是有限的，则应估计该使用寿命的年限或者构成使用寿命的产量等类似计量单位数量；无法预见无形资产为企业带来经济利益期限的，应当视为使用寿命不确定的无形资产。

使用寿命有限的无形资产，其应摊销金额应当在使用寿命内系统合理摊销。如果预计使用寿命超过了相关合同规定的受益年限或法律规定的有效年限，无形资产的摊销期限一般按下列原则确定：

(1)合同规定了受益年限，而法律未规定有效年限，摊销年限以合同受益期限为上限。

(2)合同未规定受益年限，而法律规定了有效年限，摊销年限以法定有效年限为上限。

(3)合同规定了受益年限，法律也规定了有效年限，摊销年限以受益年限与有效年限中较短者为上限。

使用寿命不确定的无形资产不应摊销。

2.无形资产的摊销方法

无形资产的摊销方法，应当反映与该项无形资产有关的经济利益的预期实现方式，与固定资产折旧方法类似，可以采用平均年限法、工作量法等。无法可靠确定预期实现方式的，应当采用平均年限法摊销。

无形资产的应摊销金额为其成本扣除预计残值后的金额。已计提减值准备的无形资产，还应扣除已计提的无形资产减值准备累计金额。使用寿命有限的无形资产，如果有第三方承诺在无形资产使用寿命结束时购买该无形资产，或可以根据活跃市场得到预计残值信息，并且该市场在无形资产使用寿命结束时很可能存在，则可以预计其净残值；否则，其残值应当视为零。

为了分别反映无形资产的原始价值和累计摊销额，应设置“累计摊销”这一备抵科目。摊销无形资产价值时，借记“管理费用”“其他业务支出”等科目，贷记“累计摊销”科目。

【例 9—4】 以【例 9—2】资料为例，该项专利权法律规定的有效年限为 25 年，合同规定的受益年限为 20 年，采用平均年限法摊销，无预计净残值。假定该无形资产主要因管理目的而持有。

编制会计分录如下：

年摊销额＝120 000/20＝60 000(元)

月摊销额＝60 000/12＝5 000(元)

借：管理费用　　　　5 000

　贷：累计摊销　　　　5 000

(三)无形资产的出租

无形资产的出租是指将无形资产的使用权让渡给他人，企业仍保留对无形资产的所有权。

企业出租无形资产取得的收入，应作为其他业务收入处理。取得收入时，借记“银行存款”等科目，贷记“其他业务收入”科目。企业取得无形资产出租收入应缴纳的营业税、城市维护建设税和教育费附加等，借记“营业税金及附加”科目，贷记“应交税费”科目。企业出租无形资产过程中支付的律师费、咨询费等，借记“其他业务成本”科目，贷记“银行存款”等科目。

企业对已出租无形资产的摊销，有以下几种情形：

(1)全部计入其他业务成本。如果企业在出租无形资产以后，自己不再使用该项无形资产，则其摊销价值应全部计入其他业务成本，由取得的收入来补偿。借记“其他业务成本”科目，贷记“累计摊销”科目。

(2)部分计入其他业务成本,部分计入管理费用。如果企业在出租无形资产以后,自己仍在使用该项无形资产,则其摊销价值应按照一定标准进行分配,一部分计入其他业务成本,由出租收入来补偿;另一部分计入管理费用。摊销时,应借记“其他业务成本”“管理费用”科目,贷记“累计摊销”科目。

(3)全部计入管理费用。如果企业出租无形资产取得的收入所占比例不大,按照重要性原则,也可以将无形资产的摊销价值全部计入管理费用。

(四)无形资产的减值

1.无形资产的可收回金额

每年年末,企业应对无形资产的账面价值进行检查。如果出现减值迹象,应对无形资产的可收回金额进行估计。可收回金额应当根据无形资产的公允价值减去处置费用后的净额与无形资产预计未来现金流量的现值两者之间较高者确定。

2.无形资产的减值准备

无形资产可收回金额的计量结果表明,资产的可收回金额低于其账面价值的,应当将资产的账面价值减记至可收回金额,借记“资产减值损失”科目,贷记“无形资产减值准备”科目。

无形资产减值损失确认后,减值无形资产的摊销费用应当在未来期间做相应调整,以使该无形资产在剩余使用寿命内,系统地分摊调整后的无形资产账面价值。

无形资产减值损失一经确认,在以后会计期间不得转回。

【例 9—5】 某企业 2011 年 1 月 5 日购入一项专利权,实际支付价款 400 000 元,预计使用年限为 10 年。2014 年 12 月 31 日,该项专利权发生减值,预计其未来现金流量的现值为 200 000 元,无公允价值。该项专利权发生减值以后,预计剩余使用年限为 5 年。

编制会计分录如下:

(1)计算该项专利权在计提减值准前的账面余额

账面余额＝400 000－400 000/10×4＝240 000(元)

(2)计提减值准备

应计提的减值准备＝240 000－200 000＝40 000(元)

借:资产减值损失　　　　　　40 000

　贷:无形资产减值准备　　　　　　40 000

(3)计算剩余使用年限内年摊销额

剩余使用年限内年摊销额＝200 000/5＝40 000(元)

(五)无形资产的处置

无形资产的处置包括无形资产的出售和报废等。

1.无形资产的出售

无形资产的出售是指将无形资产的所有权让渡给他人,出售以后企业对该项无形资产不再拥有占用、使用、收益、处置的权利。

企业出售无形资产时,应将出售所得的价款扣除相关税费和该项无形资产账面价值后的差额,确认为当期损益。企业应按出售无形资产所得价款,借记"银行存款"等科目;按应缴纳的税费,贷记"应交税费"科目;按已计提的无形资产累计摊销额,借记"累计摊销"科目;若计提过减值准备,还应借记"无形资产减值准备"科目;按无形资产的账面原值,贷记"无形资产"科目;并按上述借贷方的差额,贷记"营业外收入"或借记"营业外支出"科目。

【例 9—6】 某企业出售一项无形资产,收取价款 200 000 元,应交营业税 10 000 元,应交城市维护建设税 700 元,应交教育费附加 300 元。该项无形资产的原始价值为 250 000 元,累计摊销额为 40 000 元,提减值准备 10 000 元。

编制会计分录如下:

借:银行存款	200 000	
累计摊销	40 000	
无形资产减值准备	10 000	
营业外支出	11 000	
贷:应交税费——应交营业税		10 000
——应交城市维护建设税		700
——应交教育费附加		300
无形资产		250 000

2.无形资产的报废

无形资产报废是指无形资产由于已被其他新技术所代替或不再受法律保护原因,预期不能为企业带来经济利益而进行的处置。无形资产报废时,按已计提的累计摊销额,借记"累计摊销"科目;按已计提的减值准备,借记"无形资产减值准备"科目;按照无形资产账面原值,贷记"无形资产"科目;按照上述借贷方的差额,借记"营业外支出"科目。

【例 9—7】 某企业拥有某项专利技术,根据市场调查,用其生产的产品已没有市场,决定予以转销。该项专利技术的账面原值为 180 000 元,摊销期限为 6 年,采用直线法进行摊销,已累计摊销 120 000 元,假定该项专利权的残值为零,已累计计提的减值准备为 40 000 元,假定不考虑其他相关因素。

编制的会计分录如下：

借：累计摊销	120 000	
无形资产减值准备	40 000	
营业外支出	20 000	
贷：无形资产——专利权		180 000

第二节　商　誉

一、商誉的取得

商誉是指企业在购买另一个企业时，购买成本大于被购买企业可辨认净资产公允价值的差额。其计算公式为：

商誉的入账价值＝实际价值－（被购买企业可辨认资产的公允价值－负债公允价值－或有负债公允价值）

企业应设置"商誉"科目，核算非同一控制下企业合并中确定的商誉价值。

企业如果以货币资金购买，其购买成本为实际支付价款。企业应根据各种可辨认资产的公允价值，借记各资产科目；根据应承担的各项债务的公允价值，贷记各负债科目；根据实际支付的价款，贷记"银行存款"等科目；实际支付的价款大于净资产公允价值的差额，借记"商誉"科目。

【例 9－8】 某企业购买另一企业，实际支付的价款为 100 000 元。被购买企业的全部可辨认资产公允价值为 200 000 元，全部负债公允价值为 130 000 元。

编制会计分录如下：

借：商誉	30 000	
资产类科目	200 000	
贷：银行存款		100 000
负债类科目		130 000

【例 9－9】 某企业以一批固定资产购买另一企业，固定资产的原始价值为 1 500 000元，已提折旧为 750 000 元，公允价值为 800 000 元。被购买企业的全部可辨认资产公允价值为 2 000 000 元，全部负债公允价值为 1 400 000 元。

编制会计分录如下：

借：固定资产清理	750 000	

累计折旧　　　　　　　　　750 000
　贷：固定资产　　　　　　　　　1 500 000
借：商誉　　　　　　　　　　200 000
　资产类科目　　　　　　　2 000 000
　贷：固定资产清理　　　　　　　750 000
　　负债类科目　　　　　　　　1 400 000
　　营业外收入　　　　　　　　　50 000

如果企业的购买成本小于被购买方可辨认净资产公允价值，其差额应当计入营业外收入。

二、商誉的期末计价

企业合并中形成的商誉，在企业持续经营期间不进行摊销。

每年年末，企业应对商誉进行减值测试。商誉应当结合其相关的资产组或者资产组组合进行减值测试。相关的资产组或者资产组组合应当是能够与从企业合并的协同效应中受益的资产组或者资产组组合。

企业进行资产减值测试，对于因企业合并形成的商誉的账面价值，应当自购买日起按照合理的方法分摊至相关的资产组；难以分摊至相关的资产组的，应当将其分摊至相关的资产组组合。

在将商誉的账面价值分摊至相关的资产组或者资产组组合时，应当按照各资产组或者资产组组合的公允价值占相关资产组或者资产组组合公允价值总额的比例进行分摊。公允价值难以可靠计量的，按照各资产组或者资产组组合的账面价值占相关资产组或者资产组组合账面价值总额的比例进行分摊。

在对包含商誉的相关资产组或者资产组组合进行减值测试时，如与商誉相关的资产组或者资产组组合存在减值迹象的，应当对包含商誉的资产组或者资产组组合进行减值测试，比较这些相关资产组或者资产组组合包括所分摊的商誉的账面价值与其可收回金额，如相关资产组或者资产组组合的可收回金额低于其账面价值的，应当确认商誉的减值损失，但确认的各资产组或者资产组组合商誉减值损失不应超过其分摊的商誉金额，超过部分属于该资产组或资产组组合的减值损失。

商誉发生减值的，可以单独设置“商誉减值准备”科目，比照“无形资产减值准备”科目进行处理。企业应根据确认的减值损失，借记“资产减值损失”科目，贷记“商誉减值准备”或相关资产减值准备科目。

【例 9－10】 某企业 2014 年 12 月 31 日商誉的账面价值为 100 000 元，其减值测试表见表 9—1(假定该企业资产组的公允价值难以可靠计量)。

表 9—1　商誉减值测试表

2014 年 12 月 31 日　　　　单位:元

资产组	资产组账面价值	商誉分摊分配率 0.05	分摊后资产组账面价值	资产组可收回金额	商誉减值	资产减值
应收账款	300 000	20 000	320 000	310 000	10 000	—
存　货	700 000	30 000	730 000	700 000	30 000	—
固定资产	1 000 000	50 000	1 050 000	900 000	50 000	10 000
合　计	2 000 000	100 000	2 100 000	1 840 000	90 000	10 000

编制的会计分录如下：

借:资产减值损失　　100 000

　贷:商誉减值准备　　90 000

　　固定资产减值准备　　10 000

第三节　长期待摊费用

一、长期待摊费用的概念和性质

长期待摊费用是指企业当期发生的、应在 1 年以上的期间内分期摊销计入产品成本或期间费用的支出,包括租入固定资产的改良支出以及摊销期限在 1 年以上的其他待摊费用。

长期待摊费用与无形资产不同。长期待摊费用虽然没有实物形态,也是一项长期资产,但其本身没有交换价值,不可转让。长期待摊费用是一种预付费用,一经发生,其消费过程就已结束,只是尚未计入产品成本和期间费用,因此长期待摊费用不具有抵偿债务的价值,更不具有转让价值。

二、长期待摊费用的确认

企业在确认长期待摊费用时,一般应考虑两个条件:

1.受益期间在1年以上

在这种情况下，将支出计入长期待摊费用，以后期间摊销进入各期损益，符合权责发生制会计基础和收入与费用配比要求。

2.未来会计期间获得的收益能够抵补分期摊销的支出

如果预计未来会计期间获得的收益不能抵补分摊的支出，按照稳健原则，可以将当期发生的支出全部计入当期损益。

此外，对于受益期间虽然在1年以上但数额很小的支出，按照会计信息质量的重要性要求，也可以不予分期摊销，直接计入当期损益。

三、长期待摊费用的核算

企业应设置"长期待摊费用"科目核算企业已经发生但应由本期和以后各期负担的分摊期限在1年以上的各项费用，并按费用项目进行明细核算。

企业发生的长期待摊费用，借记本科目，贷记"银行存款""原材料"等科目。摊销长期待摊费用，借记"管理费用""销售费用""制造费用"等科目，贷记本科目。

【例9－11】 企业因业务发展需要，从某机床厂租入一个机床车间，为了提高产品质量，对车间进行了计算机集成制造系统改造，支出50 000元，同时对部分关键零部件进行更换，支出22 000元，均已存款付讫。按租约规定，租赁期为5年。

编制会计分录如下：

(1)支付租入固定资产的改良支出时

借：长期待摊费用——租入固定资产改良支出　　72 000

　贷：银行存款　　72 000

(2)按月摊销租入固定资产改良支出时

每月摊销额＝72 000/(5×12)＝1 200(元)

借：制造费用——租入固定资产改良支出　　1 200

　贷：长期待摊费用——租入固定资产改良支出　　1 200

思考题

1.无形资产有哪些特征？

2.如何确定自行开发无形资产的成本？

3.无形资产出租与出售的核算有哪些区别？

4.如何确认商誉的入账价值？

5.如何确认商誉的减值损失？

6.长期待摊费用的核算步骤是怎样的？

练习题

1.2013 年 1 月 1 日，甲企业外购无形资产——专利技术 A，实际支付的价款为 84 万元。根据相关法律，A 专利技术的有效期限为 10 年。甲企业估计 A 专利技术预计使用年限还有 5 年，按直线法摊销。

2013 年 12 月 31 日，由于与 A 专利技术相关的经济因素发生不利变化，致使 A 专利技术发生价值减值。甲企业估计其可收回金额为 600 000 元，预计使用年限不变。

2014 年 12 月 31 日，甲企业将该无形资产出售，收取价款 400 000 元，按 5%计算营业税（不考虑其他税费）。

要求：(1)编制从无形资产购入到无形资产出售相关业务的会计分录。

(2)计算出售无形资产的净损益。

2.2013 年 6 月 1 日，甲企业决定自行研制开发某项技术。该企业认为，研发该项技术具有可靠的技术和财务等资源的支持，研发成功后用于产品生产，可降低产品成本，为企业带来巨大的收益。

有关支出如下：

(1)2013 年在研究开发过程中，发生材料费 46 800 元（含增值税），人工费 50 000 元，用银行存款支付的其他费用 80 000 元，其中，符合资本化条件的支出为 12 万元。

(2)2014 年 1 月 1 日，该专利技术研发成功，已经达到预定用途，以银行存款支付律师费 10 000 元，注册费 30 000 元。

(3)该项专利权的法定保护期限为 10 年，企业预计该项专利权的使用寿命为 5 年，采用直线法于每年年末摊销。

要求：根据上述资料编制该企业相关的会计分录。

第十章
流动负债

【本章导读】

流动负债主要包括短期借款、交易性金融负债、应付票据、应付账款、预收账款、应付职工薪酬、应交税费、应付利息、应付股利、其他应付款，还包括将于1年内到期的长期借款。上述流动负债中，有些因融资活动而形成，有些因日常生产经营活动而形成，有些因收益分配而形成。有些流动负债有确定的应付金额，有些流动负债的应付金额视经营情况而定。流动负债项目多，相关业务发生频繁，提供及时、准确的流动负债信息，便于分析和了解企业短期偿债能力、营运资金、负债结构等方面情况。

本章的重点是应付票据、应付账款、应付职工薪酬、应交税费的会计处理，难点是应交增值税的会计处理。

【学习目标】

了解流动负债的性质与分类、流动负债各项目的含义和核算内容；

重点了解应付职工薪酬的内容；

重点掌握短期借款、应付票据、应付账款、应付职工薪酬、应交税费的会计处理。

第一节　流动负债概述

一、流动负债的含义

负债是指企业过去的交易或者事项形成的、预期会导致经济利益流出企业的现时义务。现时义务是指企业在现行条件下已承担的义务。符合负债定义的义务，并同时满足以下条件时，应确认为负债：与该义务有关的经济利益很可能流出企业；未来流出的经济利益的金额能够可靠地计量。负债按其流动性分类，可以分为流动负债和非流动负债。

流动负债是指企业在1年或者超过1年的一个营业周期内需要偿还的债务。流动负债或非流动负债的划分一般以1年为界，在1年之内偿付的负债归为流动负债，超过1年的划为非流动负债。但是某些企业或组织（如造船企业、工程项目部）的营业周期较长，通常超过1年，为了合理反映这些经营周期较长的企业的财务状况，将这些企业在一个营业周期内偿还的负债也列入流动负债；此外，还有一些长期性质的负债将在1年内偿还，虽然仍通过长期负债科目核算，但在资产负债表上将其列入流动负债范畴。

二、流动负债的分类

（一）根据流动负债的来源和性质分类

根据流动负债的来源和性质，可分为：

（1）融资活动形成的流动负债，如短期借款、交易性金融负债、应付利息、将于1年内到期的长期借款等。

（2）营业活动形成的流动负债，如应付票据、应付账款、预收账款、应付职工薪酬、应交税金等。

（3）收益分配形成的流动负债，如应付股利等。

（二）根据流动负债应付金额的肯定程度分类

根据流动负债应付金额的肯定程度，可分为：

（1）应付金额确定的流动负债，如短期借款、交易性金融负债、应付票据、应付账款、预收账款、应付职工薪酬、应付利息、其他应付款、将于1年内到期的长期借款等。

（2）应付金额视经营情况而定的流动负债，如应交税费、应付股利等。

三、流动负债的计量

流动负债是企业将于未来偿还的债务。流动负债的计量涉及三个金额:未来应支付的金额、业务发生时的金额和未来应支付金额的贴现值。当考虑到货币时间价值时,未来应支付金额和业务发生时的金额是不一样的。根据会计理论,应当将未来应支付金额的贴现值作为业务发生时的流动负债的入账金额。但是由于流动负债的偿还期一般在1年以内,时间较短,未来应付债务贴现后的金额与业务发生的金额相差不大,为了简化起见,以业务发生时的金额作为流动负债的入账金额。

第二节 短期借款

一、短期借款本金的核算

短期借款是指企业向银行或其他金融机构等借入的期限在1年以下(含1年)的各种借款。短期借款核算内容主要包括借款本金的取得和偿还,以及利息的计提和支付。

为了总括地反映和监督短期借款的取得和归还情况,企业应设置"短期借款"科目。"短期借款"科目可按借款种类、贷款人和币种进行明细核算。企业借入的各种短期借款本金部分,借记"银行存款"科目,贷记"短期借款"科目;归还借款本金时做相反的会计分录。"短期借款"科目期末贷方余额,反映企业尚未偿还的短期借款本金数。

【例10-1】 某公司4月1日从银行借入一笔6个月期的借款300 000元,假设年利率为6%,利息每季度结算一次。有关会计处理如下:

(1)4月1日,企业取得短期借款时:

借:银行存款 300 000

　贷:短期借款 300 000

(2)9月30日,借款到期,企业归还短期借款本金时:

借:短期借款 300 000

　贷:银行存款 300 000

二、短期借款利息的核算

短期借款的利息,一般计入当期损益,借记"财务费用"科目,贷记相关科目。企业核算利息费用的方法有以下两种:

(一)预提法

银行或其他金融机构一般按季度在季末月份结算借款利息,或者利息是在借款到期时连同本金一并支付。根据权责发生制会计基础,为了正确反映各期财务状况和经营成果,在资产负债表日或各会计中期期末,对于尚未支付的利息费用,应当采用预提方法,按期预提计入相应期间的财务费用中。

每期期末预提时,企业应按计算确定的短期借款利息费用,借记"财务费用"科目,贷记"应付利息"科目。

实际支付时,可采用两种方法处理实际支付月份的利息费用,一种是实际支付月份继续按以前方式预提,然后按已经预提的总金额,借记"应付利息"科目,按实际支付的利息金额,贷记"银行存款"等科目;如果实际支付的月份利息费用不预提,则实际支付月份的利息费用于支付时直接计入该期的财务费用中,此时,按已经预提的金额,借记"应付利息"科目,直接计入当期的部分借记"财务费用",按实际支付的利息金额,贷记"银行存款"科目。

【例 10－2】 沿用【例 10－1】资料,如果企业采用预提方式核算利息费用,则应编制如下会计分录:

(1)4 月 30 日预提利息时:

4 月份应承担的利息费用＝300 000×6%/12＝1 500(元)

借:财务费用	1 500	
贷:应付利息		1 500

(2)5 月 31 日预提利息时:

借:财务费用	1 500	
贷:应付利息		1 500

(3)6 月 30 日支付本季度的利息时:

方法一:6 月份的利息费用继续预提,预提时:

借:财务费用	1 500	
贷:应付利息		1 500

实际支付时,共需支付 4 500 元:

借:应付利息	4 500	
贷:银行存款		4 500

方法二:6 月份的利息在当期直接支付,可直接计入 6 月份的财务费用。

借:财务费用	1 500	
应付利息	3 000	

贷:银行存款　　　　　　　　　　　　　　　　　4 500

(二)直接摊销法

如果企业短期借款利息是按月支付或者短期借款数额不多,各月负担的利息费用数额不大,可以在实际支付或收到银行计息通知的月份,直接计入当期损益,借记"财务费用"科目,贷记"银行存款"科目。但要注意的是,在资产负债表日,如年末、半年度末、季末等日期,因为有的企业特别是上市公司要向外披露财务报表,此时,对仍然没有支付的利息部分还是要采取预提的方式进行处理,以便及时、准确反映报告期的财务状况和经营成果。

第三节　应付票据和应付账款

一、应付票据的核算

商业汇票是一种期票,其实就是一张延期付款的证明单据。我国商业汇票的付款期限最长不超过 6 个月,因此,应付票据划入流动负债核算。因真实交易而开出、承兑的商业汇票,企业应设置"应付票据"科目进行核算,并按债权人进行明细核算。此外,企业应当设置"应付票据备查簿",详细登记商业汇票的种类、号数和出票日期、到期日、票面金额、交易合同号、收款人姓名或单位名称以及付款日期和金额等资料。应付票据到期结清时,在备查簿中应予注销。

应付票据的核算内容主要涉及带息应付票据的核算和逾期应付票据的核算。

(一)带息应付票据的核算

对于带息应付票据,通常应在期末时计提利息,计入当期损益,借记"财务费用"科目,贷记"应付利息"科目。

【例 10－3】 某公司 6 月 1 日购买一批原材料,货款为 200 000 元,增值税税率为 17%。公司开具一张期限 3 个月的带息商业承兑汇票,票面年利率为 4%。原材料已经验收入库,采用实际成本法核算。有关会计处理如下:

(1)6 月 1 日,购入原材料时:

借:原材料　　　　　　　　　　　　　　　200 000

　应交税费——应交增值税(进项税额)　　34 000

　贷:应付票据　　　　　　　　　　　　　　234 000

(2)6 月 30 日,计提应付票据利息:

利息费用＝234 000×4％/12＝780(元)

借:财务费用 780

　贷:应付利息 780

(3)7月、8月会计分录同6月。

(4)8月31日支付应付票据的本息时:

借:应付票据 234 000

　应付利息 2 340

　贷:银行存款 236 340

当应付票据每期支付的利息较少且签发日和到期日在同一个会计报告期间内的情况下,应计利息可以不采用预提的方式,于到期日一次性直接计入支付月份的财务费用。但是如果签发日和到期日存在跨会计报告期间的情况下,如跨年度或者一些公司特别是上市公司在季度或半年度时也要对外披露会计数据的情况下,应该在报告期末对未计提的利息费用进行计提,以便完整、准确地反映报告期末的财务状况和报告期间内的经营成果。比如签发日为11月1日,期限为3个月,如果11月没有计提利息费用,则在年底必须要计提11月、12月两个月的利息。

(二)逾期应付票据的核算

企业开出商业汇票后,到期时应无条件支付票据款,并进行账务处理。若企业到期时无力支付票据款,则应当按以下情况进行相应的会计处理。

1.商业承兑汇票到期时无款支付情况

采用商业承兑汇票进行结算时,承兑人即为付款人,当付款人的开户银行收到通过委托收款寄来的商业承兑汇票后,会向付款人开出付款通知,付款人应在接到通知当日通知银行付款,银行办理划款时,如果付款人账户不足支付票款,银行应填制未付票款通知书,连同商业承兑汇票邮寄持票人开户银行转交持票人,再由收款单位和付款单位自行协商票款的清偿问题。同时付款单位开户银行将按规定按照商业承兑汇票票面金额的5％收取罚金,不足50元的按50元收取。

【例10－4】 沿用【例10－3】资料,票据到期时,付款单位无力支付,收到银行退回的商业承兑汇票等单据。

(1)由于商业汇票已经到期且失效,应将应付票据转为应付账款,编制的会计分录为:

借:应付票据 236 340

　贷:应付账款 236 340

并在"应付票据备查簿"中加以登记。

如果付款人再次开出商业汇票抵付应付账款，应编制的会计分录为：

借：应付账款　　236 340

　贷：应付票据　　236 340

(2)按商业汇票票面金额的5%向开户银行支付罚金：

罚金金额=236 340×5%=11 817(元)

应编制的会计分录为：

借：营业外支出　　11 817

　贷：银行存款　　11 817

2.银行承兑汇票到期时无款支付情况

采用银行承兑汇票进行结算时，承兑人为付款人的开户银行。此时如果汇票到期，而承兑申请人无款支付或不足支付的，承兑银行将继续向收款单位开户银行划拨资金，同时按照承兑协议规定将不足支付的票款转入承兑申请人的逾期贷款账户，并对不足支付票款每天计收万分之五的利息。按照规定，承兑申请人无款支付时，承兑银行将开具一张特种转账传票，在传票的"转账原因"栏中注明"××汇票无款支付转入逾期贷款户"字样并加盖银行业务章；承兑申请单位不足支付时承兑银行将开具两张特种转账传票，在其中一张的"转账原因"栏中注明"××汇票因存款不足，未付部分转入逾期贷款户"，另一张的"转账原因"栏中注明"××汇票已支付部分款项"。

【例10-5】 沿用【例10-3】资料，假设应付票据为银行承兑汇票，其他条件不变。

(1)付款单位因无款支付而收到银行转来的特种转账传票时，应编制的会计分录为：

借：应付票据　　236 340

　贷：短期借款　　236 340

(2)因不足支付收到银行特种转账传票时，应根据已付款项做银行存款付款凭证。假设付款人银行存款账户余额只有200 000元，编制的会计分录为：

借：应付票据　　200 000

　贷：银行存款　　200 000

不足支付部分转入逾期贷款账户，编制的会计分录为：

借：应付票据　　36 340

　贷：短期借款　　36 340

同时在"应付票据备查簿"中予以记录。

二、应付账款的核算

应付账款是指企业因购买材料、商品和接受劳务供应等经营活动应付给供应单位的款项。企业应设置“应付账款”科目核算应付账款的发生、偿还和转销等情况，并按债权人进行明细核算。该科目的贷方登记企业购买材料物资、接受劳务等的应付未付款；借方登记偿还应付账款以及因其他原因冲销的应付账款；贷方余额表示尚未支付的应付账款。

应当注意的是，应付账款系企业日常经营活动中有关购买物资和接受劳务而产生的应付款项，应付赔偿金、应付租金等其他应付款项不通过“应付账款”核算。

应付账款的会计处理主要包括应付账款的入账时间和入账价值的确定。

（一）应付账款的入账时间

应付账款是买卖双方在购销活动中由于取得材料物资或接受劳务与支付货款在时间上不一致而产生的负债。所以应付账款的入账时间应在与所购材料物资所有权有关的风险和报酬已经转移到购买方或劳务已经被购买方接受为标志。在实际工作中，应付账款的金额一般需要以购货发票上记载的金额予以确定，由于材料物资和购货发票往往不能同步到达企业，在实际中可能存在着货物与发票同到、货物先到发票后到、发票先到货物未到等情形，需根据实际情况区别处理：

1.货物和发票账单同时到达

货物和发票账单同时到达的情况下，一般在货物验收入库后，按发票账单上记载的金额将“应付账款”记录入账。原因是为了确认所购入的材料物资在质量、数量和品种上是否与合同订立的条件相符，以免因先入账而在验收入库时发现物资错、漏、破损等问题再进行调账。

2.货物先到而发票账单未到

货物先到而发票未到时，若不存在跨资产负债表报告日的情况，即货物和发票虽然不同时到达，但是可以肯定发票可以在同一个月到达，则可在发票到达时再进行入账。若存在跨会计期间的情况，如货物在10月份到，而发票却在次月才到，此时，为了完整地反映企业所拥有的购入物资和应承担的负债，在资产负债表日，则要对已购物资和应付账款予以估计入账，下月初再编制红字记账凭证予以冲回，待发票到达时按前述第一种情况处理。

3.发票账单先到，货物后到

在发票先到、货物后到的情况下，一般先保管好发票账单，待物资到达后再进行账务处理。

(二)应付账款的入账价值

一般来说,由于应付账款是在将来的一定时间才予以支付,所以受货币时间价值的影响,业务发生时点的应付账款的入账价值与将来支付时点的应付账款价值是不一样的,这其中包含了利息部分。从会计理论来看,负债的计量应以未来应付金额的现值为基础,即负债应表现为未来应予偿付的现金或现金等价物的贴现值入账。考虑到应付账款的偿还时间不长,且未来应付金额基本上都由相关的法律、合同做了规定,所以,在实务中,一般不对应付账款按其未来应付金额折现值入账,而是仍然按未来应付金额作为业务发生的应付金额,并据以入账。

如果应付账款中含有现金折扣,其入账价值的确定有两种方法。

1.总价法

总价法的特点是购进货物的成本和应付账款的入账金额均按发票等结算凭证中的价格入账,企业在折扣期内支付了货款,取得了现金折扣,则在取得现金折扣时将其视为提前付款取得的利息收入,冲减当期财务费用,而不扣减购入物资的成本和应付账款。

【例 10-6】 某公司 4 月 1 日赊购原材料一批,发票中注明的买价为 20 000 元,增值税税率为 17%,假设原材料已经入库。付款条件为 2/10、1/20、n/30。该企业采用总价法进行核算。4 月 9 日企业支付了货款。由于支付期在 10 天以内,享受 2%的现金折扣,现金折扣为 468 元(23 400×2%),实际支付价款 22 932 元。有关会计处理如下:

(1)4 月 1 日购入原材料:

借:原材料　　20 000
　应交税费——应交增值税(进项税额)　　3 400
　贷:应付账款　　23 400

(2)4 月 9 日支付价款:

借:应付账款　　23 400
　贷:银行存款　　22 932
　　财务费用　　468

2.净价法

净价法的特点是以结算凭证(购货发票)中的全部价款扣除最大现金折扣后的金额作为应付账款入账,以发票上的买价扣除最大现金折扣后的金额作为所购货物的成本。企业支付货款时,若取得了最大的现金折扣,应按实际支付的价款借记“应付账款”科目,贷记“银行存款”科目;若未能取得最大的现金折扣,应按应付账款账面余额借记“应付账款”科目，按实际支付的价款贷记“银行存款”科目，按两者的差额借记“财务费用”科目，将未享受到的现金折扣计入损益。

【例 10－7】 沿用【例 10－6】的资料，该企业采用净价法进行核算。编制会计分录如下：

(1)4 月 1 日购入原材料时，原材料和应付账款的入账价值均调整为扣除现金折扣后的金额入账。

最大现金折扣＝23 400×2%＝468(元)

应付账款净价＝23 400－468＝22 932(元)

原材料入账价值＝20 000－468＝19 532(元)

借:原材料　　19 532

　应交税费——应交增值税(进项税额)　　3 400

　贷:应付账款　　22 932

(2)4 月 9 日支付价款时:

借:应付账款　　22 932

　贷:银行存款　　22 932

如果该企业在 4 月 18 支付货款，只能享受 1%的现金折扣 234 元，实际支付价款 23 166(即 23 400－234 元)。

借:应付账款　　22 932

　财务费用　　234

　贷:银行存款　　23 166

如果该企业 4 月 30 日仍未支付货款，则不能享受现金折扣，期末应将应付账款的账面余额调整到总价，增加财务费用，视为企业迟付货款多支付的利息，但货物的成本不再调整。

借:财务费用　　468

　贷:应付账款　　468

从总价法和净价法的核算特点来看，采用净价法时购进货物成本的入账价值与发票上标明的金额不一致，税法上也不认可现金折扣可抵扣购货成本。并且净价法的核算要比总价法的核算麻烦。目前我国的会计制度和相关准则规定应付账款的入账金额采用总价法。

第四节 应付职工薪酬

一、职工薪酬概述

(一)职工的范围

《企业会计准则第 9 号——职工薪酬》(以下称《职工薪酬》准则)中所称的职工,包含以下内容:

(1)与企业订立劳动合同的所有人员,含全职、兼职和临时职工;

(2)虽未与企业订立劳动合同但由企业正式任命的人员,如董事会成员、监事会成员等;

(3)虽未与企业订立劳动合同或未由其正式任命,但向企业所提供服务与职工所提供服务类似的人员,也属于职工的范畴,包括通过企业与劳务中介公司签订用工合同而向企业提供服务的人员。

(二)职工薪酬的内容

职工薪酬,是指企业为获得职工提供的服务或解除劳动关系而给予的各种形式的报酬或补偿。职工薪酬包括短期薪酬、离职后福利、辞退福利和其他长期职工福利。企业提供给职工配偶、子女、受赡养人、已故员工遗属及其他受益人等的福利,也属于职工薪酬。

职工薪酬中涉及的企业年金基金,适用《企业会计准则第 10 号——企业年金基金》,涉及的以股份为基础的薪酬,适用《企业会计准则第 11 号——股份支付》,本教材主要基于《企业会计准则第 9 号——职工薪酬》进行有关介绍。

(三)账户设置

企业应设置“应付职工薪酬”科目核算企业根据有关规定应付给职工的各种薪酬。企业(外商)按规定从净利润中提取的职工奖励及福利基金,也在本科目核算。

本科目可按“工资”“职工福利”“社会保险费”“住房公积金”“工会经费”“职工教育经费”“非货币性福利”“辞退福利”“股份支付”等进行明细核算。

二、职工薪酬的确认和计量

(一)短期薪酬

1.概念及内容

短期薪酬,是指企业在职工提供相关服务的年度报告期间结束后十二个月内需要全部予以支付的职工薪酬,因解除与职工的劳动关系给予的补偿除外。

短期薪酬具体包括职工工资、奖金、津贴和补贴,职工福利费,医疗保险费、工伤保险费和生育保险费等社会保险费,住房公积金,工会经费和职工教育经费,短期带薪缺勤,短期利润分享计划,非货币性福利以及其他短期薪酬。

2.会计核算规定

(1)企业应当在职工为其提供服务的会计期间,将实际发生的短期薪酬确认为负债,并计入当期损益,其他会计准则要求或允许计入资产成本的除外。

【例10－8】 某公司本月应发工资1 000 000元,其中:一线生产人员工资400 000元;生产车间管理人员工资100 000元;公司机关管理部门人员工资200 000元;公司专设外地销售办事处人员工资100 000元;企业自行建造厂房人员工资100 000元;内部研发机构员工资100 000元。编制的会计分录如下:

借:生产成本	400 000	
制造费用	100 000	
管理费用	200 000	
销售费用	100 000	
在建工程	100 000	
研发支出	100 000	
贷:应付职工薪酬——工资		1 000 000

(2)企业发生的职工福利费,应当在实际发生时根据实际发生额计入当期损益或相关资产成本。职工福利费为非货币性福利的,应当按照公允价值计量。

【例10－9】 某公司为化妆品生产企业,共有职工300人,其中生产工人250人,行政管理人员50人。12月份以每套成本为200元的化妆品发放职工元旦福利,市场售价为每套300元,增值税率17%。有关会计处理如下:

应计入生产成本的金额＝250×300×(1＋17%)＝87 750(元)

应计入管理费用的金额＝50×300×(1＋17%)＝17 550(元)

借:生产成本	87 750
管理费用	17 550

贷:应付职工薪酬——非货币性福利 105 300

借:应付职工薪酬——非货币性福利 105 300

贷:主营业务收入 90 000

应交税费——应交增值税(销项税额) 15 300

借:主营业务成本 60 000

贷:库存商品 60 000

(3)企业为职工缴纳的医疗保险费、工伤保险费、生育保险费等社会保险费和住房公积金,以及按规定提取的工会经费和职工教育经费,应当在职工为其提供服务的会计期间,根据规定的计提基础和计提比例计算确定相应的职工薪酬金额,并确认相应负债,计入当期损益或相关资产成本。

【例10—10】 沿用【例10—8】资料,公司根据当地政府规定,分别按照职工工资总额的15%、12%、2%、0.5%、0.8%、8%计提养老保险费、医疗保险费、失业保险费、工伤保险费、生育保险费和住房公积金;根据职工工资总额的2%和1.5%计提工会经费和职工教育经费。假定公司研发的存货管理系统已处于开发阶段、符合资本化条件。养老保险费、失业保险费属于"离职后福利"中的内容,在此一并举例。

应计入相应成本费用项目的金额如下:

计提比例=15%+12%+2%+0.5%+0.8%+8%+2%+1.5%=41.8%

应计入生产成本的金额=400 000×41.8%=167 200(元)

应计入制造费用的金额=100 000×41.8%=41 800(元)

应计入管理费用的金额=200 000×41.8%=83 600(元)

应计入销售费用的金额=100 000×41.8%=41 800(元)

应计入在建工程成本的金额=100 000×41.8%=41 800(元)

应计入无形资产成本的金额=100 000×41.8%=41 800(元)

应付职工薪酬各明细科目的金额如下:

社会保险费金额=1 000 000×(15%+12%+2%+0.5%+0.8%)=303 000(元)

住房公积金金额=1 000 000×8%=80 000(元)

工会经费金额=1 000 000×2%=20 000(元)

职工教育经费金额=1 000 000×1.5%=15 000(元)

编制的会计分录如下:

借:生产成本 167 200

制造费用 41 800

管理费用 83 600

销售费用 41 800

　　在建工程　　　　　　　　　　　　　　　　41 800
　　研发支出　　　　　　　　　　　　　　　　41 800
　贷:应付职工薪酬——社会保险费　　　　　　　　303 000
　　　　　　　　——住房公积金　　　　　　　　　80 000
　　　　　　　　——工会经费　　　　　　　　　　20 000
　　　　　　　　——职工教育经费　　　　　　　　15 000

(4)带薪缺勤,是指企业支付工资或提供补偿的职工缺勤,包括年休假、病假、短期伤残、婚假、产假、丧假、探亲假等。带薪缺勤分为累积带薪缺勤和非累积带薪缺勤。

累积带薪缺勤,是指带薪缺勤权利可以结转下期的带薪缺勤,本期尚未用完的带薪缺勤权利可以在未来期间使用。企业应当在职工提供服务从而增加了其未来享有的带薪缺勤权利时,确认与累积带薪缺勤相关的职工薪酬,并以累积未行使权利而增加的预期支付金额计量。

非累积带薪缺勤,是指带薪缺勤权利不能结转下期的带薪缺勤,本期尚未用完的带薪缺勤权利将予以取消,并且职工离开企业时也无权获得现金支付。企业应当在职工实际发生缺勤的会计期间确认与非累积带薪缺勤相关的职工薪酬。

(5)利润分享计划,是指企业因职工提供服务而与职工达成的基于利润或其他经营成果提供薪酬的协议。利润分享计划同时满足下列条件的,企业应当确认相关的应付职工薪酬:

第一,企业因过去事项导致现在具有支付职工薪酬的法定义务或推定义务;

第二,因利润分享计划所产生的应付职工薪酬义务金额能够可靠估计。属于下列三种情形之一的,视为义务金额能够可靠估计:

①在财务报告批准报出之前企业已确定应支付的薪酬金额。

②该短期利润分享计划的正式条款中包括确定薪酬金额的方式。

③过去的惯例为企业确定推定义务金额提供了明显证据。

职工只有在企业工作一段特定时间才能分享利润的,企业在计量利润分享计划产生的应付职工薪酬时,应当反映职工因离职而无法享受利润分享计划福利的可能性。

如果企业在职工为其提供相关服务的年度报告期间结束后十二个月内,不需要全部支付利润分享计划产生的应付职工薪酬,该利润分享计划应当适用本准则其他长期职工福利的有关规定。

(二)离职后福利

离职后福利,是指企业为获得职工提供的服务而在职工退休或与企业解除劳动关系后,提供的各种形式的报酬和福利,短期薪酬和辞退福利除外。

离职后福利计划，是指企业与职工就离职后福利达成的协议，或者企业为向职工提供离职后福利制定的规章或办法等。企业应当将离职后福利计划分类为设定提存计划和设定受益计划。

1.设定提存计划

设定提存计划，是指向独立的基金缴存固定费用后，企业不再承担进一步支付义务的离职后福利计划。

企业应当在职工为其提供服务的会计期间，将根据设定提存计划计算的应缴存金额确认为负债，并计入当期损益或相关资产成本。

根据设定提存计划，预期不会在职工提供相关服务的年度报告期结束后十二个月内支付全部应缴存金额的，企业应当参照《职工薪酬》准则规定的折现率，将全部应缴存金额以折现后的金额计量应付职工薪酬。

2.设定受益计划

设定受益计划，是指除设定提存计划以外的离职后福利计划。

(三)辞退福利

辞退福利，是指企业在职工劳动合同到期之前解除与职工的劳动关系，或者为鼓励职工自愿接受裁减而给予职工的补偿。

企业向职工提供辞退福利的，应当在下列两者孰早确认辞退福利产生的职工薪酬负债，并计入当期损益：

(1)企业不能单方面撤回因解除劳动关系计划或裁减建议所提供的辞退福利时；

(2)企业确认与涉及支付辞退福利的重组相关的成本或费用时。

企业应当按照辞退计划条款的规定，合理预计并确认辞退福利产生的应付职工薪酬。辞退福利预期在其确认的年度报告期结束后十二个月内完全支付的，应当适用短期薪酬的相关规定；辞退福利预期在年度报告期结束后十二个月内不能完全支付的，应当适用其他长期职工福利的有关规定。

【例10－11】 某公司为实现企业战略计划，本年度公司管理层制订了一项辞退计划，计划规定在下一年度，企业将以职工没有选择权的方式辞退部分生产车间工人和车间管理人员。辞退计划已经董事会正式批准，辞退计划将于下一个年度内实施完毕。该项辞退计划共计辞退生产一线工人80名，生产管理人员10名。为辞退员工需支付补偿金额为1 000 000元。则企业在年末应做如下账务处理：

借：管理费用　　1 000 000

　贷：应付职工薪酬——辞退福利　　1 000 000

（四）其他长期职工福利

其他长期职工福利，是指除短期薪酬、离职后福利、辞退福利之外所有的职工薪酬，包括长期带薪缺勤、长期残疾福利、长期利润分享计划等。

企业向职工提供的其他长期职工福利，符合设定提存计划条件的，按照设定提存计划的有关规定进行处理。

除上述情形外，企业应按照设定受益计划的有关规定，确认和计量其他长期职工福利净负债或净资产。在报告期末，企业应当将其他长期职工福利产生的职工薪酬成本确认为下列组成部分：

(1)服务成本；

(2)其他长期职工福利净负债或净资产的利息净额；

(3)重新计量其他长期职工福利净负债或净资产所产生的变动。

为简化相关会计处理，上述项目的总净额应计入当期损益或相关资产成本。

长期残疾福利水平取决于职工提供服务期间长短的，企业应当在职工提供服务的期间确认应付长期残疾福利义务，计量时应当考虑长期残疾福利支付的可能性和预期支付的期限；长期残疾福利与职工提供服务期间长短无关的，企业应当在导致职工长期残疾的事件发生的当期确认应付长期残疾福利义务。

第五节　应交税费

企业根据税法规定应交纳的各种税费包括增值税、消费税、营业税、城市维护建设税、资源税、所得税、土地增值税、房产税、车船使用税、土地使用税、教育费附加、印花税、耕地占用税等。企业应设置“应交税费”科目，总括反映各种税费的交纳情况，并按照应交税费项目进行明细核算。该科目贷方登记应交纳的各种税费，借方登记实际交纳的税费，期末余额一般在贷方，反映企业尚未交纳的税费，期末余额如在借方，反映企业多交或尚未抵扣的税费。但企业应交的耕地占用税和印花税，分别直接借记“在建工程”和“管理费用”科目，贷记“银行存款”科目，不通过“应交税费”核算。本教材主要介绍上述税费的会计处理，其计算方法在税法相关教材中有详细介绍。

一、计入管理费用的税费

企业应承担的房产税、车船使用税、土地使用税、印花税计入管理费用。发生时，借记“管理费用”科目，贷记“应交税费”科目，但印花税发生时直接贷记“银行存款”科目。与投资性房地产相关的房产税、土地使用税通过“营业税金及附加”科目核算，不在“管理费用”科目中核算。

【例 10－12】 滨江公司拥有房屋 10 栋，其中有 8 栋房屋用于生产经营，2 栋房屋出租，按税法规定，自用房产按原值一次扣除 30％后的余值计税，其适用税率为1.2％，房屋出租按租金收入计税，其适用税率为 12％，应交纳的房产税为 450 000 元。

编制的会计分录如下：

借：管理费用　　450 000

　贷：应交税费——应交房产税　　450 000

【例 10－13】 滨江公司发生如下涉及印花税的业务，并以银行存款缴纳。

(1)签订房屋出租合同 2 份，所载金额共计 40 万元，适用税率 1‰。

(2)启用非资金账簿 5 本，适用税额 5 元/本。

(3)领受工商执照、商标注册证、土地使用权证、房屋产权证各 1 份，适用税额 5 元/本。

(4)签订财产保险合同 1 份，所载金额为 50 万元，适用税率 1‰。

应交印花税额计算如下：

经济合同应交印花税额＝400 000×1‰＋500 000×1‰＝900(元)

营业账簿应交印花税额＝5×5＝25(元)

权利许可证照应交印花税额＝4×5＝20(元)

编制的会计分录为：

借：管理费用　　945

　贷：银行存款　　945

二、计入营业税金及附加的税费

(一)消费税

生产和销售应税消费品的工业企业，须根据其销售额或销售量及适用税率计算并缴纳消费税。按计算出的应交消费税，借记“营业税金及附加”科目，贷记“应交税费——应交消费税”科目。实际缴纳消费税时，借记“应交税费——应交消费税”科目，贷记“银行存款”科目。

消费税的计税方法分为从价计征和从量计征两种形式。

从价计征的消费税额＝(销售额＋价外费用)×适用税率

从量计征的消费税额＝销售量×适用税率

【例 10－14】 某公司系增值税一般纳税人工业企业，主要生产和销售卷烟，6 月份销售卷烟 585 万元，另以银行存款支付价外费用 2.34 万元(含增值税)。增值税税率为 17%,假定适用的消费税税率为 45%。

应交消费税额=(585+2.34)/1.17×45%=225.9(万元)

编制的会计分录如下:

借;营业税金及附加　　　　　　　　　　　　　　2 259 000

　贷:应交税费——应交消费税　　　　　　　　　　　2 259 000

企业若将应税消费品对外投资、用于在建工程、非生产机构等其他方面,按规定应交纳的消费税,应计入有关的成本,借记"长期股权投资""固定资产""在建工程""营业外支出"等科目,贷记"应交税费——应交消费税"科目。

若委托加工物资需要交纳消费税的,由受托方向委托方交货时,代收代缴税款(除受托加工或翻新改制金银首饰按规定由受托方交纳消费税外)。

委托加工物资收回后,直接用于销售的,应将代收代缴的消费税计入委托加工物资的成本,借记"委托加工物资"等科目,贷记"应付账款""银行存款"等科目。

委托加工物资收回后用于连续生产的,按规定准予抵扣的,委托方应按代收代缴的消费税,借记"应交税费——应交消费税"账户,贷记"应付账款""银行存款"等科目。

(二)营业税

营业税是指在我国境内提供应税劳务(指除加工、修理、修配以外的劳务)、转让无形资产以及销售不动产必须按照其营业额和适用税率计算并缴纳的税种。企业因经营业务而产生的营业税,借记"营业税金及附加"科目,贷记"应交税费——应交营业税"科目。实际缴纳营业税时,借记"应交税费——应交消费税"科目,贷记"银行存款"科目。

营业税的计税方法是:

应交营业税额=营业收入×适用税率

或者:应交营业税额=(营业收入一规定扣除项目的金额)×适用税率

【例 10-15】 某大型汽车制造公司,同时对外提供汽车运输服务。发生的有关业务如下:

(1)实现客运收入 50 000 元,价外收取各种费用 15 000 元。实现货运收入 40 000 元,价外收取各种费用 12 000 元,营业税税率 3%。

(2)转让一项无形资产所有权,获得收入 100 000 元,营业税税率 5%。

(3)出售一项固定资产,获得收入 300 000 元,营业税税率 5%。

该公司有关营业税计算如下:

提供运输劳务应交营业税=(50 000+15 000+40 000+12 000)×3%=90 810(元)

转让无形资产应交营业税=100 000×5%=5 000(元)

出售固定资产应交营业税＝300 000×5％＝15 000(元)

编制的会计分录如下：

借：营业税金及附加　　95 810

　固定资产清理　　15 000

　贷：应交税费——应交营业税　　110 810

(三)土地增值税

土地增值税是对我国境内转让国有土地使用权、地上建筑物及其附着物并取得收入的单位和个人征收的一种税。土地增值税按转让房地产所取得的增值额和规定的税率计算征收。增值额是指转让房地产取得的收入减除规定扣除项目金额后的余额。企业转让房地产所取得的收入包括货币收入、实物收入和其他收入。计算增值额的主要扣除项目有：①取得土地使用权支出；②开发土地的成本、费用；③新建房屋及配套设施的成本、费用；④旧房及建筑物的评估价格；⑤与转让房地产有关的税金。

企业应交纳的土地增值税，借记“营业税金及附加”科目，贷记“应交税费——应交土地增值税”科目。兼营房地产业务的企业，应交纳的土地增值税应借记“其他业务支出”科目，贷记“应交税费——应交土地增值税”科目。转让的国有土地使用权及其地上建筑物及附着物，转让前在“固定资产”或“在建工程”科目核算的，转让时应交纳的土地增值税，借记“固定资产清理”或“在建工程”科目，贷记“应交税费——应交土地增值税”科目。实际缴纳土地增值税时，借记“应交税费——应交土地增值税”科目，贷记“银行存款”科目。

(四)资源税

资源税是指企业开采和销售原油、天然气、煤炭、其他非金属矿原矿、黑色金属矿原矿、有色金属矿原矿和盐，须根据其销售量和适用税率计算并缴纳的税种。按销售量乘以适用税额计算出的应交资源税额，借记“营业税金及附加”科目，贷记“应交税费——应交资源税”科目。实际缴纳资源税时，借记“应交税费——应交资源”科目，贷记“银行存款”科目。

(五)应交城市维护建设税

为了加强城市维护建设，扩大和稳定城市维护建设资金来源，国家开征了城市维护建设税。城市维护建设税，简称城建税，是对从事工商经营，缴纳增值税、消费税、营业税的纳税人按其实际缴纳的“三税”和适用税率计征的税种，是一种附加税。

城市维护建设税实行差别比例税率，按照纳税人所在地的不同，税率分为三个档次，市区7％，县城或镇5％，不在市区、县城或镇1％。其计税方法是：

应交城建税＝(实缴增值税＋实缴消费税＋实缴营业税)×适用税率

企业应交纳的城市维护建设税，借记“营业税金及附加”科目，贷记“应交税费——应交城市维护建设税”科目。实际交纳时，借记“应交税费——应交城市维护建设税”科目，贷记“银行存款”等科目。

（六）应交教育费附加

教育费附加是国家为发展教育事业，提高人民的文化素质而征收的一项纳税附加费用，教育费附加按企业交纳的增值税、消费税、营业税税额之和的一定比例征收，教育费附加的征收率为3%。其计算方法为：

应交教育费附加=（实缴增值税+实缴消费税+实缴营业税）×征收率

企业应交纳的教育费附加，借记“营业税金及附加”科目，贷记“应交税费——应交教育费附加”科目。实际交纳时，借记“应交税费——应交教育费附加”科目，贷记“银行存款”等科目。

三、增值税

增值税是指对我国境内销售货物、进口货物，或提供加工、修理修配劳务的增值额征收的一种流转税。增值税的纳税人是在我国境内销售货物、进口货物，或者提供加工、修理修配劳务的单位和个人。按照纳税人的经营规模及会计核算的健全程度，增值税纳税人分为一般纳税人和小规模纳税人。一般纳税人应纳增值税额，根据当期销项税额减去当期进项税额计算确定；小规模纳税人应纳增值税额，按照销售额和规定的征收率计算确定。

（一）一般纳税人增值税的会计处理

为了核算企业应交增值税的发生、抵扣、缴纳、退税、转出及未交等情况，应在“应交税费”科目下设置“应交增值税”和“未交增值税”两个明细科目，并在“应交增值税”明细账内设置“进项税额”“已交税费”“销项税额”“出口退税”“进项税额转出”“转出未交增值税”“转出多交增值税”“减免税款”“出口抵减内销产品应纳税额”等专栏。增值税明细账簿的一般格式如表10－1所示：

表 10—1 增值税明细账

日期	凭证号	摘要	借方						贷方					借或贷	余额
			合计	进项税额	已交税金	减免税款	出口抵减内销产品应纳税额	转出未交增值税	合计	销项税额	出口退税	进项税额转出	转出多交增值税		

1.进项税额

企业从国内采购物资或接受应税劳务等，根据增值税专用发票上注明的应计入采购成本或应计入加工、修理修配等物资成本的金额，借记“材料采购”“在途物资”“原材料”“库存商品”或“生产成本”“制造费用”“委托加工物资”“管理费用”等科目，根据增值税专用发票上注明的可抵扣的增值税税额，借记“应交税费——应交增值税(进项税额)”科目，按照应付或实际支付的总额，贷记“应付账款”“应付票据”“银行存款”等科目。

从国外采购货物时可以根据海关开具的关税完税凭证上注明的增值税额核算进项税。

按照《中华人民共和国增值税暂行条例》(以下简称《增值税暂行条例》)，企业购入免征增值税货物，一般不能够抵扣增值税销项税额。但是对于购入的免税农产品，可以按照买价和规定的扣除率(13%或 10%)计算进项税额，并准予从企业的销项税额中抵扣。企业购入免税农产品，按照买价和规定的扣除率计算进项税额，借记“应交税费——应交增值税(进项税额)”科目，按买价扣除进项税额后的差额，借记“材料采购”“原材料”“库存商品”等科目，按照应付或实际支付的价款，贷记“应付账款”“银行存款”等科目。企业在购销货物支付运费时，如果取得运输部门开具的运费发票，也可以按照运费的 7%计算进项税，运费扣除进项税额后的差额，计入相关的成本费用。

【例 10—16】 滨江公司购入原材料一批，增值税专用发票上注明货款 20 000 元，增值税 3 400 元，支付运费 500 元。货物尚未到达，款项已用银行存款支付。该企业采用计划成本对原材料进行核算。

进项税额＝3 400＋500×7%＝3 435(元)

材料采购成本＝20 000＋500×(1－7%)＝20 465(元)

编制的会计分录如下：

借:材料采购　　20 465

　应交税费——应交增值税(进项税额)　　3 435

　贷:银行存款　　23 900

【例 10－17】 某商场购入免税农产品一批，价款 200 000 元，规定的扣除率为 13%，货物尚未到达，贷款暂欠。

编制的会计分录如下：

借:材料采购　　174 000

　应交税费——应交增值税(进项税额)　　26 000

　贷:应付账款　　200 000

2.进项税额转出

一般纳税人在购进货物时如果不能直接认定其进项税能否抵扣，支付的进项税可以先计入进项税予以抵扣，待购进的货物发生非常损失或改变用途(如用于非应税项目、集体福利或个人消费等)，或用该货物生产的在产品、产成品发生非常损失时，其进项税额应通过“应交税费——应交增值税(进项税额转出)”科目转入有关科目，借记“待处理财产损益”“在建工程”“应付职工薪酬”等科目，贷记“应交税费——应交增值税(进项税额转出)”科目。

【例 10－18】 滨江公司因自建房屋使用库存材料一批，有关增值税专用发票确认的成本 50 000 元，增值税税额为 8 500 元。

编制的会计分录如下：

借:在建工程　　58 500

　贷:原材料　　50 000

　　应交税费——应交增值税(进项税额转出)　　8 500

【例 10－19】 滨江公司因管理不善毁损库存商品一批，其实际成本为 40 000 元，经确认该批商品所耗外购材料应负担的增值税为 6 800 元。

编制的会计分录如下：

借:待处理财产损溢——待处理流动资产损溢　　46 800

　贷:库存商品　　40 000

　　应交税费——应交增值税(进项税额转出)　　6 800

3.销项税额

企业销售货物或者提供应税劳务，按照营业收入和应收取的增值税税额，借记“应收账款""应收票据""银行存款"等科目，按专用发票上注明的增值税税额，贷记"应交税费——应交增值税（销项税额）"科目，按照实现的营业收入，贷记"主营业务收入""其他业务收入"等科目。发生的销售退回，做相反的会计分录。

【例 10-20】 滨江公司销售产品一批，价款 30 000 元，增值税 5 100 元，增值税专用发票已交给买方，款项尚未收到。

编制的会计分录如下：

借：应收账款　　35 100

　贷：主营业务收入　　30 000

　　应交税费——应交增值税（销项税额）　　5 100

4.视同销售行为

企业的某些交易和事项从会计角度看不属于销售行为，不能确认销售收入，但是按照税法规定，应视同对外销售处理，计算应交增值税。视同销售需要交纳增值税的事项包括企业将自产或委托加工的货物用于非应税项目、集体福利或个人消费，将自产、委托加工或购买的货物作为投资、分配给股东或投资者、无偿赠送他人等。对这些视同销售的交易和事项，企业应当借记"在建工程""长期股权投资""营业外支出"等科目，贷记"应交税费——应交增值税（销项税额）"科目等。

【例 10-21】 滨江公司自行建造职工业余活动室，使用自产产品一批，该批产品的成本为 200 000 元，计税价格为 300 000 元。增值税税率为 17%。

在建工程领用自产产品的销项税额＝300 000×17%＝51 000（元）

编制的会计分录如下：

借：在建工程　　251 000

　贷：库存商品　　200 000

　　应交税费——应交增值税（销项税额）　　51 000

5.上缴增值税和期末结转

企业在向税务部门实际缴纳本期应交增值税时，按照实际缴纳的金额，借记"应交税费——应交增值税（已交税费）"科目，贷记"银行存款"科目。

企业向税务部门缴纳上期应交增值税时，借记"应交税费——未交增值税"科目，贷记"银行存款"等科目。

期末，应将本期欠交或多交的增值税结转到"应交税费——未交增值税"科目。具体来说，对于企业期末应交未交的增值税，应借记"应交税费——应交增值税（转出未交增值税）"科目，贷记"应交税费——未交增值税"科目；对于企业期末多交的增值税，应借记"应交税费——未交增值税"科目，贷记"应交税费——应交增值税（转出多交增值税)”科目。

期末“应交税费——未交增值税”科目如有贷方余额,代表企业尚未缴纳的增值税;如有借方余额,代表企业本期多交的增值税。“应交税费——应交增值税”如有借方余额,表示本期尚未抵扣完毕留待下期继续抵扣的进项税额。

【例 10—22】 滨江公司以银行存款交纳本月增值税 60 000 元。

编制的会计分录如下:

借:应交税费——应交增值税(已交税费) 60 000

　贷:银行存款 60 000

【例 10—23】 滨江公司“应交税费——应交增值税”科目月初无余额。本月发生的增值税进项税额为 30 000 元,发生的销项税额为 60 000 元,发生的进项税额转出为 10 000 元,本月已交增值税 10 000 元。

本月应交增值税=60 000－30 000＋10 000=40 000(元)

本月已交增值税 10 000 元,还有 30 000 元尚未缴纳,需结转至下期。

编制的会计分录如下:

借:应交税费——应交增值税(转出未交增值税) 30 000

　贷:应交税费——未交增值税 30 000

下月该公司在规定的纳税期限内上缴税金 30 000 元时,编制的会计分录为:

借:应交税费——未交增值税 30 000

　贷:银行存款 30 000

(二)小规模纳税人增值税的会计处理

小规模纳税人是指不符合一般纳税人认定标准的纳税人。小规模纳税人应交增值税的核算采用简化的方法,不实行税款抵扣制度。即按照销售额和《增值税暂行条例》规定的 3%征收率计算应纳税额,不得抵扣进项税额。其购进货物或接受劳务支付的增值税直接计入有关货物或劳务的成本。

小规模纳税人在销售货物或应税劳务时,只能开具普通发票。取得的销售收入均为含税销售额,为了符合增值税作为价外税的要求,小规模纳税人在计算应纳税额时,须将含税销售额换算为不含税销售额后才能计算应纳税额。其计算公式为:

不含税销售额=含税销售额/(1＋征收率)

应纳税额=不含税销售额×征收率

由于小规模纳税人不实行税款抵扣制度,所以增值税的核算相对比较简单,只需设置“应交税费——应交增值税”账户。其贷方登记应交纳的增值税,借方登记已交纳的增值税,期末贷方余额为尚未交纳的增值税,借方余额为多交纳的增值税。

【例 10－24】 某小规模纳税企业购入材料一批，取得的专用发票中注明价款20 000元，增值税 3 400 元，款项以银行存款支付，材料已验收入库（该企业按实际成本计价核算）。

本例中虽然小规模纳税企业获得了增值税发票，但其进项税额不能抵扣，应计入所购货物成本。编制的会计分录如下：

借：原材料 23 400

贷：银行存款 23 400

【例 10－25】 某企业为小规模纳税人，本期销售产品一批，开具的普通销售发票上注明销售总额为 21 836 元，款项已收到并存入银行。增值税征收率为 3％。

由于销售额是含税价，所以要转换成不含税销售额。

不含税销售额＝21 836/(1＋3％)＝21 200(元)

应纳增值税额＝21 200×3％＝636(元)

编制的会计分录如下：

借：银行存款 21 836

贷：主营业务收入 21 200

应交税费——应交增值税 636

四、所得税

(一)个人所得税

税法规定，企业负有为本企业职工代扣代缴个人所得税的义务。企业按规定计算应代扣代缴职工个人所得税时，借记“应付职工薪酬——工资”，贷记“应交税费——应交个人所得税”；企业交纳个人所得税时，借记“应交税费——应交个人所得税”科目，贷记“银行存款”科目。

【例 10－26】 某公司本期应付职工工资总额为 200 000 元，代扣职工个人所得税为 10 000 元。企业支付员工工资时，代扣个人所得税后实发工资为 190 000 元。工资由银行代发。

借：应付职工薪酬——工资 200 000

贷：应交税费——应交个人所得税 10 000

银行存款 190 000

(二)企业所得税

企业所得税是指对中华人民共和国境内的企业（居民企业及非居民企业）和其他取得收入的组织以其生产经营所得为课税对象所征收的一种所得税。企业所得税的税率为25%，为了重点扶持和鼓励发展特定的产业和项目，规定了20%和15%两档优惠税率。

企业应通过“所得税费用”和“应交税费——应交所得税”等科目进行所得税的会计核算。其具体核算见本教材第十三章“收入、费用和利润”中有关所得税会计的内容。

第六节　其他流动负债

一、预收账款的核算

预收账款是企业按照合同规定向购买方预收的款项。预收账款一般应在一年之内用产品或劳务来偿还，因此归属于流动负债。企业应设置“预收账款”科目进行会计核算，并按购货单位设置明细账。

企业向购货单位预收款项时，尚不符合收入的确认条件，不能确认销售收入，应借记“银行存款”等科目，贷记“预收账款”科目，反映负债的增加；待货物发出，完成销售时，按实现的收入，借记“预收账款”等科目，贷记“主营业务收入”“应交税费——应交增值税(销项税额)”科目。

预收账款期末余额既可能在贷方，也可能在借方。期末余额如果在贷方，反映企业预收的款项；期末如为借方余额，反映企业需要补收的款项，其实质就是应收账款。在资产负债表日编制资产负债表时，应将预收账款所属明细科目的借方余额列入资产负债表流动资产的“应收账款”项目。

企业预收账款业务不多的，也可以不设置“预收账款”科目，将预收的款项直接记入“应收账款”科目的贷方，在此种情况下，应收账款所属明细科目的期末余额可能会在贷方。在期末编制资产负债表时，要将此余额列入资产负债表项目中“预收款项”项目。

【例10-27】 滨江公司为增值税的一般纳税人，发生的预收账款业务为：6月20日，根据合同预收W公司货款80 000元，已通过银行转账收取。6月25日，向W公司发运货物，货物销售价为100 000元，增值税为17 000元，同时代垫运杂费3 000元。6月30日，W公司补付剩余货款。

编制的会计分录如下：

(1)6月20日预收货款时：

借：银行存款　　　　　　　　　　　　80 000

　贷：预收账款——W公司　　　　　　　　　　80 000

(2)6 月 25 日实现收入时：

借：预收账款——W 公司　　120 000

　贷：主营业务收入　　100 000

　　应交税费——应交增值税（销项税额）　　17 000

　　银行存款　　3 000

(3)6 月 30 日收回余款时：

借：银行存款　　40 000

　贷：预收账款——W 公司　　40 000

【例 10－28】 沿用【例 10－27】资料，假设滨江公司预收货款的业务不多，为了简便核算，不设置“预收账款”账户，其预收款业务通过“应收账款”核算。

编制的会计分录如下：

(1)6 月 20 日预收货款时：

借：银行存款　　80 000

　贷：应收账款——W 公司　　80 000

(2)6 月 25 日实现收入时：

借：应收账款——W 公司　　120 000

　贷：主营业务收入　　100 000

　　应交税费——应交增值税（销项税额）　　17 000

　　银行存款　　3 000

(3)6 月 30 日收回余款时：

借：银行存款　　40 000

　贷：应收账款——W 公司　　40 000

二、应付股利的核算

应付股利是指企业经股东大会或类似机构审议批准确定分配的现金股利或利润。企业应设置“应收股利”科目进行会计核算，并按投资者设置明细账。

企业根据股东大会或类似机构已经审议批准的利润分配方案，按应支付的现金股利或利润，借记“利润分配——应付投资者现金股利或利润”科目，贷记“应付股利”科目；实际支付现金股利或利润时，借记“应付股利”科目，贷记“银行存款”等科目。“应付股利”科目的期末贷方余额，反映企业应付未付的现金股利或利润。应当注意的是，对于董事会或类似机构通过的利润分配方案中拟分配的现金股利或利润，由于其只是一项拟分配预案，并没有经股东大会等类似权力机构最终审议确定，金额不能可靠计量，因此不能确认一项负债，不做账务处理，但应在附注中披露。

有关业务核算见本教材第十三章“收入、费用和利润”中有关利润分配的内容。

三、应付利息的核算

应付利息是指企业按照合同约定应支付的利息，包括带息应付票据、分期付息到期还本的长期借款、企业债券等应支付的利息。企业应设置“应付利息”科目进行会计核算，并按存款人或债权人进行明细核算。

资产负债表日，应按确定的利息费用，借记“在建工程”“财务费用”“研发支出”等科目，贷记“应付利息”科目。实际支付利息时，借记“应付利息”科目，贷记“银行存款”等科目。

四、其他应付款的核算

其他应付款指企业除应付票据、应付账款、预收账款、应付职工薪酬、应付利息、应付股利、应交税费、长期应付款等以外的其他各项应付、暂收的款项。企业应设置“其他应付款”科目进行核算，并可按其他应付款的项目和对方单位(或个人)进行明细核算。

其他应付款核算的常见内容有：

(1)应付经营租入固定资产租金和包装物租金；

(2)企业采用售后回购方式融入资金的，回购价格与原销售价格之间的差额摊销部分；

(3)职工未按期领取的工资；

(4)存入保证金(如收取的包装物押金)；

(5)应付、暂收的所属单位、个人款项；

(6)其他应付、暂收款项。

企业发生其他各种应付、暂收款项时，借记相应科目，贷记“其他应付款”科目；支付其他各种应付、暂收款项时，借记“其他应付款”科目，贷记“银行存款”等科目。

【例 10－29】 滨江公司向 K 公司出借包装物，收取押金 2 000 元存入银行，约定借期为 1 个月。

编制的会计分录为：

借：银行存款　　　　　　　　　　　　　　2 000

　贷：其他应付款——K 公司　　　　　　　　　　2 000

【例 10－30】 沿用【例 10－29】资料，K 公司逾期未还所借包装物。滨江公司将其押金予以没收。滨江公司为增值税一般纳税人，增值税率为 17%。

按《增值税暂行条例》，没收包装物押金视同销售，且将押金视为含税销售价格，应还原为不含税价格，确定销项税额。

不含税销售价格＝2 000/(1＋17％)＝1 709.40(元)

销项税额＝2 000－1 709.40＝290.60(元)

编制的会计分录为：

借：其他应付款——K公司　　2 000

　贷：其他业务收入　　1 709.40

　　应交税费——应交增值税(销项税额)　　290.60

此外，还应结转包装物的相关成本，计入“其他业务成本”科目。

思考题

1.流动负债包括哪些内容？如何分类？

2.如何核算短期借款的利息？

3.逾期应付票据如何进行会计处理？

4.如何确定应收账款的入账时间和入账金额？

5.职工薪酬具体包括哪些内容？核算应付职工薪酬各项内容的基本要求是什么？

6.与增值税有关的各账户及明细账户都有哪些？分别有什么含义？

练习题

1.某公司本月发生如下业务：

(1)本月应承担短期借款利息10 000元，尚未支付。

(2)以前期间开出的一张三个月期带息商业承兑汇票本月到期，其中本金为1 000 000元，票据利率为6％，已预提2个月利息，本月将本利一并支付。

(3)开出并承兑一张6个月期限的银行承兑汇票抵付前欠L公司的货款200 000元。

(4)以前期间开出的一张银行承兑汇票到期，汇票金额为50 000元，因无力支付而被银行转入逾期贷款账户。

(5)偿付应付账款100 000元，享受现金折扣1 000元，实际支付99 000元，企业采用总价法核算。

要求：根据上述资料编制会计分录。

2.某公司为一般纳税人，12月份发生如下与职工薪酬有关经济业务：

(1)将自产的一批库存商品作为为福利发放给员工，该批库存商品的成本为每件5 000元，市场销售价为每件8 000元，增值税税率为17%，假设公司共有职工100名，其中生产一线工人60人，车间管理人员10人，行政管理人员20人，对外专职销售机构10人，每人发放一件。

(2)经董事会决议，决定于明年辞退部分员工，向被辞退员工支付相应经济补偿100 000元。

(3)根据公司制度规定，对每年业绩增长10%以上做出重大贡献的员工实行奖励制度，奖励金额为税后利润增长部分的5%。本期税后利润比上年同期增长率增长15%，增长了1 000 000元。公司为此将在近期支付奖金50 000元。

要求：根据上述资料编制会计分分录。

3.某公司为增值税一般纳税人，适用的增值税税率为17%，采用实际成本进行材料的日常核算。公司本月“应交税费——应交增值税”科目期初借方余额为40 000元。本月份发生有关增值税的经济业务如下：

(1)购买原材料一批，增值税专用发票上注明价款为600 000元，增值税额为102 000元，公司已开出承兑的商业汇票。该原材料已验收入库。

(2)用原材料对外进行股权投资，双方协议按成本作价。该批原材料的成本和计税价格均为410 000元，应交纳的增值税额为69 700元。

(3)销售产品一批，销售价格为300 000元(不含增值税额)，实际成本为160 000元，相关单据和增值税专用发票已交购货方，货款尚未收到。

(4)在建工程领用原材料一批，该批原材料实际成本为300 000元，应由该批原材料负担的增值税额为51 000元。

(5)用银行存款交纳本月增值税20 000元。

(6)月末将本月应交未交增值税转入未交增值税明细科目。

要求：根据上述资料编制会计分录。

4.某公司为一般纳税人，增值税率为17%，消费税率为10%，库存材料按照实际成本核算。该企业本月发生如下经济业务：

(1)5日，工程领用本企业生产的应缴消费税产品，该产品成本为500 000元，计税价格为700 000元。

(2)10日，企业将一批应交消费税的原材料交于外单位加工，该委托加工原材料实际成本为190 000元。

(3)25日，企业收回委托加工原材料并验收入库。同时以银行存款支付受托加工企业代扣代缴的消费税5 000元、加工费用50 000元(含增值税)。收回委托加工的原材料用于本企业生产应缴消费税产品。

要求：根据上述资料，编制该企业有关经济业务的会计分录（除增值税和消费税外，假设不考虑其他税费）

5.某公司为一般纳税人，增值税税率为17%。企业发生经济业务如下：

(1)6月30日，预收A客户购货款20 000元。

(2)7月15日，向A客户发货一批，含税价款为58 500元，同时为客户代垫运费500元，相关合法货运发票、提单、增值税发票已提交给客户，货已发出。

(3)已知7月末，企业其他应收账款明细账如下：

应收账款——B公司借方余额10 000元

应收账款——C公司贷方余额30 000元

要求：

(1)假设企业预收账款业务不多，通过“应收账款”科目核算预收款项业务，编制上述业务的会计分录。

(2)分析7月末“应收账款”总账的期末余额是多少？应填入资产负债表“应收账款”项目的总金额是多少？

第十一章
非流动负债

【本章导读】

非流动负债主要是企业为筹集长期投资项目所需资金而发生的，比如企业为购买大型设备而向银行借入的中长期贷款等。非流动负债的主要项目有长期借款和应付债券，通常金额较大、借款时间较长，其利息额也往往较大，因而非流动负债的确认与计量，对于如实反映企业的财务状况与经营成果，提供有关决策依据，便显得十分重要。

本章的重点是长期借款、应付债券的会计处理，难点是借款费用、应付债券和长期应付款的会计处理。

【学习目标】

了解非流动负债的内容和性质；

掌握借款费用的含义、内容和账务处理方法；

掌握长期借款、应付债券、长期应付款、预计负债等的基本含义和账务处理方法。

第一节　非流动负债概述

一、非流动负债的概念和特点

非流动负债是指流动负债以外的负债，主要包括长期借款、应付债券、长期应付款、专项应付款等项目。

举借非流动负债主要是为了满足企业扩展经营规模、增加长期资产等的资金需求。与流动负债相比，非流动负债具有以下特点：

(1)偿还期限较长，一般在 1 年或者超过 1 年的一个营业周期以上；

(2)债务金额较大，企业必须按计划在负债到期前事先筹措好偿债所需资金；

(3)可分期偿还，如公司债券可按规定分若干次偿还本金，减少到期一次偿还的资金压力。

企业通过负债方式筹集资金的优点是可以保持企业原有的股权结构不变，不影响原有股东对企业的控制权；可以增加股东的收益；而且因负债而支付的利息具有抵税功能。但是负债具有确定的偿还日期和金额，大规模举借非流动负债可能会给企业带来较大的资金偿付压力和财务风险，也可能带来股东收益的减少。

二、非流动负债的计价

非流动负债的偿还期较长且金额较大，未来的现金流出量(未来支付的利息与本金)与其现值之间的差额较大，从理论上讲，非流动负债宜按其现值入账，而不宜按其未来应偿付金额入账。但在我国会计实务中，由于计算现值时折现率的不确定性，以及出于简化核算等原因，一般按非流动负债到期应付金额代替现值入账。

非流动负债的利息金额往往比较大，为了如实反映企业的财务状况与经营成果，对利息的确认与计量也必须予以重视。此外，非流动负债的利息既可能是分期支付的，也可能于还本时一次支付，因此，对非流动负债的应付利息而言，它既可能是流动负债，也可能是非流动负债。

三、非流动负债的种类

(一)按筹措方式分类

按筹措方式分类，可分为长期借款、应付债券、长期应付款等。长期借款是指企业向银行和其他金融机构借入的款项；应付债券是指企业对外发行债券形成的债务；长期应付款是指应付融资租入固定资产的租赁费、以分期付款方式购入固定资产等发生的应付款项等。

(二)按偿还方式分类

按偿还方式分类,可分为到期一次偿还的非流动负债和分期偿还的非流动负债。到期一次偿还是指在规定的债务到期时一次还清的债务;分期偿还是指在举债期限内,按规定分若干次偿还的债务。

(三)按有无担保品分类

按是否有抵押担保品分类,可分为有担保的非流动负债和无担保的非流动负债。有担保的非流动负债是指企业以能够变现的资产作为抵押品举借的债务;无担保的非流动负债是指企业不需要提供抵押担保品,而凭其信用或担保人的信誉举借的债务。

第二节 借款费用

一、借款费用的概念及内容

借款费用,是指企业因借款而发生的利息及其他相关成本,包括借款利息、折价或者溢价的摊销、辅助费用以及因外币借款而发生的汇兑差额等。

因借款而发生的利息,包括企业向银行或者其他金融机构等借入资金发生的利息、发行公司债券发生的利息,以及为购建或者生产符合资本化条件的资产而发生的带息债务所承担的利息。

因借款而发生的折价或者溢价,主要是指发行债券所发生的折价或者溢价,发行债券中的折价或者溢价,其实质是对债券票面利息的调整(即将债券票面利率调整为实际利率),属于借款费用的范畴。

因外币借款而发生的汇兑差额,是指由于汇率变动对外币借款本金及其利息的记账本位币金额所产生的影响金额。由于汇率的变化往往和利率的变化相联动,它是企业外币借款所需承担的风险,因此,因外币借款相关汇率的变化所导致的汇兑差额属于借款费用的构成部分。

因借款而发生的辅助费用,是指企业在借款过程中发生的诸如手续费、佣金等费用,由于这些费用是因安排借款而发生的,也属于借入资金所付出的代价,是借款费用的构成部分。

二、借款费用的确认

《企业会计准则第 17 号——借款费用》(以下简称《借款费用》准则)规范了借款费用的确认、计量和相关信息的披露要求。按该准则规定,企业发生的借款费用,可直接归属于符合资本化条件的资产的购建或者生产的,应当予以资本化,计入相关资产成本;其他借款费用,应当在发生时根据其发生额确认为费用,计入当期损益。

符合资本化条件的资产,是指需要经过相当长时间的购建或者生产活动才能达到预定可使用或者可销售状态的固定资产、投资性房地产和存货等资产。具体确认时,应区分以下情况:

(一)借款费用开始资本化的时点

借款费用同时满足下列三个条件的,才能开始资本化:

(1)资产支出已经发生,资产支出包括为购建或者生产符合资本化条件的资产而以支付现金、转移非现金资产或者承担带息债务形式发生的支出;

(2)借款费用已经发生;

(3)为使资产达到预定可使用或者可销售状态所必要的购建或者生产活动已经开始。

(二)借款费用暂停资本化的时间

符合资本化条件的资产在购建或者生产过程中发生非正常中断且中断时间连续超过 3 个月的,应当暂停借款费用的资本化。在中断期间发生的借款费用应当确认为费用,计入当期损益,直至资产的购建或者生产活动重新开始。如果中断是所购建或者生产的符合资本化条件的资产达到预定可使用或者可销售状态必要的程序,借款费用的资本化应当继续进行。

非正常中断,通常是指由于企业管理决策上的原因或者其他不可预见的原因等所导致的中断。比如,企业因与施工方发生了质量纠纷,或者工程、生产用料没有及时供应,或者资金周转发生了困难,或者施工、生产发生了安全事故,或者发生了与资产购建、生产有关的劳动纠纷等原因,导致资产购建或者生产活动发生中断,均属于非正常中断。

正常中断通常仅限于因购建或者生产的符合资本化条件的资产达到预定可使用或者可销售状态所必要的程序,或者事先可预见的不可抗力因素导致的中断。比如,某些工程建造到一定阶段必须暂停下来进行质量或者安全检查,检查通过后才可继续下一阶段的建造工作,这类中断是在施工前可以预见的,而且是工程建造必须经过的程序,属于正常中断。某些地区的工程在建造过程中,由于可预见的不可抗力因素(如雨季或冰冻季节等原因)导致施工出现停顿,也属于正常中断。

(三)借款费用停止资本化的时点

购建或者生产符合资本化条件的资产达到预定可使用或者可销售状态时,借款费用应当停止资本化。在符合资本化条件的资产达到预定可使用或者可销售状态之后所发生的借款费用,应当在发生时根据其发生额确认为费用,计入当期损益。

购建或者生产符合资本化条件的资产达到预定可使用或者可销售状态,可从下列几个方面进行判断:

(1)符合资本化条件的资产的实体建造(包括安装)或者生产工作已经全部完成或者实质上已经完成。

(2)所购建或者生产的符合资本化条件的资产与设计要求、合同规定或者生产要求相符或者基本相符,即使有极个别与设计、合同或者生产要求不相符的地方,也不影响其正常使用或者销售。

(3)继续发生在所购建或生产的符合资本化条件的资产上的支出金额很少或者几乎不再发生。

购建或者生产符合资本化条件的资产需要试生产或者试运行的,在试生产结果表明资产能够正常生产出合格产品,或者试运行结果表明资产能够正常运转或者营业时,应当认为该资产已经达到预定可使用或者可销售状态。

购建或者生产的符合资本化条件的资产的各部分分别完工,且每部分在其他部分继续建造过程中可供使用或者可对外销售,且为使该部分资产达到预定可使用或可销售状态所必要的购建或者生产活动实质上已经完成的,应当停止与该部分资产相关的借款费用的资本化。

购建或者生产的资产的各部分分别完工,但必须等到整体完工后才可使用或者可对外销售的,应当在该资产整体完工时停止借款费用的资本化。

三、借款费用的计量

(一)借款利息资本化金额的确定

1.为购建或者生产符合资本化条件的资产而借入专门借款的

应当以专门借款当期实际发生的利息费用,减去将尚未动用的借款资金存入银行取得的利息收入或进行暂时性投资取得的投资收益后的金额确定。

【例 11—1】 企业于 2013 年 1 月 1 日正式动工兴建一幢厂房,工期预计为 1 年 6 个月,工程采用出包方式,分别于 2013 年 1 月 1 日、2013 年 7 月 1 日和 2014 年 1 月 1 日支付工程进度款。企业为构建厂房于 2013 年 1 月 1 日从银行借入 2 000 万元专门借款，借款期限为3年，年利率为6%。2013年7月1日再次从银行借入4 000万元专门借款，借款期限为5年，年利率为7%。假定名义利率与实际利率均相同。厂房建造过程中，闲置资金均用于固定收益短期债券投资，该短期债券投资月收益率为0.5%。厂房于2014年6月30日完工，达到预定可使用状态。企业为建造该厂房的支出金额如表11—1所示。

表11—1 厂房在建工程支出表 单位：万元

日期	每期资产支出金额	累计资产支出金额	闲置借款资金用于短期投资金额
2013年1月1日	1 500	1 500	500
2013年7月1日	2 500	4 000	2 000
2014年1月1日	1 500	5 500	5 00
总计	5 500	—	3 000

企业2013年和2014年为建造厂房应予以资本化的利息金额计算及账务处理如下：

(1)确定借款费用资本化期间为2013年1月1日至2014年6月30日。

(2)计算在资本化期间内专门借款实际发生的利息金额：

2013年专门借款发生的利息金额＝2 000×6%＋4 000×7%×6/12＝260(万元)

2014年1月1日至6月30日专门借款发生的利息金额＝2 000×6%×6/12＋4 000×7%×6/12＝200(万元)

(3)计算在资本化期间内利用闲置的专门借款资金进行短期债券投资的收益：

2013年短期债券投资收益＝500×0.5%×6＋2 000×0.5%×6＝75(万元)

2014年1月1日至6月30日短期债券投资收益＝500×0.5%×6＝15(万元)

(4)计算利息资本化金额：

2013年的利息资本化金额＝260－75＝185(万元)

2014年的利息资本化金额＝200－15＝185(万元)

(5)有关会计分录如下：

2013年12月31日：

借：在建工程　　1 850 000

　应收利息(或银行存款)　　750 000

　贷：应付利息　　2 600 000

2014 年 6 月 30 日：

借：在建工程　　1 850 000

　应收利息（或银行存款）　　150 000

　贷：应付利息　　2 000 000

2.为购建或者生产符合资本化条件的资产而占用了一般借款的

企业应当根据累计资产支出超过专门借款部分的资产支出加权平均数乘以所占用一般借款的资本化率，计算确定一般借款应予资本化的利息金额。资本化率应当根据一般借款加权平均利率计算确定。

一般借款利息费用资本化金额＝累计资产支出超过专门借款部分的资产支出加权平均数×所占用一般借款的资本化率

所占用一般借款的资本化率＝所占用一般借款加权平均利率＝所占用一般借款当期实际发生的利息之和÷所占用一般借款本金加权平均数

所占用一般借款本金加权平均数＝Σ（所占用每笔一般借款本金×每笔一般借款在当期所占用的天数/当期天数）

【例 11－2】 沿用【例 11－1】资料，假定企业为建造厂房于 2013 年 1 月 1 日借入专门借款 2 000 万元，借款期限为 3 年，年利率为 6%。在建造厂房过程中还占用了两笔一般借款，一是从某银行举借的长期贷款 2 000 万元，期限为 2013 年 12 月 1 日至 2016 年 12 月 1 日，年利率为 6%，按年支付利息；二是于 2013 年 1 月 1 日发行的公司债券 10 000 万元，期限为 5 年，年利率为 8%，按年支付利息。其他相关资料同【例 11－1】。企业 2013 年和 2014 年为建造厂房应予以资本化的利息金额计算及账务处理如下：

（1）计算专门借款利息资本化金额：

2013 年专门借款利息资本化金额＝2 000×6%－500×0.5%×6＝105（万元）

2014 年专门借款利息资本化金额＝2 000×6%×180/360＝60（万元）

（2）计算一般借款利息资本化金额：

在建造厂房过程中，自 2013 年 7 月 1 日起已经有 2 000 万元占用了一般借款，另外，2014 年 1 月 1 日支出的 1 500 万元也占用了一般借款。计算这两笔资产支出的加权平均数如下：

2013 年占用了一般借款的资产支出加权平均数＝2 000×180/360＝1 000（万元）

一般借款利息资本化率（年）＝（2 000×6%＋10 000×8%）/（2 000＋10 000）＝7.67%

2013 年应予以资本化的一般借款利息＝1 000×7.67%＝76.70（万元）

2014 年占用了一般借款的资产支出加权平均数＝（2 000＋1 500）×180/360＝

1 750(万元)

2014 年应予以资本化的一般借款利息＝1 750×7.67％＝134.23(万元)

(3)计算企业建造厂房应予以资本化的利息金额：

2013 年的利息资本化金额＝105＋76.70＝181.70(万元)

2014 年的利息资本化金额＝60＋134.23＝194.23(万元)

(4)有关会计分录如下：

2013 年 12 月 31 日：

借:在建工程	1 817 000	
财务费用	8 433 000	
应收利息(或银行存款)	150 000	
贷:应付利息		10 400 000

2013 年实际借款利息＝2 000×6％＋2 000×6％＋10 000×8％＝1 040(万元)

2014 年 6 月 30 日：

借:在建工程	1 942 300	
财务费用	3 257 700	
贷:应付利息		5 200 000

2014 年 1 月 1 日至 6 月 30 日的实际借款利息＝1 040/2＝520(万元)

3.借款存在折价或者溢价的，应当按照实际利率法确定每一会计期间应摊销的折价或者溢价金额，调整每期利息金额

4.在资本化期间内，每一会计期间的利息资本化金额不应当超过当期相关借款实际发生的利息金额

(二)辅助借款费用资本化金额的确定

专门借款发生的辅助费用，在所购建或者生产的符合资本化条件的资产达到预定可使用或者可销售状态之前发生的，应当在发生时根据其发生额予以资本化，计入符合资本化条件的资产的成本；在所购建或者生产的符合资本化条件的资产达到预定可使用或者可销售状态之后发生的，应当在发生时根据其发生额确认为费用，计入当期损益。一般借款发生的辅助费用，应当在发生时根据其发生额确认为费用，计入当期损益。

(三)外币专门借款汇兑差额资本化金额的确定

在资本化期间内，外币专门借款本金及利息的汇兑差额，应当予以资本化，计入符合资本化条件的资产的成本。外币专门借款之外的其他外币借款本金及其利息所产生的汇兑差额应当作为财务费用，计入当期损益。

第三节 长期借款

一、长期借款的概念及科目设置

长期借款是指企业从银行或其他金融机构借入的期限在 1 年以上(不含 1 年)的各项借款。

企业应设置“长期借款”科目进行核算,并可按贷款单位和贷款种类,分别“本金”“利息调整”“应计利息”进行明细核算。

二、长期借款的核算

企业借入长期借款,按实际收到的金额,借记“银行存款”科目,贷记“长期借款——本金”科目,如存在差额,还应借记“长期借款——利息调整”科目。

资产负债表日,按摊余成本和实际利率计算确定的长期借款利息费用,借记“在建工程”“制造费用”“财务费用”“研发支出”等科目,按合同利率计算确定的应付未付利息,贷记“长期借款——应计利息”或“应付利息”科目,按其差额,贷记“长期借款——利息调整”科目。实际利率与合同利率差异较小的,也可以采用合同利率计算确定利息费用。

归还长期借款本金,借记“长期借款——本金”科目,贷记“银行存款”科目。同时,存在利息调整余额的,借记或贷记“在建工程”“制造费用”“财务费用”“研发支出”等科目,贷记或借记“长期借款——利息调整”科目。

【例 11-3】 企业于年初从银行取得长期借款 400 000 元,用于生产经营周转,期限为 3 年,年利率为 6%,按单利计息,每年计息并付息一次,到期一次归还本金。假定实际利率与合同利率无差异。编制会计分录如下:

(1)取得借款时:

借:银行存款	40 000	
贷:长期借款——本金		400 000

(2)第一年末计息并付息时:

借:财务费用	24 000	
贷:应付利息		24 000
借:应付利息	24 000	
贷:银行存款		24 000

(3)第二年末计息并付息的账务处理同第一年。

(4)第三年末计息时:

借:财务费用　　24 000

　贷:应付利息　　24 000

(5)第三年末长期借款到期,偿还本金和最后一期利息:

借:长期借款——本金　　400 000

　应付利息　　24 000

　贷:银行存款　　424 000

【例 11－4】 沿用【例 11－3】资料,假定借款时实际收到款项 396 000 元。编制会计分录如下:

(1)取得借款时:

借:银行存款　　396 000

　长期借款——利息调整　　4 000

　贷:长期借款——本金　　400 000

(2)第一年末计息并付息时:

实际利率＝6.3853%①

摊余成本＝400 000－4 000＝396 000(元)

利息费用＝396 000×6.3853%＝25 285.79(元)

借:财务费用　　25 285.79

　贷:应付利息　　24 000

　　长期借款——利息调整　　1 285.79

借:应付利息　　24 000

　贷:银行存款　　24 000

(3)第二年末计息并付息时:

摊余成本＝396 000＋1 285.79＝397 285.79(元)

利息费用＝397 285.79×6.3853%＝25 367.89(元)

借:财务费用　　25 367.89

　贷:应付利息　　24 000

　　长期借款——利息调整　　1 367.89

借:应付利息　　24 000

①通过等式 396 000＝400 000×复利现值系数(P/S,i,3)＋(400 000×6%)×年金现值系数(P/A,i,3),采用试误法和插值法求得实际利率。

贷:银行存款　　24 000

(4)第三年末计息时:

摊余成本＝397 285.79＋1 367.89＝398 653.68(元)

利息费用＝398 653.68×6.3853%＝25 455.23(元)

尾差调整后,利息费用为 25 346.32 元。

借:财务费用　　25 346.32

贷:应付利息　　24 000

长期借款——利息调整　　1 346.32

(5)第三年末长期借款到期,偿还本金和最后一期利息:

借:长期借款——本金　　400 000

应付利息　　24 000

贷:银行存款　　424 000

第四节　应付债券

一、应付债券概述

(一)应付债券的性质

债券是企业为筹集长期使用资金,依照法定程序对外发行的、约定在一定期限内还本付息的有价证券。企业发行的债券,要列明以下内容:企业名称、债券面值、票面利率、发行日、付息日、到期日、付息方式、还本方式等,它是发行方承诺在未来向债权人偿还债券本息的书面证明,具有法律效力。

应付债券是企业因发行债券筹措资金而形成的一种非流动负债,其实质是一种长期的应付票据,偿还期限一般在 1 年以上。

(二)应付债券的种类

企业发行的债券,可以按不同的标准进行分类:

1.按是否记名分类

按是否记名分类,可以分为记名债券和无记名债券。记名债券是指债券票面上记有债券持有人姓名的债券。无记名债券是指债券票面上不记载债券持有人姓名的债券。

2.按有无担保分类

有无担保分类,可以分为抵押债券和信用债券。抵押债券是指发行企业以特定资产作为抵押担保而发行的债券。信用债券也称无抵押债券，是指没有特定资产作为抵押担保，单凭发行企业的信用而发行的债券。

3.按还本方式分类

按还本方式分类，可以分为一次还本债券和分期还本债券。一次还本债券是指债券本金全部在同一到期日清偿的债券。分期还本债券是指债券本金在不同到期日分期偿还的债券。

4.按付息方式分类

按付息方式分类，可以分为到期一次付息债券和分期付息债券。到期一次付息债券是指在到期日支付全部利息的债券。分期付息债券是指每隔一段时间支付一次利息的债券。

5.按是否可以转换为发行企业股票分类

按是否可以转换为发行企业股票分类，可以分为可转换债券和不可转换债券。可转换债券是指可按一定条件转换为发行企业普通股股票的债券。不可转换债券是指不能转换为发行企业普通股股票的债券。

(三)应付债券的发行

企业债券的发行方式有三种，即面值发行、溢价发行和折价发行。假设其他条件不变，债券的票面利率高于市场利率(如同期银行存款利率)时，可按超过债券面值的价格发行，称为溢价发行，溢价是企业以后各期多付利息而事先得到的补偿；如果债券的票面利率低于市场利率，可按低于债券面值的价格发行，称为折价发行，折价是企业以后各期少付利息而预先给予投资者的补偿。如果债券的票面利率与市场利率相同，可按票面价格发行，称为面值发行。溢价或折价是发行债券企业在债券存续期内对利息费用的一种调整。债券发行价格的计算公式如下：

债券的发行价格＝本金的现值＋利息的现值

【例 11－5】 企业于 2014 年 1 月 1 日发行总面值为 800 000 元、票面利率为 10％、5 年期的债券，用于生产经营周转。债券利息在每年的 6 月 30 日与 12 月 31 日支付，该债券发行时的市场利率为 12％。债券的发行价格计算如下：

(1)到期偿还面值的现值＝800 000×复利现值系数(P/S,6％,10)

＝800 000×0.558 39

＝446 712(元)

(2)各期利息(年金)的现值＝800 000×10％×6/12×年金现值系数(P/A,6％,10)

＝40 000×7.360 09

＝294 404(元)

(3)债券的发行价格＝446 712＋294 404＝741 116(元)

本例中，债券的市场利率高于票面利率，债券的发行价格一定小于债券面值，两者之差为债券折价。

二、应付债券的核算

企业应设置“应付债券”科目核算为筹集长期资金而发行债券的本金和利息。“应付债券”科目可按“面值”“利息调整”“应计利息”等进行明细核算。

企业发行债券，应按实际收到的金额，借记“银行存款”等科目，按债券票面金额，贷记“应付债券——面值”科目，存在差额的，借记或贷记“应付债券——利息调整”科目。企业发行债券时所发生的交易费用计入债券的初始确认金额，即减少债券的账面价值。

利息调整应在债券存续期间内采用实际利率法进行摊销。实际利率法，是指按照应付债券的实际利率计算其摊余成本及各期利息费用的方法。实际利率，是指将应付债券在存续期间的未来现金流量，折现为该债券当前账面价值所使用的利率。实际利率与票面利率差异较小的，也可以采用票面利率计算确定利息费用。

资产负债表日，应按摊余成本和实际利率计算确定的债券利息费用，借记“在建工程”“制造费用”“财务费用”“研发支出”等科目，按票面利率计算确定的应付未付利息，贷记“应付利息”或“应付债券——应计利息”科目，按其差额，借记或贷记“应付债券——利息调整”科目。

应付债券到期，支付债券本息，借记“应付债券——面值”“应付债券——应计利息”或“应付利息”等科目，贷记“银行存款”等科目。同时，存在利息调整余额的，借记或贷记“应付债券——利息调整”科目，贷记或借记“在建工程”“制造费用”“财务费用”“研发支出”等科目。

企业应当设置“企业债券备查簿”，详细登记企业债券的票面金额、债券票面利率、还本付息期限与方式、发行总额、发行日期和编号、委托代售单位、转换股份等资料。企业债券到期兑付，在备查簿中应予注销。

(一)到期一次还本付息债券核算

当票面利率等于市场利率时，企业按面值发行债券，此时的实际利率也不一定等于票面利率，因为存在债券的计息方式(如按单利)和将应付债券的未来现金流量折现方式(按复利)的不同，此外，交易费用是影响实际利率和票面利率不一致的另一个因素。

【例 11－6】 企业为补充生产经营资金的不足，于 2014 年 1 月 1 日按面值发行票面利率为 6%,期限为 3 年的债券 200 万元,债券款已收存银行。该债券每年按单利计息一次,到期一次还本付息。债券全部委托银行发行,并以银行存款支付交易费用 1 万元。有关会计处理如下:

(1)收到债券款并支付交易费用时:

借:银行存款　　　　1 990 000
　应付债券——利息调整　　　　10 000
　贷:应付债券——面值　　　　2 000 000

(2)2014 年 12 月 31 日计息时:

实际利率=5.8489%①

摊余成本=2 000 000−10 000=1 990 000(元)

利息费用=1 990 000×5.8489%=116 393.11(元)

借:财务费用　　　　116 393.11
　应付债券——利息调整　　　　3 606.89
　贷:应付债券——应计利息　　　　120 000

(3)2015 年末计息时:

摊余成本=1 990 000+120 000−3 606.89=2 106 393.11(元)

利息费用=2 106 393.11×5.8489%=123 200.83(元)

借:财务费用　　　　123 200.83
　贷:应付债券——应计利息　　　　120 000
　　　　　——利息调整　　　　3 200.83

(4)2016 年末计息时:

摊余成本=2 106 393.11+120 000+3 200.83=2 229 593.94 (元)

利息费用=2 229 593.94×5.8489%=130 406.72(元)

尾差调整后,利息费用为 130 406.06 元。

借:财务费用　　　　130 406.06
　贷:应付债券——应计利息　　　　120 000
　　　　　——利息调整　　　　10 406.06

(5)到期偿付债券本息时:

借:应付债券——面值　　　　2 000 000
　　　　——应计利息　　　　360 000
　贷:银行存款　　　　2 360 000

①通过等式 1 990 000=(2 000 000+2 000 000×6%×3)×$(1+i)^{-3}$计算得到实际利率。

此例若采用直线法，则每年摊销的利息调整额＝10 000/4＝2 500(元)。

债券存续期内，每年年末的账务处理为：

借：财务费用　　122 500
　贷：应付债券——应计利息　　120 000
　　　　　　——利息调整　　2 500

取得债券发行款和到期偿付债券本息的会计分录与实际利率法一致。

当票面利率高于或低于市场利率时，企业按溢价或折价方式发行债券，在债券存续期间内对利息调整采用实际利率法进行摊销时，其方法与面值发行情况下的实际利率法相同。

【例 11－7】 企业于 2014 年 1 月 1 日溢价发行为期 4 年、年利率为 8％的债券 500 万元，实际收到债券款 512 万元，存入银行。每年年末按单利计息一次，到期一次还本付息。企业以银行存款支付债券交易费用 2 万元。该项筹资全部用于新厂房建设，工程建设期为 2 年，于 2015 年 12 月 31 日如期完工。编制会计分录如下：

(1)收到债券款并支付债券费用时：

借：银行存款　　5 100 000
　贷：应付债券——面值　　5 000 000
　　　　　　——利息调整　　100 000

(2)筹集的款项用于新厂区建设工程时：

借：在建工程——新厂房工程　　5 100 000
　贷：银行存款　　5 100 000

(3)2014 年 12 月 31 日计息时：

摊余成本＝5 000 000＋100 000＝5 100 000(元)

实际利率＝6.658％①

利息费用＝5 100 000×6.658％＝339 558(元)

借：在建工程——新厂房工程　　339 558
　应付债券——利息调整　　60 442
　贷：应付债券——应计利息　　400 000

(4)2015 年 12 月 31 日计息时：

摊余成本＝5 100 000＋400 000－60 442＝5 439 558(元)

利息费用＝5 439 558×6.658％＝362 165.77(元)

借：在建工程——新厂房工程　　362 165.77

①通过等式 5 100 000＝(5 000 000＋5 000 000×8％×4)×$(1+i)^{-4}$计算得到实际利率。

应付债券——利息调整 37 834.23

贷:应付债券——应计利息 400 000

(5)2015 年 12 月 31 日新厂房建设工程如期完工时:

新厂房建造成本=5 100 000+339 558+62 165.77=5 501 723.77(元)

借:固定资产 5 501 723.77

贷:在建工程——新厂房工程 5 501 723.77

(6)2016 年 12 月 31 日计息时:

摊余成本=5 439 558+400 000−37 834.23=5 801 723.77(元)

利息费用=5 801 723.77×6.658%=386 278.77(元)

借:财务费用 386 278.77

应付债券——利息调整 13 721.23

贷:应付债券——应计利息 400 000

(7)2017 年 12 月 31 日计息时:

摊余成本=5 801 723.77+400 000−13 721.23=6 188 002.54(元)

利息费用=6 188 002.54×6.658%=411 997.21(元)

尾差调整后的利息费用为 411 997.46 元。

借:财务费用 411 997.46

贷:应付债券——应计利息 400 000

——利息调整 11 997.46

(8)到期偿还债券本息时:

借:应付债券——面值 5 000 000

——应计利息 1 600 000

贷:银行存款 6 600 000

(二)一次还本、分期付息债券核算

企业发行一次还本、分期付息的债券时,其实际利率的计算方法与一次还本付息债券不同,但利息调整的实际利率法摊销方法与到期一次还本付息债券一致。

【例 11−8】 企业于 2014 年 1 月 1 日折价发行为期 4 年,年利率 5%的债券 400 万元,实际收到债券价款 390 万元,每年年末计息并付息一次,无债券发行费用。该项筹资用于生产经营。编制的会计分录如下:

(1)收到发行债券款时:

借:银行存款 3 900 000

应付债券——利息调整 100 000

贷:应付债券——面值 4 000 000

(2)2014 年 12 月 31 日计息并付息时:

实际利率=5.72%①

摊余成本=4 000 000−100 000=3 900 000(元)

利息费用=3 900 000×5.72%=223 080(元)

借:财务费用 223 080

贷:应付利息 200 000

应付债券——利息调整 23 080

借:应付利息 200 000

贷:银行存款 200 000

(3)2015 年 12 月 31 日计息并付息时:

摊余成本=3 900 000+23 080=3 923 080(元)

利息费用=3 923 080×5.72%=224 400.18(元)

借:财务费用 224 400.18

贷:应付利息 200 000

应付债券——利息调整 24 400.18

借:应付利息 200 000

贷:银行存款 200 000

(4)2016 年 12 月 31 日计息并付息时:

摊余成本=3 923 080+24 400.18=3 947 480.18(元)

利息费用=3 947 480.18×5.72%=225 795.87(元)

借:财务费用 225 795.87

贷:应付利息 200 000

应付债券——利息调整 25 795.87

借:应付利息 200 000

贷:银行存款 200 000

(5)2017 年 12 月 31 日计息时:

摊余成本=3 947 480.18+25 795.87=3 973 276.05(元)

利息费用=3 973 276.05×5.72%=227 271.39(元)

---

①债券当前账面价值=面值×复利现值系数(P/S,i,4)+利息×年金现值系数(P/A,i,4)即 3 900 000=4 000 000×(P/S,i,4)+4 000 000×5%×(P/A,i,4)。采用试误法和插值法,计算得实际利率 i=5.72%。

尾差调整后的利息费用为 226 723.95 元。

借:财务费用　　226 723.95

　贷:应付利息　　200 000

　　应付债券——利息调整　　26 723.95

借:应付利息　　200 000

　贷:银行存款　　200 000

(6)到期偿还本金及最后一期利息时:

借:应付债券——面值　　4 000 000

　应付利息　　200 000

　贷:银行存款　　4 200 000

(三)分期还本、分期付息债券核算

分期还本债券是指本金分成若干次分期偿还的债券。分期还本债券的偿还,可根据债券发行时规定的办法进行,或抽签,或按号码的顺序偿还。分期还本债券与一次还本债券在会计核算上有差异。

【例 11—9】 企业于 2014 年 1 月 1 日发行面值为 600 000 元、5 年期、票面利率为 10%的债券,债券款 563 825 元已存入银行,该项筹资用于企业生产经营的资金周转。债券信托合同规定,每年年末支付利息,从第 3 年起每年年末平均偿还本金 200 000 元。债券发行时的市场利率为 12%。编制的会计分录如下:

(1)收到发行债券款时:

借:银行存款　　563 825

　应付债券——利息调整　　36 175

　贷:应付债券——面值　　600 000

(2)2014 年 12 月 31 日计息并付息时:

摊余成本=600 000-36 175=563 825(元)

利息费用=563 825×12%=67 659(元)

借:财务费用　　67 659

　贷:应付利息　　60 000

　　应付债券——利息调整　　7 659

借:应付利息　　60 000

　贷:银行存款　　60 000

(3)2015 年 12 月 31 日计息并付息时:

摊余成本=563 825+7 659=571 484(元)

利息费用＝571 484×12％＝68 578.08(元)

借:财务费用　　68 578.08

　贷:应付利息　　60 000

　　应付债券——利息调整　　8 578.08

借:应付利息　　60 000

　贷:银行存款　　60 000

(4)2016 年 12 月 31 日计息、付息并偿还部分本金时:

摊余成本＝571 484＋8 578.08＝580 062.08(元)

利息费用＝580 062.08×12％＝69 607.45(元)

借:财务费用　　69 607.45

　贷:应付利息　　60 000

　　应付债券——利息调整　　9 607.45

借:应付利息　　60 000

　贷:银行存款　　60 000

借:应付债券——面值　　200 000

　贷:银行存款　　200 000

(5)2017 年 12 月 31 日计息、付息并偿还部分本金时:

摊余成本＝580 062.08＋9 607.45－200 000＝389 669.53(元)

利息费用＝389 669.53×12％＝46 760.34(元)

借:财务费用　　46 760.34

　贷:应付利息　　40 000

　　应付债券——利息调整　　6 760.34

借 :应付利息　　40 000

　贷:银行存款　　40 000

借:应付债券——面值　　200 000

　贷:银行存款　　200 000

(6)2018 年 12 月 31 日计息、付息并偿还本金时:

摊余成本＝389 669.53＋6 760.34－200 000＝196 429.87(元)

利息费用＝196 429.87×12％＝23 571.58(元)

尾差调整后的利息费用为 23 570.13 元。

借:财务费用　　23 570.13

　贷:应付利息　　20 000

　　应付债券——利息调整　　3 570.13

借:应付利息　　20 000

　贷:银行存款　　20 000

借:应付债券——面值　　200 000

　贷:银行存款　　200 000

分期还本债券也可以提前偿付。企业提前偿付分期还本债券之后,应注销债券的账面价值,即冲销债券的面值与未摊销的利息调整额,并确认提前偿付债券的损益。企业应按债券发行时的市场利率计算偿付部分在偿付日的现值,将其与购回价格相比较,其差额即为偿付债券损益;将其与债券面值相比较,其差额即为提前偿付债券的未摊销利息调整额。

【例 11－10】 沿用【例 11－9】资料,假设企业于 2015 年 12 月 31 日以 96 000 元的价格回购面值 100 000 元、到期日为 2018 年 12 月 31 日的债券。

提前偿付债券的现值

＝面值×复利现值系数(P/S,12％,3)＋利息×年金现值系数(P/A,12％,3)

＝100 000×0.711 78＋100 000×10％×2.401 83＝95 196.30(元)

查表得利率为 12％、期限为 3 年的复利现值系数为 0.711 78,年金现值系数为2.401 83。

提前偿付债券的未摊销利息调整额＝100 000－95 196.30＝4 803.70(元)

提前偿付债券的损失＝96 000－95 196.30＝803.70(元)

借:应付债券——面值　　100 000

　　财务费用　　803.70

　贷:银行存款　　96 000

　　应付债券——利息调整　　4 803.70

(四)可转换债券核算

企业发行的可转换公司债券,应在"应付债券"科目下设置"可转换公司债券"明细科目核算。

发行的可转换公司债券,应当在初始确认时,将其包含的负债成分和权益成分进行分拆,将负债成分确认为应付债券,将权益成分确认为资本公积。在进行分拆时,应当先对负债成分的未来现金流量进行折现(即负债成分的公允价值)确定负债成分的初始确认金额,再按发行价格总额扣除负债成分初始确认金额后的金额(即权益成分的公允价值)确定为权益成分的初始确认金额。发行可转换公司债券发生的相关交易费用,应当在负债成分和权益成分之间按照各自的相对公允价值进行分摊。

发行可转换公司债券时,企业按实际收到的金额,借记"银行存款"等科目,按该项可转换公司债券包含的负债成分的面值，贷记“应付债券——可转换公司债券（面值）”科目，按权益成分的公允价值，贷记“资本公积——其他资本公积”科目，按上述借贷方之间的差额，借记或贷记“应付债券——利息调整”科目。

可转换公司债券转换前，在资产负债表日，同一般债券处理方法相同，采用实际利率法计算确定债券利息费用和应摊销的利息调整额。

可转换公司债券持有人行使转换权利，将其持有的债券转换为股票，按可转换公司债券的余额，借记“应付债券——可转换公司债券（面值）”“应付债券——可转换公司债券（利息调整）”科目，按其权益成分的金额，借记“资本公积——其他资本公积”科目，按股票面值和转换的股数计算的股票面值总额，贷记“股本”科目，按其差额，贷记“资本公积——股本溢价”科目。如用现金支付不可转换股票的部分，还应贷记“银行存款”等科目。

【例 11－11】 企业经批准于 2014 年 1 月 1 日按面值发行 5 年期、票面利率 6%、到期一次还本付息的可转换公司债券 20 000 万元，款项已收存银行。债券发行 1 年后可以转换为普通股股票，初始转股价为每股 10 元，股票面值为每股 1 元。假定 2015 年 1 月 1 日债券持有人将持有的可转换公司债券全部转换为普通股股票。企业发行可转换公司债券时二级市场上与之类似的没有附带转换权的债券市场利率为 9%。编制的会计分录如下：

(1)2014 年 1 月 1 日发行可转换公司债券时：

可转换公司债券负债成分的公允价值

＝面值×复利现值系数(P/S,9%,5)＋利息×年金现值系数(P/A,9%,5)

＝200 000 000×0.649 93＋200 000 000×6%×3.889 65

＝176 661 800(元)

查表得利率为 9%、期限为 5 年的复利现值系数为 0.649 93，年金现值系数为3.889 65。

可转换公司债券权益成分的公允价值＝200 000 000－176 661 800＝23 338 200(元)

借：银行存款　　200 000 000

　应付债券——可转换公司债券（利息调整）　　23 338 200

　贷：应付债券——可转换公司债券（面值）　　200 000 000

　　资本公积——其他资本公积　　23 338 200

(2)2014 年 12 月 31 日计息时：

摊余成本＝200 000 000－23 338 200＝176 661 800(元)

利息费用＝176 661 800×9%＝15 899 562(元)

借：财务费用等　　15 899 562

贷:应付债券——可转换公司债券(应计利息)　　12 000 000
　　　　——可转换公司债券(利息调整)　　3 899 562

(3)2015 年 1 月 1 日债券持有人行使转换权时:

可转换公司债券的账面余额=200 000 000-23 338 200+12 000 000+3 899 562
=192 561 362(元)

可转换的股数=192 561 362/10=19 256 136.2(股)

不足 1 股的部分支付现金 0.20 元。

编制的会计分录为:

借:应付债券——可转换公司债券(面值)　　200 000 000
　　　　——可转换公司债券(应计利息)　　12 000 000
资本公积——其他资本公积　　23 338 200
　贷:股本　　19 256 136
　　应付债券——可换公司债券(利息调整)　　19 438 638
　　资本公积——股本溢价　　196 643 425.80
　　库存现金　　0.20

第五节　长期应付款

长期应付款是指企业除长期借款和应付债券以外的其他各种长期应付款项,包括应付融资租入固定资产的租赁费,以分期付款方式购入固定资产、无形资产等发生的应付款项等。企业应设置“长期应付款”科目对其进行核算,并按长期应付款的种类和债权人进行明细核算。

一、应付融资租入固定资产的租赁费

企业融资租入的固定资产,在租赁期开始日,按应计入固定资产成本的金额(租赁开始日租赁资产公允价值与最低租赁付款额现值两者中较低者,加上初始直接费用),借记“在建工程”或“固定资产”科目,按最低租赁付款额,贷记“长期应付款”科目,按发生的初始直接费用,贷记“银行存款”等科目,按其差额,借记“未确认融资费用”科目。

按期支付租金时,借记“长期应付款”科目,贷记“银行存款”等科目。

采用实际利率法分期摊销未确认融资费用时,借记“财务费用”“在建工程”等科目,贷记“未确认融资费用”科目。

在计算最低租赁付款额的现值时,能够取得出租人租赁内含利率的,应当采用租

赁内含利率作为折现率；否则，应当采用租赁合同规定的利率作为折现率；无法取得出租人的租赁内含利率且租赁合同没有规定利率的，应当采用同期银行贷款利率作为折现率。

【例 11－12】 企业以融资租赁方式租入一台设备，租赁开始日出租方设备的公允价值为 800 万元，租赁合同规定的利率为 10%，分 3 年付款，每年年末支付 300 万元，该设备不需要安装。租赁期满后，该设备的所有权转归承租方。有关的计算及编制的会计分录如下：

(1)确定应计入固定资产成本的金额：

租赁资产的公允价值＝8 000 000(元)

最低租赁付款额＝3 000 000×3＝9 000 000(元)

最低租赁付款额的现值＝3 000 000×年金现值系数(P/A,10%,3)

＝3 000 000×2.486 85

＝7 460 550(元)

查表得利率为 10%、期限为 3 年的年金现值系数为 2.486 85。

应计入固定资产成本的金额为租赁开始日租赁资产公允价值与最低租赁付款额现值两者中较低者，即 7 460 550 元。

(2)确定未确认融资费用金额及以后各期应摊销的金额：

未确认融资费用＝9 000 000－7 460 550＝1 539 450(元)

表 11－2　未确认融资费用分摊表(实际利率法)

期次	租金 ①	摊销的融资费用 ②＝期初④×10%	应付本金减少额 ③＝①－②	应付本金期末余额 ④＝期初④－③
0				7 460 550
1	3 000 000	746 055	2 253 945	5 206 605
2	3 000 000	520 661	2 479 339	2 727 266
3	3 000 000	272 734 *	2 727 266	0
合计	9 000 000	1 539 450	7 460 550	—

* 含尾差调整。

(3)取得融资租赁设备时：

借：固定资产——融资租入固定资产　　7 460 550

　　未确认融资费用　　1 539 450

贷:长期应付款 9 000 000

(4)第一年末支付租赁款并摊销未确认融资费用时:

借:长期应付款 3 000 000

贷:银行存款 3 000 000

借:财务费用 746 055

贷:未确认融资费用 746 055

(5)第二年末支付租赁款并摊销未确认融资费用时:

借:长期应付款 3 000 000

贷:银行存款 3 000 000

借:财务费用 520 661

贷:未确认融资费用 520 661

(6)第三年末支付租赁款并摊销未确认融资费用时:

借:长期应付款 3 000 000

贷:银行存款 3 000 000

借:财务费用 272 734

贷:未确认融资费用 272 734

(7)租赁期满,将设备转为自有资产时:

借:固定资产——机器设备 7 460 550

贷:固定资产——融资租入固定资产 7 460 550

二、具有融资性质的延期付款购买资产

购入有关资产超过正常信用条件延期支付价款、实质上具有融资性质的,应按购买价款的现值,借记"固定资产""在建工程""无形资产"等科目,按应支付的金额,贷记"长期应付款"科目,按其差额,借记"未确认融资费用"科目。

按期支付价款时,借记"长期应付款"科目,贷记"银行存款"科目。

采用实际利率法分期摊销未确认融资费用时,借记"在建工程""财务费用"等科目,贷记"未确认融资费用"科目。

【例11—13】 企业于2014年1月8日从某公司购买一项商标权,由于资金周转比较紧张,经与该公司协议采用分期付款方式支付款项。合同规定,该项商标权总计600万元,每年年末付款300万元,两年付清。假定银行同期贷款利率为6%。有关的计算及编制的会计分录如下:

(1)计算购买价款的现值和未确认融资费用金额:

购买价款的现值=3 000 000×年金现值系数(P/A,6%,2)

=3 000 000×1.833 39

=5 500 170(元)

查表得利率为6%、期限为2年的年金现值系数为1.833 39。

未确认融资费用=6 000 000-5 500 170=499 830(元)

(2)取得无形资产时：

借:无形资产——商标权　　5 500 170
　　未确认融资费用　　499 830
　贷:长期应付款　　6 000 000

(3)第一年末付款并摊销未确认融资费用时：

借:长期应付款　　3 000 000
　贷:银行存款　　3 000 000

第一年应摊销的未确认融资费用=5 500 170×6%=330 010.20(元)

借:财务费用　　330 010.20
　贷:未确认融资费用　　330 010.20

(4)第二年末付款并摊销未确认融资费用时：

借:长期应付款　　3 000 000
　贷:银行存款　　3 000 000

第二年应摊销的未确认融资费用=499 830-330 010.20=169 819.80(元)

借:财务费用　　169 819.80
　贷:未确认融资费用　　169 819.80

第六节　专项应付款及预计负债

一、专项应付款

专项应付款是指企业取得政府作为企业所有者投入的具有专项或特定用途的款项。企业应设置“专项应付款”科目进行核算，并按资本性投资项目进行明细核算。

企业收到或应收的资本性拨款，借记“银行存款”等科目，贷记“专项应付款”科目。将专项或特定用途的拨款用于工程项目，借记“在建工程”等科目，贷记“银行存款”“应付职工薪酬”等科目。

工程项目完工形成长期资产的部分，借记“专项应付款”科目，贷记“资本公积——资本溢价”科目；对未形成长期资产需要核销的部分，借记“专项应付款”科目，贷记“在建工程”等科目；拨款结余需要返还的，借记“专项应付款”科目，贷记“银行存款”科目。上述资本溢价转增实收资本或股本，借记“资本公积——资本溢价或股本溢价”科目，贷记“实收资本”或“股本”科目。

二、预计负债

（一）预计负债的确认条件

预计负债是因或有事项可能产生的负债。与或有事项相关的义务同时满足下列条件的，应当确认为预计负债：

1.该义务是企业承担的现时义务

该义务是企业承担的现时义务，是指与或有事项相关的义务是在企业当前条件下已承担的义务，企业没有其他现实的选择，只能履行该现时义务。通常情况下，过去的事项导致现时义务是比较明确的，但也存在极少情况，如法律诉讼，特定事项是否已发生或这些事项是否已产生了一项现时义务可能难以确定，企业应当考虑包括资产负债表日后所有可获得的证据、专家意见等，以此确定资产负债表日是否存在现时义务。如果据此判断，资产负债表日很可能存在现时义务，且符合预计负债确认条件的，应当确认一项预计负债；如果资产负债表日现时义务很可能不存在的，企业应披露一项预计负债，除非含有经济利益的资源流出企业的可能性极小。

2.履行该义务很可能导致经济利益流出企业

履行该义务很可能导致经济利益流出企业，是指履行与或有事项相关的现时义务时，导致经济利益流出企业的可能性超过50%但小于或等于95%。

企业因或有事项承担了现时义务，并不说明该现时义务很可能导致经济利益流出企业。例如，甲企业与乙企业签订协议，承诺为乙企业的2年期银行借款提供全额担保。对于甲企业而言，由于担保事项而承担了一项现时义务，但这项义务的履行是否很可能导致经济利益流出企业，需依据乙企业的经营情况和财务状况等因素加以确定。假定乙企业在还贷前财务状况恶化，且没有迹象表明可能发生好转。此种情况出现，表明乙企业很可能违约，从而甲企业履行承担的现时义务将很可能导致经济利益流出企业。

存在很多类似义务，如产品保证或类似合同，履行时要求的经济利益流出的可能性应通过总体考虑才能确定。

3.该义务的金额能够可靠地计量

该义务的金额能够可靠地计量，是指与或有事项相关的现时义务的金额能够合理地估计。由于或有事项具有不确定性，因或有事项产生的现时义务的金额也具有不确定性,需要估计。对或有事项确认一项预计负债,相关现时义务的金额应当能够可靠估计。例如,甲企业(被告)涉及一桩诉讼案。根据以往的审判案例推断,甲企业很可能要败诉,相关的赔偿金额也可以估算出一个范围。这种情况下,可以认为甲企业因未决诉讼承担的现时义务的金额能够可靠地估计。

(二)预计负债的计量

预计负债的计量主要涉及两个问题:一是最佳估计数的确定;二是预期可获得补偿的处理。

1.最佳估计数的确定

预计负债应当按照履行相关现时义务所需支出的最佳估计数进行初始计量。最佳估计数的确定应当分以下两种情况处理:

若所需支出存在一个连续范围(或区间,下同),且该范围内各种结果发生的可能性相同,则最佳估计数应当按照该范围内的中间值,即上下限金额的平均数确定。

若所需支出不存在一个连续范围,或者虽然存在一个连续范围但该范围内各种结果发生的可能性不相同,在这种情况下,最佳估计数按照如下方法确定:一是或有事项涉及单个项目的,按照最可能发生金额确定。"涉及单个项目"指或有事项涉及的项目只有一个,如一项未决诉讼、一项未决仲裁或一项债务担保等。二是或有事项涉及多个项目的,按照各种可能结果及相关概率计算确定。"涉及多个项目"指或有事项涉及的项目不止一个,如在产品质量保证中,提出产品保修要求的可能有许多客户。相应地,企业对这些客户负有保修义务。

企业在确定最佳估计数时,应当综合考虑与或有事项有关的风险、不确定性和货币时间价值等因素。

2.预期可获得的补偿

企业清偿预计负债所需支出全部或部分预期由第三方补偿的,补偿金额只有在基本确定能够收到时才能作为资产单独确认。确认的补偿金额不应当超过预计负债的账面价值。

企业预期从第三方获得的补偿,是一种潜在资产,其最终是否真的会转化为企业真正的资产(即企业是否能够收到这项补偿)具有较大的不确定性,企业只能在基本确定能够收到补偿时才能对其进行确认。其次,根据资产和负债不能随意抵销的原则,预期可获得的补偿在基本确定能够收到时应当确认为一项资产,而不能作为预计负债金额的扣减。

补偿金额的确认涉及两个问题:一是确认时间,补偿只有在"基本确定"能够收到时予以确认;二是确认金额,确认的金额是基本确定能够收到的金额,而且不能超过相关预计负债的账面价值。例如，甲企业因或有事项确认了一项预计负债 50 万元，同时，因该或有事项，甲企业还可从乙企业获得 35 万元的赔偿，且这项金额基本确定能收到。在这种情况下，甲企业应分别确认一项预计负债 50 万元和一项资产 35 万元。

（三）预计负债的核算

企业应设置“预计负债”科目核算企业确认的对外提供担保、未决诉讼、产品质量保证、重组义务、亏损性合同等产生的预计负债，并按形成预计负债的交易或事项进行明细核算。

企业由对外提供担保、未决诉讼、重组义务产生的预计负债，应按确定的金额，借记“营业外支出”等科目，贷记“预计负债”科目。由产品质量保证产生的预计负债，应按确定的金额，借记“销售费用”科目，贷记“预计负债”科目。

由资产弃置义务产生的预计负债，应按确定的金额，借记“固定资产”等科目，贷记“预计负债”科目。在固定资产或油气资产的使用寿命内，按计算确定各期应负担的利息费用，借记“财务费用”科目，贷记“预计负债”科目。实际清偿或冲减的预计负债，借记“预计负债”科目，贷记“银行存款”等科目。

根据确凿证据需要对已确认的预计负债进行调整的，调整增加的预计负债，借记有关科目，贷记“预计负债”科目；调整减少的预计负债做相反的会计分录。

【例 11－14】 A 公司为机床生产和销售企业。假定 2013 年“预计负债——产品质量保证”科目年末余额为 10 万元。2014 年第一季度、第二季度、第三季度、第四季度分别销售机床 200 台、300 台、400 台和 350 台，每台售价为 5 万元。对购买其产品的消费者，A 公司做出如下承诺：机床售出后 3 年内如出现非意外事件造成的机床故障和质量问题，A 公司免费负责保修（含零部件更换）。根据以往经验，发生的保修费一般为销售额的 1％至 1.5％之间。假定 A 公司 2014 年四个季度实际发生的维修费分别为 2 万元、20 万元、18 万元和 35 万元。

本例中，A 公司因销售机床而承担了现时义务，该义务的履行很可能导致经济利益流出 A 公司，且该义务的金额能够可靠地计量。A 公司根据或有事项准则的规定在每季度末确认一项负债。

编制有关会计分录如下：

（1）第一季度发生产品质量保证费用（维修费）：

借：预计负债——产品质量保证　　20 000

　贷：银行存款或原材料等　　20 000

第一季度末应确认的产品质量保证负债金额为：

200×50 000×（0.01＋0.015）÷2＝125 000（元）

借：销售费用——产品质量保证　　125 000

　贷：预计负债——产品质量保证　　125 000

第一季度末，“预计负债——产品质量保证”科目余额为：

100 000－20 000＋125 000＝205 000(元)

(2)第二季度发生产品质量保证费用(维修费)：

借：预计负债——产品质量保证　　200 000

　贷：银行存款或原材料等　　200 000

第二季度末应确认的产品质量保证负债金额为：

300×50 000×(0.01＋0.015)÷2＝187 500(元)

借：销售费用——产品质量保证　　187 500

　贷：预计负债——产品质量保证　　187 500

第二季度末，“预计负债——产品质量保证”科目余额为：

205 000－200 000＋187 500＝192 500(元)

(3)第三季度发生产品质量保证费用(维修费)：

借：预计负债——产品质量保证　　180 000

　贷：银行存款或原材料等　　180 000

第三季度末应确认的产品质量保证负债金额为：

400×50 000×(0.01＋0.015)÷2＝250 000(元)

借：销售费用——产品质量保证　　250 000

　贷：预计负债——产品质量保证　　250 000

第三季度末，“预计负债——产品质量保证”科目余额为：

192 500－180 000－250 000＝262 500(元)

(4)第四季度发生产品质量保证费用(维修费)：

借：预计负债——产品质量保证　　350 000

　贷：银行存款或原材料等　　350 000

第四季度末应确认的产品质量保证负债金额为：

350×50 000×(0.01＋0.015)÷2＝218 750(元)

借：销售费用——产品质量保证　　218 750

　贷：预计负债——产品质量保证　　218 750

第四季度末，“预计负债——产品质量保证”科目余额为：

262 500－350 000＋218 750＝131 250(元)

思考题

1.什么是借款费用？借款费用应予以资本化还是费用化的基本原则是什么？

2.如何确定应付债券科目下利息调整明细科目的入账金额？什么是利息调整摊销的实际利率法？

3.购入有关资产超过正常信用条件延期支付价款、实质上具有融资性质的，应如何进行账务处理？

4.预计负债与一般负债的区别是什么？

练习题

1.企业于 2014 年 1 月 1 日从银行取得长期借款 600 000 元，期限为 3 年，年利率为 7%，按复利计息，每年年末计息一次，到期一次归还本息。借入款项已存入开户银行，此项借款用于企业的生产经营周转。

要求：根据上述资料，编制借入款项、各期计息和到期归还本息的会计分录。

2.企业于 2014 年 1 月 1 日发行 5 年期债券 5 000 000 元，发行价格为 4 920 000 元，票面利率为 6%，利息于到期时连同本金一次偿付。另以银行存款支付交易费用 20 000 元。债券所筹资金于年初全部用于固定资产的购建，该项固定资产于 2014 年 12 月 31 日已达到预定可使用状态。企业按实际利率法确认利息费用。

要求：

(1)根据上述资料，编制取得债券发行款、各期计息和到期还本付息的会计分录。

(2)若债券发行价格为 5 100 000 元，于每年年末计息并付息一次，其他条件不变。编制取得债券发行款、各期计息和到期还本付息的会计分录。

3.某公司于 2014 年 1 月 1 日发行 3 年期可转换公司债券，每年 1 月 1 日付息，到期一次还本的债券，面值总额为 10 000 万元，发行价款为 10 100 万元，票面年利率为 4%，实际利率为 6%。债券包含的负债成分的公允价值为 9 465.40 万元，2015 年 1 月 1 日，某债券持有人将其持有的 5 000 万元可转换公司债券转换为 100 万股普通股(每股面值 1 元)。该公司按实际利率法确认利息费用。

要求：根据上述资料，编制该公司从发行债券到转换为普通股的会计分录。

第十二章
所有者权益

【本章导读】

企业要进行生产经营活动，要有一定数量的资金，这些资金的来源渠道主要有两条，一是投资者提供，二是债权人提供。投资者和债权人向企业提供资金是有条件的，他们对企业使用这些资金形成的资产具有要求权，便形成了所有者权益和债权人权益。投资者提供资金在债权人之前，享受权益在债权人之后，所享有的是资产减去负债以后的剩余权益。所有者权益或者股东权益是所有者(股东)对企业的投资，包括所有者为创立公司投入的资本和之后的经营过程中增加投入的资本以及公司在存续期间所赚取的留存利润等，因此可以看出所有者权益的变动是受一些因素影响的。例如，截至 2014 年 3 月 6 日，共有 259 家 A 股上市公司发布年报分红预案或已实施分红，241 家预计现金分红，分红总额为 194.41 亿元。259 家拟分配或已实施的上市公司中，中小板公司有 95 家，创业板公司 84 家，沪深主板公司有 80 家。其中，有 85 家发布了高送转方案(10 送转 5 股及以上)。其中，佐力药业等 72 家公司每 10 股送转 10 股及以上。从这个新闻中，我们需要分析上市公司的分红是否会影响企业的所有者权益？采用现金分红和高送转方式分红这样不同的分红方式是否会对所有者权益产生不同的影响？

【学习目标】

了解所有者权益的含义，所有者权益与负债的区别；

重点掌握实收资本的核算以及资本变动的账务处理，资本公积的来源及核算；

掌握留存收益的构成及核算。

第一节　所有者权益概述

一、所有者权益的概念

所有者权益是指企业资产扣除负债后由所有者享有的剩余权益。所有者权益是企业投资人对企业净资产的要求权。所谓净资产，在数量上等于企业全部资产减去全部负债后的余额，所有者权益本身并没有特殊的计量问题。所有者以其出资额的比例分享企业利润，与此同时，所有者也必须以其出资额承担企业的经营风险。所有者权益还意味着所有者有法定的管理企业和委托他人管理企业的权利。

二、所有者权益的性质

企业的投资人和债权人是企业资源的提供者，分别体现的是企业两种不同的融资方式：股权融资和债权融资。因此，企业的权益包括所有者权益和债权人权益两种，二者均是对企业资产的要求权，但是二者之间又存在明显的区别。主要的区别有：

（一）性质不同

负债是企业对债权人承担的经济责任，在企业清算时债权人对企业的资产有优先要求权；所有者权益则是所有者对剩余资产的要求权，这种要求权在顺序上置于债权人的要求权之后。

（二）权利不同

负债代表债权人对企业资源的定期求偿权，只有收回本金和利息的权利，债权人没有经营决策的参与权和收益分配权；所有者可以在某些条件下或者通过一定的途径参与企业的经营决策和收益分配。

（三）偿还期限不同

负债通常都有约定的偿还期限；所有者权益是企业可长久使用的资金来源。除非发生减资、清算，企业不需要偿还所有者权益。

（四）风险不同

债权人利息一般是按一定利率计算、事先可以确定的固定金额，企业不论盈利与否均应按期付息，风险较小；所有者的获利水平视企业的盈利水平和经营政策而定，风险较大。

(五)计量不同

负债必须在发生时按照规定的方法单独予以计量;所有者权益金额的确定主要取决于资产和负债的计量。

总之,所有者权益反映的是企业所有者对企业资产的索取权,负债反映的是企业债权人对企业资产的索取权,两者在性质上有本质区别,因此企业在会计确认、计量和报告中应当严格区分负债和所有者权益,以如实反映企业的财务状况,尤其是企业的偿债能力和产权比率等。在实务中,企业某些交易或者事项可能同时具有负债和所有者权益的特征,在这种情况下,企业应当将属于负债和所有者权益的部分分开核算和列报。例如,企业发行的可转换公司债券,企业应当将其中的负债部分和权益性工具部分进行分拆,分别确认负债和所有者权益。

三、所有者权益的构成

所有者权益按其产生或形成的来源不同,可分为所有者投入的资本、直接计入所有者权益的利得和损失、留存收益等。具体构成见图 12—1。

- 所有者权益
  - 投入资本
    - 实收资本(股本
    - 资本公积——资本溢价(或股本溢价)
  - 直接计入所有者权益的利得和损失——→资本公积——其他资本公积
  - 留存收益
    - 法定盈余公积
    - 任意盈余公积
    - 未分配利润

图 12—1　所有者权益的构成

(一)投入资本

按照我国有关法律规定,投资者设立企业首先必须投入资本。投入资本是投资者以各种形式投入企业的资本金及投入资本金本身的增值。实收资本是投资者投入资本形成法定资本的价值。实收资本的构成比例,即投资者的出资比例或股东的股份比例,通常是确定所有者在企业所有者权益中所占的份额和参与企业财务经营决策的基础,也是企业进行利润分配或股利分配的依据,同时还是企业清算时确定所有者对净资产要求权的依据。在股份有限公司,实收资本为股本。投资者投入的资本超过其在注册资本中所占份额的部分计入资本公积——资本溢价(股本溢价)中。

(二)直接计入所有者权益的利得和损失

利得是指由企业非日常活动所形成的、会导致所有者权益增加的、与所有者投入资本无关的经济利益的流入。损失是指由企业非日常活动所发生的、会导致所有者权益减少的、与向所有者分配利润无关的经济利益的流出。

利得和损失分为两种:一种是直接计入所有者权益的利得或损失,一种是直接计入当期利润的利得或损失。两者主要的区别在于计入损益的时间,一种是直接计入当期损益,另一种是暂时先计入"资本公积——其他资本公积",等到相关资产处置或终止确认时再从"资本公积"转入当期损益。直接计入当期利润的利得和损失将在本书第十三章中介绍。

直接计入所有者权益的利得和损失,是指不应计入当期损益、会导致所有者权益发生增减变动的、与所有者投入资本或者向所有者分配利润无关的利得或损失。主要包括可供出售金融资产公允价值的变动、长期股权投资采用权益法核算时被投资企业净损益以外的所有者权益变动、以权益结算的股份支付换取职工或其他方提供服务、投资性房地产公允价值的变动、持有至到期投资与可供出售金融资产的相互转化等,会计处理上主要通过"资本公积——其他资本公积"科目核算。

(三)留存收益

留存收益是指企业从历年实现的利润中提取或留存于企业的内部积累,它来源于企业的生产经营活动所实现的净利润,包括企业的盈余公积和未分配利润两个部分。

盈余公积是指企业按照规定从净利润中提取的积累资金,包括法定公积金、任意公积金等。法定公积金按照净利润(减弥补以前年度亏损)的10%提取(非公司制企业也可按照超过10%的比例提取),法定公积金累计额已达注册资本的50%时可以不再提取。任意盈余公积主要是公司制企业按照股东会的决议提取,其他企业也可根据需要提取任意盈余公积。

未分配利润是指企业实现的净利润经过弥补亏损、提取盈余公积和向投资者分配利润后留存在企业的、历年结存的利润,是企业所有者权益的组成部分。未分配利润有两层含义:一是留待以后年度处理的利润;二是未指明特定用途的利润。相对于所有者权益的其他部分来说,企业对于未分配利润的使用有较大的自主权。

盈余公积是有特定用途的累积盈余;未分配利润是没有指定用途的累积盈余。

第二节　实收资本

企业收到投资者投入的资产，有货币资金、实物资产和无形资产等不同的形式。对于不同企业，实收资本的会计处理有所区别。

一、实收资本

（一）实收资本的概念

实收资本是指投资者按照企业章程或合同、协议的约定实际投入资产的价值，是所有者权益的重要组成部分，是企业设立的必备条件，也是企业从事正常生产经营活动必须的基本资金。

实收资本具有两方面含义：实收资本代表企业资金的来源，表明企业创建时的规模状态；实收资本也代表所有者对企业的初始要求权，是所有者投给企业的本钱，企业有责任对其保值和增值。我国目前实行的是注册资本制度，《企业法人登记管理条例》规定，除国家另有规定以外，企业的注册资本应当与实收资本相一致。因而，在投资者足额交纳资本之后，企业实收资本应该等于企业的注册资本。

（二）实收资本核算的科目设置

企业接受投资者投入的实收资本，通过"实收资本"科目核算。股份有限公司应将本科目改为"股本"科目。企业收到投资者出资超过其在注册资本或股本中所占份额的部分，作为资本溢价或股本溢价，在"资本公积——资本溢价（或股本溢价）"科目核算。本科目可按投资者进行明细核算。期末一般为贷方余额，反映企业实收资本或股本总额。

二、实收资本的会计处理

（一）接受货币资金投资

企业接受货币资金投资时，应以实际收到的金额或存入企业开户银行的金额，借记"银行存款"等科目，按投资合同或协议约定的投资者在企业注册资本中所占份额的部分，贷记"实收资本"科目，企业实际收到或存入开户银行的金额超过投资者在企业注册资本中所占份额的部分，贷记"资本公积——资本溢价"科目。

股份有限公司发行股票收到现金资产时，借记"银行存款"等科目，按每股股票面值和发行股份总额的乘积计算的金额，贷记"股本"科目，实际收到的金额与该股本之间的差额，贷记“资本公积——股本溢价”科目。

股份有限公司发行股票发生的手续费、佣金等交易费用，应从溢价中抵扣，冲减资本公积（股本溢价）。

【例 12—1】 甲公司成立，收到乙公司投资投入的现金 2 000 000 元，存入银行。根据存款证明，甲公司所做的账务处理为：

借：银行存款　　2 000 000

　贷：实收资本——乙公司　　2 000 000

【例 12—2】 甲、乙、丙共同投资设立 A 有限责任公司，注册资本为 2 000 000 元，甲、乙、丙持股比例分别为 60%、20%和 20%。按照章程规定，甲、乙、丙投入资本分别为 1 200 000 元、400 000 元和 400 000 元。A 公司已如期收到各投资者一次缴足的款项。

A 有限责任公司在进行会计处理时，应编制会计分录如下：

借：银行存款　　2 000 000

　贷：实收资本——甲　　1 200 000

　　　　　　——乙　　400 000

　　　　　　——丙　　400 000

（二）接受非现金资产投资

企业接受固定资产、无形资产等非现金资产投资时，应按投资合同或协议约定的价值（不公允的除外）作为固定资产、无形资产的入账价值，借记有关资产科目；按投资合同或协议约定的投资者在企业注册资本或股本中所占份额的部分作为实收资本或股本入账，贷记“实收资本”科目；投资合同或协议约定的价值（不公允的除外）超过投资者在企业注册资本或股本中所占份额的部分，贷记“资本公积——资本溢价”科目。

【例 12—3】 甲公司成立后，投资者丙公司投入材料一批，开来的专用发票标明价款为 100 000 元，增值税为 17 000 元。双方协商按发票价值计价，甲公司所做的会计分录为：

借：原材料　　100 000

　　应交税费——应交增值税（进项税额）　　17 000

　贷：实收资本——丙公司　　117 000

【例 12—4】 甲企业注册资本为 1 000 000 元。根据合同约定该企业收到 A 投入的货币资本 100 000 元，正好等于 A 在甲企业的注册资本的份额，该款项全部存入企业的开户银行。投资者 B 投入不需要安装的设备一台，设备双方确认的价值为 205 000元，B 公司未提供设备的增值税发票。B 在该企业注册资本的份额为

200 000元。

根据上述业务编制如下会计分录：

借：银行存款　　100 000
　固定资产　　205 000
　贷：实收资本——投资者A　　100 000
　　　　　　——投资者B　　200 000
　　资本公积——资本溢价　　5 000

三、企业资本或股本变动的会计处理

企业的注册资本与实收资本(或股本)相一致，如果企业注册资本发生变化，需要根据《中华人民共和国公司管理条例》规定，持资金证明或验资证明，向原登记机关申请变更登记。这表明，企业的实收资本或股本在一般情况下保持不变，但在某些特定的情况下，也会发生增减变动。

(一)企业增资

1.资本公积转增资本

企业经股东大会或类似机构决议，用资本公积转增资本时，借记"资本公积——资本溢价(或股本溢价)"科目，贷记"实收资本"或"股本"科目。

【例12-5】 某股份公司董事会拟订方案将资本公积2 000 000元转为股本，股票面值2 000 000元，每股面值1元。该方案经股东大会通过，并办妥增资手续。公司应做如下会计分录：

借：资本公积　　2 000 000
　贷：股本　　2 000 000

2.盈余公积转增资本

企业经股东大会或类似机构决议，用盈余公积转增资本时，借记"盈余公积"科目，贷记"实收资本"或"股本"科目。值得注意的是，资本公积和盈余公积都属于所有者权益，转为实收资本时，应按照各投资者所持股份同比例增加每个投资者的投资额。

3.采取发放股票股利的方式增资

股东大会批准的利润分配方案中分配的股票股利，在宣告分配股票股利时不做会计处理，应在办理增资手续后，借记"利润分配——转作股本(或资本)的普通股股利"科目，贷记"股本(或实收资本)"科目。

4.可转换公司债券转换为股本

股份公司将发行的可转换公司债券按规定转为普通股时，也增加了公司的股本。

债券转换为股票时，应按该债券的面值借记“应付债券——债券面值”科目，按未摊销的溢价（或折价）借记（或贷记）“应付债券——债券溢价（或债券折价）”科目，按已提的债券利息借记“应付债券——应计利息”科目，按股票面值和转换的股数计算的股票面值总额贷记“股本”科目，按实际用现金支付的不可转换部分债券的价值，贷记“库存现金”或“银行存款”等科目，按其差额贷记“资本公积——股本溢价”科目。

5.将重组债务转为资本

企业将重组债务转为资本的，应按重组债务的账面余额，借记“应付账款”等科目，按债权人因放弃债权而享有本企业股份的面值总额，贷记“实收资本”科目，按股份的公允价值总额与相应的实收资本或股本之间的差额，贷记或借记“资本公积——资本溢价或股本溢价”科目，按其差额，贷记“营业外收入——债务重组利得”科目。

6.以权益的结算股份支付的行权

以权益结算的股份支付，是指企业为获取服务以股份或其他权益工具等作为对价进行结算的交易。以权益结算的股份支付换取职工或其他方提供服务的，应在行权日（指职工和其他方行使权利、获取现金或权益工具的日期），根据实际行权情况确定的金额，借记“资本公积——其他资本公积”科目，按应计入实收资本或股本的金额，贷记“实收资本”科目。

以权益结算的股份支付，换取职工提供服务的，应当以授予职工权益工具授予日的公允价值为基础，计入相关成本费用，同时确认资本公积。授予后立即可行权的换取职工服务的以权益结算的股份支付，应当在授予日按照权益工具的公允价值计入相关成本或费用，借记“管理费用”等科目，贷记“资本公积——权益结算的股利支付”科目。授予日，是指股份支付协议获得批准的日期。

完成等待期（指可行权条件得到满足的期间）内的服务或达到规定业绩条件才可行权的换取职工服务的以权益结算的股份支付，在等待期内的每个资产负债表日，应当以对可行权权益工具数量的最佳估计数和期权授予日的公允价值确定的金额，分期计入相关成本费用，借记“管理费用”等科目，贷记“资本公积——权益结算的股利支付”科目。

在资产负债表日，后续信息表明可行权权益工具的数量与以前估计不同的，应当进行调整，并在可行权日调整至实际可行权的权益工具数量。

企业在股份支付等待期，不再对已确认的相关成本费用和资本公积进行调整。

在行权日，企业应根据实际行权股票收取的价款与实际行权股票期权确认的资本公积，计算确定实际行权股票的发行价格，并分别转入股本和资本公积（股本溢价）。企业应根据收取的行权价格，借记“银行存款”等科目；根据已行权股票确认的资本公积，借记“资本公积——权益结算的股利支付”科目；根据已行权股票的股本金额，贷记“股本”科目；根据前述确认金额的差额，贷记“资本公积——股本溢价”科目。

【例 12—6】 A 公司为一上市公司，2010 年 12 月批准了一项股份支付协议。股份支付协议资料如下：

(1)2010 年 12 月 6 日，经股东会批准，A 公司向其 200 名管理人员每人授予 10 万股股票期权，这些职员从 2011 年 1 月 1 日起在该公司连续服务 3 年，即可以 4 元每股购买 10 万股 A 公司股票，从而获益。2010 年 12 月 6 日公司估计该期权公允价值为 15 元。2010 年 12 月 31 日公司估计该期权公允价值为 18 元。

(2)截至 2011 年 12 月 31 日，有 20 名职员离开 A 公司；A 公司估计 3 年中离开的职员的比例将达到 20%。

(3)2012 年 12 月 31 日，本年又有 10 名职员离开公司；公司将估计的职员离开比例修正为 15%。

(4)2013 年 12 月 31 日，本年又有 15 名职员离开。

(5)假设全部 155 名职员都在 2014 年 12 月 31 日行权，A 公司股份面值为 1 元。

根据以上资料，进行账务处理如下：

(1)2010 年 12 月 6 日授予日不做会计处理。2010 年 12 月 31 日也不需要做会计处理。

(2)截至 2011 年 12 月 31 日，有 20 名职员离开 A 公司；A 公司估计 3 年中离开的职员的比例将达到 20%。

借：管理费用[200×(1－20%)×10×15×1/3]　　8 000

　贷：资本公积——其他资本公积　　8 000

(3)2012 年 12 月 31 日，本年又有 10 名职员离开公司；公司将估计的职员离开比例修正为 15%。

借：管理费用[200×(1－15%)×10×15×2/3－8 000]　　9 000

　贷：资本公积——其他资本公积　　9 000

(4)2013 年 12 月 31 日，本年又有 15 名职员离开。

借：管理费用(155×10×15－8 000－9 000)　　6 250

　贷：资本公积——其他资本公积　　6 250

(5)假设 155 名职员全部都在 2014 年 12 月 31 日行权，A 公司股份面值为 1 元。

借：银行存款(155×10×4)　　6 200

　资本公积——其他资本公积(8 000＋9 000＋6 250)　　23 250

　贷：股本(155×10×1)　　1 550

　　资本公积——股本溢价　　27 900

(二)企业减资

企业资本的减少可以按照法定程序或通过收购股票的形式进行。企业按法定程序报经批准减少注册资本时，借记“实收资本”科目，贷记“库存现金”“银行存款”等科目。

股份有限公司采用收购本公司股票的方式减资时，按股票面值和注销股数计算的股票面值总额，借记“股本”科目，按所注销库存股的账面余额，贷记“库存股”科目，按其差额，借记“资本公积——股本溢价”科目，股本溢价不足冲减的，应借记“盈余公积”“利润分配——未分配利润”科目；购回股票支付的价款低于面值总额的，应按股票面值总额，借记“股本”科目，按所注销库存股的账面余额，贷记“库存股”科目，按其差额，贷记“资本公积——股本溢价”科目。

【例 12－7】 某公司因资本过剩需要减资，经办理有关手续后，收回本公司曾发行面值为 1 元的普通股 100 000 股，发行价为每股 5 元，现以每股 6.4 元的价格赎回，款项以银行存款支付，该股份公司应做如下会计处理：

(1)回购股票时：

借：库存股	640 000	
贷：银行存款		640 000

(2)注销库存股时：

借：股本	100 000	
资本公积——股本溢价	400 000	
盈余公积	140 000	
贷：库存股		640 000

本例中，如果以每股 5 元的价格赎回，则应做如下的会计处理：

借：库存股	500 000	
贷：银行存款		500 000
借：股本	100 000	
资本公积——股本溢价	400 000	
贷：库存股		500 000

第三节　资本公积

一、资本公积及其内容

资本公积是指企业在经营过程中由于接受捐赠、股本溢价以及法定财产重估增值等原因所形成的公积金，是归所有投资者共有的非收益性的公共积累。

资本公积按照形成的性质，可以分为股东投入资本的组成部分和企业经营过程中形成的可直接计入所有者权益的利得和损失。

二、资本公积的会计处理

为反映资本公积的形成及使用情况，企业应设置“资本公积”科目进行核算，本科目应当分“资本溢价(股本溢价)”“其他资本公积”进行明细核算，资本公积期末贷方余额，反映企业的资本公积余额。

(一)资本溢价(股本溢价)

资本溢价是指企业在筹集资金的过程中，投资人的投入资本超过其注册资本的数额。该项差额是按投资人的出资额与其在新增注册资本中应占的份额数的差异计算的。

企业接受投资者投入的资本、可转换公司债券持有人实施转换权利、将债务转为资本等形成的资本公积，借记有关科目，贷记“实收资本”或“股本”科目、“资本公积——资本溢价(股本溢价)”科目。

与发行权益性证券直接有关的手续费、佣金等交易费用，借记“资本公积——资本溢价(股本溢价)”科目，贷记“银行存款”科目。

【例12－8】 东方有限责任公司已创立5年，现拥有的所有者权益合计金额为1 000万元，其中实收资本为800万元，资本公积与留存收益为200万元。现有一新投资者甲有意出资向该企业投资，准备占有东方公司注册资本的20%，东方公司也准备增资200万元，使其注册资本扩充到1 000万元。东方公司已同意甲向公司投资并占有20%的投资比例。经协商，甲以现金180万元和一套生产线设备向公司投资，经双方确定生产线设备的价值为270万元，未取得增值税发票。东方公司已将现金收存银行，生产线设备已交付车间使用。有关增资手续已办妥。应做如下会计分录：

借：银行存款	1 800 000
固定资产	2 700 000

贷:实收资本——甲　　2 000 000

资本公积——资本溢价　　2 500 000

(二)其他资本公积

其他资本公积,主要是指直接计入所有者权益的利得或损失。其他资本公积一般由特定资产的计价变动而形成,当处置特定资产时,其他资本公积也应一并处置。因此,其他资本公积不得用于转增资本或股本。

与“资本公积——其他资本公积”有关的经济业务主要由以下交易或事项引起:

1.采用权益法核算的长期股权投资

在持股比例不变的情况下,被投资单位除了净损益以外的所有者权益的其他变动时,企业按持股比例计算应享有的份额,借记或贷记“长期股权投资——其他权益变动”科目,贷记或借记“资本公积——其他资本公积”科目。

处置采用权益法核算的长期股权投资时,还应将原记入资本公积的相关金额借记或贷记“资本公积——其他资本公积”科目,贷记或借记“投资收益”科目。

2.以权益结算的股份支付

企业根据以权益结算的股份支付协议授予职工或其他方提供服务的,应按权益工具授予日的公允价值计入其他资本公积。

在每个资产负债表日,应按确定的金额:

借:管理费用等

贷:资本公积——其他资本公积

在行权日,应按实际行权的权益工具数量计算确定的金额,转为股本和资本溢价:

借:银行存款(按行权价收取的金额)

资本公积——其他资本公积(原确定的金额)

贷:股本(增加的股份的面值)

资本公积——股本溢价(差额)

3.可供出售金融资产公允价值变动

可供出售金融资产的公允价值变动形成的利得,除减值损失和外币货币性金融资产形成的汇兑差额外,借记“可供出售金融资产——公允价值变动”科目,贷记“资本公积——其他资本公积”科目,公允价值变动形成的损失,做相反的分录。

4.持有至到期投资转换为可供出售金融资产公允价值与账面价值的差额

企业将持有至到期投资转换为可供出售金融资产时,转换日该项持有至到期投资的公允价值与其账面价值的差额,应计入其他资本公积;将可供出售金融资产转换为持有至到期投资,与其相关的原计入其他资本公积的余额,应在该项金融资产的剩余期限内进行摊销。

5.可转换债券的转换权价值

在债券发行时记入"资本公积——其他资本公积"的贷方，实际转换时从贷方转入"资本公积——其他资本公积"的借方。

6.自用房地产或存货转换为投资性房地产公允价值与账面价值的差额

企业将自用房地产或存货转换为采用公允价值模式计量的投资性房地产时，转换当日的公允价值大于原账面价值的差额，应计入其他资本公积；处置该项投资性房地产时，应转销与其相关的其他资本公积。

【例 12—9】 甲公司持有乙公司 30%的股份，当期乙公司因持有的可供出售金融资产公允价值的变动计入资本公积的金额为 60 万元。除该事项外，乙公司当期实现的净损益为 300 万元。假定甲公司与乙公司适用的会计政策、会计期间相同，投资时有关资产的公允价值与其账面价值亦相同。不考虑相关的所得税影响。

甲公司应确认的资本公积＝600×30%＝18(万元)

借:长期股权投资——乙公司(损益调整)　900 000

　　　　　　——乙公司(其他权益变动)　180 000

　贷:投资收益　900 000

　　资本公积——其他资本公积　180 000

【例 12—10】 2012 年 5 月 6 日 A 公司支付价款 1 016 万元(含交易费用 1 万元和已宣告但尚未发放的现金股利 15 万元)购入 B 公司发行的股票 200 万股，占 B 公司具有表决权股份的 0.5%。该金融资产确认为可供出售金融资产。

(1)2012 年 6 月 30 日，该股票市价为 5.2 元时：

借:可供出售金融资产——公允价值变动(1 040－1 001)　390 000

　贷:资本公积——其他资本公积　390 000

(2)2012 年 12 月 31 日，该股票市价为每股 5 元时：

借:资本公积——其他资本公积(1 000－1 040)　400 000

　贷:可供出售金融资产——公允价值变动　400 000

(3)2013 年 5 月 20 日，A 公司以 4.9 元的价格将该股票全部转让，会计分录为：

借:银行存款　98 000 000

　投资收益　210 000

　可供出售金融资产——公允价值变动　10 000

　贷:可供出售金融资产——成本　10 010 000

　　资本公积——其他资本公积　10 000

根据金融工具确认和计量准则确定可供出售金融资产发生减值的，按应减记的金额，借记“资产减值损失”科目，贷记“可供出售金融资产”科目。同时，按应从所有者权益中转出的累计损失，借记“资产减值损失”科目，贷记“资本公积——其他资本公积”。

【例 12—11】 2014 年 4 月 15 日某企业将拥有的一项房地产(以前作为固定资产管理)用于出租，账面原值为 450 万元，累计折旧 50 万元，未计提减值准备。4 月 15 日该写字楼的公允价值为 470 万元。

转换当日会计分录：

借：投资性房地产——××楼(成本)	4 700 000	
累计折旧	500 000	
贷：固定资产		4 500 000
资本公积——其他资本公积		700 000

以后处置时会计分录：

借：资本公积——其他资本公积	700 000	
贷：其他业务收入		700 000

自用房地产或存货转换为采用公允价值模式计量的投资性房地产时，转换当日的公允价值小于原账面价值的，其差额直接计入当期损益，而不是计入资本公积。

第四节 留存收益

留存收益是公司在经营过程中所创造的，但由于公司经营发展的需要或法定的原因等，没有分配给所有者而留存在公司的盈利。

一、留存收益的定义

留存收益是指企业从历年实现的利润中提取或留存于企业的内部积累，它来源于企业的生产经营活动所实现的净利润，包括企业的盈余公积金和未分配利润两个部分，其中盈余公积金是有特定用途的累积盈余，未分配利润是没有指定用途的累积盈余。

二、盈余公积

(一)盈余公积的来源

盈余公积是指企业按照规定从净利润中提取的积累资金，包括法定盈余公积和任意盈余公积等。法定盈余公积按照净利润(减弥补以前年度亏损)的 10%提取(非公司制企业也可按照超过10%的比例提取),法定公积金累计额已达注册资本的50%时可以不再提取。任意盈余公积主要是公司制企业按照股东会的决议提取,其他企业也可根据需要提取任意盈余公积。

(二)盈余公积的用途

盈余公积可用于弥补亏损、转增资本和分配股利。

1.弥补亏损

企业发生亏损时,应由企业自行弥补。弥补亏损的渠道主要有三条:

一是用以后年度税前利润弥补。按照现行制度规定,企业发生亏损时,可以用以后连续五年内实现的税前利润弥补,即税前利润弥补亏损的期间为五年。

二是用以后年度税后利润弥补。企业发生的亏损经过五年期间未弥补足额的,尚未弥补的亏损应用所得税后的利润弥补。

三是以盈余公积弥补亏损。企业以提取的盈余公积弥补亏损时,应当由公司董事会提议,并经股东大会批准。

但是,资本公积金不得用于弥补公司的亏损。

2.转增资本

企业将盈余公积转增资本时,必须经股东大会决议批准。在实际将盈余公积转增资本时,要按股东原有持股比例结转。法定盈余公积转为资本时,所留存的该项盈余公积不得少于转增前公司注册资本的25%。

3.分配股利

分配股利,原则上企业当年没有利润,不得分配股利。如为了维护企业信誉,用盈余公积分配股利,必须符合下列条件:

(1)用盈余公积弥补亏损后,该项公积金仍有结余。

(2)用盈余公积分配股利时,股利率不能太高,不得超过股票面值的6%。

(3)分配股利后,法定盈余公积金不得低于注册资本的25%。

(三)盈余公积的会计处理

1.盈余公积的提取

盈余公积是企业按一定比例从税后利润中提取的资本积累。提取盈余公积的主要目的,是为了增强企业自我发展和承受风险的能力,同时,盈余公积的提取实际上是企业当期实现的净利润向投资者分配利润的一种限制。提取盈余公积本身就属于利润分配的一部分,提取盈余公积相对应的资金,一经提取形成盈余公积后,在一般情况下不得用于向投资者分配利润或股利。

(1)法定盈余公积。企业按税后利润的10%提取。法定盈余公积是国家规定必须提取的，因此带有一定的强制性。法定盈余公积累计达到注册资本的50%以上的，可以不再提取。

(2)任意盈余公积。公司从税后利润中提取法定盈余公积之后，经股东会或者股东大会决议，还可以从税后利润中提取任意盈余公积，提取比例由企业自行决定，即它的提取是企业的一种自愿行为。

企业提取盈余公积时，借记“利润分配——提取法定(任意)盈余公积”科目，贷记“盈余公积”(法定盈余公积、任意盈余公积)科目。

【例 12－12】 天方食品股份公司2013年成立当年就实现税后利润96 000 000元，按10%的比例提取法定盈余公积金，股东大会决议按20%提取任意盈余公积金。其会计分录如下：

借：利润分配——提取法定盈余公积　　9 600 000
　　　　　　——提取任意盈余公积　　19 200 000
　贷：盈余公积——法定盈余公积　　9 600 000
　　　　　　——任意盈余公积　　19 200 000

2.盈余公积的使用

盈余公积主要用于弥补亏损或者转增资本等用途。盈余公积的用途，并不是指其实际占用形态，提取盈余公积也并不是单独将这部分资金从企业资金周转过程中抽出。企业提取的盈余公积，无论是用于弥补亏损，还是用于转增资本，只不过是在企业所有者权益内部结构的转换，如企业以盈余公积弥补亏损时，实际是减少盈余公积留存的数额，以此抵补未弥补亏损的数额，并不引起企业所有者权益总额的变动；企业以盈余公积转增资本时，也只是减少盈余公积结存的数额，但同时增加企业实收资本或股本的数额，也并不引起所有者权益总额的变动。

【例 12－13】 某股份公司经股东大会决议，决定将法定盈余公积50万元转增资本，按规定增资程序获得批准后，该公司应做如下会计分录：

借：盈余公积——法定盈余公积　　500 000
　贷：股本　　500 000

用盈余公积弥补亏损时借记“盈余公积——法定(或任意)盈余公积”科目，贷记“利润分配——盈余公积补亏”科目。

【例 12－14】 某股份有限公司发生经营亏损20万元，经股东大会决议，用法定盈余公积弥补，会计核算上应做如下会计分录：

借：盈余公积——法定盈余公积　　200 000
　贷：利润分配——盈余公积补亏　　200 000

三、未分配利润

未分配利润是指企业实现的净利润经过弥补亏损、提取盈余公积和向投资者分配利润后留存在企业的、历年结存的利润，是企业所有者权益的组成部分。从数量上来看，未分配利润是期初未分配利润加上本期实现的净利润，减去提取的各种盈余公积和分配出去的利润后的余额。相对于所有者权益的其他部分来讲，企业对未分配利润的使用分配有较大的自主权。

进行未分配利润核算时，应注意以下几个问题：未分配利润核算是通过“利润分配——未分配利润”账户进行的。未分配利润核算一般是在年度终了时进行的，年终时，首先将本年实现的净利润由“本年利润”科目的余额结转到“利润分配——未分配利润”科目；同时，将“利润分配”的其他二级科目的余额转入“利润分配——未分配利润”科目。经过上述结转后，“利润分配——未分配利润”科目的余额如果在贷方，即为未分配利润；如果在借方，则为未弥补亏损，未弥补亏损为所有者权益的抵减项目。

【例 12－15】 甲股份有限公司年初未分配利润为 200 000 元，本年实现净利润 1 000 000元，本年提取法定盈余公积 100 000 元，宣告发放现金股利 400 000 元。假定不考虑其他因素，甲股份有限公司会计处理如下：

(1)结转本年利润：

借：本年利润　　1 000 000

　贷：利润分配——未分配利润　　1 000 000

(2)提取法定盈余公积、宣告发放现金股利：

借：利润分配——提取法定盈余公积　　100 000

　　　　　——应付现金股利　　400 000

　贷：盈余公积——法定盈余公积　　100 000

　　应付股利　　400 000

同时，

借：利润分配——未分配利润　　500 000

　贷：利润分配——提取法定盈余公积　　100 000

　　　　　　——应付现金股利　　400 000

年末，未分配利润的余额＝200 000＋1 000 000－(100 000＋400 000)＝700 000(元)

思考题

1.所有者权益的来源有哪些？
2.什么是资本公积？它主要包括哪些内容？
3.什么是留存收益？它由哪些部分构成？应分别怎样核算？
4.所有者权益与负债的主要区别是什么？
5.盈余公积的用途是什么？
6.未分配利润和盈余公积的主要区别和联系是什么？

练习题

一、单项选择题

1.下列哪个科目应按出资人性质不同而设置明细科目（　　）。

A.实收资本　　B.资本公积
C.盈余公积　　D.未分配利润

2.资本公积可用于（　　）。

A.转增资本　　B.交纳所得税
C.分配股利　　D.偿还贷款

3.（　　）属于企业限定用途的留存收益。

A.实收资本　　B.资本公积
C.盈余公积　　D.未分配利润

4.（　　）属于企业非限定用途的留存收益。

A.实收资本　　B.资本公积
C.盈余公积　　D.未分配利润

5.直接计入所有者权益的利得和损失应计入（　　）。

A.实收资本　　B.资本公积
C.盈余公积　　D.未分配利润

6.企业当年的经营亏损可以用（　　）的税前利润弥补。

A.下一年度　　B.以后任意 5 年
C.以后连续 5 年　　D.以前 5 个年度

7.企业将盈余公积转增资本后，留存的盈余公积数额不得少于注册资本的(　　)。

A.50%　　B.25%　　C.20%　　D.40%

8.企业用盈余公积或资本公积转增资本，会导致(　　)。

A.所有者权益增加　　B.所有者权益减少

C.所有者权益总额发生变化　　D.所有者权益结构发生变化

9.会引起所有者权益总额发生变化的会计事项有(　　)。

A.用盈余公积转增资本

B.向股东分配现金股利

C.从净利润中提取盈余公积

D.用资本公积转增资本

10.某企业经营第一年亏损100万元，第二年实现税前利润300万元，所得税税率为25%，法定盈余公积的提取比例是10%，则该企业当年应提取的法定盈余公积为(　　)万元。

A.30　　B.22.5　　C.15　　D.15.5

11.下列有关资本公积的会计处理，不正确的是(　　)。

A.自用房地产转换为采用公允价值模式计量的投资性房地产，其公允价值大于账面价值的差额应调整资本公积

B.持有至到期投资重分类为可供出售金融资产，并以公允价值进行后续计量的，重分类日，该投资的账面价值与公允价值的差额应计入"资本公积——其他资本公积"

C.权益结算的股份支付，应在行权日根据行权情况，确认股本和股本溢价，同时结转等待期内确认的资本公积(其他资本公积)

D.资产负债表日，投资性房地产以公允价值计量的，公允价值变动计入资本公积

二、多项选择题

1.公司制企业的所有者权益包括(　　)。

A.实收资本　B.资本公积　　C.盈余公积　　D.未分配利润

2.可以用来弥补亏损的有(　　)。

A.税前利润　B.税后利润　　C.法定盈余公积　D.资本公积

3.盈余公积可用于(　　)。

A.转增资本　B.发放职工奖金　C.分配股利　　D.弥补亏损

4.来自于企业的经营收益的所有者权益有(　　)。

A.实收资本　B.资本公积　　C.盈余公积　　D.未分配利润

5.企业的留存收益包括(　　)。

A.实收资本　B.资本公积　C.盈余公积　D.未分配利润

6.企业可供分配的利润包括(　　)。

A.本年利润总额　B.本年净利润

C.以前年度未分配利润　D.盈余公积

7.下列各项中,发生当时可能会引起资本公积账面余额发生变化的有(　　)。

A.企业接受现金捐赠

B.资产负债表日,可供出售金融资产公允价值大于账面价值

C.应付账款获得债权人豁免

D.采用权益法核算,被投资单位除净损益以外的所有者权益发生增减变动

E.出售可供出售金融资产

8.企业有关"利润分配"科目(以下简称本科目)正确的核算方法有(　　)。

A.企业按规定提取的法定盈余公积,借记本科目(提取法定盈余公积),贷记"盈余公积——法定盈余公积"科目

B.企业按规定提取的任意盈余公积,借记本科目(提取任意盈余公积),贷记"盈余公积——任意盈余公积"科目

C.经股东大会或类似机构决议,分配给股东的股票股利,应在办理增资手续后,借记本科目(转作股本的股利),贷记"股本"科目

D.企业经股东大会或类似机构决议,分配给股东或投资者的现金股利或利润,借记本科目(应付现金股利或利润),贷记"应付股利"科目

E.年度终了,企业应将本年实现的净利润,自"本年利润"科目转入本科目,借记"本年利润"科目,贷记本科目(未分配利润),为净亏损的做相反的会计分录,"利润分配"科目所属其他明细科目的余额均不需再做结转处理

三、业务题

1.(1)A企业由B、C、D三个公司共同投资设立,按出资协议,B公司以现金出资300万元;C公司以一套全新设备出资,价值为300万元;D公司以现金出资250万元,同时以一项专有技术出资,协商确定价值为150万元。款项与设备均已到账。请做出A公司接受投资的分录。

(2)接上,A公司经与B、C、D三位股东协商同意E公司投资320万元并占有A公司20%的股份。请做出A公司接受E公司投资的会计分录。

(3)接上,A公司将20万元资本公积转增资本,已办完增资手续。请做出A公司资本公积转增资本的会计分录。

2.某企业 2013 年 12 月末收入费用类账户发生额如下：

收入、费用类账户发生额 单位：元

科目名称	借方发生额	贷方发生额
主营业务收入		12 000
主营业务成本	8 000	
营业税金及附加	160	
销售费用	1 000	
管理费用	1 540	
财务费用	400	
投资收益		1 200
营业外收入		100
营业外支出	500	
其他业务收入		1 400
其他业务成本	1 100	

要求：根据上述资料，编制以下会计分录。

(1)结转各收入费用类账户余额；

(2)假设无纳税调整事项，计算应交所得税(税率 25%)，并结转所得税费用账户；

(3)结转净利润；

(4)按税后利润的 10%提取法定盈余公积金；

(5)股东大会决议，提取 500 元的任意盈余公积金。

3.甲股份有限公司(以下简称甲公司)2007 年至 2009 年度有关业务资料如下：

(1)2007 年 1 月 1 日，甲公司股东权益总额为 46 500 万元(其中，股本总额为 10 000万股，每股面值为 1 元；资本公积为 30 000 万元；盈余公积为 6 000 万元；未分配利润为 500 万元)。2007 年度实现净利润 400 万元，股本与资本公积项目未发生变化。

2008 年 3 月 1 日，甲公司董事会提出如下预案：

①按 2007 年度实现净利润的 10%提取法定盈余公积。

②以 2007 年 12 月 31 日的股本总额为基数，以资本公积(股本溢价)转增股本，每

10 股转增 4 股，共计转增 4 000 万股。

2008 年 5 月 5 日，甲公司召开股东大会，审议批准了董事会提出的预案，同时决定分派现金股利 300 万元。2008 年 6 月 10 日，甲公司办妥了上述资本公积转增股本的有关手续。

(2)2008 年度，甲公司发生净亏损 3 142 万元。

(3)2010 年 5 月 9 日，甲公司股东大会决定以法定盈余公积弥补账面累计未弥补亏损 200 万元。

要求：

(1)编制甲公司 2008 年 3 月提取法定盈余公积的会计分录。

(2)编制甲公司 2008 年 5 月宣告分派现金股利的会计分录。

(3)编制甲公司 2008 年 6 月资本公积转增股本的会计分录。

(4)编制甲公司 2008 年度结转当年净亏损的会计分录。

(5)编制甲公司 2010 年 5 月以法定盈余公积弥补亏损的会计分录。（“利润分配”“盈余公积”科目要求写出明细科目；答案中的金额单位用万元表示。）

第十三章
收入、费用和利润

【本章导读】

收入是企业经济利益的流入，而费用是企业生产经营中的耗费，是为取得收入而付出的代价，收入和费用配比之后就可以确定企业的经营成果，即利润。收入和费用如果只注重其中一个的管理，企业的经营绩效不一定会理想。从上市公司公布的2013年年报来看，有些企业就出现了收入增长较大，但是利润增幅较小甚至下降的情况。比如说章源钨业，公司在2013年度实现营业收入19.52亿元，比上年同期增长11.9%，但是营业利润1.45亿元，比上年同期减少7.5%，归属于上市公司股东净利润1.08亿元，比上年同期减少17.7%。这种现象是怎么造成的呢？由于国际市场钨价的快速上涨和公司调整销售提成方案及进一步加大销售宣传力度，使得该公司收入出现大幅上涨。但是加大销售宣传之后，该公司销售费用增长23.9%，管理费用和财务费用也分别增长了30%和16%，这些因素导致虽然毛利上升，但是净利润却下降。这个案例很好地诠释了收入、费用和利润之间的关系，利润的增长不能只依靠收入的增长，还需要控制好费用，否则高额的费用会侵蚀利润的空间。本章将详细介绍收入、费用和利润这三个要素的内容和三者之间的关系。

【学习目标】

了解收入及费用的概念、分类、确认和计量的原则与基本要求；

理解利润的形成过程以及提供劳务收入和让渡资产使用权收入的账务处理；

重点掌握销售收入和期间费用的账务处理。

第一节　收入概述

一、收入的概念

收入是指企业在日常活动中所形成的、会导致所有者权益增加的、与所有者投入资本无关的经济利益的总流入。其中，日常活动是指企业为完成其经营目标所从事的经营活动以及与之相关的其他活动。

根据收入的定义，我国企业会计准则中的收入实际是一个狭义收入的概念，是企业在日常活动中产生的，非日常活动带来的经济利益的流入不属于收入，是利得。例如，企业处置非流动资产的收益、收到的政府补助等，都是利得而不是收入。

伴随着收入的实现，往往是资产的增加，或者负债的减少，或者兼而有之，根据“资产－负债＝净资产”这个等式，资产的增加以及负债的减少就会带来净资产的增加。

收入只包括为本企业带来的经济利益的流入，不包括为第三方或客户代收的款项，如增值税的销项税额。代收的款项不会增加企业的净资产，所以不属于本企业的收入。

二、收入的分类

(一)按企业从事日常活动的性质分类

收入按企业从事日常活动的性质可以分为销售商品收入、提供劳务收入和让渡资产使用权收入。

1.销售商品收入

销售商品收入是指企业通过销售产成品或商品而取得的收入。如工业企业销售产成品、半成品取得的收入，商品流通企业销售商品取得的收入，房地产经营商销售自行开发的房地产取得的收入。

2.提供劳务收入

提供劳务收入，是指企业通过提供劳务作业而取得的收入。如咨询公司提供咨询服务、软件开发企业为客户开发软件、安装公司提供安装服务等实现的收入。

3.让渡资产使用权收入

让渡资产使用权收入是指企业通过让渡资产使用权而取得的收入。如金融企业发放贷款、租赁公司出租资产取得的收入，企业让渡无形资产使用权取得的收入。

(二)按从事的日常活动在企业的重要性分类

收入按从事日常活动在企业的重要性可以分为主营业务收入和其他业务收入。

1.主营业务收入

主营业务收入是指企业为完成其经营目标从事的经常性活动实现的收入,如工业企业生产并销售产品、商品流通企业销售商品、保险公司签发保单、咨询公司提供咨询业务、软件开发企业为客户开发软件、安装公司提供安装服务、商业银行对外贷款、租赁公司出租资产等实现的收入。这些收入属于企业的主营业务收入,通过"主营业务收入""利息收入""保费收入"等科目进行核算。

2.其他业务收入

其他业务收入是指与企业为完成其经营目标所从事的经常性活动相关的活动实现的收入,如工业企业对外出售不需用的原材料、对外转让无形资产使用权等实现的收入,这些收入属于企业的其他业务收入,主要通过"其他业务收入"科目进行核算。

第二节 销售商品收入

一、销售商品收入的确认原则

根据《企业会计准则第 14 号——收入》规定,销售商品收入同时满足下列条件的才能予以确认:

(一)企业已将商品所有权上的主要风险和报酬转移给购货方

企业已将商品所有权上的主要风险和报酬转移给购货方,是指与商品所有权有关的主要风险和报酬同时转移。与商品所有权有关的风险,是指商品可能发生减值或毁损等形成的损失;与商品所有权有关的报酬,是指商品价值增值或通过使用商品等产生的经济利益。

如果与商品有关的任何损失均不需要本企业承担,带来的经济利益也不归本企业所有,则意味着该商品所有权上的主要风险和报酬已转移给了购货方。判断企业是否已将商品所有权上的主要风险和报酬转移给购货方,应当关注交易的实质,并结合所有权凭证的转移进行判断。

通常情况下,转移商品所有权凭证或交付实物后,商品所有权上的风险和报酬随之转移,如大多数零售商品。但是某些情况下,也会存在未转移的情况。比如,企业销售的商品在质量、品种、规格等方面不符合合同或者协议要求,根据正常的保证条款予以弥补,因而仍负有责任;企业销售商品收入是否能够取得,取决于代销方是否已经将商品销售出去,如采用支付手续费的方式委托代销商品等;企业未完成商品的安装或检验工作,且安装或检验工作是销售合同或协议的重要组成部分;销售合同或协议中规定了买方由于特定原因有权退货的条款,且企业又不能确定退货的可能性。

(二)企业既没有保留通常与所有权相联系的继续管理权,也没有对已售出的商品实施控制

企业将商品所有权上的主要风险和报酬转移给买方后,如仍然保留通常与所有权相联系的继续管理权,或仍然对售出的商品实施控制,则此项销售不能成立,不能确认相应的销售收入。如企业对售出的商品保留了与所有权无关的管理权,则不受本条件的限制。如甲企业为房地产开发企业,将其尚未开发的土地卖给乙企业,合同规定由甲企业开发这片土地,开发后的土地出售后,利润由甲、乙企业按比例共同享有,这种情况属于甲企业保留了与所有权有关的继续管理权,此交易不属于销售交易,而是属于甲、乙企业共同开发土地、共同分享利润的投资交易,因而在出售土地时,不应确认收入。

(三)与交易相关的经济利益很可能流入企业

在销售商品的交易中,与交易相关的经济利益即为销售商品的价款。很可能是指经济利益流入企业的可能性超过50%,销售商品的价款能否有把握收回,是收入确认的一个重要条件。企业在销售商品时,如估计价款收回的可能性不大,即使收入确认的其他条件均已满足,也不应当确认收入。如果企业判断价款不能收回,应提供可靠的证据。

(四)相关的收入的金额和已发生的或将发生的成本能够可靠地计量

1.收入能否可靠地计量,是确认收入的基本前提

收入能否可靠地计量是确认收入的基本前提。企业在销售商品时,售价通常已经确定,但销售过程中由于某些不确定因素,也有可能出现售价变动的情况,则在新的售价未确定之前,即使款项已经收到,也不应确认收入,而应将其实际收到的款项作为预收账款处理。等新的售价确定后,再按预收款销售产品的有关规定,进行确认收入、补收或退回多收款项的账务处理。

2.成本不能可靠计量,即使其他条件均已满足,相关的收入也不能确认

根据收入和费用相配比的原则,在同一项销售中,有关的收入和成本应在同一会计期间予以确认。因此,如果成本不能可靠地计量,即使其他条件均已满足,相关的收入也不能确认,如已收到价款,收到的价款应确认为一项负债。

企业销售商品应同时满足上述条件时,才能确认收入;若其中任何一个条件没有

满足，即使收到货款，也不能确认收入。

二、销售商品收入的计量

企业应当按照从购货方已收或应收的合同或协议价款确定销售商品收入金额，但已收或应收的合同或协议价款不公允的除外。

合同或协议价款的收取采用递延方式，实质上具有融资性质的，应当按照应收的合同或协议价款的公允价值确定销售商品收入金额。应收的合同或协议价款与其公允价值之间的差额，应当在合同或协议期间内采用实际利率法进行摊销，计入当期损益，冲减财务费用。

销售商品涉及现金折扣的，应当按照扣除现金折扣前的金额确定销售商品收入金额。现金折扣在实际发生时计入当期损益。

销售商品涉及商业折扣的，应当按照扣除商业折扣后的金额确定销售商品收入金额。

企业已经确认销售商品收入的售出商品发生销售折让的，应当在退回当期冲减当期的销售商品收入。

企业已经确认销售商品收入的售出商品发生销售退回的，应当在发生时冲减当期销售商品收入。

三、销售商品收入的核算

销售商品业务主要是指企业以取得货币性资产方式的商品销售，它是工业企业和商品流通企业的主要经营业务。企业应设置"主营业务收入"科目，期末将此科目的余额转入"本年利润"科目中，期末无余额。同时，还应设置"主营业务成本"科目，确认收入时结转成本，期末时也将其转入"本年利润"科目中，期末无余额。

(一)一般销售商品收入业务的会计处理

确认销售商品收入时，应按实际收到或应收的金额，借记"应收账款""应收票据""银行存款"等科目，按确定的销售收入金额，贷记"主营业务收入"等科目，按增值税专用发票上注明的增值税税额，贷记"应交税费——应交增值税(销项税额)"科目；同时，按销售商品的实际成本，借记"主营业务成本"等科目，贷记"库存商品"等科目。企业也可在月末结转本月已销商品的实际成本。

【例13-1】 某企业销售一批化妆品，增值税发票上注明售价300 000元，增值税51 000元。该批产品适用的消费税税率为5%，生产成本为240 000元。

(1)如该项销售符合销售商品收入确认的四项条件，则做如下会计分录：

借:应收账款或银行存款 351 000

贷:主营业务收入 300 000

应交税费——应交增值税（销项税额） 51 000

借:主营业务成本 240 000

贷:库存商品 240 000

借:营业税金及附加 15 000

贷:应交税费——应交消费税 15 000

(2)如该项销售不符合销售商品收入确认的四项条件,但产品已发出,则应做如下会计分录:

借:发出商品 240 000

贷:库存商品 240 000

借:应收账款 51 000

贷:应交税费——应交增值税(销项税额) 51 000

在满足收入确认条件时:

借:应收账款 300 000

贷:主营业务收入 300 000

同时结转成本:

借:主营业务成本 240 000

贷:发出商品 240 000

(二)销售商品涉及现金折扣、销售折让和商业折扣业务的会计处理

现金折扣与销售折让是企业在赊销和商业信用的情况下,为了推销商品和及早收回销售货款,而给予购货方一定的折扣。

1.现金折扣

现金折扣是企业在销售实现之后,为了鼓励对方尽早付款,只要购货方能在一定的时间范围内付款就给予的折扣。在采用总额法核算的情况下,现金折扣在确定销售商品收入时不予扣除;同时,由于现金折扣本质上属于企业的理财费用,因而实际发生时计入财务费用。需要特别注意的是,现金折扣只是销售方给予购买方的优惠,折扣的基础是不含税价,也就是说增值税款是不允许折扣的。

【例 13—2】 某企业在 2014 年 6 月 1 日销售一批商品 100 箱,增值税发票上注明售价 50 000 元,增值税额 8 500 元。企业为了及早收回货款,在合同中承诺给予购货方如下现金折扣条件:3/10、2/20、n/30。假定计算现金折扣时不考虑增值税。

此例涉及现金折旧。假定该销售商品收入符合确认条件,则企业应做如下会计

分录：

(1)6 月 1 日，按总售价确认收入：

借：应收账款　　58 500

　贷：主营业务收入　　50 000

　　应交税费——应交增值税（销项税额）　　8 500

(2)如 6 月 9 日买方付清货款，则按售价 50 000 元的 3%享受 1 500(50 000×3%)元的现金折扣，实际支付款 57 000(58 500－1 500)元，相关的会计分录如下：

借：银行存款　　157 000

　财务费用　　1 500

　贷：应收账款　　58 500

(3)如 6 月 18 日买方付清货款，则应享受现金折扣为 1 000(50 000×2%)元，实际付款 57 500 元，相关的会计分录如下：

借：银行存款　　57 500

　财务费用　　1 000

　贷：应收账款　　58 500

(4)如买方在 6 月底才付清，则应按全额付款，相关的会计分录如下：

借：银行存款　　58 500

　贷：应收账款　　58 500

2.销售折让

销售折让通常指企业销售产品之后，购货方发现收到的商品的质量、规格等与合同不符但不想退货时，销货方给予的折让。发生销售折让时，如按规定允许扣减当期销项税额的，还应同时用红字冲减"应交税费——应交增值税（销项税额）"。但是，如果发生销售折让时，卖方尚未确认销售商品收入，则应直接按扣除折让后的金额确认销售商品收入。

【例 13－3】 甲企业销售一批商品给乙企业，增值税发票上的售价 200 000 元，增值税额 34 000 元，货到后买方发现商品质量不合格，要求在价格上给予 5%的折让。经查明，乙企业提出的销售折让要求符合合同的约定，甲企业同意并办妥了有关手续。假定此前甲企业已确认该批商品的销售收入。

此例涉及销售折让。销售折让应在实际发生时冲减发生当期的收入。

(1)销售实现时，做会计分录：

借：应收账款——乙企业　　234 000

　贷：主营业务收入　　200 000

　　应交税费——应交增值税（销项税额）　　34 000

(2)发生销售折让时,做红字会计分录:

借:应收账款——乙企业 11 700

贷:主营业务收入 10 000

应交税费——应交增值税(销项税额) 1 700

(3)实际收到款项时,做会计分录:

借:银行存款 222 300

贷:应收账款——乙企业 222 300

3.商业折扣

商业折扣是指企业为促进商品销售而给予的价格扣除,在商业折扣情况下,企业应收账款和主营业务收入入账金额应按扣除商业折扣以后的实际售价加以确认。

【例 13—4】 某公司销售一批产品,按价目表标明的价格计算,金额为 30 000 元,由于是成批销售,销货方给购货方 10%的商业折扣,销货方应收账款的入账金额为 27 000元,适用增值税税率为 17%(假设商业折扣不涉及所得税)。

借:应收账款 28 590

贷:主营业务收入 27 000

应交税费——应交增值税(销项税额) 1 590

收到货款时做会计分录如下:

借:银行存款 28 590

贷:应收账款 28 590

(三)销售商品涉及销售退回业务的会计处理

销售退回,是指企业售出的商品,由于质量、品种不符合要求等原因而发生的退货。销售退回应分不同情况进行处理。

1.未确认收入的销售退回

此种销售退回的会计处理比较简单,只需将已记入"发出商品"科目的商品成本转回"库存商品"科目。

2.已确认收入的销售退回

这种情况下,一般均应冲减退回当月的销售收入,同时冲减退回当月的销售成本;如该项销售已经发生现金折扣,应在退回当月一并调整;企业发生销售退回时,如按规定允许扣减当期销项税的,应同时用红字冲减"应交税费——应交增值税(销项税额)"科目。

在特殊情况下,即在资产负债表日及之前售出的商品在资产负债表日至财务会计报告批准报出日之间发生退回的，应作为资产负债表日后事项的调整事项处理，调整报告年度的收入、成本等。如果该项销售在资产负债表日及之前已经发生现金折扣的，还应同时冲减报告年度的现金折扣。

【例 13－5】 某制伞企业 2013 年 11 月 16 日销售一批雨伞，售价 50 000 元，增值税税额 8 500 元，成本 26 000 元。合同规定的现金折扣条件为 2/10、1/20、n/30。买方于 11 月 25 日付款，享受现金折扣 1 000 元。2014 年 4 月 20 日该批产品因质量严重不合格被退回。做会计分录如下：

(1)销售商品时：

借:应收账款	58 500	
贷:主营业务收入		50 000
应交税费——应交增值税(销项税额)		8 500
借:主营业务成本	26 000	
贷:库存商品		26 000

(2)收回货款时：

借:银行存款	57 500	
财务费用	1 000	
贷:应收账款		58 500

(3)销售退回时：

借:主营业务收入	50 000	
应交税费——应交增值税(销项税额)	8 500	
贷:银行存款		57 500
财务费用		1 000
借:库存商品	26 000	
贷:主营业务成本		26 000

如上述销售退回是在 2013 年 12 月 31 日以后，2014 年 3 月 24 日财务报告批准报出前发生的，该项销售退回应作为资产负债表日后事项处理，在 2014 年账上做如下调整分录(假定该企业所得税税率为 25%)：

借:以前年度损益调整(50 000－1 000)	49 000	
应交税费——应交增值税(销项税额)	8 500	
贷:银行存款		57 500
借:库存商品	26 000	
贷:以前年度损益调整		26 000

借:应交税费——应交所得税 5 750

　贷:以前年度损益调整 5 750

"以前年度损益调整"科目余额 17 250 元应转入"利润分配"科目:

借:利润分配 17 250

　贷:以前年度损益调整 17 250

同时,在 2013 年度会计报表中做如下调整:

(1)在资产负债表中冲减银行存款 57 500 元,增加存货成本 26 000 元,冲减应交税费 14 250 元。

(2)在利润表中冲减收入 50 000 元,成本 26 000 元,财务费用 1 000 元,所得税 5 750元。

应注意的是如果现金折扣是在 2014 年发生的,则不需要在 2013 年度年报表中冲减财务费用。在 2014 年账上应做如下调整:

借:以前年度损益调整 50 000

　应交税费——应交增值税(销项税额) 8 500

　贷:银行存款 57 500

　　财务费用 1 000

借:库存商品 26 000

　贷:以前年度损益调整 26 000

有关冲减所得税和结转以前年度损益调整的分录同上。

四、特殊销售商品业务

(一)代销商品

代销通常有两种方式,视同买断方式和收取手续费方式。

1.视同买断方式

即由委托方和受托方签订协议,委托方按协议价收取所代销的货款,实际售价可由受托方自定,实际售价与协议价之间的差额归受托方所有的销售方式。由于这种销售本质上仍是代销,委托方将商品交付给受托方时,商品所有权上的风险和报酬并未转移给受托方,因此,委托方在交付商品时不确认收入,受托方也不做购进商品处理。

受托方将商品销售后,应按实际售价确认为销售收入,并向委托方开具代销清单。委托方收到代销清单时,再确认本企业的销售收入。

【例 13-6】 甲企业为增值税一般纳税人企业,适用的增值税税率为 17%。2013 年 5 月 11 日,甲企业与乙企业签订代销协议,委托乙企业销售某商品 100 件,协议价为 100 元/件，该商品成本 60 元/件。9 月 1 日，甲企业收到乙企业开来的代销清单时开给乙增值税发票，发票上注明售价 10 000 元，增值税 1 700 元。乙企业实际销售时开给第三方的增值税发票上注明售价 12 000 元，增值税为 2 040 元。9 月 5 日，甲企业收到乙企业按合同协议支付的款项。

甲企业应做的会计分录如下：

(1)5 月 11 日，将商品交付乙企业：

借：委托代销商品	6 000	
贷：库存商品		6 000

(2)9 月 1 日，收到代销清单：

借：应收账款——乙企业	11 700	
贷：主营业务收入		10 000
应交税费——应交增值税(销项税额)		1 700
借：主营业务成本	6 000	
贷：委托代销商品		6 000

(3)9 月 5 日，收到乙企业汇来的货款 11 700 元：

借：银行存款	11 700	
贷：应收账款——乙企业		11 700

乙企业应做的会计分录如下：

(1)5 月 11 日，收到某商品：

借：受托代销商品	10 000	
贷：代销商品款		10 000

(2)实际销售某商品：

借：银行存款	14 040	
贷：主营业务收入		12 000
应交税费——应交增值税(销项税额)		2 040
借：主营业务成本	10 000	
贷：受托代销商品		10 000
借：代销商品款	10 000	
贷：应付账款——甲企业		10 000

(3)9 月 5 日，按合同协议价将款项付给甲企业：

借：应付账款——甲企业	10 000	
应交税费——应交增值税(进项税额)	1 700	
贷：银行存款		11 700

2.收取手续费方式

即受托方根据所代销的商品数量向委托方收取手续费的销售方式。受托方收取的手续费属于劳务收入。这种代销方式与视同买断方式相比,主要特点是受托方通常应按照委托方规定的价格销售,不得自行改变售价。在这种代销方式下,委托方应在收到受托方交付的商品代销清单时确认销售商品收入,受托方则按应收取的手续费确认收入。

【例 13-7】 沿用以上资料,假定甲企业与乙企业签订的代销协议规定,乙企业应按每件商品 100 元的价格对外销售,甲企业按售价的 10%支付乙企业手续费。8 月 28 日,乙企业对外售出商品,向买方开具的增值税专用发票上注明某商品售价 10 000 元,增值税税额 1 700 元。9 月 1 日,甲企业收到乙企业交来的代销清单,并向乙企业开具了一张相同金额的增值税发票。9 月 5 日,甲企业收到乙企业支付的商品代销款(已扣手续费)。

甲企业应做的会计分录如下:

(1)5 月 11 日,将某商品交付乙企业:

借:发出商品	6 000	
贷:库存商品		6 000

(2)9 月 1 日,收到代销清单:

借:应收账款——乙企业	11 700	
贷:主营业务收入		10 000
应交税费——应交增值税(销项税额)		1 700

同时结转成本:

借:主营业务成本	6 000	
贷:发出商品		6 000
借:销售费用——代销手续费	1 000	
贷:应收账款——乙企业		1 000

(3)9 月 5 日,收到乙企业交来的货款:

借:银行存款	10 700	
贷:应收账款——乙企业		10 700

乙企业应做会计分录:

(1)收到商品:

借:受托代销商品——甲企业	10 000	
贷:受托代销商品款——甲企业		10 000

(2)实际销售商品:

借:银行存款　　11 700

　贷:应付账款——甲企业　　10 000

　　应交税费——应交增值税(销项税额)　　1 700

(3)收到甲企业开具的增值税专用发票:

借:应交税费——应交增值税(进项税额)　　1 700

　贷:应付账款——甲企业　　1 700

借:受托代销商品款　　10 000

　贷:受托代销商品　　10 000

(4)支付某商品代销款给甲企业并计算代销手续费:

借:应付账款——甲企业　　11 700

　贷:银行存款　　10 700

　　其他业务收入　　1 000

税法对代销形式则有严格的规定,《增值税暂行条例》规定:将货物交付他人代销和销售代销货物均视同销售。

(二)具有融资性质的分期收款销售商品

企业销售商品,有时会采取分期收款的方式,如分期收款发出商品,即商品已经交付,货款分期收回。在这种销售方式下,企业将商品交付给购货方,通常表明与商品所有权有关的风险和报酬已经转移给购货方,在满足收入确认的其他条件时,应当根据应收款项的公允价值(或现行售价)一次确认收入。

如果延期收取的货款具有融资性质(如收款期3年以上),其实质是企业向购货方提供信贷,在符合收入确认条件时,企业应当按照应收的合同或协议价款的公允价值确定收入金额,借记"长期应收款"科目。应收的合同或协议价款的公允价值,通常应当按照其未来现金流量现值或商品现销价格计算确定,贷记"主营业务收入"科目。应收的合同或协议价款与其公允价值之间的差额,贷记"未实现融资收益"科目,应当在合同或协议期间内,按照应收款项的摊余成本和实际利率计算确定的金额进行摊销,计入当期损益(冲减财务费用)。其中,实际利率,是指具有类似信用等级的企业发行类似工具的现时利率,或者将应收的合同或协议价款折现为商品现销价格时的折现率等。

【例13-8】 2011年1月1日,甲公司采用分期收款方式向乙公司销售一套大型设备,合同约定的销售价格为20 000 000元,分5次于每年12月31日等额收取。该大型设备成本为15 600 000元。在现销方式下,该大型设备的销售价格为1 600万元。假定甲公司发出商品时,其有关的增值税纳税义务尚未发生;在合同约定的收款日期,发生有关的增值税纳税义务。

根据本例的资料,甲公司应当确认的销售商品收入金额为 1 600 万元。

根据下列公式:未来五年收款额的现值=现销方式下应收款项金额

可以得出:4 000 000×(P/A, r, 5)=16 000 000(元)

可在多次测试的基础上,用插值法计算折现率:

当 r=7% 时,4 000 000×4.1002=16 400 800>16 000 000

当 r=8% 时,4 000 000×3.9927=15 970 800<16 000 000

因此,7%<r<8%。用插值法计算如下:

现值	利率
16 400 800	7%
16 000 000	r
15 970 800	8%

(16 400 800−16 000 000)÷(16 400 800−15 970 800)=(7%−r)÷(7%−8%)

r=7.93%

每期计入财务费用的金额如表 13−1 所示。

表 13−1　　单位:元

日　期	收现总额(a)	财务费用(b) =期初(d)×7.93%	已收本金(c) =(a)−(b)	未收本金(d) =期初(d)−(c)
2011 年 1 月 1 日				16 000 000
2011 年 12 月 31 日	4 000 000	1 268 800	2 731 200	13 268 800
2012 年 12 月 31 日	4 000 000	1 052 215.84	2 947 784.16	10 321 015.84
2013 年 12 月 31 日	4 000 000	818 456.56	3 181 543.44	7 139 472.40
2014 年 12 月 31 日	4 000 000	566 160.16	3 433 839.84	3 705 632.56
2015 年 12 月 31 日	4 000 000	294 367.44 *	3 705 632.56	0
合　计	20 000 000	4 000 000	16 000 000	—

* 尾数调整:4 000 000−3 705 632.56 = 394 367.44(元)

根据表 13−1 的计算结果,甲公司各期的账务处理如下:

(1)2011 年 1 月 1 日销售实现:

借:长期应收款——乙公司　　20 000 000

贷:主营业务收入——销售××设备 16 000 000

未实现融资收益——销售××设备 4 000 000

借:主营业务成本——销售××设备 15 600 000

贷:库存商品——××设备 15 600 000

(2)2011 年 12 月 31 日收取货款和增值税税额:

借:银行存款 4 680 000

贷:长期应收款——乙公司 4 000 000

应交税费——应交增值税(销项税额) 680 000

借:未实现融资收益——销售××设备 1 268 800

贷:财务费用——分期收款销售商品 1 268 800

(3)2012 年 12 月 31 日收取货款和增值税税额(同上,略):

摊销未实现融资收益:

借:未实现融资收益——销售××设备 1 052 200

贷:财务费用——分期收款销售商品 1 052 200

(4)2013 年 12 月 31 日收取货款和增值税税额(同上,略,摊销金额调整即可)。

(5)2014 年 12 月 31 日收取货款和增值税税额(同上,略,摊销金额调整即可)。

(6)2015 年 12 月 31 日收取货款和增值税税额(同上,略,摊销金额调整即可)。

(三)售后回购

售后回购,是指销售商品的同时,销售方同意日后重新买回所销商品的销售。在售后回购交易中,通常情况下,所售商品所有权上的主要风险和报酬没有从销售方转移到购货方,因而不能确认相关的销售商品收入,收到的款项应该确认为负债。

回购价大于原售价,因而应在销售与回购期间内按期计提利息费用,计提的利息费用直接计入当期财务费用。有确凿的证据表明售后回购交易满足销售商品收入确认条件的,按售价确认收入,回购的商品作为购进商品处理。

【例 13—9】 甲企业为增值税一般纳税人企业,适用的增值税税率为 17%。2013 年 4 月 1 日,甲企业与乙企业签订协议,向乙企业销售一批商品,增值税专用发票上注明销售价格为 1 500 000 元,增值税额 255 000 元。协议规定,甲企业应在 8 月 31 日将所售商品购回,回购价为 1 650 000 元(不含增值税税额)。商品已发出,货款已收到。假定:该批商品的实际成本为 1 200 000 元;除增值税外不考虑其他相关税费。

甲企业的会计分录如下:

(1)发出商品时:

借:银行存款 1 755 000

贷：其他应付款　　　　　　　　　　　　　　　　　　1 500 000

　应交税费——应交增值税（销项税额）　　　　　　　　255 000

借：发出商品　　　　　　　　　　　　　　　　1 200 000

　贷：库存商品　　　　　　　　　　　　　　　　　1 200 000

(2)由于回购价大于原售价，因而应在销售与回购期间内按期计提利息费用，计提的利息费用直接计入当期财务费用。这样做的理由在于，此种售后回购本质上属于一种融资交易，回购价大于原价的差额相当于融资费用，因而应在计提时直接计入当期财务费用。

在4月至8月，每月应计提的利息费用为30 000元(150 000元/5个月)，会计分录如下：

借：财务费用　　　　　　　　　　　　　　　　30 000

　贷：其他应付款　　　　　　　　　　　　　　　　30 000

(3)8月31日，甲企业购回4月1日销售的商品，增值税专用发票上注明的商品价款1 650 000元，增值税税额280 500元。

借：其他应付款　　　　　　　　　　　　　　　1 650 000

　应交税费——应交增值税（进项税额）　　　　　280 500

　贷：银行存款（或应付账款）　　　　　　　　　　1 930 500

借：库存商品　　　　　　　　　　　　　　　　1 200 000

　贷：发出商品　　　　　　　　　　　　　　　　　1 200 000

（四）售后租回

售后租回，亦称售后租赁或回租租赁，是指企业将自己的设备出售给租赁公司等承租方，再从承租方租回该设备的信用业务。开展这种业务的根本目的在于筹资，即将设备售出去，得到一笔资金来解决企业资金的暂时不足，然后再将设备租回。假如租回的设备只是短期使用，可以界定为经营租赁；若是租回的设备准备长期使用，以逐期支付租赁费的形式，直至设备产权转移归本企业所有，则是融资租赁。

通常情况下，售后租回属于融资交易，企业不应确认收入，售价与资产账面价值之间的差额应当视不同情况进行处理：若售后租回交易认定为融资租赁，售价与资产账面价值之间的差额应当予以递延，并按照该租赁资产的折旧进度进行分摊，作为折旧费用的调整。

如果售后租回交易认定为经营租赁，应当分情况处理：有确凿证据表明售后租回交易是按照公允价值达成的，售价与资产账面价值的差额计入当期损益；售后租回交易如果不是按照公允价值达成的，售价低于公允价值的差额应计入当期损益；但若该损失低于市价的未来租赁付款额补偿时，有关损失应予以递延，并按与确认租金费用相一致的方法在租赁期内进行分摊；如果售价大于公允价值，其大于公允价值的应计入递延收益，并在租赁期内分摊。

（五）附有销售退回条件的商品销售

附有销售退回条件的商品销售，是指购买方依照有关的协议有权退货的销售方式。在这种销售方式下，如果企业能够按照以往的经验对退货的可能性做出合理的估计，应在发出商品时，将估计不会发生退货的部分确认收入，估计可能发生退货的部分，不确认收入，做发出商品处理；如果企业不能合理地确定退货的可能性，则在售出商品退货期满时确认收入。

如果企业实际退回的商品数量与企业根据经验估计的退货率有误差，凡是本月发生已确认收入的销售退回，无论是属于本年度还是以前年度销售的产品，均应调整本月的销售收入和销售成本，借记或贷记"主营业务收入"及"主营业务成本"科目。

【例 13－10】 宏鑫公司为增值税一般纳税人（增值税税率为 17%），企业所得税率为 25%。宏鑫公司于 2013 年 2 月 1 日将一批商品销售给惠民公司，销售价格为 100 000 元（不含增值税），商品销售成本为 80 000 元。根据双方签订的协议惠民公司有权退货，按以往的经验估计退货的可能性为 10%。商品已发出，款项尚未收到。增值税专用发票已开具，不考虑城建税、教育费附加。5 月 1 日前惠民公司有权退货，实际发生销售退回时有关的增值税税额允许冲减。

宏鑫公司的账务处理如下：

（1）2 月 1 日发出商品时：

借：应收账款	117 000	
贷：主营业务收入		100 000
应交税费——应交增值税（销项税额）		17 000
借：主营业务成本	80 000	
贷：库存商品		80 000

（2）根据《企业会计准则第 13 号——或有事项》，2 月 28 日确认估计 10% 的销售退回，符合预计负债确认的 3 个条件，会计处理如下：

借：主营业务收入	10 000	
贷：主营业务成本		8 000
预计负债	2 000	

（3）根据《企业会计准则第 18 号——所得税》的规定，预计负债的账面价值是 2 000元，计税基础是 0，由此产生可抵扣暂时性差异 2 000 元，应确认递延所得税资产

500元。

借:递延所得税资产　500

　贷:所得税费用　500

(4)5月1日前发生销售退回,实际退货量为10%时,款项已经支付。

根据《增值税专用发票使用规定》,宏鑫公司凭购买方惠民公司提供的"开具红字增值税专用发票申请单"开具红字专用发票,在防伪税控系统中以销项负数开具。红字专用发票应与"通知单"一一对应。并且还应在开具红字专用发票后将该笔业务的相应记账凭证复印件报送主管税务机关备案。

借:库存商品　8 000

　预计负债　2 000

　应交税费——应交增值税(销项税额)　1 700

　贷:银行存款　11 700

至此,该笔业务已经结束,预计负债会计的账面价值是0,计税基础是0,可抵扣暂时性差异消失,转回已经确认的递延所得税资产。

借:所得税费用　500

　贷:递延所得税资产　500

(5)如果实际退货量为8%时:

借:库存商品　6 400

　主营业务成本　1 600

　预计负债　2 000

　应交税费——应交增值税(销项税额)　1 360

　贷:银行存款　9 360

　　主营业务收入　2 000

转销递延所得税资产:

借:所得税费用　500

　贷:递延所得税资产　500

(6)如果实际退货量为12%时:

借:库存商品　9 600

　应交税费——应交增值税(销项税额)　2 040

　主营业务收入　2 000

　预计负债　2 000

　贷:主营业务成本　1 600

　　银行存款　14 040

转销递延所得税资产：

借：所得税费用　　500

　贷：递延所得税资产　　500

不能合理估计退货可能性的当年退货以及跨年退回的非资产负债表日后事项，假定宏鑫公司无法根据过去的经验估计退货率。

宏鑫公司的账务处理如下：

(1)2 月 1 日发出商品时：

借：应收账款　　17 000

　贷：应交税费——应交增值税(销项税额)　　17 000

借：发出商品　　80 000

　贷：库存商品　　80 000

按照税法规定，宏鑫公司 2 月 28 日确定的主营业务收入为 100 000 元，主营业务成本为 80 000 元，而会计上不确认收入和成本。

根据《企业会计准则第 18 号——所得税》的规定，暂时性差异是由于资产或负债的账面价值与计税基础不同产生的差异，但是新准则下，还有一些与资产负债无关的暂时性差异。如有些交易或事项发生以后，因为不符合资产、负债的确认条件而未体现为资产负债表中的资产或负债，但按照税法规定能够确定其计税基础的，其账面价值与计税基础之间的差异也构成暂时性差异。

(2)宏鑫公司的主营业务收入和主营业务成本形成了所得税会计准则规定的特殊的暂时性差异 20 000 元，确认递延所得税 5 000 元。

借：递延所得税资产　　5 000

　贷：所得税费用　　5 000

(3)5 月 1 日退货期满没有发生退货时：

借：银行存款　　100 000

　贷：主营业务收入　　100 000

借：主营业务成本　　80 000

　贷：发出商品　　80 000

转销递延所得税资产：

借：所得税费用　　5 000

　贷：递延所得税资产　　5 000

(4)如果实际退货量为 20%时：

借：银行存款　　76 600

　　应交税费——应交增值税(销项税额)　　3 400

贷:主营业务收入 80 000
借:主营业务成本 64 000
库存商品 16 000
贷:发出商品 80 000
转销递延所得税资产:
借:所得税费用 5 000
贷:递延所得税资产 5 000

需要说明的是,属于资产负债表日后事项涉及的报告年度所属期间的销售退回,应当作为资产负债表日后调整事项,调整报告年度相关的收入、成本等,对于涉及损益类科目的调整,应通过"以前年度损益调整"科目调整,其他资产负债科目不变。

(六)以旧换新销售

以旧换新销售,是指销售方在销售商品时回收与所售商品相同的旧商品,在这种销售方式下,销售的商品应当按照销售商品收入确认条件确认收入,回收的旧商品作为购进商品处理。

第三节 提供劳务收入

一、提供劳务收入的确认和计量

企业提供劳务收入的确认和计量,应该按照在资产负债表日提供交易的结果是否能可靠估计进行不同的账务处理。

(一)在资产负债表日,提供劳务交易的结果能够可靠估计

企业在资产负债表日提供劳务交易的结果能够可靠估计的,应当采用完工百分比法确认提供劳务收入。完工百分比法,是指按照提供劳务交易的完工进度确认收入与费用的方法。

提供劳务交易的结果能否可靠估计,依据以下条件进行判断。如同时满足下列条件,则表明提供劳务交易的结果能够可靠地估计:

1.收入的金额能够可靠地计量

收入的金额能够可靠地计量是指提供劳务收入的总额能够可靠估计,通常情况下,企业应当按照从接受劳务方已收或应收的合同或协议价款确定提供劳务收入的金额。

2.相关的经济利益很可能流入企业

相关的经济利益很可能流入企业是指提供劳务收入总额收回的可能性大于不能收回的可能性，如果企业判断提供劳务收入总额不是很可能流入企业，应当提供确凿证据。

3.交易的完工进度能够可靠地确定

企业确定提供劳务交易的完成进度，通常可以选用下列方法：

(1)已完工作的测量；

(2)已经提供的劳务占应提供劳务总量的比例；

(3)已经发生的成本占估计总成本的比例。

4.交易中已发生和将要发生的成本能够可靠地计量

用完工百分比法计算：

当年确认的收入＝劳务总收入×本年末止劳务的完成程度－以前年度已确认的收入

当年确认的成本＝劳务总成本×本年末止劳务的完成程度－以前年度已确认的成本

(二)在资产负债表日，提供劳务交易的结果不能可靠估计

企业在资产负债表日提供劳务交易的结果不能够可靠估计的，应当分下列情况处理：

(1)已经发生的劳务成本预计全部能够得到补偿的，应按已经收或预计能够收回的金额确认提供劳务收入，并结转已经发生的劳务成本。

(2)已经发生的劳务成本预计部分能够得到补偿的，应按能够得到补偿的劳务成本金额确认提供劳务收入，并结转已经发生的劳务成本。

(3)已经发生的劳务成本预计全部不能得到补偿的，应将已经发生的劳务成本计入当期损益，不确认提供劳务收入。

二、提供劳务收入的会计处理

劳务收入在确认时，应按确定的收入金额借记“应收账款”“预收账款”“银行存款”等科目，贷记“主营业务收入”“其他业务收入”科目；发生财务成本费用支出时，借记“劳务成本”科目，贷记“原材料”“应付职工薪酬”“银行存款”等科目；结转提供劳务成本时，借记“主营业务成本”“其他业务成本”等科目，贷记“劳务成本”科目。“劳务成本”科目期末借方余额，反映企业尚未完成或尚未结转的劳务成本。

(一)在确认提供劳务收入时，提供劳务的交易结果能够可靠估计，应当采用完工

百分比法确认收入

【例 13－11】 A 公司于 2013 年 12 月 1 日接受一项设备安装任务，安装期为 3 个月，合同总收入 600 000 元，至年底已预收安装费 440 000 元，实际发生安装费用 28 万元(假定均为安装人员薪酬)，估计还会发生 120 000 元。假定甲公司按实际发生的成本占估计总成本的比例确定劳务的完工进度。甲公司的账务处理如下：

(1)计算：

实际发生的成本占估计总成本的比例＝280 000÷(280 000＋120 000)＝70％

2013 年 12 月 31 日确认的提供劳务收入＝600 000×70％－0＝420 000(元)

2013 年 12 月 31 日结转的提供劳务成本＝(280 000＋120 000)×70％－0
＝280 000(元)

(2)账务处理：

①实际发生劳务成本时：

借：劳务成本　　280 000
　贷：应付职工薪酬　　280 000

②预收劳务款时：

借：银行存款　　440 000
　贷：预收账款　　440 000

③2013 年 12 月 31 日确认提供劳务收入并结转劳务成本时：

借：预收账款　　420 000
　贷：主营业务收入　　420 000
借：主营业务成本　　280 000
　贷：劳务成本　　280 000

(二)企业在资产负债表日提供劳务交易结果不能够可靠估计的

企业在资产负债表日，不能对提供劳务交易的结果做出可靠估计的情况下，应按已经发生并预计能够补偿的劳务成本确认收入，并按照相同的金额结转成本；如果已经发生的劳务成本不能得到补偿，则不确认收入，但应将已经发生的成本确认为当期费用。

【例 13－12】 甲公司于 2013 年 12 月 25 日接受乙公司委托，为其培训一批学员，培训期为 6 个月，2014 年 1 月 1 日开学。协议约定，乙公司应向甲公司支付的培训费总额为 60 000 元，分三次等额支付，第一次在开学时预付，第二次在 2014 年 3 月 1 日支付，第三次在培训结束时支付。

2014 年 1 月 1 日，乙公司预付第一次培训费。至 2014 年 2 月 28 日，甲公司发生培训成本 30 000 元(假定均为培训人员薪酬)。2014 年 3 月 1 日,甲公司得知乙公司经营发生困难,后两次培训费能否收回难以确定。甲公司的账务处理如下:

(1)2014 年 1 月 1 日收到乙公司预付的培训费时:

借:银行存款　　20 000

　贷:预收账款　　20 000

(2)实际发生培训支出 30 000 元时:

借:劳务成本　　30 000

　贷:应付职工薪酬　　30 000

(3)2014 年 2 月 28 日确认提供劳务收入并结转劳务成本时:

借:预收账款　　20 000

　贷:主营业务收入　　20 000

借:主营业务成本　　30 000

　贷:劳务成本　　30 000

(三)同时销售商品和提供劳务交易

企业与其他企业签订的合同或协议,有时既包括销售商品又包括提供劳务,如销售商品的同时负责运输、销售软件后继续提供技术支持、设计产品同时负责生产产品等。如果销售商品部分和提供劳务部分能够区分且能够单独计量的,企业应当分别核算销售商品部分和提供劳务部分,将销售商品的部分作为销售商品处理,将提供劳务的部分作为提供劳务处理;如果销售商品部分和提供劳务部分不能够区分,或虽能区分但不能够单独计量的,企业应当将销售商品部分和提供劳务部分全部作为销售商品部分进行会计处理。

【例 13—13】 甲公司与乙公司签订合同,向乙公司销售一部电梯并负责安装。甲公司开出的增值税专用发票上注明的价款合计为 1 000 000 元,其中电梯销售价格为 980 000 元,安装费为 20 000 元,增值税额为 170 000 元。电梯的成本为 560 000 元;电梯安装过程中发生安装费 12 000 元,均为安装人员薪酬。假定电梯已经安装完成并经验收合格,款项尚未收到;安装工作是销售合同的重要组成部分。甲公司的账务处理如下:

(1)电梯发出结转成本 560 000 元时:

借:发出商品　　560 000

　贷:库存商品　　560 000

(2)实际发生安装费用 12 000 元时:

借:劳务成本　　12 000

贷:应付职工薪酬 12 000

(3)电梯销售实现确认收入 980 000 元时:

借:应收账款 1 150 000

贷:主营业务收入 980 000

应交税费——应交增值税(销项税额) 170 000

借:主营业务成本 560 000

贷:发出商品 560 000

(4)确认安装费收入 20 000 元并结转安装成本 12 000 元时:

借:应收账款 20 000

贷:主营业务收入 20 000

借:主营业务成本 12 000

贷:劳务成本 12 000

沿用【例 13－13】的资料。同时假定电梯销售价格和安装费用无法区分。

甲公司的账务处理如下:

(1)电梯发出结转成本 560 000 元时:

借:发出商品 560 000

贷:库存商品 560 000

(2)发生安装费用 12 000 元时:

借:劳务成本 12 000

贷:应付职工薪酬 12 000

(3)销售实现确认收入 1 000 000 元并结转成本 572 000 元时:

借:应收账款 1 170 000

贷:主营业务收入 1 000 000

应交税费——应交增值税(销项税额) 170 000

借:主营业务成本 572 000

贷:发出商品 560 000

劳务成本 12 000

(四)特殊劳务的交易

对于特殊劳务的交易,企业应该按照相关规定进行确认收入和结转成本。劳务收入在确认时,应按确定的收入金额借记“应收账款”“预收账款”“银行存款”等科目,贷记“主营业务收入”“其他业务收入”科目,发生财务成本费用支出时,借记“劳务成本”科目,贷记“原材料”“应付职工薪酬”“银行存款”等科目;结转提供劳务成本时,借记

“主营业务成本”“其他业务成本”等科目，贷记“劳务成本”科目。“劳务成本”科目期末借方余额，反映企业尚未完成或尚未结转的劳务成本。

第四节　让渡资产使用权收入

让渡资产使用权收入是企业收入的来源之一，主要包括利息收入、使用费收入等。另外还包括出租资产收取的租金、进行债券投资取得的利息、进行股权投资取得的现金股利收入等，其账务处理参照有关租赁、金融工具确认和计量、长期股权投资等内容。

一、让渡资产使用权收入的确认和计量

（一）让渡资产使用权收入的确认

让渡资产使用权收入同时满足以下条件的，才能予以确认：

1.相关经济利益很可能流入企业

相关经济利益很可能流入企业是指让渡资产使用权收入金额收回的可能性大于不能收回的可能性。确认时应该根据对方的信誉情况、当年的效益情况以及双方就结算方式、付款期限等达成的协议等方面进行判断。如果企业估计让渡资产使用权收入金额收回的可能性不大，就不应确认收入。

2.收入的金额能够可靠计量

收入的金额能够可靠计量是指让渡资产使用权收入的金额能够合理地估计。如果让渡资产使用权收入的金额不能合理的估计，则不应确认收入。

（二）让渡资产使用权收入的计量

1.利息收入

利息收入应在资产负债表日，按他人使用本企业货币资金的时间和合同或协议规定的存贷款利率计算确定利息收入金额。

2.使用费收入

使用费收入金额按有关合同或协议约定的收费时间和方法计算确定。

二、让渡资产使用权收入的账务处理

企业让渡资产使用权的使用权收入，一般通过“其他业务收入”科目核算；所让渡资产使用权计提、摊销等，一般通过“其他业务成本”核算。确认时，按确定的收入金

额，借记“银行存款”“应收账款”等科目，贷记“其他业务收入”科目。企业让渡资产使用计提摊销以及所发生的与让渡资产有关的支出等，借记“其他业务成本”科目，贷记“累计摊销”等科目。

（一）利息收入的会计处理

企业在资产负债表日，按照他人使用本企业货币资金的时间和实际利率计算并确认利息收入。借记“应收利息”“银行存款”等科目，贷记“其他业务收入”“利息收入”等科目。

（二）使用费收入

使用费收入金额按有关合同或协议约定的收费时间和方法计算确定。

不同的使用费收入，其收费时间和收费方法各不相同，有一次收回一笔固定的金额，有在协议规定的有效期内分期等额收取的，有分期不等额收取的，等等。如果合同或协议规定一次性收取使用费，且不提供后续服务的，应视同销售该项资产一次性确认收入；如提供后续服务的，应在合同或协议规定的有效期内分期确认收入。如果合同或协议规定分期收取使用费的，应按合同或协议规定的收取时间和金额或合同规定的收费方法计算确定的金额分期确认收入。

【例 13－14】 A 企业向 B 企业转让其商品的商标使用权，合同规定 B 企业每年年末按年销售收入的 10％支付 A 企业使用费，使用期 10 年。假定第一年 B 企业销售收入 1 000 000 元，第二年销售收入 1 500 000 元，这两年的使用费按期支付。

则 A 企业应按下列方法确认收入：

第一年年末应确认使用费收入＝1 000 000×10％＝100 000（元）

借：银行存款　　100 000

　贷：其他业务收入　　100 000

第二年年末应确认使用费收入＝1 500 000×10％＝150 000（元）

借：银行存款　　150 000

　贷：其他业务收入　　150 000

【例 13－15】 甲公司为上市公司，营业税税率为 5％。涉及固定资产和无形资产的折旧摊销均按年计提。2014 年发生下列业务：

（1）出租设备一台，原值为 1 200 万元，预计折旧年限为 10 年，净残值为 0，年租金为 200 万元，本年收到款项已由银行收妥。

借：银行存款　　2 000 000

　贷：其他业务收入　　2 000 000

借：营业税金及附加（200×5％）　　100 000

贷:应交税费——应交税营业税 100 000

摊销时:

借:其他业务成本(1200/10) 1 200 000

贷:累计折旧 1 200 000

(2)甲公司向乙公司转让某软件的使用权,一次性收取使用费10万元,不提供后续服务,款项已经收到。

借:银行存款 100 000

贷:其他业务收入 100 000

借:营业税金及附加(10×5%) 5 000

贷:应交税费——应交税营业税 5 000

(3)甲公司向丙公司转让某专利权的使用权。专利权的原值为480万元,预计折旧年限为10年,残值为0,每年年末收取使用费50万元。款项已经收到。

借:银行存款 500 000

贷:其他业务收入 500 000

借:营业税金及附加(50×5%) 25 000

贷:应交税费——应交税营业税 25 000

计提专利权摊销额:

借:其他业务成本(480/10) 480 000

贷:累计摊销 480 000

第五节 费用与成本

一、费用概述

《企业会计准则——基本准则》第三十三条规定:“费用是指企业在日常活动中发生的、会导致所有者权益减少的、与向所有者分配利润无关的经济利益的总流出。”这种流出表现为现金的流出,或其他资产的消耗,或负债的承诺。准则中的费用概念其实指的是狭义的费用,仅仅是日常活动中发生的资源流出,非日常活动产生的经济利益的流出不在费用中核算,而是作为损失。

(1)费用是在企业的日常活动中所产生的,而不是在偶发的交易或事项中产生的。日常活动将费用与损失相区分。

(2)费用会导致所有者权益的减少。根据“资产-负债=净资产”的等式原理,资产的减少或负债的增加会导致净资产的减少，而资产的减少或负债的增加往往意味着费用的发生，所以费用的增加会减少企业的净资产。

(3)费用最终导致企业所控制的经济资源的减少。

费用的发生会导致企业经济资源的减少，这种减少可具体表现为一个企业实际的现金或非现金支出，也可以导致预期的现金减少。因而，可以将这种减少看作企业资源流出企业。

二、费用的分类

企业发生的各项费用根据其性质，可以按照不同的标准进行分类。其中最基本的是按照费用的经济内容分类和按照费用的经济用途分类。此外，还有一些其他的分类方法。下面加以具体说明。

(一)费用按其经济内容分类

费用按照经济内容(或性质)进行分类，不外乎劳动对象方面的费用、劳动手段方面的费用和活劳动方面的费用三大类。一般可分为以下九类：

(1)外购材料。指企业为进行生产而耗用的一切从外部购入的原材料及主要材料、半成品、辅助材料、包装物、修理用备件和低值易耗品等。

(2)外购燃料。指企业为进行生产而耗用的从外部购进的各种燃料。

(3)外购动力。指企业为进行生产而耗用的从外部购进的各种动力。

(4)职工薪酬。指企业应计入成本费用的职工工资、福利费等。

(5)折旧费。指企业所拥有或控制的固定资产按使用情况计提的折旧费用。

(6)税费。指企业应计入成本费用的各种税费。

(7)其他费用。指不属于以上各要素的费用支出。

费用按经济内容分类有助于了解生产耗费中所发生的各种费用要素，有利于资源的优化配置。

(二)费用按其经济用途分类

费用按照经济用途分类，可分为直接材料、直接人工、其他直接支出、制造费用和期间费用。

(1)直接材料。指直接用于产品生产并构成产品实体，或有助于产品形成的各项原料及主要材料、辅助材料、备品备件、外购半成品和其他直接材料。

(2)直接人工。指直接从事产品生产人员的工资、奖金、津贴和补贴等。

(3)燃料和动力。指直接用于产品生产的外购和自制的燃料及动力费。

(4)制造费用。指企业各生产单位为组织和管理生产所发生的各项费用。

以上四项合在一起构成了产品的生产成本。

(5)期间费用。指企业在生产经营过程中发生的销售费用、管理费用和财务费用。

(三)费用按其同产量之间的关系分类

按照费用同产量之间的关系,可以把费用分为固定费用和变动费用。所谓固定费用,是指产量在一定范围内,费用总额不随着产品产量的变动而变动的费用。如固定资产折旧费、管理人员工资、办公费等。所谓变动费用,是指费用总额随着产品产量的变动而变动的费用。如原材料费用和生产工人计件工资等。

三、费用的确认和计量

(一)费用的确认

企业发生的费用如何进行确认,这是正确计算企业损益的重要问题。在具体会计实务中,形成了费用确认的一般原则,即划分收益性支出与资本性支出的原则、权责发生制原则和配比原则。

1.划分收益性支出与资本性支出原则

这一原则是按照支出效益涉及的期间来确认费用,如某项支出的效益涉及几个会计年度(或几个营业周期),该项支出则应予以资本化,不能作为当期费用,而应在以后各期逐渐确认为费用。如果某项支出的效益仅涉及本会计年度(或一个营业周期),就应将其作为收益性支出,在一个会计期间内确认为费用。这一原则为费用的确认划定了时间上的总体界限。如企业购买一台设备,作为固定资产,相应的费用就应当资本化;如果企业支付各种办公费用,在发生时就应该费用化,直接确认为当期费用。

2.权责发生制原则

这一原则要求费用的入账时间为承担付款等责任的时间,而不是款项实际支付的时间。一般来说,支出上的效益能发挥作用就可以判断该项支出是否应确认为费用。在会计实务中,判断一项支出上的效用是否真正发挥作用,主要是看该项支出帮助创造的收入是否已流入企业。如企业于上年末支付的报纸杂志订购费,其效用发挥的时间应该是报纸杂志收到的时间,因此,只有在陆续收到报纸杂志时,才能将费用确认入账。

3.配比原则

配比原则是会计上确认费用的重要原则,它是按照费用与收入的关联关系来确认费用的实现。也就是说它是按照其关联的收入实现的期间来确认费用实现的期间。费用与收入之间的关联或一致性不仅表现在经济性质上的因果性方面,也表现在时间方面。因此,联系收入来确认费用的配比原则也就表现为以下几个方面:

(1)按因果关系直接确认

这种确认方法是以所发生的费用与所取得的具体收益项目之间的直接联系为基础,将营业收入与费用直接地、联合地把来自相同交易或其他事项的营业收入与费用合并起来予以确认。例如,在确认产品销售收入时,同时确认构成产品销售成本的各种费用,包括销售产品的生产成本、销售费用等。因为产品销售成本与产品销售收入之间存在着直接的因果关系。费用与收入之间的因果关系除了直接的因果关系,还存在间接的因果关系。

(2)按系统且合理的分配方法加以确认

这种确认方法是以系统地、合理地分配程序为基础,在利润表中确认费用。收入与费用之间的内在联系不光表现为经济性质上的因果性,而且还表现为时间上的一致性。收入与费用的期间性特征决定了费用必须与同一期间收入相配比,即本期确认的收入应该与本期费用相配比。如果收入要等到未来期间实现,相应的费用或已耗成本就要递延到未来的实际受益期间。这时,费用便应当系统合理地分配于各个受益期间。如许多资产是跨及若干会计期间,使得企业受益,并且只能大致和间接地确定费用与收益的联系,如固定资产、无形资产等。使用这些资产而发生的费用,一般用“系统而合理”的分配方法,在估计的有效期限内进行分配。可见,系统且合理地分配确认原则实质上仍然体现了收入与费用之间的内在联系,从时间上反映了收入与费用之间的关联性。

(3)按期间配比确认

在现实工作中,有些支出很难找到直接相关、对应的收入,它们不能与特定营业收入相关联,在其发生期内消耗,但不产生未来的经济利益,或者是其受益期难以确定。有些支出与当期收入虽然存在着间接联系,但却找不出一个系统且合理分配的基础。会计上,将这些支出与其发生的期间相联系,称为“期间配比”。例如,企业管理人员的工资、管理部门的办公费、水电费、差旅费等。我们一般将这类费用称为期间费用,应当在它们的发生期内确认为费用。

(二)费用的计量

由于费用一般被视为资产价值的减少,而理论上已耗用的资产又可以从不同的角度来计量,所以,与之相适应的费用也可采用不同的计量属性。不过,通常的费用计量标准是实际成本。费用采用实际成本计量属性来计量,是由于实际成本代表了企业获得商品或劳务时的交换价值由交易双方认可,具有客观性和可验证性,从而能够使会计信息具有足够的可靠性。

费用的实际成本是按企业为取得商品和劳务而放弃的资源的实际价值来计量的,

即按交换价值或市场价格计量的。这种市场价格的确定则取决于交易中所具体采取的支付方式。交易中最基本的支付方式是现金。但费用的发生与现金支出在时间上有时是不一致的，一般有三种可能：现金支出与费用同时发生；费用发生在先；费用发生在后。在第一种情况下，市场价格可恰当地用于确认那些现金支出时所发生的费用。如用现金支付的管理部门的办公费和水电费等，费用的实际成本就代表了当时的市场价格。但在费用先于或后于现金支出的情况下，费用的实际成本与费用发生时的市场价格可能会出现一定的背离。比如，最常见的费用的发生后于现金支出的例证是固定资产折旧，固定资产折旧的计提基础，是固定资产的购入成本，它在取得资产时是当时的市场价格，但一经入账就固定下来，成为历史成本。费用发生时，费用的实际成本并非是固定资产现实的市场价格。又如，对那些先于现金支出而发生的费用来说，由于实际的交易尚未发生，没有市场价格可资计量，因而，一般采用预计价值确认入账，常见的情况有预提的借款利息。这些费用只有实际支付时才能确认其市场价格。因此，费用的实际成本不一定是费用发生时所支出或耗费资产的现行成本。完全采用现行成本来计量费用是难以操作的，这是因为在实际工作中，对于以前取得的同类商品和劳务可能没有现行成本，即使有现行成本，也会缺少可以验证的计量标准。

四、生产成本

（一）生产成本的概念

生产成本是指在一定期间生产产品所发生的直接费用和间接费用的总和。成本是对象化的费用，生产成本是相对于一定产品而言所发生的费用，它是按照产品品种等成本计算对象对当期发生的费用进行归集所形成的。企业在一定期间发生的直接费用按照成本计算对象进行归集；间接费用则通过分配计入各成本计算对象。直接费用一般包括直接材料（原材料、辅助材料、备品备件等）、燃料及动力、直接人工（生产人员的工资、补贴等）；间接费用一般包括制造费用。制造费用是指企业内的分厂、车间为组织和管理生产所发生的各项费用，包括分厂、车间管理人员工资，折旧费，维修费，修理费及其他制造费用（办公费、差旅费、劳保费等）。

（二）生产成本核算应设置的账户

企业为了核算各种产品所发生的各项生产费用，应设置“生产成本”账户和“制造费用”账户进行核算。

“生产成本”账户是用来核算企业进行工业性生产所发生的各项生产费用，该账户借方反映企业发生的各项直接材料、直接人工和分配的制造费用，贷方反映生产完工入库产成品成本的结转，期末余额一般在借方，表示期末尚未加工完成的在产品制造成本。

企业可以根据本身生产特点和管理要求，将“生产成本”账户分为“基本生产成本”和“辅助生产成本”两个明细账户。“基本生产成本”二级账户核算基本生产的产品成本。“辅助生产成本”二级账户核算企业为基本生产服务而进行的产品生产和劳务供应所发生的费用。

“制造费用”账户是用来核算企业为生产产品和提供劳务而发生的各项间接费用，包括生产车间管理人员工资和福利费、折旧费、修理费、办公费、水电费、机物料消耗、劳动保护费、租赁费、保险费、季节性、修理期间的停工损失等。该账户借方反映企业发生的各项制造费用，贷方反映期末按一定的分配方法和分配标准将制造费用分配到各成本对象的“生产成本”账户，期末结转后本账户一般无余额。

（三）生产成本的核算

直接费用计入生产成本，间接费用先计入制造费用，然后分配计入生产成本。

直接用于产品生产的各种原材料费用，应借记“生产成本”“制造费用”，贷记“原材料”。生产产品的工人的职工薪酬应借记“生产成本”“制造费用”，贷记“应付职工薪酬”。

制造费用是企业为组织和管理生产所发生的各项间接费用，制造费用不是生产产品的直接费用，所以，在发生时，不能直接计入产品成本，需要通过“制造费用”科目进行归集，然后分配计入各种产品成本，要采用适当的方法在产品之间进行分配。在生产一种产品的情况下，制造费用可以直接计入该种产品成本；在生产多种产品的情况下，就需要在不同产品之间进行分配，常用的分配方法有生产工时比例法、生产工人工资比例法、机器工时比例法、年度计划分配率法等。

“制造费用”科目属于集合分配账户，借方登记制造费用的发生数，贷方登记制造费用的分配数。在一般情况下，期末应将全部费用都分配出去，不留余额。

下面举例说明制造费用的发生和分配的核算过程。

【例 13－16】 某企业本月发生各种制造费用如下：

（1）计提本月车间使用的固定资产折旧，共计 50 000 元。

借：制造费用　　50 000

　贷：累计折旧　　50 000

（2）支付本月生产用固定资产租金 3 000 元，以银行存款支付。

借：制造费用　　3 000

　贷：银行存款　　3 000

（4）以现金 200 元购买车间办公用品。

借:制造费用　　　　200

　贷:库存现金　　　　200

(5)车间办事员王××报销差旅费 1 500 元,预借款为 2 000 元。

借:制造费用　　　　1 500

　库存现金　　　　500

　贷:其他应收款　　　　2 000

(8)支付车间管理人员工资 3 000 元,以银行存款支付。

借:制造费用　　　　3 000

　贷:银行存款　　　　3 000

(9)分配本期制造费用,总计 57 700 元,其中甲产品负担 32 400 元,乙产品负担 25 300 元。

借:生产成本——基本生产成本(甲产品)　　　　32 400

　　　　——基本生产成本(乙产品)　　　　25 300

　贷:制造费用　　　　57 700

【例 13－17】 某工业生产企业有一生产车间甲车间,生产 A、B 两种产品。该企业本月发生的相关经济业务如下:

本期领用材料 43 500 元,其中,甲车间投产 A 产品领用材料 16 000 元;投产 B 产品领用材料 24 000 元;甲车间领用机物料 2 000 元,企业行政管理部门领用材料 1 500 元。应付工资 22 800 元,其中,甲车间生产 A 产品工人的应付工资为 9 120 元,生产 B 产品工人的应付工资为 4 560 元,车间管理人员应付工资为 3 420 元,企业行政管理部门应付工资为 5 700 元。以银行存款支付本企业转让技术费用 1 800 元以及咨询费用 1 200 元。本月计提固定资产折旧费用 8 000 元,其中,甲生产车间折旧费用为 6 000 元,企业行政管理部门折旧费用 2 000 元。甲车间的制造费用按机器生产工时进行分配,A 产品的生产工时为 1 200 小时,B 产品的生产工时为 800 小时。

要求:编制上述经济业务相关的会计分录。

账务处理如下:

(1)

借:生产成本——基本生产成本(A 产品)　　　　16 000

　　　　——基本生产成本(B 产品)　　　　24 000

　制造费用　　　　2 000

　管理费用　　　　1 500

　贷:原材料　　　　43 500

(2)

借:生产成本——基本生产成本(A产品)　　9 120
　　　　　——基本生产成本(B产品)　　4 560
　制造费用　　3 420
　管理费用　　5 700
　贷:应付职工薪酬　　22 800

(3)

借:管理费用　　3 000
　贷:银行存款　　3 000

(4)

借:制造费用　　6 000
　管理费用　　2 000
　贷:累计折旧　　8 000

(5)

借:生产成本——基本生产成本(A产品)(1200/2000×11 420)　　6 852
　　　　　——基本生产成本(B产品)(800/2000 ×11 420)　　4 568
　贷:制造费用　　11 420

五、期间费用

期间费用是指企业当期发生的,但不能直接归属于某个特定产品成本的费用。由于难以判定其所归属的产品,因而不能列入产品制造成本,而在发生的当期直接计入当期损益。期间费用主要包括销售费用、管理费用、财务费用。

(一)销售费用

销售费用是指企业在销售商品过程中发生的各项费用以及为销售本企业商品而专设的销售机构(含销售网点、售后服务网点等)的经营费用。

企业发生的销售费用在"销售费用"账户中核算,并按费用项目设置明细账进行明细核算。期末,将借方归集的销售费用全部由本账户的贷方转入"本年利润"账户的借方,结转后账户期末无余额。

【例 13-18】 甲公司8月份发生的销售费用包括以银行存款支付广告费5 000元;销售部门人员报销差旅费800元,以现金支付;本月分配给专设销售机构的职工工资4 560元。

根据上述资料,应做账务处理如下:

支付广告费：

借:销售费用——广告费　　5 000

　贷:银行存款　　5 000

支付差旅费：

借:销售费用——差旅费　　800

　贷:库存现金　　800

分配职工工资：

借:销售费用——工资及福利费　　4 560

　贷:应付职工薪酬　　4 560

(二)管理费用

1.管理费用的内容

管理费用是企业董事会和行政管理部门为组织和管理生产经营活动而发生的费用。具体包括的项目有：

企业管理部门及职工方面的费用。主要包括公司经费、工会经费、职工教育经费、劳动保险费、待业保险费。公司经费包括总部管理人员工资、职工福利费、差旅费、办公费、折旧费、修理费、物料消耗、低值易耗品摊销及其他公司经费。

用于企业直接管理之外的费用。主要包括:董事会费、咨询费、聘请中介机构费、诉讼费、相关税费等。

提供生产技术条件的费用。主要包括:研究与开发费、无形资产摊销、长期待摊费用摊销。

业务招待费。指企业为业务经营的合理需要而支付的交际应酬费用。

损失。如存货盘亏和盘盈。

其他费用。指不包括在以上各项之内又应列入管理费用的费用。

2.管理费用的核算

企业应设置“管理费用”科目核算,并按费用项目设置明细账进行明细核算。企业发生的各项管理费用借记“管理费用”,贷记“库存现金”“银行存款”“原材料”“应付职工薪酬”“累计折旧”“应交税费”等账户;期末,将本账户借方归集的管理费用全部由本账户的贷方转入“本年利润”账户的借方,结转管理费用后,“管理费用”账户期末无余额。

【例 13—19】 甲公司 8 月份发生以下管理费用:以银行存款支付业务招待费 7 200元;计提管理部门使用的固定资产折旧费 8 000 元;分配管理人员工资 13 680 元,提取职工福利费 1 680 元;摊销无形资产 2 000 元。根据上述资料,应做账务处理如下：

支付业务招待费：

借：管理费用——业务招待费　　7 200

　贷：银行存款　　7 200

计提折旧费：

借：管理费用——折旧费　　8 000

　贷：累计折旧　　8 000

分配工资：

借：管理费用——工资及福利费　　13 680

　贷：应付职工薪酬　　13 680

摊销无形资产：

借：管理费用——无形资产摊销　　2 000

　贷：累计摊销　　2 000

(三)财务费用

1.财务费用的内容

财务费用是指企业为筹集生产经营所需资金而发生的费用。具体包括的项目为：

(1)利息净支出。指企业短期借款利息、长期借款利息、应付票据利息、票据贴现利息、应付债券利息、长期应付引进外国设备款利息等利息支出减去银行存款等利息收入后的净额。

(2)汇兑净损失。指企业因向银行结售或购入外汇而产生的银行买入、卖出价与记账所采用的汇率之间的差额，以及月度终了，各种外币账户的外币期末余额，按照期末汇率折合的记账本位币金额与账面记账本位币金额之间的差额等。

(3)相关手续费。指银行提供服务收取的手续费、发行债券所需支付的手续费、开出汇票的银行手续费、调剂外汇手续费等。

(4)其他财务费用。如融资租入固定资产发生的融资租赁费用等。

2.财务费用的核算

企业发生的财务费用在“财务费用”科目中核算，并按费用项目设置明细账进行明细核算。期末，将借方归集的财务费用全部由该账户的贷方转入“本年利润”账户的借方，计入当期损益。结转当期财务费用后，“财务费用”科目期末无余额。

【例 13－20】 甲公司 8 月份发生如下事项：接银行通知，已划拨本月银行借款利息 5 000 元；银行转来存款利息 2 000 元。根据上述资料，做账务处理如下：

借：财务费用——利息收入　　5 000

　贷：银行存款　　5 000

借：银行存款　　　　2 000
　贷：财务费用——利息收入　　　　2 000

六、所得税费用

所得税费用是指应在会计税前扣除的所得税费用，包括当期所得税费用（即实际的所得税）和递延所得税费用。我国现行会计准则规定，所得税费用的确认采用资产负债表债务法。

资产负债表债务法是从资产负债表出发，通过比较资产负债表上列示的资产、负债按企业会计准则确定的账面价值与按税法规定确定的计税基础，根据二者之间的差额，分别为应纳税暂时性差异和可抵扣暂时性差异，进而确认相关的递延所得税负债与递延所得税资产。

资产负债表债务法的目标在于确认利润表中列示的所得税费用，重点在于确定递延所得税资产或递延所得税负债，关键在于确定资产、负债的计税基础。各项资产、负债的计税基础一经确定，就可计算暂时性差异，并在此基础上确认递延所得税资产或递延所得税负债以及与其对应的所得税费用或所得税收益。

资产负债表债务法的总体思路是：

(1)资产负债表日根据当期的会计利润调整计算应纳税所得额

应纳税所得额＝会计利润＋纳税调整增加额－纳税调整减少额

(2)计算应交所得税，编制分录

应交所得税＝应纳税所得额×适用的所得税税率

(3)计算当期递延所得税资产、递延所得税负债的增加数

①当期递延所得税资产增加数＝期末递延所得税资产数－期初递延所得税资产数

②当期递延所得税负债增加数＝期末递延所得税负债数－期初递延所得税负债数

(4)分析递延所得税资产、递延所得税负债对应的科目，编制分录。一般情况下，递延所得税资产、递延所得税负债对应的科目是“所得税费用”，特殊情况下，可能对应“资本公积”。如可供出售金融资产公允价值变动导致账面价值变动，应计入资本公积。

(一)当期所得税费用

当期所得税费用是按照当期应缴纳的所得税确认的费用，计算公式如下：

当期所得税费用＝当期应纳税所得额×所得税税率

应纳税所得额是指按照企业所得税法规定的项目计算确定的收益，是计算缴纳所得税的依据。由于企业会计税前利润与应纳税所得额的计算口径、计算时间可能不一致，因而两者之间可能存在差异。例如，企业购买国债取得的利息收入，在会计上作为投资收益计入了会计税前利润，而所得税法规定国债利息收入免征所得税，不计入应纳税所得额，计税时企业应从会计税前利润中扣除此项收益。

总之，企业应在会计税前利润的基础上，将所得税法规定的收入、费用与会计税前利润的收入、费用之间的差异进行调整，确定应纳税所得额。

企业设“所得税费用——当期所得税费用”科目核算其实际缴纳的企业所得税。记录应纳税额时，借记“所得税费用——当期所得税费用”科目，贷记“应交税费——应交所得税”科目。结转本年利润时，借记“本年利润”科目，贷记“所得税费用——当期所得税费用”，结转后，该科目无余额。

（二）递延所得税费用

递延所得税费用是指由于暂时性差异的发生或转回确认的所得税费用。

1.资产和负债的计税基础

（1）资产的计税基础

资产的计税基础是指企业收回资产账面价值过程中，按照税法规定计算应纳税所得额时可以自应税经济利益中抵扣的金额。即该项资产在未来使用或最终处置时，允许作为成本或费用在税前列支的金额，用公式表示如下：

资产的计税基础＝未来可税前列支的金额

资产在某一资产负债表日的计税基础＝资产成本－以前期间已税前列支的金额

例如，对某项已投入使用的固定资产来说，其账面价值等于其入账时的实际成本减去已计提的累计折旧和减值准备后的余额，而其计税基础等于其入账时的实际成本减去已计提的累计折旧后的余额。

通常情况下，资产在取得时其入账价值（账面价值）与其计税基础是相同的。但由于在后续计量过程中因企业会计准则规定与税法规定不同，使得资产的账面价值与计税基础之间产生了暂时性差异。

【例 13－21】 固定资产折旧与减值准备的计提。假设某项环保设备的原价为1 000万元，使用年限为10年，会计处理时按直线法计提折旧，税收处理时按双倍余额递减法计算税前扣除折旧费用，净残值为0。在使用2年后的会计期末，企业对该项设备计提了80万元的固定资产减值准备。则在该会计期末，该项设备的账面价值为1 000－100－100－80＝720（万元），计税基础为1 000－200－160＝640（万元），二者之间的暂时性差异为80万元。

(2)负债的计税基础

负债的计税基础是指负债的账面价值减去未来期间按照税法规定计算应纳税所得额时可予抵扣的金额。即：

负债的计税基础＝负债的账面价值－未来可税前列支的金额

通常情况下，短期借款、应付票据、应付账款、其他应付款等负债的确认和偿还，不会对当期损益和应纳税所得额产生影响，因此其计税基础即为账面价值。

但在某些情况下，对自费用中提取的负债的确认可能会影响损益，并影响不同期间的应纳税所得额，使其计税基础与账面价值之间产生差额。

例如，企业因或有事项确认的预计负债。企业会计准则规定对于预计负债，在满足确认条件时，按照履行现时义务所需支出的最佳估计数确认。假定企业因产品售后服务确认了100万元预计负债，计入当期损益。按照税法规定，与预计负债相关的费用，视相关交易事项的具体情况，一般在实际发生时准予税前扣除，因此该项预计负债的计税基础为0。这就是说，在期末资产负债表中，该项预计负债的账面价值为100万元，计税基础为0，二者之间的暂时性差异为100万元。

2.暂时性差异

暂时性差异是指资产或负债的账面价值与其计税基础之间的差额。未作为资产和负债确认的项目，按照税法规定可以确定其计税基础的，该计税基础与其账面价值之间的差额也属于暂时性差异。

按照暂时性差异对未来期间应税金额的影响，可将暂时性差异分为应纳税暂时性差异和可抵扣暂时性差异。

应纳税暂时性差异是指在确定未来收回资产或清偿负债期间的应纳税所得额时，将导致产生应税金额的暂时性差异。例如，交易性金融资产的公允价值变动。按照企业会计准则规定，交易性金融资产期末应以公允价值计量，公允价值的变动计入当期损益；而税法规定交易性金融资产在持有期间公允价值变动不计入应纳税所得额，即其计税基础保持不变，这就产生了交易性金融资产的账面价值与计税基础之间的差异。

【例13－22】　假定某企业持有一项交易性金融资产，成本为1 000万元，期末公允价值为1 500万元，即期末账面价值为1 500万元，而计税基础仍维持1 000万元不变。由于该项资产的升值部分为500万元，在将来收回时将会产生应交所得税，因此该项资产的账面价值1 500万元与其计税基础1 000万元之间的差额500万元属于应纳税暂时性差异。

可抵扣暂时性差异，是指在确定未来收回资产或清偿负债期间的应纳税所得额时，将导致产生可抵扣金额的暂时性差异。

【例 13－23】 某企业期末持有一批存货，原账面价值(账面成本)为 1 000 万元，估计其可变现净值为 800 万元，按照存货准则规定，计提了存货跌价准备 200 万元。但是税法规定存货跌价损失在发生实质性损失前不允许税前扣除，因此该批存货的计税基础仍为 1 000 万元。由于存货跌价准备在存货处置时可从应纳税所得额中扣除，在期末资产负债表中，该批存货的账面价值 800 万元与其计税基础 1 000 万元之间的差额 200 万元属于可抵扣暂时性差异。

3.递延所得税资产和递延所得税负债的确认和计量

(1)递延所得税资产和递延所得税负债的确认

①递延所得税资产的确认原则

资产、负债的账面价值与其计税基础不同产生可抵扣暂时性差异的，在估计未来期间能够取得足够的应纳税所得额用以利用该可抵扣暂时性差异时，应当以很可能取得用来抵扣可抵扣暂时性差异的应纳税所得额为限，确认相关的递延所得税资产。

②递延所得税负债的确认原则

除企业会计准则中明确规定可不确认递延所得税负债的情况以外，企业对于所有的应纳税暂时性差异均应确认相关的递延所得税负债。

【例 13－24】 根据【例 13－22】和【例 13－23】的资料，假定企业适用的所得税税率为 25%，递延所得税资产和负债不存在期初余额，则对于存货项目产生的可抵扣暂时性差异 200 万元，应确认 50 万元的递延所得税资产，对于交易性金融资产产生的 500 万元的应纳税暂时性差异，应确认 125 万元的递延所得税负债。

(2)递延所得税资产和递延所得税负债的计量

资产负债表日，对于递延所得税资产和递延所得税负债，应当根据税法规定，按照预期收回该资产或清偿该负债期间的适用税率计量。

适用税率发生变化的，应对已确认的递延所得税资产和递延所得税负债进行重新计量，除直接在所有者权益中确认的交易或者事项产生的递延所得税资产和递延所得税负债以外，应当将其影响数计入变化当期的所得税费用。

(3)递延所得税资产和递延所得税负债的核算科目

期末递延所得税资产大于期初递延所得税资产的余额，应确认为递延所得税收益，冲减所得税费用，借记“递延所得税资产”科目，贷记“所得税费用”科目；反之，则应冲减递延所得税资产，并作为递延所得税费用处理，借记“所得税费用”科目，贷记“递延所得税资产”科目。

期末递延所得税负债大于期初递延所得税费用的余额，应确认为递延所得税费用，借记“所得税费用”科目，贷记“递延所得税负债”科目；反之，则应冲减递延所得税负债，并作为递延所得税收益处理，借记“递延所得税负债”科目，贷记“所得税费用”

科目。

如果形成的暂时性差异不涉及损益项目，则确认的递延所得税资产或递延所得税负债应直接调整资本公积，借记“递延所得税资产”科目，贷记“资本公积——其他资本公积”科目；或借记“资本公积——其他资本公积”科目，贷记“递延所得税负债”科目。

在资产负债表上，递延所得税资产和递延所得税负债应分别列示，不应相互抵消。

【例 13－25】 某企业某年有关资料如下：(1)利润总额 1 036 万元，当期所得税税率 25%；(2)取得国债利息收入 6 万元；(3)罚款支出 10 万元；(4)存货账面余额 150 万元，当期计提跌价准备 30 万元；(5)交易性金融资产账面余额 300 万元，其中成本 200 万元，当期公允价值变动升值 100 万元；(6)当期计提产品保修费 30 万元，预计负债余额 30 万元。假定年初递延所得税资产和递延所得税负债无余额。预计未来能够产生足够的应纳税所得额。

处理步骤：

(1)账面价值与计税基础比较，计算年末暂时性差异：

表 13－2　暂时性差异计算表　　单位：万元

交易或事项	账面价值	计税基础	暂时性差异	
			应纳税	可抵扣
存货(计提跌价准备)	120	150		30
交易性金融资产(公允价值变动升值)	300	200	100	
预计负债(产品保修费)	30	0		30
合计			100	60

(2)确定递延所得税费用：

当期递延所得税资产增减变动：

60(可抵扣暂时性差异)×25%－0＝15(万元)，增加

当期递延所得税负债增减变动：

100(应纳税暂时性差异)×25%－0＝25(万元)，增加

(3)确定应纳税所得额：

1 036－6＋10＋30－100＋30＝1 000(万元)

(4)确定当期所得税费用(当期应交所得税)：

1 000×25%＝250(万元)

(5)确定计入当期损益的所得税费用，并编制分录：

250＋25－15＝260(万元)

借:所得税费用　　2 600 000

　递延所得税资产　　150 000

　贷:应交税费——应交所得税　　2 500 000

　　递延所得税负债　　250 000

第六节　利　润

一、利润概述

(一)利润的概念

会计中的利润是指企业在一定会计期间的经营成果。利润包括收入减去费用后的净额、直接计入当期利润的利得和损失等。直接计入当期利润的利得和损失就是企业非日常活动产生的计入当期利润的利得和损失,所以:

利润＝收入－费用＋利得－损失

利润按其构成的不同层次可划分为:营业利润、利润总额和净利润。利润是衡量企业经营优劣的一种重要标志,往往是评价企业管理层业绩的一项重要指标,也是投资者等财务报告使用者进行决策时的重要参考。

(二)利润的构成

在利润表中,利润的金额分为营业利润、利润总额和净利润三个层次计算确定。

1.营业利润

营业利润,是指企业一定期间的日常活动取得的利润。营业利润的具体构成,可用公式表示为:

营业利润＝营业收入－营业成本－营业税金及附加－销售费用－管理费用－财务费用－资产减值损失＋公允价值变动收益(－公允价值变动损失)＋投资收益(－投资损失)

营业收入:指企业经营业务所确认的收入总额,包括主营业务收入和其他业务收入。

营业成本:指企业经营业务所发生的实际成本总额,包括主营业务成本和其他业务成本。

资产减值损失:企业计提各项资产减值准备所形成的损失。

公允价值变动收益(或损失):企业交易性金融资产等公允价值变动形成的应计入当期损益的利得(或损失)。

投资收益(或损失):企业以各种方式对外投资所取得的收益(或发生的损失)。

2.利润总额

利润总额,是指企业一定期间的营业利润,加上营业外收入减去营业外支出后的所得税前利润总额。

利润总额=营业利润+营业外收入-营业外支出

营业外收入:企业发生的与其日常活动无直接关系的各项利得。

营业外支出:企业发生的与其日常活动无直接关系的各项损失。

3.净利润

净利润是指企业一定期间的利润总额减去所得税费用后的净额。

净利润=利润总额-所得税费用

所得税费用:企业确认的应从当期利润总额中扣除的所得税费用。

(三)直接计入当期利润的利得

1.营业外收入

营业外收入是指企业发生的与其生产经营无直接关系的各项收入,包括处置非流动资产净收益、非货币性交易收益、出售无形资产收益、罚款净收入等。营业外收入并不是企业经营资金耗费所产生的,不需要企业付出代价,实际上是经济利益的净流入,不可能也不需要与有关的费用进行配比。营业外收入主要包括以下内容:

(1)处置非流动资产净收益,它指处置固定资产等非流动资产所获得的处置收入扣除处置费用及该项非流动资产账面净值与所计提的减值准备相抵差额后的余额。

(2)罚款收入,是指对方违反国家有关行政管理法规,按照规定支付给本企业的罚款,不包括银行的罚息。

(3)因债权人原因确实无法支付的应付款项,主要是指因债权人单位变更登记或撤销等而无法支付的应付款项等。

(4)政府补助,指企业从政府无偿取得货币资产或非货币资产形成的利得。

(5)非货币性交易中发生非货币性交易收益(与关联方交易除外),指在非货币性资产交换中换出资产为固定资产、无形资产的,换入资产公允价值大于换出资产账面价值的差额,扣除相关费用后计入营业外收入的金额。

(6)债务重组利得,指重组债务的账面价值超过清偿债务的现金、非现金资产的公允价值、所转股份的公允价值,或者重组后债务账面价值之间的差额。

(7)企业合并损益,合并对价小于取得可辨认净资产公允价值的差额。

(8)其他。

企业应通过"营业外收入"科目，核算营业外收入的取得及结转情况。该科目贷方登记企业确认的各项营业外收入，借方登记期末结转入"本年利润"的营业外收入。结转后该科目应无余额。该科目应按照营业外收入的项目进行明细核算。

2.公允价值变动损益

企业设置"公允价值变动损益"科目核算其所持有的交易性金融资产、交易性金融负债、采用公允价值模式计量的投资性房地产由于公允价值变动所形成的浮动盈亏。该科目可按照投资项目进行明细核算。该科目贷方登记增加数，借方登记减少数。期末，企业应根据该科目的本期贷方发生额减去本期借方发生额后的余额，借记"公允价值变动损益"科目，贷记"本年利润"科目，或者做相反分录，结转后该科目无余额。

(四)直接计入当期利润的损失

1.营业外支出

营业外支出，是指企业发生的与其生产经营无直接关系的各项支出。

在新会计准则下，以上各项资产减值准备(固定资产减值准备、无形资产减值准备、在建工程减值准备)均记入资产减值损失项中。具体来说，营业外支出主要包括以下内容：

(1)处置非流动资产损失，包括固定资产处置损失和无形资产出售损失等。固定资产处置损失指企业出售固定资产所取得价款或报废固定资产的材料价值和变价收入等，不足抵补处置固定资产的账面价值、清理费用、处置相关税费后的净损失；无形资产出售损失，指企业出售无形资产所取得价款，不足抵补出售无形资产的账面价值、出售相关税费的净损失。

(2)罚款支出，指企业因违反法律或未履行经济合同、协议而支付的赔偿金、违约金、罚息、罚款支出、滞纳金等以及因违法经营而发生的被没收财物损失。

(3)非货币资产交换损失，指在非货币资产交换中换出资产为固定资产、无形资产的，换入资产公允价值小于换出资产账面价值的差额，扣除相关费用后计入营业外支出的金额。

(4)债务重组损失，指重组债权的账面余额与受让资产的公允价值、所转股份的公允价值，或者重组后债权的账面价值之间的差额。

(5)公益性捐赠支出，指企业对外进行公益性捐赠发生的支出。

(6)非常损失，指企业对于因客观因素(如自然灾害等)造成的损失，在扣除保险公司赔偿后计入营业外支出的净损失。

2.资产减值损失

资产减值损失是指企业在资产负债表日，经过对资产的测试，判断资产的可收回金额或可变现净值(指存货)等低于其账面价值而计提资产减值准备所确认的相应损失。

企业发生的资产减值损失,应设置"资产减值损失"科目核算,并在"资产减值损失"科目中按资产减值损失的具体项目进行明细核算。期末应将"资产减值损失"科目余额转入"本年利润"科目,结转后应无余额。

计提资产减值准备时,借记"资产减值损失"科目,贷记"××资产减值准备"科目;除了长期资产计提的减值准备不能转回外,其他资产计提的减值准备如果转回,则借记"××资产减值准备"科目,贷记"资产减值损失"科目;期末,将科目余额转入本年利润时,借记"本年利润"科目,贷记"资产减值损失"科目。

二、利润的形成与结转

企业应设置"本年利润"科目,用于核算一定会计期间实现的净利润或发生的净亏损。会计期末,企业应将收入类科目贷方余额转入该科目贷方登记,借记"主营业务收入""其他业务收入""投资收益""补贴收入""营业外收入"等科目,贷记"本年利润"科目;将除所得税费用外的费用类科目借方余额转入科目借方 ,借记"本年利润"科目,贷记"主营业务成本""营业税金及附加""其他业务支出""销售费用""管理费用""财务费用""营业外支出"等科目。

将按照应纳税所得额计算出来的所得税计入"所得税费用"科目,借记"所得税费用"科目,贷记"应交税费——应交所得税"科目;然后再将"所得税费用"科目的发生额转入"本年利润"科目,借记"本年利润"科目,贷记"所得税费用"科目。

期末转账后,"本年利润"科目如为贷方余额,反映年初至本期末累计实现的净利润;如为借方余额,反映年初至本期末累计发生的净亏损。年度终了,企业应将"本年利润"科目的全年累积余额转入"利润分配——未分配利润"科目。如果为净利润,借记"本年利润"科目,贷记"利润分配——未分配利润"科目;如果为净亏损,做相反会计分录。结转后,"本年利润"科目应无余额。

【例 13−26】 假使 2013 年度,甲企业各有关损益类账户的发生额如下:

主营业务收入	85 000 元	主营业务成本	48 000 元
销售费用	4 200 元	营业税金及附加	1 445 元
管理费用	1 300 元	财务费用	800 元
营业外收入	3 590 元	营业外支出	7 200 元
其他业务收入	4 350 元	其他业务支出	3 000 元
投资收益(贷方余额)	2 000 元	公允价值变动损益(借方余额)	800 元
资产减值损失	2 000 元		

要求：(1)将损益类账户结转到“本年利润”科目。

(2)假若无纳税调整项目，按利润总额的25%计提本年应交所得税。

(3)结转所得税费用到“本年利润”账户。

(4)将净利润结转到未分配利润。

会计分录如下：

(1)将损益类账户结转到“本年利润”科目

借：主营业务收入　85 000
　其他业务收入　4 350
　营业外收入　3 590
　投资收益　2 000
　贷：本年利润　94 940

借：本年利润　68 745
　贷：主营业务成本　48 000
　　营业税金及附加　1 445
　　其他业务支出　3 000
　　营业外支出　7 200
　　管理费用　1 300
　　销售费用　4 200
　　财务费用　800
　　公允价值变动损益　800
　　资产减值损失　2 000

(2)(3)计提应交所得税并转账

利润总额＝94 940－68 745＝26 195(元)

应交所得税＝26 195×25%＝6 548.75(元)

借：所得税费用　6 548.75
　贷：应交税费——应交所得税　6 548.75

(4)将净利润结转到未分配利润

净利润＝26 195－6 548.75＝19 646.75(元)

借：本年利润　19 646.75
　贷：本年利润——未分配利润　19 646.75

至此，完成了利润的归集和结转，所有损益类账户结平，本年利润账户也结平，净利润转入未分配利润中。

三、利润分配

(一)利润分配的一般程序

企业当期实现的净利润,加上年初未分配利润(或减去年初未弥补亏损)和其他转入后的余额,为可供分配的利润。可供分配的利润,按下列顺序分配:

(1)提取法定盈余公积。企业根据有关法律的规定,按照净利润的10%提取。法定盈余公积累计金额超过企业注册资本的50%以上时,可以不再提取。

(2)提取法定公益金。企业根据有关法律的规定,按照净利润的5%～10%提取,主要用于职工集体福利设施的购建。

(3)可供分配的利润减去提取的法定盈余公积和法定公益金后,为可供投资者分配的利润。可供投资者分配的利润,按下列顺序分配:

①应付优先股股利。指企业按照利润分配方案分配给优先股股东的现金股利。

②提取任意盈余公积。指企业按规定提取的任意盈余公积。

③应付普通股股利。指企业按照利润分配方案分配给普通股股东的现金股利,也包括非股份有限公司分配给投资者的利润。

④转作资本(或股本)的普通股股利。指企业按照利润分配方案以分派股票股利的形式转作资本(或股本)的普通股股利,也包括非股份有限公司以利润转增的资本。

(二)利润分配的会计处理

企业应当设置"利润分配"科目,核算利润的分配(或亏损的弥补)和历年分配(或弥补)后积存的余额。该科目还应当设置"其他转入""提取法定盈余公积""提取法定公益金""应付优先股股利""提取任意盈余公积""应付普通股股利""转作资本(或股本)的普通股股利""未分配利润"等明细科目,进行明细核算。年度终了,企业应将全年实现的净利润,自"本年利润"科目转入"利润分配——未分配利润"科目,同时,将"利润分配"科目所属其他明细科目余额转入"未分配利润"明细科目。结转后,除"未分配利润"明细科目外,其他明细科目应无余额。

【例13－27】 甲公司2014年度实现净利润670万元,按净利润的10%提取法定盈余公积,按净利润的8%提取任意盈余公积,向股东分派现金股利150万元,同时分派每股面值1元的股票股利250万股。

(1)将净利润转入未分配利润

借:本年利润	6 700 000	
贷:利润分配——未分配利润		6 700 000

(2)提取盈余公积

借:利润分配——提取法定盈余公积　　670 000
　　　　　——提取任意盈余公积　　536 000
　贷:盈余公积——法定盈余公积　　670 000
　　　　　　——任意盈余公积　　536 000

(3)分配现金股利

借:利润分配——应付普通股股利　　1 500 000
　贷:应付股利　　1 500 000

(4)分配股票股利

借:利润分配——转作股本的普通股股利　　2 500 000
　贷:股本　　2 500 000

(5)结转“利润分配”其他明细科目余额

借:利润分配——未分配利润　　5 206 000
　贷:利润分配——提取法定盈余公积　　670 000
　　　　　　——提取任意盈余公积　　536 000
　　　　　　——应付普通股股利　　1 500 000
　　　　　　——转作股本的普通股股利　　2 500 000

本章主要围绕企业经营成果的形成,详细介绍了收入、费用和利润这三个会计要素的有关业务和账务处理,利用账结法,较完整地展示了经营成果的形成和分配过程。

思考题

1.确认销售收入的条件是什么?

2.现金折扣、销售折让和商业折扣有何区别?

3.什么是期间费用?它包括哪些内容?

4.请说明利润分配的一般程序。

练习题

一、单项选择题

1.下列各项中,不属于企业收入的是(　　)。

A.企业销售代制品取得的收入　　B.企业出售无形资产所得价款

C.企业销售材料所得价款　　D.企业进行股权投资所取得的股利收入

2.在收取手续费的代销方式下，受托方按(　　)确认收入。

A.受托代销商品的成本

B.受托代销商品的实际售价

C.应收取的手续费

D.受托代销商品的售价与应收取的手续费之和

3.下列各项中，在发出商品时，企业应确认销售商品收入的是(　　)。

A.在收取手续费方式下发出委托代销商品

B.发出分期收款销售的商品

C.在一般销售方式下按合同规定发出商品，并于发出商品的当天办妥托收手续

D.将商品销售给目前现金流转严重困难的老客户

4.下列各项中属于收入的是(　　)。

A.接受捐赠获得的现金资产

B.物流公司代其他运输企业收取的运输费

C.溢价发行债券获得的溢价

D.出租包装物取得的租金

5.某企业取得的下列各项收入中，不属于让渡资产使用权所取得的收入的是(　　)。

A.债券利息收入

B.进行股权投资而取得的股利收入

C.出租固定资产而取得的租金收入

D.出售无形资产而取得的价款

6.采用视同买断方式代销商品的，委托方通常应在(　　)时确认收入。

A.发出商品　　B.收到代销清单

C.受托方销售商品　　D.收到代销商品的价款

7.如果劳务的开始和完成分属不同的会计期间，且企业在资产负债表日提供劳务交易的结果不能可靠估计的，在(　　)的情况下，应按已收或者预计能够收回的金额确认劳务收入，将已经发生的劳务成本计入当期损益，不确认劳务收入。

A.已经发生的劳务成本预计全部能够得到补偿

B.已经发生的劳务成本预计部分能够得到补偿

C.已经发生的劳务成本预计全部不能得到补偿

D.已经收回部分合同金额，但已经发生的劳务成本不能全部能够得到补偿

8. 甲公司 2007 年利润总额为 200 万元，适用企业所得税税率为 33%，自 2008 年

1月1日起适用的企业所得税税率变更为25%。2007年发生的会计事项中,会计与税收规定之间存在的差异包括:(1)确认持有至到期国债投资利息收入30万元;(2)持有的交易性金融资产在年末的公允价值上升150万元,税法规定资产在持有期间公允价值变动不计入应纳税所得额,出售时一并计算应税所得;(3)计提存货跌价准备70万元。假定甲公司2007年1月1日不存在暂时性差异,预计未来期间能够产生足够的应纳税所得额用来抵扣可抵扣暂时性差异。甲公司2007年度所得税费用为(　　)万元。

A.3.3　　B.9.7　　C.49.7　　D.56.1

9.某公司2014年度发生研究开发支出合计500万元,其中研究阶段支出200万元,开发阶段不符合资本化条件的支出80万元,开发阶段符合资本化条件并形成无形资产的支出220万元,假定该项无形资产在期末已达到预定可使用状态(尚未开始摊销)。税法规定企业研究开发支出形成无形资产的,按无形资产成本150%摊销。则该项无形资产2009年末的计税基础为(　　)万元。

A.0　　B.220　　C.330　　D.750

10.下列关于费用的表述中,不正确的是(　　)。

A.费用是企业资源的不利变化,最终将导致企业资源的减少或牺牲

B.费用是企业为了获得一定收入而发生的,与盈利活动相联系

C.费用最终会减少企业的资产

D.费用最终会减少企业的净资产

11. 2014年5月,甲公司销售商品实际应交增值税38万元、应交消费税20万元,提供运输劳务实际应交营业税15万元;适用的城市维护建设税税率为7%,教育费附加为3%,假定不考虑其他因素,甲公司当月应列入利润表"营业税金及附加"项目的金额为(　　)万元。

A.7.3　　B.38.5　　C. 80.3　　D.42.3

12.下列各项中,应列入利润表"管理费用"项目的是(　　)。

A.计提的坏账准备　　B.出租无形资产的摊销额

C.支付中介机构的咨询费　　D.处置固定资产的净损失

13.某企业本期营业利润为100万元,资产减值损失为15万元,公允价值变动收益为30万元,营业外收入20万元,营业外支出10万元,所得税税率25%。假定不考虑其他因素,该企业本期净利润为(　　)万元。

A.82.5　　B.75　　C.93.75　　D.110

14.某公司出售拥有的一项非专利技术,取得价款1 000 000元,应交的营业税为50 000元。该非专利技术的账面余额为1 200 000元,累计摊销额为400 000元,计提

减值准备 80 000 元。则该业务影响公司利润的金额为(　　)元。

A.150 000　　B.250 000　　C.230 000　　D.200 000

15.下列各项业务中,不应通过“营业外收入”科目核算的有(　　)。

A.存货盘盈　　B.转销无法偿付的应付账款

C.接受现金捐赠　　D.固定资产报废净收益

二、多项选择题

1.下列各项中,不应计入商品销售收入的有(　　)。

A.应收取的代垫运杂费　　B.应收取增值税销项税额

C.预计可能发生的现金折扣　　D.实际发生的商业折扣

2.某企业取得的下列各项收入中,应属于让渡资产使用权所取得的收入的有(　　)。

A.进行股权投资而取得的股利收入　B.出租包装物取得的租金收入

C.销售材料取得的收入　　D.让渡无形资产使用权取得的使用费收入

3.收入是企业在日常活动中产生的经济利益的总流入。下列各项中,属于收入的有(　　)。

A.销售商品收入　　B.提供劳务收入

C.销售原材料收入　　D.出租固定资产收入

4.下列各项中,属于工业企业其他业务收入的有(　　)。

A.材料销售收入　　B.销售商品收入

C.包装物出租收入

D.销售随同商品出售且单独计价的包装物取得的收入

5.下列各项中,属于收入特点的有(　　)。

A.收入是企业在日常活动中形成的经济利益的总流入

B.收入一定导致企业资产的增加

C.收入会导致企业所有者权益的增加

D.收入与所有者投入资本无关

6.下列各项中属于让渡资产使用权收入的有(　　)。

A.企业对外出租固定资产收取的租金收入

B.转让商标权的使用权收取的使用费收入

C.从事代理服务收取的代理费收入

D.进行债券投资收取的利息收入

7.下列有关收入确认的表述中,正确的有(　　)。

A.在同一会计年度内开始并完成的劳务,公司应按完工百分比法确认各月收入

B.在提供劳务交易的结果不能可靠估计的情况下，已经发生的劳务成本预计能够得到补偿时，公司应在资产负债表日按已经发生的劳务成本确认收入

C.劳务的开始和完成分属不同的会计年度，在劳务的结果能够可靠地计量的情况下，公司应在资产负债表日按完工百分比法确认收入

D.在资产负债表日，已发生的合同成本预计全部不能收回时，公司应将已发生的成本确认为当期损益，不确认收入

8.下列各科目中，能够反映已经发出但尚未确认销售收入的商品成本的有（　　）。

A.库存商品　　B.发出商品

C.委托代销商品　　D.生产成本

9.按我国企业会计准则规定，下列项目中不应确认为收入的有（　　）。

A.销售商品收取的增值税

B.出售飞机票时代收的保险费

C.旅行社代客户购买景点门票收取的款项

D.销售商品代垫的运杂费

10.企业当年发生的下列会计事项中，可产生可抵扣暂时性差异的有（　　）。

A.预计产品质量保证损失

B.年末交易性金融负债的公允价值小于其账面成本（计税成本）并按公允价值调整

C.年初新投入使用一台设备，会计上采用年数总和法计提折旧，而税法上要求采用直线法计提折旧

D.计提建造合同预计损失准备

E.按持股比例确认被投资企业净收益以外的所有者权益增加应享有的份额

11.企业当年发生的下列会计事项中，可产生应纳税暂时性差异的有（　　）。

A.预计未决诉讼损失

B.年末以公允价值计量的投资性房地产的公允价值高于其账面余额并按公允价值调整

C.年末交易性金融负债的公允价值小于其账面成本（计税基础）并按公允价值调整

D.年初投入使用的一台设备，会计上采用双倍余额递减法计提折旧，而税法上要求采用年限平均法计算折旧

E.在投资的当年年末按权益法确认被投资企业发生的净亏损

三、业务题

1.正保股份有限公司(以下简称正保公司)为增值税一般纳税企业,适用的增值税税率为17%。商品销售价格均不含增值税额,所有劳务均属于工业性劳务。销售实现时结转销售成本。正保公司销售商品和提供劳务为主营业务。2013年12月,正保公司销售商品和提供劳务的资料如下:

(1)12月1日,对A公司销售商品一批,增值税专用发票上销售价格为100万元,增值税额为17万元。提货单和增值税专用发票已交A公司,A公司已承诺付款。为及时收回货款,给予A公司的现金折扣条件如下:2/10、1/20、n/30(假设计算现金折扣时不考虑增值税因素)。该批商品的实际成本为85万元。12月19日,收到A公司支付的扣除所享受现金折扣金额后的款项,并存入银行。

(2)12月2日,收到B公司来函,要求对当年11月2日所购商品在价格上给予5%的折让(正保公司在该批商品售出时,已确认销售收入200万元,并收到款项)。经查核,该批商品外观存在质量问题。正保公司同意了B公司提出的折让要求。当日,收到B公司交来的税务机关开具的索取折让证明单,并出具红字增值税专用发票和支付折让款项。

(3)12月14日,与D公司签订合同,以现销方式向D公司销售商品一批。该批商品的销售价格为120万元,实际成本75万元,提货单已交D公司。款项已于当日收到,存入银行。

(4)12月15日,与E公司签订一项设备维修合同。该合同规定,该设备维修总价款为60万元(不含增值税额),于维修完成并验收合格后一次结清。12月31日,该设备维修任务完成并经E公司验收合格。正保公司实际发生的维修费用为20万元(均为维修人员工资)。12月31日,鉴于E公司发生重大财务困难,正保公司预计很可能收到的维修款为17.55万元(含增值税额)。

(5)12月25日,与F公司签订协议,委托其代销商品一批。根据代销协议,正保公司按代销协议价收取所代销商品的货款,商品实际售价由受托方自定。该批商品的协议价200万元(不含增值税额),实际成本为180万元。商品已运往F公司。12月31日,正保公司收到F公司开来的代销清单,列明已售出该批商品的20%,款项尚未收到。

(6)12月31日,与G公司签订一件特制商品的合同。该合同规定,商品总价款为80万元(不含增值税额),自合同签订日起2个月内交货。合同签订日,收到G公司预付的款项40万元,并存入银行。商品制造工作尚未开始。

(7)12月31日,收到A公司退回的当月1日所购全部商品。经查核,该批商品存在质量问题,正保公司同意了A公司的退货要求。当日,收到A公司交来的税务机关开具的进货退出证明单，并开具红字增值税专用发票和支付退货款项。

要求：

(1)编制正保公司 12 月份发生的上述经济业务的会计分录。

(2)计算正保公司 12 月份主营业务收入和主营业务成本。("应交税费"科目要求写出明细科目，答案中的金额单位用万元表示)

2.同顺股份有限公司(以下简称同顺公司)系工业企业，为增值税一般纳税人，适用的增值税税率为 17%，适用的所得税税率为 25%。销售单价除标明为含税价格外，均为不含增值税价格，产品销售为其主营业务。

同顺公司 2013 年 12 月发生如下业务：

(1)12 月 5 日，向甲企业销售材料一批，价款为 350 000 元，该材料发出成本为 250 000 元。当日收取面值为 409 500 元的票据一张。

(2)12 月 10 日，收到外单位租用本公司办公用房下一年度租金 300 000 元，款项已收存银行。

(3)12 月 13 日，向乙企业赊销 A 产品 50 件，单价为 10 000 元，单位销售成本为 5 000元。

(4)12 月 18 日，丙企业要求退回本年 11 月 25 日购买的 20 件 A 产品。该产品销售单价为 10 000 元，单位销售成本为 5 000 元，其销售收入 200 000 元已确认入账，价款尚未收取。经查明退货原因系发货错误，同意丙企业退货，并办理退货手续和开具红字增值税专用发票。

(5)12 月 21 日，乙企业来函提出 12 月 13 日购买的 A 产品质量不完全合格。经协商同意按销售价款的 10%给予折让，并办理退款手续和开具红字增值税专用发票。

(6)12 月 31 日，计算本月应交纳的城市维护建设税 4 188.8 元，其中销售产品应交纳 3 722.3 元，销售材料应交纳 466.5 元；教育费附加 1795.2 元，其中销售产品应交纳 1 616.7 元，销售材料应交纳 178.5 元。

要求：根据上述业务编制相关的会计分录。

3.甲公司为增值税一般纳税企业，2013 年 1 月 1 日，甲公司与乙公司签订协议，采用预收款方式向乙公司销售一批商品。该批商品实际成本为 700 000 元。协议约定，该批商品销售价格为 900 000 元，增值税额为 153 000 元；乙公司应在协议签订时预付 60%的货款(按销售价格计算)，剩余货款于 2 个月后支付。3 月 7 日，甲公司委托丙公司销售商品 50 件，商品已经发出，每件成本为 30 元。合同约定丙公司应按每件 50 元对外销售，甲公司按售价的 10%向丙公司支付手续费。丙公司对外实际销售 25 件，开出的增值税专用发票上注明的销售价格为 1 250 元，增值税税额为 212.50 元，款项已经收到。甲公司收到丙公司开具的代销清单时，向丙公司开具一张相同金额的增值税专用发票。假定:甲公司发出商品时纳税义务尚未发生;甲公司采用实际成本核算,丙公司采用进价核算代销商品。

要求:做出甲公司与丙公司相关账务处理。

4.甲上市公司(简称甲公司)为增值税一般纳税人,适用的增值税税率为17%;除特别说明外,不考虑除增值税以外的其他相关税费;所售资产未发生减值;销售商品和提供劳务均为主营业务收入,销售价格为不含增值税的公允价格;商品销售成本在确认销售收入时逐笔结转。

2013年12月甲公司发生下列经济业务:

(1)12月1日,甲公司与A公司签订委托代销商品协议。协议规定,甲公司以支付手续费方式委托A公司代销W商品100件,A公司对外销售价格为每件3万元,未出售的商品A公司可以退还甲公司;甲公司按A公司对外销售价格的1%向A公司支付手续费,在收取A公司代销商品款时扣除。该W商品单位成本为2万元。

12月31日,甲公司收到A公司开来的供销清单,已对外销售W商品60件;甲公司开具的增值税专用发票注明:销售价格180万元,增值税额30.6万元;同日,甲公司收到A公司交来的代销商品款208.8万元并存入银行,应支付A公司的手续费1.8万元已扣除。

(2)12月5日,收到B公司退回的X商品一批以及税务机关开具的进货退回相关证明,销售价格为100万元,销售成本为70万元;该批商品已于11月份确认收入,但款项尚未收到,且未计提坏账准备。

(3)12月10日,与C公司签订一项为期5个月的劳务合同,合同总收入为200万元,当天预收劳务款20万元。12月31日,经专业测量师对已提供的劳务进行测量,确定该项劳务的完工程度为30%。至12月31日,实际发生劳务成本40万元(假定均为职工薪酬),估计为完成合同还将发生劳务成本90万元(假定均为职工薪酬)。该项劳务应交营业税(不考虑其他流转税费),税率为5%。假定该项劳务交易的结果能够可靠地计量。

(4)12月15日,出售确认为交易性金融资产的D公司股票1 000万股,出售价款3 000万元已存入银行。当日出售前,甲公司持有D公司股票1 500万股,账面价值为4 350万元(其中,成本为3 900万元,公允价值变动为450万元)。12月31日,D公司股票的公允价值为每股3.30元。

(5)12月31日,以本公司生产的产品作为福利发放给职工。发放给生产工人的产品不含增值税的公允价值为200万元,实际成本为160万元;发放给行政管理人员的产品不含增值税的公允价值为100万元,实际成本为80万元。产品已发放给职工。

(6)12月31日,采用托收承付结算方式向E公司销售设备一套,合同约定的销售价格为 2 500 万元，开具增值税专用发票，该设备的实际成本为 2 000 万元。商品已经发出，并办理了托收手续，以银行存款支付代垫运费 5 万元。

要求：根据资料，逐笔编制甲公司相关业务的会计分录。

5.A 企业为一般纳税企业，增值税税率为 17%，所得税税率为 25%，2013 年 12 月该企业发生如下经济业务：

(1)购进原材料一批，价款 200 000 元，增值税税率 17%，款项以存款支付，材料已验收入库(原材料按实际成本计价核算)。

(2)销售给 B 公司产品一批，增值税专用发票上的售价为 400 000 元，收到 B 公司交来面值为 468 000 元的银行承兑汇票一张，销售成本为 300 000 元。

(3)报废旧设备一台，原值为 65 000 元，已提折旧为 60 000 元，发生清理费用为 1 000元，取得残料变价收入为 2 000 元，有关款项已通过银行结算完毕。

(4)B 公司来函提出本月购买的产品中，有 100 000 元的甲产品质量不完全合格，要求在价格上给予 40 000 元的折让，经查明，符合原合同约定，同意 B 公司的要求，并办理退款手续和开具红字增值税发票。

(5)2013 年 8 月 1 日为客户研制一项产品，工期为 6 个月，合同收入 330 000 元，到 2008 年 12 月 31 日已发生成本 220 000 元，已预收账款 200 000 元，预计开发完成此项产品总成本为 250 000 元。年末经专业测量师测量，产品的开发程度为 85%。

(6)用银行存款支付本月管理费用 20 000 元。

(7)转让一项交易性金融资产，成本为 100 000 元，无公允价值变动，售价为 99 000元。收到款项存入银行。

(8)12 月 31 日，购入 C 公司有表决权的股票 100 万股。占 C 公司股份的 25%，从而对 C 公司的财务和经营政策有重大影响。该股票每股买入价为 8 元，其中每股含已宣告分派但尚未领取的现金股利 0.20 元；另外，甲公司在购买股票时还支付相关税费 10 000 元，款项均由银行存款支付(假定 C 公司 2011 年 12 月 31 日可辨认净资产的公允价值为 3 000 万元)。

(9)收到增值税返还 2 万元，存入银行。

(10)假定 A 企业 12 月份的应纳税所得额为 120 000 元。

要求：

(1)编制有关经济业务的会计分录；

(2)计算 2013 年 12 月份 A 企业利润表中以下项目的金额(要求列出计算过程)：

①营业利润；

②利润总额；

③净利润。

6.A 企业是 2014 年 1 月 1 日注册成立的公司，适用的所得税税率为 25%。

2014 年度有关所得税会计处理的资料如下：(1)本年度实现税前会计利润 200 万元；(2)取得国债利息收入 20 万元；(3)持有的一项交易性金融资产期末公允价值上升 30 万元；(4)持有的一项可供出售金融资产期末公允价值上升 50 万元；(5)计提存货跌价准备 10 万元；(6)本年度开始计提折旧的一项固定资产，成本为 100 万元，使用寿命为 5 年，预计净残值为 0，按直线法计提折旧，税法规定的使用年限为 10 年，假定税法规定的折旧方法及净残值与会计规定相同，折旧费用全部计入当年损益。(2014 年度除上述事项外，无其他纳税调整事项)

要求：

(1)采用资产负债表债务法计算本年度应交的所得税。

(2)计算本期应确认的递延所得税资产或递延所得税负债金额。

(3)计算应计入当期损益的所得税费用，并做出相关的会计分录。

7.(1)2011 年 12 月 25 日，甲企业购入一台不需要安装的设备，该设备的入账价值为 60 万元，预计使用期限为 3 年，会计上采用直线法计提折旧，预计净残值为 0。税法规定应采用年数总和法计提折旧，折旧年限也为 3 年，预计净残值为 0。

(2)2013 年 12 月 31 日，该设备出现减值迹象，经减值测试发现，该固定资产的可收回金额为 15 万元。

(3)假设甲企业每年的利润总额均为 300 万元，无其他纳税调整项目，适用所得税税率为 25%。

要求：计算 2012—2014 年应确认的递延所得税，并做出相关的账务处理。

第十四章
财务报表列报

【本章导读】

当1611年世界上最古老的证券交易所——阿姆斯特丹证券交易所在荷兰创立的时候，谁也想不到证券市场会以这样迅雷不及掩耳之势发展成如今的模样。当今随着全球经济一体化的发展，证券市场也逐渐地发展完善，越来越多的普通人参与到证券市场的活动中。随着移动设备的发展完善，人们只需一部手机，选择自己心仪的股票，通过网上支付，轻松地按几下手机就完成了整个操作……但重点是选择哪只股票呢？要知道光是在中国深交所上市的企业就有数千家。如何练就火眼金睛来判断哪一匹才是真正能带来财富的“黑马”呢？打开证券投资的专业网站，那些专家们推荐股票的依据又从何而来？股票能否赚钱与公司的业绩密不可分，而当你要了解一个企业的经营情况时，你脑海里蹦出来的问题应该就是：这个公司规模有多大？每年能赚多少钱？我们要通过什么媒介去了解这些呢？财务报表会告诉关于企业经营状况的一切。本章遵循新修订的《企业会计准则第30号——财务报表列报》的要求介绍财务报表的编制原理。

【学习目标】

理解财务报表的定义、构成、分类、列报要求；

熟练掌握资产负债表、利润表、现金流量表和所有者权益变动表的编制方法；

认识报表附注的重要性，熟悉附注披露的主要内容。

第一节 财务报表概述

一、财务报表的定义和构成

财务报表是对企业财务状况、经营成果和现金流量的结构性表述。财务报表列报，是指交易和事项在报表中的列示和在附注中的披露。企业的财务报表列报应遵循《企业会计准则第30号——财务报表列报》。该准则规范了财务报表的列报，保证同一企业不同期间和同一期间不同企业的财务报表相互可比。

按照《企业会计准则第30号——财务报表列报》的规定，为了达到财务报表有关决策有用和评价企业管理层受托责任的目标，一套完整的财务报表至少应当包括"四表一注"，即资产负债表、利润表、现金流量表、所有者权益（或股东权益）变动表以及附注。

二、财务报表的作用

显然，编制财务报表是为了满足投资人、债权人、政府职能部门、社会公众对会计信息的需求。财务报表作为会计信息使用者经济决策的有用工具，其作用在于：

（一）财务报表提供的经济信息是企业加强和改善经营管理的重要依据

企业管理当局通过财务报表，可以全面、系统、综合地了解企业生产经营活动情况、财务情况和经营成果，检查分析财务计划、成本计划、费用预算及有关方针政策的执行情况，能够及时发现经营活动中存在的问题，迅速做出决策，采取有效的措施，改善经营管理；同时也可以根据财务报表提供的信息，制订更为科学合理的经营计划和方针。

（二）财务报表提供的信息是相关各方进行经济决策的依据

随着经济的发展，资本市场、证券市场的建立和完善，企业与社会上各方面的联系越来越密切，在企业外部形成了众多的与企业有利害关系的单位和个人。他们往往不能直接参与企业的生产经营活动，不能直接从中获取所需要的信息，为了进行投资等方面的决策，他们需要通过财务报表了解企业的财务状况及生产经营情况，分析企业的偿债能力和获利能力，并对企业的财务状况做出判断，作为决策的依据；同时，投资人和债权人以及广大社会公众需要通过财务报表提供的信息，了解企业的情况，监督企业的生产经营管理，以保护自身的合法权益，减少经营风险和财务风险，从而促进资本市场和其他市场的有效运作，促进有限资源的合理配置。

（三）财务报表提供的信息是国家进行宏观经济调控和管理的依据

政府部门可以通过财务报表及时掌握各企业、各行业的经济情况和管理情况，便于对企业的生产经营情况进行检查分析。如国家财政部门可以利用企业报送的财务报表，监督检查企业会计核算是否符合会计准则和相关会计制度的规定，财务报表内容是否真实、合法；税务部门可以通过财务报表了解企业税收执行情况，据以做出是否对税收政策进行调整的决策等。

三、财务报表的分类

财务报表可以按不同的标准进行分类。

（一）按照财务报表所反映的内容分类

按照财务报表所反映的内容可以分为静态财务报表和动态财务报表。

静态财务报表是指综合反映企业一定时点的资产、负债、所有者权益的财务报表，如资产负债表，它主要反映企业的财务状况。静态财务报表反映的是企业资金运动在某一时点上的结果。

动态财务报表是指反映企业一定时期内资金耗费和收回的报表，如利润表和现金流量表、所有者权益变动表。动态财务报表反映的是企业某一时期资金运动的过程，反映企业的获利能力和现金的流入、流出情况等。

（二）按照财务报表的报送对象分类

按照财务报表的报送对象可以分为对外财务报表和对内财务报表。

对外财务报表，是指向企业外部有关方面提供的，可以供各类会计信息使用者共同使用的通用财务报表。企业会计准则规定，企业对外提供的财务报表包括资产负债表、利润表、现金流量表、所有者权益（或股东权益）变动表及附注。

对内财务报表，是指企业根据自身管理的需要自行确定编制的，为企业经营管理服务，供企业内部使用的财务报表。如产品销售收入明细表、管理费用明细表等。对内财务报表一般没有统一规定的格式和指标口径。

（三）按照财务报表编制和报送的时间分类

按照财务报表编制和报送的时间可以分为中期财务报表和年度财务报表。

中期财务报表，是指以中期为基础编制的财务报表。所谓中期，是指短于一个完整的会计年度的报告期间。《会计法》规定："会计年度自公历 1 月 1 日起至 12 月 31 日止。"因此中期财务报表包括月度财务报表、季度财务报表、半年度财务报表和任何一个短于一个完整会计年度的期间的财务报表。中期财务报表的内容至少应当包括资产负债表、利润表、现金流量表和附注。并且报表应当是完整的，与上年度的年报格式和内容一致。

年度财务报表则是反映一个完整会计年度财务状况、经营成果和现金流量等信息的财务报表。

(四)按照财务报表的编制基础分类

按照财务报表的编制基础可以分为个别财务报表、汇总财务报表、分部报表和合并财务报表。

个别财务报表是根据账簿等日常会计核算资料加工后编制的，反映一个独立法人财务状况、经营成果和现金流量情况的财务报表。

汇总财务报表是由企业上级主管部门根据所属基层单位报送的财务报表及本单位财务报表简单汇总后编制的财务报表，反映某个部门或地区、行业的财务状况和经营成果。

分部报表是指企业存在多种经营或跨地区经营的，在会计核算资料基础上，以所经营的业务种类和所在经营地区为单位编制的反映分部资产、负债、收入、费用、利润等会计信息的财务报表。

合并财务报表是指由母公司在母公司和子公司个别财务报表的基础上，对企业集团内部交易进行抵销后编制的反映母公司及其全部子公司形成的企业集团整体财务状况、经营成果和现金流量的财务报表。

四、财务报表的编制要求

作为一种产品，必须符合一定的质量标准，才能让使用者安全、放心地使用。财务报表作为满足各方经济决策信息需求的产品，其编制应当符合以下要求：

(一)真实可靠——不能是假冒伪劣产品

所谓真实可靠，是指企业编制财务报表，应当根据真实的交易、事项以及完整、准确的账簿记录等资料，并按照企业会计准则规定的编制基础、编制依据、编制原则和方法编制。财务报表作为综合反映企业财务状况、经营成果、现金流量等方面信息的重要文件，关系到各有关方面决策的正确性，关系到整个国民经济的发展，甚至关系到企业、投资人、债权人的生死存亡。21 世纪初国内外发生著名财务舞弊案件的公司如美国的安然(Enron Corporation)、世界通讯(WorldCom)，日本的活力门(Livedoor)，中国的银广夏等，其结果导致公司破产或股东、债权人等损失惨重。因此，企业编制的财务报表首先应当是真实的、可靠的。即根据真实的交易、事项以及完整、准确的账簿记录等资料，按照会计准则规定的编制基础、编制依据、编制原则和方法编制，做到内容真实，数据准确可靠。《会计法》和《公司法》《证券法》等有关法律均规定，企业不得编制和对外提供虚假的或者隐瞒重要事实的财务报表，并规定企业负责人对本企业财务报表的真实性、完整性负责。

（二）相关可比——具有使用价值，可以货比三家

所谓相关可比，是指企业财务报表所反映的综合会计信息必须是与有关方面进行经济决策有关的，并且按照会计准则的规定编制，从而便于投资人进行同一企业不同时期、不同企业同一时期之间会计信息的比较。编制财务报表的目的就是为各有关方面提供决策所需的信息，因此，财务报表所提供的信息必须和决策有关，有助于正确决策；同时，为使有关方面能够在众多决策方案中通过比较，选择出更加合理、更加科学的方案，必须使不同的企业以及同一企业不同期间提供的财务报表所反映的相同信息具有可比性。

（三）全面完整——产品构成要件齐全

所谓全面完整，是指企业编制的财务报表应当全面反映报告日和报告期内企业的财务状况、经营成果、现金流量等方面的信息，不得遗漏。财务报表只有全面反映企业的财务状况、经营成果和现金流量，提供完整的会计信息资料，才能满足各方面对会计信息的需求。为了保证财务报表全面完整，企业在编制财务报表时，应当按照会计准则规定的格式和内容，根据登记完整、核对无误的会计账簿记录和其他有关资料编制，做到内容完整、数字真实、计算准确，不得漏报或者任意取舍。

（四）便于理解——操作简单，使用方便

所谓便于理解，是指财务报表提供的信息易于为财务报表使用者理解。财务报表是为有关方面进行经济决策提供信息，而这些会计信息的使用者不可能都是会计专业人士，因此，财务报表应当清晰易懂，易于理解。如果财务报表提供的信息晦涩难懂、不可理解，会计信息的使用者就无法做出可靠的判断，财务报表也就毫无作用。当然，财务报表的这一编制要求是建立在财务报表的使用者具有一定的阅读财务报表能力的基础之上。

（五）编报及时——雨中送伞，雪中送炭

信息的特征是有时效性。财务报表只有及时编制和报送，才能有利于财务报表的使用者使用。否则，即使最真实可靠完整的财务报表，对其使用者而言，也没有价值。特别是在市场经济条件下，市场需求瞬息万变，企业应当根据市场供求的变化情况，及时调整生产经营活动。如果不能及时得到有关信息资料，对市场的变化情况做出及时

反应，企业在市场竞争中将处于被动的地位。因此，企业应当及时编制财务报表，并及时报送传递给有关方面。

五、财务报表列报的基本要求

（一）遵循各项会计准则进行确认和计量

企业应当根据实际发生的交易和事项，遵循各项具体会计准则的规定进行确认和计量，并在此基础上编制财务报表。企业应当在附注中对遵循企业会计准则编制的财务报表做出声明，只有遵循了企业会计准则的所有规定时，财务报表才应当被称为“遵循了企业会计准则”。

企业不应以在附注中披露代替对交易和事项的确认和计量，也就是说，企业采用的不恰当的会计政策，不得通过在附注中披露等其他形式予以更正，企业应当对交易和事项进行正确的确认和计量。

（二）列报基础

财务报表应以持续经营为基础编制，企业会计准则规范的是企业持续经营基础下的财务报表列报。企业管理层应当评价企业的持续经营能力，需要考虑的因素包括市场经营风险、企业目前或长期的盈利能力、偿债能力、财务弹性以及企业管理层改变经营政策的意向等。评价后对企业持续经营能力产生重大怀疑的，应当在附注中披露导致对持续经营能力产生重大怀疑的影响因素以及拟采取的改善措施。

企业如有近期获利经营的历史且有财务资源支持，则通常表明以持续经营为基础编制财务报表是合理的。

非持续经营是企业在极端情况下出现的一种情况，非持续经营往往取决于企业所处的环境以及企业管理部门的判断。一般而言，企业存在以下情况之一的，通常表明企业处于非持续经营状态：(1)企业已在当期进行清算或停止营业；(2)企业已经在下一个会计期间进行清算或停止营业；(3)企业已确定在当期或下一个会计期间被迫进行清算或停止营业的。企业处于非持续经营状态时，应当采用其他基础编制财务报表，比如破产企业的资产应当采用可变现净值计量、负债应当按照其预计的结算金额计量等。在非持续经营情况下，企业应在附注中声明财务报表未以持续经营为基础列报、披露未以持续经营为基础的原因和财务报表的编制基础。

（三）重要性和项目列报

项目在财务报表中是单独列报还是合并列报，应当依据重要性原则来判断。重要性，是指在合理预期下，财务报表某项目的省略或错报会影响使用者据此做出经济决策的，该项目具有重要性。重要性应当根据企业所处环境，从项目的性质和金额大小两方面予以判断，且对各项目重要性的判断标准一经确定，不得随意变更：一方面，应当考虑项目的性质是否属于企业日常活动、是否对企业的财务状况和经营成果具有较大影响等因素；另一方面，判断项目金额大小的重要性，应当通过单项金额占资产总额、负债总额、所有者权益总额、营业收入总额、营业成本总额、净利润、综合收益总额等直接相关项目金额的比重或所属报表单列项目金额的比重加以确定。

(1)性质或功能不同的项目，应当在财务报表中单独列报，不具有重要性的项目可以合并列报，比如存货和固定资产在性质上和功能上都有本质差别，必须分别在资产负债表上单独列报。

(2)性质或功能类似的项目，其所属类别具有重要性的，应当按其类别在财务报表中单独列报。比如原材料、低值易耗品等项目在性质上类似，均通过生产过程形成企业的产品存货，因此可以合并列报，合并后的类别统称为"存货"进行单独列报。

(3)项目单独列报的原则不仅适用于报表，还适用于附注。某些项目的重要性程度不足以在资产负债表、利润表、现金流量表、所有者权益变动表中单独列示，但可能对附注而言却具有重要性，在这种情况下应当在附注中单独披露。

(4)无论是财务报表列报准则规定的单独列报项目，还是其他具体会计准则规定单独列报的项目，企业都应当予以单独列报。

(四)列报的一致性

可比性是会计信息质量的一项重要质量要求，目的是保证同一企业不同期间和同一期间不同企业的财务报表相互可比。为此，财务报表项目的列报应当在各个会计期间保持一致，不得随意变更。这一要求不仅是只针对财务报表中的项目名称，还包括财务报表项目的分类、排列顺序等方面。

但在下列规定的情况下，财务报表项目的列报是可以改变的：(1)会计准则要求改变财务报表项目的列报；(2)企业经营业务的性质发生重大变化后，变更财务报表项目的列报能够提供更可靠、更相关的会计信息。

(五)财务报表项目金额间的相互抵销

财务报表项目应以总额列报，财务报表中的资产项目和负债项目的金额、收入项目和费用项目的金额、直接计入当期利润的利得项目和损失项目的金额不得相互抵销，即不得以净额列报，但其他会计准则另有规定的除外。一组类似交易形成的利得和损失应当以净额列示，但具有重要性的除外。单独列报资产和负债、收益和费用以便使用者更易理解已发生的交易、其他事项的情况，以及评估主体未来的现金流量。

下列两种情况不属于抵销，可以净额列示：(1)资产项目按扣除减值准备后的净额列示，不属于抵销。对资产计提减值准备，表明资产的价值确实已经发生减损，按扣除减值准备后的净额列示，才反映了资产当时的真实价值。(2)非日常活动产生的利得和损失，以同一交易形成的收益扣减相关费用后的净额列示更能反映交易实质的，不属于抵销。

(六)比较信息的列报

企业在列报当期财务报表时，至少应当提供所有列报项目上一可比会计期间的比较数据，以及与理解当期财务报表相关的说明，目的是向报表使用者提供对比数据，提高信息在会计期间的可比性，以反映企业财务状况、经营成果和现金流量的发展趋势，提高报表使用者的判断与决策能力。

在财务报表项目的列报发生变更的，应当对上期比较数据按照当期的列报要求进行调整，并在附注中披露调整的原因和性质，以及调整的各项目金额。对上期比较数据进行调整不切实可行的，应当在附注中披露不能调整的原因。

(七)财务报表表首的列报要求

财务报表一般分为表首和正表两部分，其中，在表首部分企业应当至少披露下列各项：(1)编报企业的名称。(2)资产负债表日或财务报表涵盖的会计期间。(3)人民币金额单位。(4)财务报表是合并财务报表的，应当予以标明。

(八)报告期间

企业至少应当按年编制财务报表。年度财务报表涵盖的期间短于一年的，应当披露年度财务报表的涵盖期间、短于一年的原因以及报表数据不具可比性的事实。比如企业在年度中间(如4月1日)开始设立等，在这种情况下，企业应披露年度财务报表实际涵盖的期间以及短于一年的原因，并应当说明由此引起财务报表项目与比较数据不具可比性这一事实。

第二节　资产负债表

一、资产负债表的定义和作用

资产负债表是总括反映企业在某一特定日期(月末、季末或年末)全部资产、负债和所有者权益情况的财务报表。

资产负债表主要提供有关企业财务状况方面的信息，即某一特定日期关于企业资产、负债、所有者权益及其相互关系。

资产负债表的作用包括：

(1)可以提供某一日期资产的总额及其结构,表明企业拥有或控制的资源及其分布的情况,经营者可据此分析企业资产分布是否合理,以改进经营管理,提高管理水平。

(2)通过资产负债表可以了解企业资金的来源渠道和构成,投资者和债权人可据此分析企业所面临的财务风险,以监督企业合理使用资金。

(3)通过资产负债表可以提供进行财务分析的基本资料,了解企业的财务实力、短期偿债能力和支付能力,投资者和债权人可据此做出投资和贷款的正确决策。

(4)通过对前后期资产负债表的对比分析,可了解企业资金结构的变化情况,经营者、投资者和债权人可据此掌握企业财务状况的变动情况和发展趋势。

二、资产负债表的内容和结构

(一)资产负债表的内容

资产负债表的内容分为资产和权益两部分,其中权益部分包括负债和所有者权益。各部分的具体项目并不是随意排列的,按照企业会计准则的规定,各项目的分类标准和排列顺序如下:

1.资产分为流动资产和非流动资产,按照其流动性由强到弱分类列示

流动资产中的具体项目也按照流动性由强到弱依次排列。流动资产包括在一年或超过一年的一个经营周期以内可以变现或耗用、售出的全部资产,在资产负债表上排列为:货币资金、以公允价值计量且其变动计入当期损益的金融资产、应收票据、应收账款、预付款项、应收利息、其他应收款、存货、一年内到期的非流动资产等。非流动资产中的各项目则按性质分类列示,包括变现能力在一年或超过一年的一个经营周期以上的资产,在资产负债表上排列为:可供出售金融资产、持有至到期投资、长期股权投资、长期应收款、投资性房地产、固定资产、在建工程、工程物资、固定资产清理、生产性生物资产、油气资产、无形资产、开发支出、商誉、长期待摊费用、递延所得税资产等。

2.负债分为流动负债和非流动负债,按照其偿还期限由短到长分类列示,其中各项目按其性质分别列示

流动负债包括偿还期在一年以内的全部负债。在资产负债表上排列顺序为:短期借款、以公允价值计量且其变动计入当期损益的金融负债、应付票据、应付账款、预收款项、应付职工薪酬、应交税费、应付利息、应付股利、其他应付款、一年内到期的非流动负债等。非流动负债包括偿还期在一年或超过一年的一个经营周期以上的债务。在资产负债表上排列顺序为:长期借款、应付债券、长期应付款、专项应付款、预计负债、递延所得税负债等。

3.所有者权益应当按照其永久性递减的顺序排列

所有者权益包括所有者投资、企业在生产经营过程中形成的盈余公积和未分配利润。在资产负债表上的排列顺序为:实收资本、资本公积、盈余公积和未分配利润等。在合并资产负债表中,应当在所有者权益类单独列示少数股东权益。

(二)资产负债表的结构

资产负债表的结构由表首和正表构成。其中,表首概括地说明报表名称、编制单位、编制日期、报表编号、货币名称等。正表是资产负债表的主体,列示说明企业财务状况的各个项目。

资产负债表的格式一般有账户式和报告式两种。

1.账户式资产负债表

账户式资产负债表又称平衡式资产负债表。账户式资产负债表严格地将该表分为左右两方,左方列示资产项目,右方列示负债和所有者权益项目,从而使资产负债表左右两方的合计数保持平衡。其格式如表14—1所示。

表14—1　资产负债表(账户式)　　　　**会企01表**

编制单位:　　　　　　年　　月　　日　　　　　　单位:

资产	行次	期末余额	年初余额	负债及所有者权益	行次	期末余额	年初余额
流动资产				流动负债			
				非流动负债			
				负债合计			
非流动资产				实收资本			
固定资产				资本公积			
无形资产				盈余公积			
其他资产				未分配利润			
				所有者权益合计			
资产总计				负债与所有者权益总计			

2.报告式资产负债表

报告式资产负债表是将资产负债表的项目自上而下排列,首先列示资产各项目的数额，然后列示负债各项目的数额，最后列示所有者权益各项目的数额。其格式如表14—2所示。

表 14—2　资产负债表(报告式)

	资产	
流动资产		××××
持有至到期投资		××××
固定资产		××××
无形资产		××××
其他资产		××××
	资产合计	××××
负债		
流动负债		××××
非流动负债		××××
	负债合计	××××
所有者权益		
实收资本		××××
资本公积		××××
盈余公积		××××
未分配利润		××××
	所有者权益合计	××××

按照新修订的《企业会计准则第30号——财务报表列报》的规定，我国企业的资产负债表采用账户式。格式如表14—3所示。

表 14—3　资产负债表　　　　**会企01表**

编制单位：　　　　年　　月　　日　　　　单位：元

资产	行次	期末余额	年初余额	负债和所有者权益（或股东权益）	行次	期末余额	年初余额
流动资产：	略			流动负债：			
货币资金				短期借款			
以公允价值计量且其变动计入当期损益的金融资产				以公允价值计量且其变动计入当期损益的金融负债			

续表

资产	行次	期末余额	年初余额	负债和所有者权益（或股东权益）	行次	期末余额	年初余额
应收票据				应付票据			
应收账款				应付账款			
预付款项				预收款项			
应收利息				应付职工薪酬			
应收股利				应交税费			
其他应收款				应付利息			
存货				应付股利			
一年内到期的非流动资产							
被划分为持有待售的非流动资产及被划分为持有待售的处置组中的资产				其他应付款			
				一年内到期的非流动负债			
其他流动资产				被划分为持有待售的处置组中的负债			
流动资产合计				其他流动负债			
非流动资产：				流动负债合计			
可供出售金融资产				非流动负债：			
持有至到期投资				长期借款			
长期应收款				应付债券			
长期股权投资				长期应付款			
投资性房地产				专项应付款			
固定资产				预计负债			
在建工程				递延所得税负债			
工程物资				其他非流动负债			
固定资产清理				非流动负债合计			
生产性生物资产				负债合计			

续表

资产	行次	期末余额	年初余额	负债和所有者权益（或股东权益）	行次	期末余额	年初余额
油气资产				所有者权益（或股东权益）：			
无形资产				实收资本（或股本）			
开发支出				资本公积			
商誉				减：库存股			
长期待摊费用				盈余公积			
递延所得税资产				未分配利润			
其他非流动资产				所有者权益（或股东权益）合计			
资产总计				负债和所有者权益（或股东权益）总计			

三、资产负债表的编制方法

（一）资产负债表各项目的列报说明

（1）“货币资金”项目，反映企业库存现金、银行结算户存款、外埠存款、银行汇票存款、银行本票存款、信用卡存款、信用证保证金存款等的合计数。本项目应根据“库存现金”“银行存款”“其他货币资金”科目的期末余额合计数填列。

（2）“以公允价值计量且其变动计入当期损益的金融资产”项目，反映企业为交易目的所持有的债券投资、股票投资、基金投资等交易性金融资产的公允价值。本项目应根据“交易性金融资产”科目的期末余额填列。

（3）“应收票据”项目，反映企业收到的未到期收款也未向银行贴现的应收票据，包括商业承兑汇票和银行承兑汇票。本项目应根据“应收票据”科目的期末余额填列。已向银行贴现和已背书转让的应收票据不包括在本项目内，其中已贴现的商业承兑汇票应在财务报表附注中单独披露。

（4）“应收账款”项目，反映企业因销售商品、产品和提供劳务等而应向购买单位收取的各种款项，减去已计提的坏账准备后的净额。本项目应根据“应收账款”科目和

"预收账款"所属各明细科目的期末借方余额合计数，减去"坏账准备"科目中有关应收账款计提的坏账准备期末余额后的金额填列。如"应收账款"科目所属明细科目期末有贷方余额，应在本表"预收款项"项目内填列。

(5)"预付款项"项目，反映企业预付给供应单位的款项。本项目应根据"预付账款"和"应付账款"科目所属各明细科目的期末借方余额合计填列。如"预付账款"科目所属有关明细科目期末有贷方余额的，应在本表"应付账款"项目内填列。如"应付账款"科目所属明细科目有借方余额的，也应包括在本项目内。

(6)"应收利息"项目，反映企业因债权投资而应收取的利息。企业购入到期还本付息债券应收的利息，不包括在本项目内。本项目应根据"应收利息"科目的期末余额填列。

(7)"应收股利"项目，反映企业因股权投资而应收取的现金股利，企业应收其他单位的利润，也包括在本项目内。本项目应根据"应收股利"科目的期末余额填列。

(8)"其他应收款"项目，反映企业对其他单位和个人的应收和暂付的款项，减去已计提的坏账准备后的净额。本项目应根据"其他应收款"科目的期末余额，减去"坏账准备"科目中有关其他应收款计提的坏账准备期末余额后的金额填列。

(9)"存货"项目，反映企业期末在库、在途和在加工中的各项存货的可变现净值，包括各种材料、商品、在产品、半成品、包装物、低值易耗品、分期收款发出商品、委托代销商品、受托代销商品等。本项目应根据"材料采购""在途物资""原材料""低值易耗品""自制半成品""库存商品""包装物""分期收款发出商品""委托加工物资""委托代销商品""受托代销商品""生产成本"等科目的期末余额合计减去"存货跌价准备"科目期末余额后的金额填列。材料采用计划成本核算，以及库存商品采用计划成本或售价核算的企业，还应按加或减材料成本差异、商品进销差价后的金额填列。

(10)"一年内到期的非流动资产"项目，反映企业将于一年内到期的非流动资产。本项目应根据有关科目的期末余额分析计算填列。

(11)"其他流动资产"项目，反映企业除以上流动资产项目外的其他流动资产，本项目应根据有关科目的期末余额填列。如其他流动资产价值较大的，应在财务报表附注中披露其内容和金额。

(12)"可供出售金融资产"项目，反映企业持有的划分为可供出售金融资产的证券。本项目根据"可供出售金融资产"科目的期末余额填列。

(13)"持有至到期投资"项目，反映企业持有的划分为持有至到期投资的证券。本项目根据"持有至到期投资"科目的期末余额减去"持有至到期投资减值准备"科目的期末余额后填列。

(14)"长期应收款"项目，反映企业持有的长期应收款的可收回金额。本项目应根据“长期应收款”科目的期末余额，减去“坏账准备”科目所属相关明细科目期末余额，再减去“未确认融资收益”科目期末余额后的金额分析计算填列。

(15)“长期股权投资”项目，反映企业不准备在一年内(含一年)变现的各种股权性质的投资的可收回金额。本项目应根据“长期股权投资”科目的期末余额，减去“长期投资减值准备”科目中有关股权投资减值准备期末余额后的金额填列。

(16)“投资性房地产”项目，反映企业持有的投资性房地产。本项目应根据“投资性房地产”科目的期末余额，减去“投资性房地产累计折旧”“投资性房地产减值准备”所属有关明细科目期末余额后的金额分析计算填列。

(17)“固定资产”项目，反映企业的固定资产可收回金额。本项目应根据“固定资产”科目的期末余额，减去“累计折旧”“固定资产减值准备”科目期末余额后的金额填列。

(18)“在建工程”项目，反映企业期末各项未完工程的实际支出，包括交付安装的设备价值，未完建筑安装工程已经耗用的材料、工资和费用支出、预付出包工程的价款、已经建筑安装完毕但尚未交付使用的工程等的可收回金额。本项目应根据“在建工程”科目的期末填列。

(19)“工程物资”项目，反映企业各项工程尚未使用的工程物资的实际成本。本项目应根据“工程物资”科目的期末余额填列。

(20)“固定资产清理”项目，反映企业因出售、毁损、报废等原因转入清理但尚未清理完毕的固定资产的账面价值，以及固定资产清理过程中所发生的清理费用和变价收入等各项金额的差额。本项目应根据“固定资产清理”科目的期末借方余额填列；如“固定资产清理”科目期末为贷方余额，以“－”号填列。

(21)“无形资产”项目，反映企业各项无形资产的期末可收回金额。本项目应根据“无形资产”科目的期末余额，减去“累计摊销”“无形资产减值准备”科目期末余额后的金额填列。

(22)“商誉”项目，反映企业合并中形成的商誉价值。本项目应根据“商誉”科目期末余额，减去“商誉减值准备”科目期末余额后的金额填列。

(23)“长期待摊费用”项目，反映企业已经发生但应由本期和以后各期负担的分摊期限在一年以上的各项费用金额。本项目应根据“长期待摊费用”科目期末余额填列。

(24)“递延所得税资产”项目，反映企业确认的递延所得税资产。本项目应根据“递延所得税资产”科目期末余额分析填列。

(25)“其他非流动资产”项目，反映企业除以上资产以外的其他长期资产。本项目应根据有关科目的期末余额填列。如其他长期资产价值较大的，应在财务报表附注中披露其内容和金额。

(26)“短期借款”项目，反映企业借入尚未归还的一年期以下(含一年)的借款。本项目应根据“短期借款”科目的期末余额填列。

(27)“以公允价值计量且其变动计入当期损益的金融负债”项目，反映企业为交易而发生的以公允价值计量且其变动计入当期损益的金融负债。本项目应根据“交易性金融负债”等科目的期末余额分析填列。

(28)“应付票据”项目，反映企业为了抵付货款等而开出、承兑的尚未到期付款的应付票据，包括银行承兑汇票和商业承兑汇票。本项目应根据“应付票据”科目的期末余额填列。

(29)“应付账款”项目，反映企业购买原材料、商品和接受劳务供应等而应付给供应单位的款项。本项目应根据“应付账款”科目和“预付账款”科目所属各有关明细科目的期末贷方余额合计填列；如“应付账款”科目所属各明细科目期末有借方余额，应在本表“预付款项”项目内填列。

(30)“预收款项”项目，反映企业预收购买单位的账款。本项目应根据“预收账款”科目和“应收账款”科目所属各有关明细科目的期末贷方余额合计填列。如“预收账款”科目所属有关明细科目有借方余额的，应在本表“应收账款”项目内填列；如“应收账款”科目所属明细科目有贷方余额的，也应包括在本项目内。

(31)“应付职工薪酬”项目，反映企业应付未付的职工薪酬。本项目应根据“应付职工薪酬”科目期末贷方余额填列。如“应付职工薪酬”科目期末为借方余额；以“－”号填列。

(32)“应交税费”项目，反映企业期末未交、多交或未抵扣的各种税费。本项目应根据“应交税费”科目的期末贷方余额填列；如“应交税费”科目期末为借方余额，以“－”号填列。

(33)“应付利息”项目，反映企业应付未付的利息。本项目应根据“应付利息”科目的期末贷方余额填列。

(34)“应付股利”项目，反映企业尚未支付的现金股利。本项目应根据“应付股利”科目的期末余额填列。

(35)“其他应付款”项目，反映企业所有应付和暂收其他单位和个人的款项。本项目应根据“其他应付款”科目的期末余额填列。

(36)“一年内到期的非流动负债”项目，反映企业承担的将于一年内到期的非流动负债。本项目应根据有关非流动负债科目的期末余额分析计算填列。

(37)“其他流动负债”项目，反映企业除以上流动负债以外的其他流动负债。本项目应根据有关科目的期末余额填列，如“待转资产价值”科目的期末余额可在本项目内反映。如其他流动负债价值较大的，应在财务报表附注中披露其内容及金额。

(38)“长期借款”项目,反映企业借入尚未归还的一年期以上(不含一年)的借款本息。本项目应根据“长期借款”总账科目的期末余额扣除“长期借款”所属明细科目中将于一年内到期的部分填列。

(39)“应付债券”项目,反映企业发行的尚未偿还的各种长期债券的本息。本项目应根据“应付债券”总账科目的期末余额扣除“应付债券”科目所属明细科目中将于一年内到期的部分填列。

(40)“长期应付款”项目,反映企业除长期借款和应付债券以外的其他各种长期应付款。本项目应根据“长期应付款”科目的期末余额,减去“未确认融资费用”科目期末余额,再减去“长期应付款”所属相关科目中将于一年内到期的部分填列。

(41)“预计负债”项目,反映企业预计负债的期末余额。本项目应根据“预计负债”科目的期末余额填列。

(42)“递延所得税负债”项目,反映企业确认的递延所得税负债。本项目应根据“递延所得税负债”科目期末余额分析填列。

(43)“其他非流动负债”项目,反映企业除以上非流动负债项目以外的其他非流动负债。本项目应根据有关科目的期末余额填列。如其他非流动负债价值较大的,应在财务报表附注中披露其内容和金额。

(44)“实收资本(或股本)”项目,反映企业各投资者实际投入的资本(或股本)总额。本项目应根据“实收资本”(或“股本”)科目的期末余额填列。

(45)“资本公积”项目,反映企业资本公积的期末余额。本项目应根据“资本公积”科目的期末余额填列。

(46)“盈余公积”项目,反映企业盈余公积的期末余额。本项目应根据“盈余公积”科目的期末余额填列。

(47)“未分配利润”项目,反映企业尚未分配的利润。本项目应根据“本年利润”科目和“利润分配”科目的余额计算填列。未弥补的亏损,在本项目内以“—”号填列。

(二)年初余额栏的列报方法

资产负债表中“年初余额”栏各项的数字,应按上年年末资产负债表中“期末余额”栏中的数字填列。“期末余额”栏内各项数字根据会计期末各总账账户及所属明细账户余额填列。若本年度资产负债表中规定的各项目的名称和内容与上年度不一致,应对上年年末资产负债表各项的名称和数字按照本年度的规定进行调整后,填入表中的“年初余额”栏。

(三)期末余额栏的列报方法

资产负债表“期末余额”栏内各项数字,一般应根据资产、负债和所有者权益类科目的期末余额填列。主要包括以下方式：

(1)根据总账科目余额填列。资产负债表中的有些项目，可直接根据有关总账科目的余额填列，如“交易性金融资产”“短期借款”“应付票据”、“应付职工薪酬”等项目；有些项目则需根据几个总账科目的期末余额计算填列，如“货币资金”项目，需根据“库存现金”“银行存款”“其他货币资金”三个总账科目的期末余额的合计数填列。

(2)根据明细账科目余额计算填列。如“应付账款”项目，需要根据“应付账款”和“预付款项”两个科目所属的相关明细科目的期末贷方余额计算填列；“应收账款”项目，需要根据“应收账款”和“预收款项”两个科目所属的相关明细科目的期末借方余额计算填列。

(3)根据总账科目和明细账科目余额分析计算填列。如“长期借款”项目，需要根据“长期借款”总账科目余额扣除“长期借款”科目所属的明细科目中将在一年内到期且企业不能自主地将清偿义务展期的长期借款后的金额计算填列。

(4)根据有关科目余额减去其备抵科目余额后的净额填列。如资产负债表中的“应收账款”项目，应根据“应收账款”科目的期末余额减去“坏账准备”科目余额后的净额填列。“固定资产”项目，应当根据“固定资产”科目的期末余额减去“累计折旧”“固定资产减值准备”备抵科目余额后的净额填列等。

(5)综合运用上述填列方法分析填列。如资产负债表中的“存货”项目，需要根据“原材料”“库存商品”“委托加工物资”“周转材料”“材料采购”“在途物资”“发出商品”“材料成本差异”等总账科目期末余额的分析汇总数，再减去“存货跌价准备”科目余额后的净额填列。

四、一般企业资产负债表编制示例

【例 14—1】 星源股份有限公司 2012 年 12 月 31 日的资产负债表(年初余额略)及 2013 年 12 月 31 日的科目余额分别见表 14—4 和表 14—5。假设星源股份有限公司 2013 年度除计提固定资产减值准备导致固定资产账面价值与其计税基础存在可抵扣暂时性差异外，其他资产和负债项目的账目价值均等于其计税基础。假定星源公司未来很可能获得足够的应纳税所得额用来抵扣可抵扣暂时性差异，适用的所得税税率为 25%。

表 14—4 资产负债表 **会企 01 表**

编制单位:星源股份有限公司 2012 年 12 月 31 日 单位:元

资　产	期末余额	年初余额	负债和所有者权益（或股东权益）	期末余额	年初余额
流动资产：			流动负债：		
货币资金	1 406 300		短期借款	300 000	
以公允价值计量且其变动计入当期损益的金融资产	15 000		以公允价值计量且其变动计入当期损益的金融负债	0	
应收票据	246 000		应付票据	200 000	
应收账款	299 100		应付账款	953 800	
预付款项	100 000		预收款项	0	
应收利息	0		应付职工薪酬	110 000	
应收股利	0		应交税费	36 600	
其他应收款	5 000		应付利息	1 000	
存货	2 580 000		应付股利	0	
一年内到期的非流动资产	0		其他应付款	50 000	
其他流动资产	100 000		一年内到期的非流动负债	1 000 000	
流动资产合计	4 751 400		其他流动负债	0	
非流动资产：			流动负债合计	2 651 400	
可供出售金融资产	0		非流动负债：		
持有至到期投资	0		长期借款	600 000	
长期应收款	0		应付债券	0	

续表

资 产	期末余额	年初余额	负债和所有者权益（或股东权益）	期末余额	年初余额
长期股权投资	250 000		长期应付款	0	
投资性房地产	0		专项应付款	0	
固定资产	1 100 000		预计负债	0	
在建工程	1 500 000		递延所得税负债	0	
工程物资	0		其他非流动负债	0	
固定资产清理	0		非流动负债合计	600 000	
生产性生物资产	0		负债合计	3 251 400	
油气资产	0		股东权益：		
无形资产	600 000		实收资本(或股本)	5 000 000	
开发支出	0		资本公积	0	
商誉	0		减:库存股	0	
长期待摊费用	0		盈余公积	100 000	
递延所得税资产	0		未分配利润	50 000	
其他非流动资产	200 000		所有者权益(或股东权益)合计	5 150 000	
非流动资产合计	3 650 000				
资产总计	8 401 400		负债和所有者权益(或股东权益)总计	8 401 400	

表14—5 科目余额表

单位:元

科目名称	借方余额	科目名称	贷方余额
库存现金	2 000	短期借款	50 000
银行存款	805 831	应付票据	100 000
其他货币资金	7 300	应付账款	953 800
交易性金融资产	0	其他应付款	50 000
应收票据	66 000	应付职工薪酬	180 000
应收账款	600 000	应交税费	226 731
坏账准备	—1 800	应付利息	0
预付账款	100 000	应付股利	32 215.85
其他应收款	5 000	一年内到期的长期负债	0
材料采购	275 000	长期借款	1 148 000
原材料	45 000	股本	5 000 000
周转材料	38 050	盈余公积	124 770.40
库存商品	2 122 400	利润分配(未分配利润)	230 013.75
材料成本差异	4 250		
其他流动资产	100 000		
长期股权投资	262 000		
固定资产	2 401 000		
累计折旧	—170 000		
固定资产减值准备	—30 000		
工程物资	300 000		
在建工程	428 000		
无形资产	600 000		
累计推销	—60 000		
递延所得税资产	7 500		
其他长期资产	188 000		
合计	8 095 531	合计	8 095 531

根据上述资料,编制星源股份有限公司 2007 年 12 月 31 日的资产负债表,见表14—6。

表 14—6 资产负债表 **会企 01 表**

编制单位：星源股份有限公司 2013 年 12 月 31 日 单位：元

资　产	期末余额	年初余额	负债和所有者权益（或股东权益）	期末余额	年初余额
流动资产：			流动负债：		
货币资金	815 131	1 406 300	短期借款	50 000	300 000
以公允价值计量且其变动计入当期损益的金融资产	0	15 000	以公允价值计量且其变动计入当期损益的金融负债	0	0
应收票据	66 000	246 000	应付票据	100 000	200 000
应收账款	598 200	299 100	应付账款	953 800	953 800
预付款项	100 000	100 000	预收款项	0	0
应收利息	0	0	应付职工薪酬	180 000	110 000
应收股利	0	0	应交税费	226 731	36 600
其他应收款	5 000	5 000	应付利息	0	1 000
存货	2 484 700	2 580 000	应付股利	32 215.85	0
一年内到期的非流动资产	0	0	其他应付款	50 000	50 000
其他流动资产	100 000	100 000	一年内到期的非流动负债	0	1 000 000
流动资产合计	4 169 031	4 751 400	其他流动负债	0	0
非流动资产：			流动负债合计	1 592 746.85	2 651 400
可供出售金融资产	0	0	非流动负债：		
持有至到期投资	0	0	长期借款	1 148 000	600 000
长期应收款	0	0	应付债券	0	0

续表

资　产	期末余额	年初余额	负债和所有者权益（或股东权益）	期末余额	年初余额
长期股权投资	262 000	250 000	长期应付款	0	0
投资性房地产	0	0	专项应付款	0	0
固定资产	2 201 000	1 100 000	预计负债	0	0
在建工程	428 000	1 500 000	递延所得税负债	0	0
工程物资	300 000	0	其他非流动负债	0	0
固定资产清理	0	0	非流动负债合计	1 148 000	600 000
生产性生物资产	0	0	负债合计	2 740 746.85	3 251 400
油气资产	0	0	所有者权益（或股东权益）：		
无形资产	540 000	600 000	实收资本（或股本）	5 000 000	5 000 000
开发支出	0	0	资本公积	0	0
商誉	0	0	减：库存股	0	0
长期待摊费用	0	0	盈余公积	124 770.40	100 000
递延所得税资产	7 500	0	未分配利润	230 013.75	50 000
其他非流动资产	188 000	200 000	所有者权益（或股东权益）合计	5 354 784.15	5 150 000
非流动资产合计	3 926 500	3 650 000			
资产总计	8 095 531	8 401 400	负债和所有者权益（或股东权益）总计	8 095 531	8 401 400

第三节 利润表

利润表，是总括反映企业在一定时期(年度、季度或月份)内经营成果的财务报表，用以反映企业一定时期内利润(或亏损)的实际情况。

一、利润表的内容和作用

(一)利润表的内容

(1)企业在一定时期内取得的全部收入，包括营业收入、投资收益和营业外收入。

(2)企业在一定时期内发生的全部费用和支出，包括营业成本、销售费用、管理费用、财务费用和营业外支出。

(3)全部收入与支出相抵后计算出企业一定时期内实现的利润(或亏损)总额。

(二)利润表的作用

通过利润表可以了解企业利润(或亏损)的形成情况，有助于使用者判断净利润的质量及其风险，有助于使用者预测净利润的持续性，分析企业利润增减变动的原因，以促进企业改善经营管理，不断提高管理水平和盈利水平；通过利润表可以评比对企业投资的价值和报酬，判断企业的资本是否保全；根据利润表提供的信息可以预测企业在未来期间的经营状况和盈利趋势。

二、利润表的结构

利润表的结构一般包括表首、正表两部分。其中，表首概括地说明报表名称、编制单位、编制日期、报表编号、货币名称、计量单位等。正表是利润表的主体，反映形成经营成果的各个项目和计算过程。

正表的格式一般有单步式和多步式两种。

(一)单步式利润表

单步式利润表又有账户式和报告式两种格式。账户式利润表采用左右对照的结构，把表格分为左右两个部分，左边反映各种收入项目，右边反映各种费用项目，两者相抵的差额，即为本期实现的净利润(或净亏损)。其格式见表14—7。

表 14—7 利润表(账户式)

项目	上年实际数	本年累计数	项目	上年实际数	本年累计数
主营业务收入			主营业务成本		
其他业务收入			营业税金及附加		
公允价值变动收益			其他业务成本		
投资收益			销售费用		
营业外收入			管理费用		
			财务费用		
			营业外支出		
			所得税费用		
合计			合计		
净利润					

报告式利润表,是将利润表的项目自上而下排列,首先列示收入各项目的数额,然后列示费用各项目的数额,最后列示二者的差额即净利润(或净亏损)。其格式见表14—8。

表 14—8 利润表(报告式)

项目	上年实际数	本年实际数
收入:		
主营业务收入		
其他业务收入		
公允价值变动收益		
投资收益		
营业外收入		
收入与利得合计		

续表

项目	上年实际数	本年实际数
费用：		
主营业务成本		
营业税金及附加		
其他业务成本		
销售费用		
管理费用		
财务费用		
资产减值损失		
营业外支出		
所得税费用		
费用与损失合计		
净利润		

从上述两个表的格式中，我们可以看到，无论是账户式还是报告式，单步式利润表中利润的形成都是一步完成的，其计算过程都可以用如下公式表示：

收入与利得合计数－费用与损失合计数＝净利润

单步式利润表的优点是比较直观、简单，易于编制。但它不能揭示利润各构成要素之间的内在联系，不便于财务报表使用者对企业进行盈利预测及分析，也不便于同行业之间财务报表的比较评价。因此，单步式利润表主要适用于那些业务比较简单的行业。

（二）多步式利润表

多步式利润表通常采用上加下减的报告式结构。在该表中，净利润的计算不是利用收入合计数减去费用合计数一步计算完成的，而是将其分解为若干个计算步骤，分步计算确定净利润。由于不同行业之间生产经营特点不同，各行业之间这种步骤的划分也不完全一致。通常是将净利润的计算分解为营业利润、利润总额和净利润三个步骤来进行。各步骤计算过程如下：

营业收入
减:营业成本
　　营业税金及附加
　　销售费用
　　管理费用
　　财务费用
　　资产减值损失
加:公允价值变动收益(损失以"一"号填列)
　　投资收益(损失以"一"号填列)

营业利润(亏损以"一"号填列)
加:营业外收入
减:营业外支出

利润总额(亏损总额以"一"号填列)
减:所得税费用

净利润(净亏损以"一"号填列)

多步式利润表基本上弥补了单步式利润表的缺陷,它能清晰地反映企业利润的形成过程,准确揭示利润各构成要素之间的内在联系,便于财务报表使用者进行预测与分析,评价企业的获利能力。这种格式的利润表在我国运用得十分普遍。企业的利润表即采用多步式。其格式见表14-9。

表14-9 利润表 **会企02表**

编制单位:　　　　　　　　　年　月　　　　　　　　　单位:元

项目	本期金额	上期金额
一、营业收入		
减:营业成本		
营业税金及附加		
销售费用		
管理费用		
财务费用		

续表

项目	本期金额	上期金额
资产减值损失		
加：公允价值变动收益（损失以“－”号填列）		
投资收益（损失以“－”号填列）		
其中：对联营企业和合营企业的投资收益		
二、营业利润（亏损以“－”号填列）		
加：营业外收入		
减：营业外支出		
其中：非流动资产处置损失		
三、利润总额（亏损总额以“－”号填列）		
减：所得税费用		
四、净利润（净亏损以“－”号填列）		
五、其他综合收益各项目分别扣除所得税后的净额		
六、综合收益总额		
七、每股收益		
（一）基本每股收益		
（二）稀释每股收益		

为了清楚地反映各项指标的报告期数及从年初到报告期为止的累计数，在利润表中应分别设置“本月数”和“本年累计数”两栏。

三、利润表的编制方法

（一）利润表各项目的填列

利润表中的各个项目，都是根据有关会计科目记录的本期实际发生数和累计发生数分别填列的。

(1)“营业收入”项目，反映企业经营活动所取得的收入总额。本项目应根据“主营业务收入”“其他业务收入”等科目的发生额分析填列。

(2)“营业成本”项目，反映企业经营活动发生的实际成本。本项目应根据“主营业务成本”“其他业务成本”等科目的发生额分析填列。

(3)“营业税金及附加”项目，反映企业经营活动应负担的营业税、消费税、城市维护建设税、资源税、土地增值税和教育费附加等。本项目应根据“营业税金及附加”科目的发生额分析填列。

(4)“销售费用”项目，反映企业在销售商品和商品流通企业在购入商品等过程中发生的费用。本项目应根据“销售费用”科目的发生额分析填列。

(5)“管理费用”项目，反映企业发生的管理费用。本项目应根据“管理费用”科目的发生额分析填列。

(6)“财务费用”项目，反映企业发生的财务费用。本项目应根据“财务费用”科目的发生额分析填列。

(7)“资产减值损失”项目，反映企业确认的资产减值损失。本项目应根据“资产减值损失”科目的发生额分析填列。

(8)“公允价值变动损益”项目，反映企业确认的交易性金融资产或交易性金融负债的公允价值变动额。本项目应根据“公允价值变动损益”科目的发生额分析填列。

(9)“投资收益”项目，反映企业以各种方式对外投资所取得的收益。本项目应根据“投资收益”科目的发生额分析填列；如为投资损失，以“－”号填列。

(10)“营业外收入”项目和“营业外支出”项目，反映企业发生的与其生产经营无直接关系的各项收入和支出。这两个项目应分别根据“营业外收入”科目和“营业外支出”科目的发生额分析填列。

(11)“利润总额”项目，反映企业实现的利润总额。如为亏损总额，以“－”号填列。

(12)“所得税费用”项目，反映企业按规定从本期损益中减去的所得税。本项目应根据“所得税费用”科目的发生额分析填列。

(13)“净利润”项目，反映企业实现的净利润。如为净亏损，以“－”号填列。

(14)“其他综合收益各项目分别扣除所得税后的净额”项目，其他综合收益是指企业根据其他会计准则规定未在当期损益中确认的各项利得和损失。

其他综合收益项目应当根据其他相关会计准则的规定分为下列两类列报：

①以后会计期间不能重分类进损益的其他综合收益项目，主要包括重新计量设定受益计划净负债或净资产导致的变动、按照权益法核算的在被投资单位以后会计期间不能重分类进损益的其他综合收益中所享有的份额等；

②以后会计期间在满足规定条件时将重分类进损益的其他综合收益项目，主要包括按照权益法核算的在被投资单位以后会计期间在满足规定条件时将重分类进损益的其他综合收益中所享有的份额、可供出售金融资产公允价值变动形成的利得或损失、持有至到期投资重分类为可供出售金融资产形成的利得或损失、现金流量套期工

具产生的利得或损失中属于有效套期的部分、外币财务报表折算差额等。

(15)“综合收益总额”项目,反映净利润和其他综合收益扣除所得税影响后的净额相加后的合计金额。综合收益,是指企业在某一期间除与所有者以其所有者身份进行的交易之外的其他交易或事项所引起的所有者权益变动。

月度“利润表”中的“本月数”应根据各有关会计科目的本期发生额直接填列;“本年累计数”栏反映各项目自年初起到本报告期止的累计发生额,应根据上月“利润表”的累计数加上本月“利润表”的本月数之和填列。年度“利润表”的“本月数”栏改为“上年数”栏时,应根据上年“利润表”的数字填列。如果上年“利润表”和本年“利润表”的项目名称和内容不相一致,应将上年的报表项目名称和数字按本年度的规定进行调整,然后填入“上年数”栏。

(二)每股收益

企业应当在利润表中单独列示基本每股收益和稀释每股收益。

1.基本每股收益

企业应当按照属于普通股东的当期净利润,除以发行在外普通股的加权平均数计算基本每股收益。

发行在外普通股加权平均数=期初发行在外普通股股数+当期新发行普通股股数×已发行时间÷报告期时间-当期回购普通股股数×已回购时间÷报告期时间

已发行时间、报告期时间和已回购时间一般按照天数计算;在不影响计算结果合理性的前提下,也可以采用简化的计算方法。

2.稀释每股收益

企业存在稀释性潜在普通股的,应当分别调整归属于普通股股东的当期净利润和发行在外普通股的加权平均数,并据以计算稀释每股收益。

稀释性潜在普通股,是指假设当期转换为普通股会减少每股收益的潜在普通股。潜在普通股,是指赋予其持有者在报告期或以后期间享有取得普通股权利的一种金融工具或其他合同,包括可转换公司债券、认股权证、股份期权等。

第一,计算稀释每股收益,应当根据下列事项对归属于普通股股东的当期净利润进行调整(应考虑相关的所得税影响):(1)当期已确认为费用的稀释性潜在普通股的利息;(2)稀释性潜在普通股转换时将产生的收益或费用。

第二,计算稀释每股收益时,当期发行在外普通股的加权平均数应当为计算基本每股收益时普通股的加权平均数与假定稀释性潜在普通股转换为已发行普通股而增加的普通股股数的加权平均数之和。

第三,计算稀释性潜在普通股转换为已发行普通股而增加的普通股股数的加权平均数时，以前期间发行的稀释性潜在普通股，应当假设在当期期初转换；当期发行的稀释性潜在普通股，应当假设在发行日转换。

第四，认股权证和股份期权等的行权价格低于当期普通股平均市场价格时，应当考虑其稀释性。计算稀释每股收益时，增加的普通股股数按下列公式计算：

增加的普通股数＝拟行权时转换的普通股股数－行权价格×拟行权时转换的普通股股数÷当期普通股平均市场价格

【例 14－2】 某公司 2012 年 1 月 2 日发行 4％可转换债券，面值 800 万元，每 100 元债券可转换为 1 元面值普通股 90 股。2012 年净利润 4 500 万元，2012 年发行在外普通股 4 000 万股。所得税税率 25％。

基本每股收益＝4 500/4 000＝1.125（元）

净利润的增加＝800×4％ ×（1－25％）＝24（万元）

假设转换所增加普通股股数＝800/100 ×90＝720（万股）

增量股的每股收益＝24/720＝0.033（具有稀释作用）

稀释的每股收益＝（4 500＋24）/（4 000＋720）＝0.96（元）

【例 14－3】 计算股份期权对于稀释每股收益的影响：

2012 年净利润	1 000 000 元
2012 年发行在外普通股加权平均数	500 000 股
2012 年每股普通股的平均市场价格	100 000 股
2012 年股份期权转换为普通股股数	100 000 股

期权行权价格 15 元，普通股的平均市价 20 元

基本每股收益＝1 000 000/ 500 000＝2（元）

需要调整的普通股数＝100 000－100 000×15/20＝25 000（股）

稀释每股收益＝1 000 000/（500 000＋25 000）＝1.905（元）

【例 14－4】 某公司 2012 年初对外发行 100 万份认股权证，行权价格 3.5 元。

2012 年度净利润 200 万元

发行在外普通股加权平均数 500 万股，普通股平均市场价格 4 元

基本每股收益＝200/500＝0.4（元）

调整增加的普通股股数＝100－100×3.5÷4＝12.5（万股）

稀释的每股收益＝200/（500＋12.5）＝0.39（元）

第五，稀释性潜在普通股应当按照其稀释程度从大到小的顺序计入稀释每股收益，直至稀释每股收益达到最小值。

3.每股收益列报

发行在外普通股或潜在普通股的数量因派发股票股利、公积金转赠资本、拆股而

增加或因并股而减少，但不影响所有者权益金额的，应当按调整后的股数重新计算各列报期间的每股收益。上述变化发生于资产负债表日至财务报告批准报出日之间的，应当以调整后的股数重新计算各列报期间的每股收益。

按照企业会计准则的规定对以前年度损益进行追溯调整或追溯重述的，应当重新计算各列报期间的每股收益。

（三）利润表编制方法举例

从上述具体项目的填列方法分析，利润表的填列方法可归纳为以下两种：

(1)根据账户的发生额分析填列。利润表中的大部分项目都可以根据账户的发生额分析填列，如销售费用、营业税金及附加、管理费用、财务费用、营业外收入、营业外支出、所得税费用等。

(2)根据报表项目之间的关系计算填列。利润表中的某些项目需要根据项目之间的关系计算填列，如营业利润、利润总额、净利润等。

下面举例说明一般企业利润表的编制方法。

【例 14－5】 甲公司 2013 年度利润表有关科目的累计发生额，如表 14－10 所示。

表 14－10　利润表有关科目累计发生额　　单位：元

科目名称	借方发生额	贷方发生额
主营业务收入		1 250 000
其他业务收入		0
投资收益		31 500
营业外收入		50 000
主营业务成本	750 000	
营业税金及附加	2 000	
其他业务成本	0	
销售费用	20 000	
管理费用	157 100	
财务费用	41 500	
资产减值损失	30 900	
营业外支出	19 700	
所得税费用	85 300	

根据以上账户记录，编制甲公司 2013 年度利润表，如表 14－11 所示。

表 14—11 利润表 会企 02 表

编报单位: 2013 年 × 月 单位:元

项目	本年累计数	上年数
一、营业收入	1 250 000	(略)
减:营业成本	750 000	
营业税金及附加	2 000	
销售费用	20 000	
管理费用	157 100	
财务费用	41 500	
资产减值损失	30 900	
加:公允价值变动收益(损失以"—"号填列)	0	
投资收益(损失以"—"号填列)	31 500	
其中:对联营企业和合并企业的投资收益	0	
二、营业利润(亏损以"—"号填列)	280 000	
加:营业外收入	50 000	
减:营业外支出	19 700	
其中:非流动资产处置损失	0	
三、利润总额(亏损总额以"—"号填列)	310 300	
减:所得税费用	85 300	
四、净利润(净亏损以"—"号填列)	225 000	
五、其他综合收益各项目分别扣除所得税后的净额	(略)	
六、综合收益总额	(略)	
七、每股收益	(略)	
(一)基本每股收益	(略)	
(二)稀释每股收益	(略)	

第四节 现金流量表

一、现金流量表的性质、作用及结构

(一)现金流量表的性质和作用

现金流量表,是反映企业在一定会计期间现金和现金等价物流入和流出的财务报表。编制现金流量表的主要目的是为报表使用者提供企业一定会计期间内现金流入和流出的有关信息,以便于财务报表使用者了解和评价企业获取现金和现金等价物的能力,并据以预测企业未来现金流量。现金流量表的作用主要体现在以下几个方面:一是有助于评价企业支付能力、偿债能力和周转能力;二是有助于预测企业未来现金流量;三是有助于分析企业收益质量及影响现金净流量的因素,掌握企业经营活动、投资活动和筹资活动的现金流量,可以从现金流量的角度了解净利润的质量,为分析和判断企业的财务前景提供信息。

为更好地理解和运用现金流量表,必须正确界定如下概念:

(1)现金。指企业库存现金及可随时用于支付的存款。应注意的是,银行存款和其他货币资金中有些是不能随时用于支付的存款。如不能随时支取的定期存款等,不应作为现金,而应列作投资;提前通知金融企业便可支取的定期存款,则应包括在现金范围内。

(2)现金等价物。指企业持有的期限短、流动性强、易于转化为已知金额现金、价值变动风险很小的投资。一项投资被确认为现金等价物必须同时具备四个条件:期限短、流动性强、易于转化为已知金额现金、价值变动风险很小。其中,期限较短一般是指从购买日起三个月内到期,例如可在证券市场上流通的三个月到期的短期债券投资等。

(3)现金流量。指企业现金和现金等价物的流入和流出。应该注意的是,在现金流量表中,现金及现金等价物被视为一个整体,企业现金形式的转换不会产生现金的流入和流出,如企业从银行提取现金,是企业现金存放形式的转换,并未流出企业,不构成现金流量;同样,现金和现金等价物之间的转换也不属于现金流量,比如,企业用现金购买将于三个月到期的国库券。

(二)现金流量表的结构

企业会计准则对现金流量表的格式分为一般企业、商业银行、保险公司、证券公司等企业类型进行了规定。政策性银行、信托投资公司、租赁公司、财务公司、典当公司应当执行商业银行现金流量表格式规定；担保公司应当执行保险公司现金流量表格式规定；资产管理公司、基金公司、期货公司应当执行证券公司现金流量表格式规定。上述公司如有特别需要，可以结合本企业的实际情况，进行必要调整和补充。企业应当根据其经营活动的性质，确定本企业适用的现金流量表格式。

一般企业的现金流量表格式见表 14－12。

表 14－12 现金流量表

编报单位： ____年____月 单位：元

项 目	本期金额	上期金额
一、经营活动产生的现金流量		
销售商品、提供劳务收到的现金		
收到的税费返还		
收到其他与经营活动有关的现金		
经营活动现金流入小计		
购买商品、接受劳务支付的现金		
支付给职工以及为职工支付的现金		
支付的各项税费		
支付其他与经营活动有关的现金		
经营活动现金流出小计		
经营活动产生的现金流量净额		
二、投资活动产生的现金流量		
收回投资收到的现金		
取得投资收益收到的现金		
处置固定资产、无形资产和其他长期资产收回的现金净额		
处置子公司及其他营业单位收到的现金净额		
收到其他与投资活动有关的现金		
投资活动现金流入小计		
购建固定资产、无形资产和其他长期资产支付的现金		
投资支付的现金		
取得子公司及其他营业单位支付的现金净额		
支付其他与投资活动有关的现金		
投资活动现金流出小计		
投资活动产生的现金流量净额		

续表

项目	本期金额	上期金额
三、筹资活动产生的现金流量		
吸收投资收到的现金		
取得借款收到的现金		
收到其他与筹资活动有关的现金		
筹资活动现金流入小计		
偿还债务支付的现金		
分配股利、利润或偿付利息支付的现金		
支付其他与筹资活动有关的现金		
筹资活动现金流出小计		
筹资活动产生的现金流量净额		
四、汇率变动对现金及现金等价物的影响		
五、现金及现金等价物净增加额		
加：期初现金及现金等价物余额		
六、期末现金及现金等价物余额		

根据企业业务活动的性质和现金流量的来源，现金流量表在结构上将企业一定期间产生的现金流量分为三部分：第一部分为经营活动中的现金流量；第二部分为投资活动中的现金流量；第三部分为筹资活动中的现金流量。各部分又分别按收入项目和支出项目列示，以反映各类活动所产生的现金流入量和现金流出量，来展示各类现金流入和流出的原因。

1.经营活动产生的现金流量

经营活动是指企业投资活动和筹资活动以外的所有交易和事项。各类企业由于行业特点不同，对经营活动的认定存在一定差异。对于工商企业而言，经营活动主要包括销售商品、提供劳务、购买商品、接受劳务、支付税费等。对于商业银行而言，经营活动主要包括吸收存款、发放贷款、同业存放、同业拆借等。对于保险公司而言，经营活动主要包括原保险业务和再保险业务等。对于证券公司而言，经营活动主要包括自营证券、代理承销证券、代理兑付证券、代理买卖证券等。

2.投资活动产生的现金流量

投资活动是指企业长期资产的购建和不包括在现金等价物范围的投资及其处置活动。长期资产是指固定资产、无形资产、在建工程、其他资产等持有期限在一年或一个营业周期以上的资产。投资活动，既包括实物资产投资，也包括金融资产投资。这里将“包括在现金等价物范围内的投资”排除在外，是因为已经将包括在现金等价物范围内的投资视同现金。不同企业由于行业特点不同，对投资活动的认定也存在差异。例如，交易性金融资产所产生的现金流量，对于工商业企业而言，属于投资活动现金流量，而对于证券公司而言，属于经营活动现金流量。

3.筹资活动产生的现金流量

筹资活动是指导致企业资本及债务规模和构成发生变化的活动。这里所说的资本，既包括实收资本（股本），也包括资本溢价（股本溢价）；这里所说的债务，指对外举债，包括向银行借款、发行债券以及偿还债务等。通常情况下，应付账款、应付票据等商业应付款等属于经营活动，不属于筹资活动。

此外，对于企业日常活动之外特殊的、不经常发生的特殊项目，如自然灾害损失、保险索赔等特殊项目，应当根据其性质，分别归并到经营活动、投资活动和筹资活动现金流量类别中单独列报。

4.汇率变动对现金及现金等价物的影响

编制现金流量表时，外币现金流量以及境外子公司的现金流量，应当采用现金流量发生日的即期汇率或按照系统合理的方法确定的、与现金流量发生日即期汇率近似的汇率折算的人民币金额与“现金及现金等价物净增加额”中外币现金净增加额按期末汇率折算的人民币金额之间的差额。

5.现金流量表补充资料

除现金流量表反映的信息外，企业还应当在附注中披露将净利润调节为经营活动现金流量、不涉及现金收支的重大投资和筹资活动、现金及现金等价物净变动情况的信息。

(1)将净利润调节为经营活动现金流量

现金流量表采用直接法反映经营活动产生的现金流量，同时采用间接法反映经营活动产生的现金流量。在我国，现金流量表补充资料应采用间接法反映经营活动产生的现金流量情况，以对现金流量表中采用直接法反映的经营活动的现金流量进行核对和补充说明。

(2)不涉及现金收支的重大投资和筹资活动

不涉及现金收支的重大投资和筹资活动，反映企业一定期间内影响资产或负债但不形成该期现金收支的所有投资和筹资活动的信息。这些投资和筹资活动虽然不涉及现金收支，但对以后各期的现金流量有重大影响。例如，企业融资租入设备，将形成的负债计入“长期应付款”账户，当期并不支付设备款及租金，但以后各项必须为此支付现金，从而在一定期间内形成了一项固定的现金支出。

企业应当在附注中披露不涉及当期现金收支、但影响企业财务状况或在未来可能影响企业现金流量的重大投资和筹资活动。主要包括债务转为资本、一年内到期的可转换公司债券、融资租入固定资产。

(3)现金和现金等价物的构成

企业应当在附注中披露与现金和现金等价物有关的下列信息：现金和现金等价物的构成及其在资产负债表中的相应金额、企业持有但不能由母公司或集团内其他子公司使用的大额现金和现金等价物金额。

二、现金流量表的编制方法与程序

(一)直接法和间接法

编制现金流量表的时候，经营活动现金流量有两种列示方法：一为直接法；二为间接法。这两种方法通常也称为现金流量表的编制方法。

直接法是通过现金收入和支出的主要类别反映来自企业经营活动的现金流量。一般以利润表中的营业收入为起点，调整与经营活动有关项目的增减活动，然后计算出经营活动的现金流量。

间接法是以本期净利润为起点，调整不涉及现金的收入、费用、营业外收支以及有关项目的增减变动，据此计算出经营活动的现金流量。将净利润调节为经营活动现金流量，实际上就是将权责发生制原则确定的净利润调整为现金净流入，并剔除投资活动和筹资活动对现金流量的影响。

采用直接法编报的现金流量表，便于分析企业经营活动产生的现金流量的来源和用途，预测企业现金流量的未来前景；采用间接法编报现金流量表，便于将净利润与经营活动产生的现金流量净额进行比较，了解净利润与经营活动产生的现金流量差异的原因，从现金流量的角度分析净利润的质量。所以我国《企业会计准则第 31 号——现金流量表》要求企业采用直接法报告经营活动的现金流量，同时要求在附注中提供以净利润为基础调节到经营活动产生的现金流量的信息。有关经营活动现金流量的信息，可通过以下途径之一取得：

(1)企业的会计记录。

(2)根据下列项目对利润表中的营业收入、营业成本以及其他项目进行调整：

①当期存货及经营性应收和应付项目的变动；

②固定资产折旧、无形资产摊销、计提资产减值准备等其他非现金项目；

③属于投资活动或筹资活动现金流量的其他非现金项目。

（二）工作底稿法、T 型账户法和分析填列法

在具体编制现金流量表时，可以采用工作底稿法或 T 型账户法，也可以根据有关科目记录分析填列。

1.工作底稿法

采用工作底稿法编制现金流量表，是以工作底稿法为手段，以资产负债表数据为基础，对每一项目进行分析并编制调整分录，从而编制现金流量表。工作底稿法的程序是：

第一步，将资产负债表的期初数和期末数过入工作底稿的期初数栏和期末数栏。

第二步，对当期业务进行分析并编制调整分录。编制调整分录时，要以利润表项目为基础。从“营业收入”开始，结合资产负债表项目逐一进行分析。

在调整分录中，有关现金和现金等价物的事项，并不直接借记或贷记现金，而是分别计入“经营活动产生的现金流量”、“投资活动产生的现金流量”、“筹资活动产生的现金流量”有关项目，借记表示现金流入，贷记表示现金流出。

第三步，将调整分录过入工作底稿中的相应部分。

第四步，核对调整分录，借方、贷方合计数均已经相等，资产负债表项目期初数加减调整分录中的借贷金额以后，也等于期末数。

第五步，根据工作底稿中的现金流量表项目部分编制正式的现金流量表。

2.T 形账户法

采用 T 形账户法编制现金流量表，是以 T 形账户为手段，以资产负债表和利润表数据为基础，对每一项目进行分析并编制调整分录，从而编制现金流量表。T 形账户法的程序是：

第一步，为所有的非现金项目（包括资产负债表项目和利润表项目）分别开设 T 形账户，并将各自的期末期初变动数过入各该账户。如果项目的期末数大于期初数，则将差额过入和项目余额相同的方向；反之，过入相反的方向。

第二步，开设一个大的“现金及现金等价物”T 形账户，每边分为经营活动、投资活动和筹资活动三个部分，左边记现金流入，右边记现金流出。与其他账户一样，过入期末期初变动数。

第三步，以利润表项目为基础，结合资产负债表分析每一个非现金项目的增减变动，并据此编制调整分录。

第四步，将调整分录过入各 T 形账户，并进行核对，该账户借贷相抵后的余额与原先过入的期末期初变动数应当一致。

第五步，根据大的“现金及现金等价物”T 形账户编制正式的现金流量表。

3.分析填列法

分析填列法是直接根据资产负债表、利润表和有关会计科目明细账的记录，分析计算出现金流量表各项目的金额，并据以编制现金流量表的一种方法。

三、一般企业现金流量表各项目的具体内容和填列

现金流量表主表中各项目的确定，可通过以下途径之一取得：

(1)根据本期发生的影响现金流量的经济业务确定；

(2)调整法：根据本期发生的全部经济业务，通过对利润表和资产负债表的全部项目进行调整编制现金流量表。

(一)现金流量表正表各项目的确定

1.经营活动产生的现金流量

(1)“销售商品、提供劳务收到的现金”。反映企业商品销售、提供劳务实际收到的现金，包括销售收入和向购买者收取的增值税销项税额，具体包括本期销售商品或提供劳务所收到的现金收入，当期收到前期销售商品、提供劳务的应收账款或应收票据，当期的预收账款；减去本期销售本期退回的商品和前期销售本期退回的商品支付的现金。企业销售材料和代购代销业务收到的现金，也在本项目反映。本项目可以根据库存现金、银行存款、应收账款、应收票据、预收账款、主营业务收入、其他业务收入等科目的记录分析填列。

依据科目资料：

销售商品、提供劳务收到的现金＝当期销售商品或提供劳务收到的现金收入＋当期收到前期的应收账款＋当期收到前期的应收票据＋当期的预收账款－当期因销售退回而支付的现金＋当期收回前期核销的坏账损失

依据报表资料：

销售商品、提供劳务收到的现金＝营业收入＋销项税额＋(应收账款期初数－应收账款期末数)＋(应收票据期初数－应收票据期末数)＋(预收账款期末数－预收账款期初数)－当期计提的坏账准备－支付的应收票据贴现利息±特殊调整事项

特殊调整事项的处理(不含三个账户内部转账业务)，如果应收账款、应收票据、预收账款等账户借方对应的账户，贷方不是“收入及销项税额”则作为加项处理，如果：应收账款、应收票据、预收账款等账户贷方对应的账户，借方不是“现金类”账户的业务，则作为减项处理。

注意当应收账款是账面余额或账面价值时，对计算“销售商品、提供劳务收到的现金”项目分别有不同的影响。

当应收账款代表的是扣除掉计提的坏账准备的净额时，当期计提的坏账准备应该从销售商品、提供劳务收到的现金中调减。因为计提坏账准备，影响到坏账准备科目，进而影响到应收账款科目，坏账准备增加，意味着应收账款减少，但是这里坏账准备的增加，借方计入的是管理费用，而非现金类账户，所以没有构成现金流入，所以要调减。

当应收账款不扣除计提的坏账准备，而代表的是应收账款的账面余额时，计提坏账准备与销售商品、提供劳务收到的现金无关。

【例 14—6】 某企业本期商品销售收入为 280 万元，以银行存款收讫，应收票据期初余额为 27 万元，期末余额为 6 万元，应收账款期初余额为 100 万元，期末余额为 40 万元，年度内发生的坏账损失为 2 万元。另外，当期因商品质量问题发生退货价款 3 万元，货款已通过银行转账支付(本例中的各项数据均含增值税销项税额)。

销售商品、提供劳务收到的现金＝280＋(27－6)＋(100－40)－3－2＝356(万元)

【例 14—7】 某企业 2012 年度有关资料如下：

①应收账款项目：年初数 100 万元，年末数 120 万元；

②应收票据项目：年初数 40 万元，年末数 20 万元；

③预收账款项目：年初数 80 万元，年末数 90 万元；

④主营业务收入 6 000 万元；

⑤应交税金－应交增值税(销项税额)1 020 万元；

⑥其他有关资料如下：本期计提坏账准备 5 万元(该企业采用备抵法核算坏账损失)，本期发生坏账回收 2 万元，应收票据贴现使“财务费用”账户产生借方发生额 3 万元，收到客户用 11.7 万元商品(货款 10 万元，增值税 1.7 万元)抵偿前欠账款 12 万元。

销售商品、提供劳务收到的现金＝(6 000＋1 020)－20＋20＋10－5－3－12 ＝ 7 010(万元)

(2)“收到的税费返还”。包括收到的增值税、消费税、营业税、所得税、关税和教育费附加的返还等。本项目可以根据库存现金、银行存款、营业税金及附加、营业外收入、其他应收款等科目的记录分析填列。

(3)“收到其他与经营活动有关的现金”。反映企业除了上述各项以外收到的其他与经营活动有关的现金流入。如罚款收入、流动资产损失中由个人赔偿的现金、经营租赁租金等。其他现金流入如价值较大的，应单列项目反映。

(4)“购买商品、接受劳务支付的现金”。反映公司购买商品、接受劳务实际支付的现金，包括本期购入商品、接受劳务支付的现金，以及本期支付前期购入商品、接受劳务的未付款项和本期预付款项(含进项税额)。本期发生的购货退回收到的现金应从本项目内扣除。代购代销业务支付的现金也在本项目反映。本项目可以根据库存现金、银行存款、应付账款、应付票据、预付账款、主营业务成本、其他业务成本等科目的记录分析填列。

依据科目资料分析计算：

购买商品、接受劳务支付的现金＝当期购买商品、接受劳务支付的现金＋当期支付前期的应付账款＋当期支付前期的应付票据＋当期预付的账款－当期因购货退回收到的现金

上述公式中所列各项均包括可以抵扣增值税销项税额的进项税额。

依据报表资料分析计算：

购买商品、接受劳务支付的现金＝营业成本＋(存货期末数－存货期初数)＋进项税额＋(应付账款期初数－应付账款期末数)＋(应付票据期初数－应付票据期末数)＋(预付账款期末数－预付账款期初数)－计入成本的应付职工薪酬和制造费用－当期计提的存货跌价准备±特殊调整事项

特殊调整事项：应付账款、应付票据、预付账款和存货类等账户(不含四个账户内部转账业务)借方对应的账户不是购买商品、接受劳务产生的现金类账户，则作为减项处理，如分配的工资费用等；应付账款、应付票据、预付账款和存货类等账户(不含四个账户内部转账业务)贷方对应的账户不是销售成本和增值税进项税额类账户，则作为加项处理。

【例 14－8】 某公司当期购买原材料，货款为 15 万元，增值税为 2.55 万元，价款用银行转账支票支付；本期支付应付票据 10 万元(不含增值税)；用银行汇票支付材料价款，收到银行转来银行汇票多余款收账通知，余款 0.0234 万元，材料及运费 9.98 万元，其相应的增值税为 1.6966 万元；购买工程用物资 15 万元(含增值税)，该货款已用银行存款支付。

购买商品、接受劳务所支付的现金＝15＋2.55＋10＋9.98＋1.6966＝39.2 266(万元)

【例 14－9】 某企业 2012 年度有关资料如下：①应付账款项目：年初数 100 万元，年末数 120 万元；②应付票据项目：年初数 40 万元，年末数 20 万元；③预付账款项目：年初数 80 万元，年末数 90 万元；④主营业务成本 4 000 万元；存货项目的年初数为 100 万元，年末数为 80 万元；⑤应交税费－应交增值税(进项税额)600 万元；⑥其他有关资料如下：用固定资产偿还应付账款 10 万元，生产成本中直接工资项目含有本期发生的生产工人工资费用 100 万元，本期制造费用发生额为 60 万元(其中消耗的物料为 5 万元)，工程项目领用的本企业产品 10 万元。根据上述资料，计算购买商品、接受劳务支付的现金。

购买商品、接受劳务支付的现金＝4 000＋(80－100)＋600＋(100－120)＋(40－

20)+(90—80)—10—100—(60—5)=4 425(万元)

(5)“支付给职工以及为职工支付的现金”。反映公司实际支付给职工，以及为职工支付的现金，包括本期实际支付给职工的工资、奖金、各种津贴和补贴等，以及为职工支付的养老保险、待业保险、补充养老保险、住房公积金，支付给职工的住房困难补助等。不包括支付的离退休人员的费用以及支付给在建工程人员的工资。本项目可以根据应付职工薪酬、库存现金、银行存款等科目的记录分析填列。

在建工程人员的工资及奖金应在“购建固定资产、无形资产和其他长期资产支付的现金”项目中反映，支付给离退休人员的各项费用在“支付其他与经营活动有关的现金”项目中反映。

【例 14—10】 某企业本期实际支付工资 50 万元，各种奖金 20 万元，其中经营人员工资 30 万元，奖金 15 万元，在建工程人员工资 20 万元，奖金 5 万元。

本期支付的职工工资=50+20—20—5=45(万元)

(6)“支付的各种税费”。反映企业按规定支付的各种税费，包括本期发生并支付的税费，以及本期支付以前各期发生的税费和预付的税金，如支付教育费附加、矿产资源补偿费、印花税、房产税、土地增值税、车船使用税、预交的营业税等。

不包括计入固定资产价值、实际支付的耕地占有税等，也不包括本期退回的增值税、所得税，本期退回的增值税、所得税在“收到的税费返还”项目反映。

本项目可以根据应交税费、库存现金、银行存款等项目的记录分析填列。

(7)“支付其他与经营活动有关的现金”。反映公司除上述各项目外，支付的其他与经营活动有关的现金，如罚款支出、支付的差旅费、业务招待费现金支出、支付的保险费等。支付其他与经营活动有关的现金项目中如有价值较大的，应单列项目反映。

2.投资活动产生的现金流量

(1)“收回投资收到的现金”。反映企业出售转让或到期收回除现金等价物以外的对其他企业的权益工具、债务工具和合营中的权益等投资而收到的现金。收回债务工具实际的投资收益、处置子公司及其他营业单位收到的现金净额不包括在本项目内。本项目可以根据可供出售金融资产、持有至到期投资、长期股权投资、库存现金、银行存款等科目的记录分析填列。

(2)“取得投资收益收到的现金”。反映企业除现金等价物以外的对其他企业的权益工具、债务工具和合营中的权益投资分回的现金股利和利息等，不包括股票股利。到期收回的本金应在“收回投资收到的现金”项目中反映。本项目可以根据库存现金、银行存款、投资收益等科目的记录分析填列。

(3)“处置固定资产、无形资产和其他长期资产收回的现金净额”。反映公司处置固定资产、无形资产和其他长期资产收回的现金，扣除所发生的现金支出后的净额。

处置固定资产、无形资产和其他长期资产而收回的现金净额如为负数，应在“支付其他与投资活动有关的现金”中反映。本项目可以根据固定资产清理、库存现金、银行存款等科目的记录分析填列。

【例 14－11】 固定资产原值 100 万元，折旧 40 万元，净值 60 万元，把固定资产出售 80 万元，收到现金 80 万元，发生相关税费 5 万元。那么在“处置固定资产、无形资产和其他长期资产收回的现金净额”项目中反映 75 万元。

(4)“处置子公司及其他营业单位收到的现金净额”。反映处置子公司及其他营业单位所取得的现金，减去相关处置费用以及子公司及其他营业单位持有的现金和现金等价物后的净额。本项目可以根据长期股权投资、银行存款、库存现金等科目的记录分析填列。

(5)“收到其他与投资活动有关的现金”。反映公司除了上述各项以外，收到的其他与投资活动有关的现金(如买价中含有的股利、利息的收回)。收到其他与投资活动有关的现金项目中如有价值较大的，应单列项目反映。本项目可以根据应收股利、应收利息、银行存款、库存现金等科目的记录分析填列。

(6)“购建固定资产、无形资产和其他长期资产所支付的现金”。反映公司购买、建造固定资产，取得无形资产和其他长期资产支付的现金，以及用现金支付的应由在建工程和无形资产负担的职工薪酬，不包括为购建固定资产而发生的借款利息资本化的部分，以及融资租入固定资产支付的租赁费。借款利息和融资租入固定资产支付的租赁费，在筹资活动产生的现金流量中单独反映。公司以分期付款方式购建的固定资产，其首次付款支付的现金作为投资活动的现金流出，以后各期支付的现金作为筹资活动的现金流出。

本项目可以根据固定资产、在建工程、无形资产、库存现金、银行存款等科目的记录分析填列。

【例 14－12】 A 企业本期发生下列有关业务：

①购买固定资产价款为 50 000 元，进项税额为 8 500 元，款项已付；

②购买工程物资价款为 10 000 元，进项税额为 1 700 元，款项已付；

③支付工程人员工资 6 000 元；

④预付工程价款 80 000 元；

⑤交付使用前长期借款利息 78 900 元，本年已支付；

⑥支付申请专利权的注册费、律师费等 68 000 元；

购建固定资产、无形资产和其他长期资产而支付的现金＝58 500＋11 700＋6 000＋80 000＋68 000＝224 200(元)

(7)“投资支付的现金”。反映企业取得除现金等价物以外的对其他企业的权益工具、债务工具和合营中的权益投资所支付的现金，以及支付的佣金、手续费等交易费用，但取得子公司及其他营业单位支付的现金净额除外。企业购买股票和债券时，实际支付的价款中包含的已宣告但尚未领取的现金股利或已到付息期但尚未领取的债券的利息，应在投资活动的“支付其他与投资活动有关的现金”项目反映；收回购买股票和债券时支付的已宣告但尚未领取的现金股利或已到付息期但尚未领取的债券的利息，在投资活动的“收到其他与投资活动有关的现金”项目反映。

(8)“取得子公司及其他营业单位支付的现金净额”。反映购买子公司及其他营业单位购买价中以现金支付的部分，减去子公司及其他营业单位持有的现金和现金等价物后的净额。

(9)“支付其他与投资活动有关的现金”。反映公司除了上述各项以外，支付的其他与投资活动有关的现金(如购买股票、债券时支付价款中含有的现金股利和应收利息)。支付其他与投资活动有关的现金项目中如有价值较大的，应单列项目反映。

3.筹资活动产生的现金流量

(1)“吸收投资收到的现金”。反映企业收到的投资者投入的现金，包括以发行股票、债券等方式筹集的资金实际收到款项净额(发行收入减去支付的佣金等发行费用后的净额)。以发行股票、债券等方式筹集资金而由企业直接支付的审计、咨询等费用，在“支付其他与筹资活动有关的现金”项目反映，不从本项目内减去。

(2)“取得借款收到的现金”。反映企业举借各种短期、长期借款所收到的现金，根据收入时的实际借款金额计算。企业因借款而发生的利息列入“分配股利、利润或偿付利息支付的现金”。

(3)“收到其他与筹资活动有关的现金”。反映企业除上述项目外，收到其他与筹资活动有关的现金流入，如接受现金捐赠等。其他现金流入如价值较大的，应单列项目反映。

(4)“偿还债务所支付的现金”。反映企业以现金偿还债务的本金，包括偿还金融企业借款的本金、偿还债券的本金等。企业偿还的借款利息、债券利息，在“分配股利、利润或偿付利息支付的现金”项目反映，不包括在本项目内。本项目可以根据短期借款、长期借款、应付债券、库存现金、银行存款等科目的记录分析填列。

【例14－13】 A企业本期发生有关经济业务：

①偿还短期借款，本金90 000元，利息300元；

②偿还长期借款，本金500 000元，利息6 600元；

③支付到期一次还本付息的应付债券，面值100 000元，3年期，利率11%。

偿还债务支付的现金＝90 000＋500 000＋100 000＝690 000(元)

分配股利、利润或偿付利息支付的现金＝300＋6 600＋33 000＝39 900(元)

(5)“分配股利、利润或偿付利息支付的现金”。反映企业实际支付的现金股利，支付给其他投资单位的利润以及支付的借款利息、债券利息等。本项目可以根据应付股利、财务费用、在建工程、库存现金、银行存款等科目的记录分析填列。

(6)“支付其他与筹资活动有关的现金”。反映企业除了上述各项外，支付的其他与筹资活动有关的现金流出，如捐赠现金支出、融资租入固定资产支付的租赁费等。其他现金流出如价值较大的，应单列项目反映。

4.汇率变动对现金的影响

反映企业的外币现金流量以及境外子公司的现金流量折算为人民币时，所采用的现金流量发生日的汇率或平均汇率折算人民币金额与“现金及现金等价物净增加额”中外币现金净增加额按期末汇率折算的人民币金额之间的差额。

5.现金及现金等价物净增加额

反映经营活动产生的现金流量净额、投资活动产生的现金流量净额、筹资活动产生的现金流量净额三项之和。

(二)现金流量表附注

1.现金流量表补充资料的编制

现金流量表补充资料的内容包括将净利润调节为经营活动的现金流量、不涉及现金收支的重大投资和筹资活动、现金及现金等价物净增加情况。

补充资料中的“将净利润调节为经营活动的现金流量”，是以本期净利润为起算点，调整不涉及现金的收入、费用、营业外收支及有关项目的增减变动，据此计算出经营活动的现金流量，其结果与正表中的经营活动的现金流量应相等。

需要调整的项目包括三大类：一是实际没有支付现金的费用和没有收到现金的收益；二是不属于经营活动的损益；三是经营性应收应付项目的增减变动。与增值税有关的现金流量没有包括在净利润中，但属于经营活动的现金流量，也应进行调整。

(1)“资产减值准备”。反映本期实际计提的各项资产减值准备，可根据管理费用、投资收益、营业外支出等账户的记录分析填列，也可根据各项准备账户的余额变化分析填列。

【例 14—14】 A 公司 2010 年末坏账准备账户余额为 4 500 元，2011 年末坏账准备账户余额为 5 250 元。

① 2011 年坏账准备账户余额增加了 750 元，在没有发生坏账转销的情况下，这就是本年计提的坏账准备数。由于在计提坏账准备时，已计入了管理费用，但并没有发生现金流出，因此在调整净利润时，这 750 元应加回到净利润中。

②如果年内发生了坏账转销，就不能简单地用年末年初坏账准备账户的差额来调

整净利润，而是需要将坏账转销的部分剔除。上例中，若 A 公司年内转销坏账 2 000 元，则年内计提的坏账准备就是 2 750 元，在调节净利润时应加回 2 750 元。

(2)“固定资产折旧、油气资产折耗、生产性生物资产折旧”。反映本期累计提取的固定资产折旧、油气资产折耗、生产性生物资产折旧。由于企业在计提固定资产折旧时，有的计入了管理费用，作为期间费用列入了当期利润表；有的计入了制造费用，通过主营业务成本列入了利润表。但计提固定资产折旧时并没有发生现金流出，所以应在调节净利润时加回。本项目可以根据累计折旧、累计折耗等科目的贷方发生额分析填列。

【例 14－15】 A 公司年初累计折旧余额为 700 000 元，年末为 820 000 元。

①在没有发生固定资产处置、以固定资产投资等事项的情况下，本年计提的折旧额即为累计折旧账户年末年初的差额 120 000 元，调整净利润时应加回 120 000 元。

②如果年内发生过固定资产处置、以固定资产投资等事项，此时累计折旧账户的年末年初差额就不一定是本年实际计提的折旧额，需要做进一步的调整。上例中，若 A 公司年内曾处置设备一台，原价 100 000 元，累计已提折旧 60 000 元。则 A 公司年内实际计提的折旧额为 180 000 元。

(3)“无形资产摊销、长期待摊费用摊销”。这两个项目分别反映企业本期累计摊入成本费用的无形资产价值及长期待摊费用。可根据累计摊销、长期待摊费用账户的贷方发生额分析填列，也可以通过管理费用等明细账户来取得。

【例 14－16】 A 公司无形资产年初余额为 90 000 元，年末余额为 80 000 元；长期待摊费用年初余额为 50 000 元，年末余额为 40 000 元。无形资产、长期待摊费用在年内除摊销外，没有发生其他增减变动。

A 公司本年无形资产、长期待摊费用摊销额合计为 20 000 元，在调整时应加回到净利润中。

若企业在年内发生购入无形资产、增加长期待摊费用、无形资产处置、以无形资产投资等事项，就不能简单地用无形资产、长期待摊费用的年末年初余额的差额作为本年摊销额，而需要对这些事项做出调整。

上例中，假设 A 公司年内曾购入无形资产 30 000 元、转让无形资产 35 000 元，则本年无形资产的摊销额为：90 000＋30 000－35 000－80 000＝5 000(元)。

(4)“处置固定资产、无形资产和其他长期资产的损失(减：收益)”。反映企业本期由于处置固定资产、无形资产和其他长期资产而发生的净损失。可根据营业外收入、营业外支出、其他业务收入、其他业务成本科目所属有关明细科目的记录分析填列；如为净收益，以“－”号填列。

处置固定资产、无形资产和其他长期资产，不属于经营活动，应属于投资活动。其所产生的收益，应从净利润中转出；所产生的损失，应在调整净利润时加回。

【例 14－17】　A 公司年内曾处置一台设备，原价 100 000 元，累计已提折旧 60 000元，收到现金 50 000 元。

此项处置产生损益：50 000－(100 000－60 000)＝10 000 元已计入当期利润表中，在调整利润时应减去。该笔交易产生的现金流量 10 000 元应计入投资活动产生的现金流量。

(5)“固定资产报废损失”。反映企业本期固定资产盘亏(减：盘盈)后的净损失。可根据营业外支出、营业外收入科目所属有关明细科目中固定资产盘亏损失减去固定资产盘盈收益后的差额填列。

固定资产盘亏、报废损失，均计入营业外支出，列入了利润表。但这部分损失既没有发生现金流，也不属于经营活动的现金流量，所以应在调节净利润时加回。如果发生固定资产盘盈和报废清理收益，则应在调节净利润时减去。

【例 14－18】　A 公司年内盘亏机器一台，原价 130 000 元，已提折旧 120 000 元。此外年内还报废汽车一辆，原价 180 000 元，已提折旧 110 000 元。

A 公司本年共发生固定资产盘亏、报废损失为 80 000 元，应加回到净利润中。

(6)“公允价值变动损失”。反映企业持有的交易性金融资产、交易性金融负债、采用公允价值模式计量的投资性房地产等公允价值变动形成的净损失。如为净收益以“－”号填列。本项目可以根据“公允价值变动损益”科目所属有关明细科目记录分析填列。

(7)“财务费用”。反映企业本期发生的应属于投资活动或筹资活动的财务费用。本项目可以根据财务费用科目的本期借方发生额分析填列；如为收益，以“－”号填列。

企业发生的财务费用可以分别归属于经营活动、投资活动和筹资活动。如应收票据贴现、销售产品和购买原材料所产生的汇兑损益属于经营活动；购买固定资产所产生的汇兑损益属于投资活动；支付的利息属于筹资活动。调整净利润时，应把属于投资活动和筹资活动的部分调整出去。

【例 14－19】　A 公司本年共发生财务费用 350 000 元，其中属于经营活动的为 150 000 元，属于筹资活动的为 130 000 元，属于投资活动的为 70 000 元。则在调节净利润时，应加回 200 000 元。

(8)“投资损失”。反映企业本期投资所发生的损失减去收益后的净损失。可根据利润表投资收益项目的数字填列；如为投资收益，以“－”号填列。

投资收益是因为投资活动所引起的，不属于经营活动，所以在调节净利润时，应将这部分损益从净利润中转出。若为投资收益，调节净利润时应减去；若为投资损失，调节净利润时应加回。

(9)“递延所得税资产减少”。反映企业资产负债表“递延所得税资产”项目的期初余额与期末余额的差额。本项目可以根据“递延所得税资产”科目发生额分析填列。

(10)“递延所得税负债增加”。反映企业资产负债表“递延所得税负债”项目的期初余额与期末余额的差额。本项目可以根据“递延所得税负债”科目发生额分析填列。

(11)“存货减少(减:增加)”。反映企业本期存货的减少(减:增加)。可根据资产负债表存货项目的期初、期末余额的差额填列;期末数大于期初数的差额,以“一”号填列。

存货的增减变动属于经营活动。在不存在赊购的情况下,若某一期间期末存货比期初存货增加了,说明当期购入的存货除耗用或销售外,还余留了一部分,即除了当期销货成本包含的存货发生现金支出外,还为增加的存货发生了现金支出,故应在调节净利润时减去。若某一期间期末存货比期初存货减少了,说明本期生产过程耗用的存货有一部分是期初的存货,本期耗用这部分存货并没有发生现金支出,所以应加回到净利润中。

在存在赊购的情况下,除仍按上述原则对存货进行调整外,还应通过调整应付账款、应付票据等的增减变动来反映赊购对现金的影响。

(12)“经营性应收项目的减少(减:增加)”。经营性应收项目包括应收账款、应收票据和其他应收款中与经营活动有关的部分及应收的增值税销项税额等。

若某一期间期末应收账款或应收票据余额大于期初应收账款或应收票据余额,说明本期销售收入中有一部分没有收到现金,但在利润表中已将销售收入全数列入,所以应在调整时将应收账款和应收票据的增加额从净利润中减去。

若某一期间期末应收账款或应收票据余额小于期初应收账款或应收票据余额,说明本期从客户处收到的现金大于利润表中所确认的销售收入,所以应在调整时将应收账款和应收票据的减少额加回到净利润中。

(13)“经营性应付项目的增加(减:减少)”。经营性应付项目包括应付账款、应付票据、应付职工薪酬、应交税费、其他应付款中与经营活动有关的部分以及应付的增值税进项税额等。

若某一期间期末应付账款或应付票据余额大于期初应付账款或应付票据余额,说明本期购入的存货中有一部分没有支付现金,但在利润表中已将销售成本全数列入,所以应在调整时将应付账款和应付票据的增加额加回到净利润中。

若某一期间期末应付账款或应付票据余额小于期初应付账款或应付票据余额,说明本期还支付了以前期间的购货款,即本期支付给供货单位的现金大于利润表中所确认的销售成本,所以应在调整时将应付账款和应付票据的减少额从净利润中减去。

2.企业当期取得或处置子公司有其他营业单位的披露

企业应当按下列格式披露当期取得或处置子公司及其他营业单位的有关信息:

项　　　目	金　额
一、取得子公司及其他营业单位的有关信息	
1.取得子公司及其他营业单位的价格	
2.取得子公司及其他营业单位支付的现金和现金等价物	
减:子公司及其他营业单位持有的现金和现金等价物	
3.取得子公司及其他营业单位支付的现金净额	
4.取得子公司的净资产	
流动资产	
非流动资产	
流动负债	
非流动负债	
二、处置子公司及其他营业单位的有关信息	
1.处置子公司及其他营业单位的价格	
2.处置子公司及其他营业单位收到的现金和现金等价物	
减:子公司及其他营业单位持有的现金和现金等价物	
3.处置子公司及其他营业单位收到的现金净额	
4.处置子公司的净资产	
流动资产	
非流动资产	
流动负债	
非流动负债	

3.现金和现金等价物的披露格式

项　　目	本期金额	上期金额
一、现金		
其中:库存现金		
可随时用于支付的银行存款		
可随时用于支付的其他货币资金		
可用于支付的存放中央银行款项		
存放同业款项		
拆放同业款项		
二、现金等价物		
其中:三个月内到期的债券投资		
三、期末现金及现金等价物余额		
其中:母公司或集团内子公司使用受限制的现金和现金等价物		

四、现金流量表编制示例

【例 14—20】 沿用【例 14—1】、【例 14—5】的资料，星源股份有限公司其他相关资料如下：

1.2013 年度利润表有关项目的明细资料如下：

(1)管理费用的组成：职工薪酬 17 100 元，无形资产摊销 60 000 元，折旧费 20 000 元，支付其他费用 60 000 元。

(2)财务费用的组成：计提借款利息 11 500 元，支付应收票据(银行承兑汇票)贴现利息 30 000 元。

(3)资产减值损失的组成：计提坏账准备 900 元，计提固定资产减值准备 30 000 元。上年年末坏账准备余额为 900 元。

(4)投资收益的组成：收到股息收入 30 000 元，与本金一起收回的交易性股票投资收益 500 元，自公允价值变动损益结转投资收益 1 000 元。

(5)营业外收入的组成：处置固定资产净收益 50 000 元(其所处置固定资产原价为 400 000 元，累计折旧为 150 000 元，收到处置收入 300 000 元)。假定不考虑与固定资产处置有关的税费。

(6)营业外支出的组成：报废固定资产净损失 197 00 元(其所报废固定资产原价为 200 000 元，累计折旧为 180 000 元，支付清理费用 500 元，收到残值收入 800 元)。

(7)所得税费用的组成：当期所得税费用 92 800 元，递延所得税收益 7 500 元。

除上述项目外，利润表中的销售费用 20 000 元至期末已经支付。

2.资产负债表有关项目的明细资料如下：

(1)本期收回交易性股票投资本金 15 000 元、公允价值变动 1 000 元，同时实现投资收益 500 元。

(2)存货中生产成本、制造费用的组成：职工薪酬 324 900 元，折旧费 80 000 元。

(3)应交税费的组成：本期增值税进项税额 42 466 元，增值税销项税额 212 500 元，已交增值税 100 000 元；应交所得税期末余额为 20 097 元，应交所得税期初余额为 0；应交税费期末数中应由在建工程负担的部分为 100 000 元。

(4)应付职工薪酬的期初数无应付在建工程人员的部分，本期支付在建工程人员职工薪酬 200 000 元。应付职工薪酬的期末数中应付在建工程人员的部分为 28 000元。

(5)应付利息均为短期借款利息，其中本期计提利息 11 500 元，支付利息 12 500元。

(6)本期用现金购买固定资产 101 000 元，购买工程物资 300 000 元。

(7)本期用现金偿还短期借款 250 000 元,偿还一年内到期的长期借款 1 000 000 元;借入长期借款 560 000 元。

根据以上资料,采用分析填列的方法,编制星源股份有限公司 2013 年度的现金流量表。

1.星源股份有限公司 2013 年度现金流量表各项目金额,分析确定如下:

(1)销售商品、提供劳务收到的现金=主营业务收入+应交税费(应交增值税——销项税额)+(应收账款年初余额-应收账款期末余额)+(应收票据年初余额-应收票据期末余额)-当期计提的坏账准备-票据贴现的利息=1 250 000+212 500+(299 100-598 200)+(246 000-66 000)-900-30 000=1 312 500(元)

(2)购买商品、接受劳务支付的现金=主营业务成本+应交税费(应交增值税——进项税额)-(存货年初余额-存货期末余额)+(应付账款年初余额-应付账款期末余额)+(应付票据年初余额-应付票据年末余额)+(预付账款期末余额-预付账款年初余额)-当期列入生产成本、制造费用的职工薪酬-当期列入生产成本、制造费用的折旧费和固定资产修理费=750 000+42 466-(2 580 000-2 484 700)+(953 800-953 800)+(200 000-100 000)+(100 000-100 000)-324 900-80 000=392 266(元)

(3)支付给职工以及职工支付的现金=生产成本、制造费用、管理费用中职工薪酬+(应付职工薪酬年初余额-应付职工薪酬期末余额)-[应付职工薪酬(在建工程)年初余额-应付职工薪酬(在建工程)期末余额]=324 900+17 100+(110 000-180 000)-(0-28 000)=300 000(元)

(4)支付的各项税费=当期所得税费用+营业税金及附加+应交税费(应交增值税——已交税金)-(应交所得税期末余额-应交所得税期初余额)=92 800+2 000+100 000-(20 097-0)=174 703(元)

(5)支付其他与经营活动有关的现金=其他管理费用+销售费用=60 000+20 000=80 000(元)

(6)收回投资收到的现金=交易性金融资产贷方发生额+与交易性金融资产一起收回的投资收益=16 000+500=16 500(元)

(7)取得投资收益所收到的现金=收到的股息收入=30 000(元)

(8)处置固定资产收回的现金净额=300 000+(800-500)=300 300(元)

(9)购建固定资产支付的现金=用现金购买的固定资产、工程物资+支付给在建工程人员的薪酬=101 000+300 000+200 000=601 000(元)

(10)取得借款所收到的现金=560 000(元)

(11)偿还债务支付的现金=250 000+1 000 000=1 250 000(元)

(12)偿还利息支付的现金＝12 500(元)

2.将净利润调节为经营活动现金流量各项目计算分析如下：

(1)资产减值准备＝900＋30 000＝30 900(元)

(2)固定资产折旧＝20 000＋80 000＝100 000(元)

(3)无形资产摊销＝60 000(元)

(4)处置固定资产、无形资产和其他长期资产的损失(减:收益)＝－50 000(元)

(5)固定资产报废损失＝19 700(元)

(6)财务费用＝11 500(元)

(7)投资损失(减:收益)＝－31 500(元)

(8)递延所得税资产减少＝0－7 500＝－7 500(元)

(9)存货的减少＝2 580 000－2 484 700＝95 300(元)

(10)经营性应收项目的减少＝(246 000－66 000)＋(299 100＋900－598 200－1 800)＝－120 000(元)

(11)经营性应付项目的增加＝(100 000－200 000)＋(953 800－953 800)＋[(180 000－28 000)－110 000]＋[(226 731－100 000)－36 600]＝32 131(元)

3.根据上述数据，编制现金流量表(见表 14－13)及其补充资料(见表 14－14)。

表 14－13 现金流量表 **会企 03 表**

编报单位:星源股份有限公司 2013 年 单位:元

项目	本期金额	上期金额
一、经营活动产生的现金流量		略
销售商品、提供劳务收到的现金	1 312 500	
收到的税费返还	0	
收到其他与经营活动有关的现金	0	
经营活动现金流入小计	1 312 500	
购买商品、接受劳务支付的现金	392 266	
支付给职工以及为职工支付的现金	300 000	
支付的各项税费	174 703	
支付其他与经营活动有关的现金	80 000	
经营活动现金流出小计	946 969	
经营活动产生的现金流量净额	365 531	

续表

项　　目	本期金额	上期金额
二、投资活动产生的现金流量		
收回投资收到的现金	16 500	
取得投资收益收到的现金	30 000	
处置固定资产、无形资产和其他长期资产收回的现金净额	300 300	
处置子公司及其他营业单位收到的现金净额	0	
收到其他与投资活动有关的现金	0	
投资活动现金流入小计	346 800	
购建固定资产、无形资产和其他长期资产支付的现金	601 000	
投资支付的现金	0	
取得子公司及其他营业单位支付的现金净额	0	
支付其他与投资活动有关的现金	0	
投资活动现金流出小计	601 000	
投资活动产生的现金流量净额	－254 200	
三、筹资活动产生的现金流量		
吸收投资收到的现金	0	
取得借款收到的现金	560 000	
收到其他与筹资活动有关的现金	0	
筹资活动现金流入小计	560 000	
偿还债务支付的现金	1 250 000	
分配股利、利润或偿付利息支付的现金	12 500	
支付其他与筹资活动有关的现金	0	
筹资活动现金流出小计	1 262 500	
筹资活动产生的现金流量净额	－702 500	
四、汇率变动对现金及现金等价物的影响	0	
五、现金及现金等价物净增加额	－591 169	
加:期初现金及现金等价物余额	1 406 300	
六、期末现金及现金等价物余额	815 131	

表 14—14 现金流量表补充资料

补充资料	本期金额	上期金额
1.将净利润调节为经营活动现金流量		略
净利润	225 000	
加:资产减值准备	30 900	
固定资产折旧、油气资产折耗、生产性生物资产折旧	100 000	
无形资产摊销	60 000	
长期待摊费用摊销	0	
处置固定资产、无形资产和其他长期资产的损失(收益以“—”号填列)	—50 000	
固定资产报废损失(收益以“—”号填列)	19 700	
公允价值变动损失(收益以“—”号填列)	0	
财务费用(收益以“—”号填列)	11 500	
投资损失(收益以“—”号填列)	—31 500	
递延所得税资产减少(增加以“—”号填列)	—7 500	
递延所得税负债增加(减少以“—”号填列)	0	
存货的减少(增加以“—”号填列)	95 300	
经营性应收项目的减少(增加以“—”号填列)	—120 000	
经营性应付项目的增加(减少以“—”号填列)	32 131	
其他	0	
经营活动产生的现金流量净额	365 531	
2.不涉及现金收支的重大投资和筹资活动		
债务转为资本	0	
一年内到期的可转换公司债券	0	
融资租入固定资产	0	
3.现金及现金等价物净变动情况		
现金的期末余额	815 131	
减:现金的期初余额	1 406 300	
加:现金等价物的期末余额	0	
减:现金等价物的期初余额	0	
现金及现金等价物净增加额	—591 169	

第五节　所有者权益变动表

一、所有者权益变动表的定义和作用

(一)所有者权益变动表的定义

所有者权益变动表是反映构成所有者权益的各个组成部分当期的增减变动情况的报表。

所有者权益变动表应当全面反映企业一定时期所有者权益变动的情况。综合收益和与所有者(或股东)的资本交易导致的所有者权益的变动,应当分别列示。

(二)所有者权益变动表的作用

(1)在一定程度上体现了企业的综合收益。综合收益,是指企业在某一期间与所有者之外的其他方面进行交易或发生其他事项所引起的净资产变动。

(2)有助于财务报表使用者准确理解所有者权益增减变动的根源。所有者权益变动表分别列示了净利润和其他综合收益引起的企业净资产的变动,反映了所有者权益增减变动的重要结构性信息,使财务报表使用者能够直观、准确地理解导致所有者权益增减变动的因素有哪些。

二、所有者权益变动表的内容

所有者权益变动表至少应该单独列示反映下列信息:

(1)综合收益总额,在合并所有者权益变动表中还应单独列示归属于母公司所有者的综合收益总额和归属于少数股东的综合收益总额;

(2)会计政策变更和前期差错更正的累积影响金额;

(3)所有者投入资本和向所有者分配利润等;

(4)按照规定提取的盈余公积;

(5)所有者权益各组成部分的期初和期末余额及其调节情况。

三、所有者权益变动表的格式

所有者权益变动表的格式如表14—15所示:

表 14—15　所有者权益(股东权益)变动表　　　　**会企 04 表**

编制单位：　　　　　　　　　　　　　　　　　　　　　　　　单位:元

项　目	行次	本年金额						上年金额					
		实收资本（或股本）	资本公积	减:库存股	盈余公积	未分配利润	所有者权益合计	实收资本（或股本）	资本公积	减:库存股	盈余公积	未分配利润	所有者权益合计
一、上年年末余额	1												×
加:会计政策变更	2												×
前期差错更正	3												×
二、本年年初余额	4							×	×	×	×	×	×
三、本年增减变动金额(减少以“－”号填列)	5	×	×	×				×	×	×	×	×	×
(一)净利润	6						×						×
(二)其他综合收益	7	×	×	×	×	×	×	×	×	×	×	×	×
1.可供出售金融资产公允价值变动净额	8						×						×
2.权益法下被投资单位其他所有者权益变动的影响	9						×						×
3.与计入所有者权益项目相关的所得税影响	10						×						×
4.其他	11						×						×
综合收益总额	12	×	×	×	×	×	×	×	×	×	×	×	×
(三)所有者投入资本	13	×	×	×	×	×	×	×	×	×	×	×	×

续表

项　　目	行次	本年金额						上年金额					
		实收资本（或股本）	资本公积	减:库存股	盈余公积	未分配利润	所有者权益合计	实收资本（或股本）	资本公积	减:库存股	盈余公积	未分配利润	所有者权益合计
1.所有者投入资本	14						×						×
2.股份支付计入所有者权益的金额	15						×						×
3.其他	16						×						×
（四）利润分配	17	×	×	×	×	×	×	×	×	×	×	×	×
1.提取盈余公积	18						×						×
2.对所有者（或股东）的分配	19						×						×
3.其他	20						×						×
（五）所有者权益内部结转	21	×	×	×	×	×	×	×	×	×	×	×	×
1.资本公积转增资本（或股本）	22						×						×
2.盈余公积转增资本（或股本）	23						×						×
3.盈余公积弥补亏损	24						×						×
4.其他	25						×						×
四、本年年末余额	26							×	×	×	×	×	×

四、所有者权益变动表的编制方法

(1)"上年年末余额"栏:根据各项目上年度所有者权益变动表"本年年末余额"栏内所列各项数字填列。如果本年度所有者权益变动表规定的各个项目的名称和内容同上年度不相一致,应对上年度所有者权益变动表各项目的名称和数字按照本年度的规定进行调整,填入本表"上年年末余额"栏内。

(2)"本年增减变动金额"栏:根据有关科目的发生额分析填列。

第六节 财务报表附注

一、附注的性质与作用

附注是财务报表的重要组成部分,报表使用者了解企业的财务状况、经营成果和现金流量,应当全面阅读附注,附注相对于报表而言,同样具有重要性。附注应当按照一定的结构进行系统合理的排列和分类,有顺序地披露信息。

二、附注的内容

企业应当按照企业会计准则的规定披露附注信息,主要包括下列内容:

(一)企业的基本情况

(1)企业注册地、组织形式和总部地址。

(2)企业的业务性质和主要经营活动。

(3)母公司以及集团最终母公司的名称。

(4)财务报告的批准报出者和财务报告批准报出日,或者以签字人及其签字日期为准。

(5)营业期限有限的企业,还应当披露有关其营业期限的信息。

(二)财务报表的编制基础

(1)会计年度。

(2)记账本位币。

(3)会计计量所运用的计量基础。

(4)现金和现金等价物的构成。

(三)遵循企业会计准则的声明

企业应当声明编制的财务报表符合企业会计准则的要求,真实、完整地反映了企业的财务状况、经营成果和现金流量等有关信息。

（四）重要会计政策和会计估计

企业应当披露采用的重要会计政策和会计估计，不重要的会计政策和会计估计可以不披露。在披露重要会计政策和会计估计时，应当披露重要会计政策的确定依据和财务报表项目的计量基础，以及会计估计中所采用的关键假设和不确定因素。

（五）会计政策和会计估计变更以及差错更正的说明

企业应当按照《企业会计准则第 28 号——会计政策、会计估计变更和差错更正》及其应用指南的规定，披露会计政策和会计估计变更以及差错更正的有关情况。

（六）报表重要项目的说明

企业应当尽可能以列表形式披露重要报表项目的构成或当期增减变动情况。对报表重要项目的说明，应当按照资产负债表、利润表、现金流量表、所有者权益变动表及其项目列示的顺序，采用文字和数字描述相结合的方式进行披露。报表重要项目的明细金额合计，应当与报表项目金额相衔接。企业应当在附注中披露费用按照性质分类的利润表补充资料，可将费用分为耗用的原材料、职工薪酬费用、折旧费用、摊销费用等。

1.交易性金融资产的披露格式

项目	期末公允价值	年初公允价值
1.交易性债券投资		
2.交易性权益工具投资		
3.指定为以公允价值计量且其变动计入当期损益的金融资产		
4.衍生金融资产		
5.其他		
合　　计		

2.应收款项

(1)应收账款按账龄结构披露的格式如下：

账龄结构	期末账面余额	年初账面余额
1年以内(含1年)		
1年至2年(含2年)		
2年至3年(含3年)		
3年以上		
合　计		

注：有应收票据、预付账款、长期应收款、其他应收款的，比照应收账款进行披露。

(2)应收账款按客户类别披露的格式如下：

客户类别	期末账面余额	年初账面余额
客户1		
……		
其他客户		
合　计		

注：有应收票据、预付账款、长期应收款、其他应收款的，比照应收账款进行披露。

3.存货

(1)存货的披露格式如下：

存货种类	年初账面余额	本期增加额	本期减少额	期末账面余额
1.原材料				
2.在产品				
3.库存商品				
4.周转材料				
5.消耗性生物资产				
……				
合计				

(2)说明消耗性生物资产的期末实物数量，并按下列格式披露金额信息：

项　目	年初账面余额	本期增加额	本期减少额	期末账面余额
一、种植业				
1.				
……				
二、畜牧养殖业				
1.				
……				
三、林业				
1.				
……				
四、水产业				
1.				
……				
合　计				

(3)存货跌价准备的披露格式如下：

存货种类	年初账面余额	本期计提额	本期减少额		期末账面余额
			转回	转销	
1.原材料					
2.在产品					
3.库存商品					
4.周转材料					
5.消耗性生物资产					
6.建造合同形成的资产					
……					
合　计					

4.其他流动资产的披露格式如下

项　目	期末账面价值	年初账面价值
1.		
……		
合　计		

注:有长期待摊费用、其他非流动资产的,比照其他流动资产进行披露。

5.可供出售金融资产的披露格式如下

项　目	期末公允价值	年初公允价值
1.可供出售债券		
2.可供出售权益工具		
3.其他		
合　计		

6.持有至到期投资的披露格式如下

项　目	期末账面余额	年初账面余额
1.		
……		
合　计		

7.长期股权投资

(1)长期股权投资的披露格式如下:

被投资单位	期末账面余额	年初账面余额
1.		
……		
合　计		

(2)被投资单位由于所在国家或地区及其他方面的影响，其向投资企业转移资金的能力受到限制的，应当披露受限制的具体情况。

(3)当期及累计未确认的投资损失金额。

8.投资性房地产

(1)企业采用成本模式进行后续计量的，应当披露下列信息：

项　　目	年初账面余额	本期增加额	本期减少额	期末账面余额
一、原价合计				
1.房屋、建筑物				
2.土地使用权				
二、累计折旧和累计摊销合计				
1.房屋、建筑物				
2.土地使用权				
三、投资性房地产减值准备累计金额合计				
1.房屋、建筑物				
2.土地使用权				
四、投资性房地产账面价值合计				
1.房屋、建筑物				
2.土地使用权				

(2)企业采用公允价值模式进行后续计量的，应当披露投资性房地产公允价值的确定依据及公允价值金额的增减变动情况。

(3)如有房地产转换的，应当说明房地产转换的原因及其影响。

9.固定资产

(1)固定资产的披露格式如下：

项　　目	年初账面余额	本期增加额	本期减少额	期末账面余额
一、原价合计				
其中：房屋、建筑物				

续表

项　　目	年初账面余额	本期增加额	本期减少额	期末账面余额
机器设备				
运输工具				
……				
二、累计折旧合计				
其中:房屋、建筑物				
机器设备				
运输工具				
……				
三、固定资产减值准备累计金额合计				
其中:房屋、建筑物				
机器设备				
运输工具				
……				
四、固定资产账面价值合计				
其中:房屋、建筑物				
机器设备				
运输工具				

(2)企业确有准备处置固定资产的,应当说明准备处置的固定资产名称、账面价值、公允价值、预计处置费用和预计处置时间等。

10.生产性生物资产和公益性生物资产

(1)说明各类生物资产的期末实物数量,并按下列格式披露金额信息:

项　　目	年初账面余额	本期增加额	本期减少额	期末账面余额
一、种植业				
1.				
……				
二、畜牧养殖业				
1.				
……				
三、林业				
1.				
……				
四、水产业				
1.				
……				
合　计				

注：如有天然起源的生物资产，还应披露该资产的类别、取得方式和数量等。

(2)各类生产性生物资产的预计使用寿命、预计净残值、折旧方法、累计折旧和减值准备累计金额。

(3)与生物资产相关的风险情况与管理措施。

11.油气资产

(1)当期在国内和国外发生的取得矿区权益、油气勘探和油气开发各项支出的总额。

(2)油气资产的披露格式如下：

项　　目	年初账面余额	本期增加额	本期减少额	期末账面余额
一、原价合计				
1.探明矿区权益				
2.未探明矿区权益				
3.井及相关设施				

续表

项　　目	年初账面余额	本期增加额	本期减少额	期末账面余额
二、累计折耗合计				
1.探明矿区权益				
2.井及相关设施				
三、油气资产减值准备累计金额合计				
1.探明矿区权益				
2.未探明矿区权益				
3.井及相关设施				
四、油气资产账面价值合计				
1.探明矿区权益				
2.未探明矿区权益				
3.井及相关设施				

12.无形资产

(1)各类无形资产的披露格式如下：

项　　目	年初账面余额	本期增加额	本期减少额	期末账面余额
一、原价合计				
1.				
……				
二、累计摊销额合计				
1.				
……				
三、无形资产减值准备累计金额合计				
1.				

续表

项　目	年初账面余额	本期增加额	本期减少额	期末账面余额
……				
四、无形资产账面价值合计				
1.				
……				

(2)计入当期损益和确认为无形资产的研究开发支出金额。

13.商誉的形成来源、账面价值的增减变动情况

14.递延所得税资产和递延所得税负债

(1)已确认递延所得税资产和递延所得税负债的披露格式如下：

项　目	期末账面余额	年初账面余额
一、递延所得税资产		
1.		
……		
合计		
二、递延所得税负债		
1.		
……		
合计		

(2)未确认递延所得税资产的可抵扣暂时性差异、可抵扣亏损等的金额(存在到期日的,还应披露到期日)。

15.资产减值准备的披露格式如下

项目	年初账面余额	本期计提额	本期减少额		期末账面余额
			转回	转销	
一、坏账准备					
二、存货跌价准备					

续表

项目	年初账面余额	本期计提额	本期减少额		期末账面余额
			转回	转销	
三、可供出售金融资产减值准备					
四、持有至到期投资减值准备					
五、长期股权投资减值准备					
六、投资性房地产减值准备					
七、固定资产减值准备					
八、工程物资减值准备					
九、在建工程减值准备					
十、生产性生物资产减值准备					
其中:成熟生产性生物资产减值准备					
十一、油气资产减值准备					
十二、无形资产减值准备					
十三、商誉减值准备					
十四、其他					
合　计					

16.所有权受到限制的资产

(1)资产所有权受到限制的原因。

(2)所有权受到限制的资产金额披露格式如下:

所有权受到限制的资产类别	年初账面价值	本期增加额	本期减少额	期末账面价值
一、用于担保的资产				
1.				
……				
二、其他原因造成所有权受到限制的资产				
1.				
……				
合　计				

17.交易性金融负债的披露格式如下

项　目	期末公允价值	年初公允价值
1.发行的交易性债券		
2.指定为以公允价值计量且其变动计入当期损益的金融负债		
3.衍生金融负债		
4.其他		
合　计		

18.职工薪酬

(1)应付职工薪酬的披露格式如下：

项　目	年初账面余额	本期增加额	本期支付额	期末账面余额
一、工资、奖金、津贴和补贴				
二、职工福利费				
三、社会保险费				
其中：1.医疗保险费				
2.基本养老保险费				

续表

项 目	年初账面余额	本期增加额	本期支付额	期末账面余额
3.年金缴费				
4.失业保险费				
5.工伤保险费				
6.生育保险费				
四、住房公积金				
五、工会经费和职工教育经费				
六、非货币性福利				
七、因解除劳动关系给予的补偿				
八、其他				
其中:以现金结算的股份支付				
合 计				

(2)企业本期为职工提供的各项非货币性福利形式、金额及其计算依据。

19.应交税费的披露格式如下

税费项目	期末账面余额	年初账面余额
1.增值税		
……		
合 计		

20.其他流动负债的披露格式如下

项 目	期末账面余额	年初账面余额
1.		
……		
合 计		

注:有预计负债、其他非流动负债的,比照其他流动负债进行披露。

21.短期借款和长期借款

(1)借款的披露格式如下：

项 目	短期借款		长期借款	
	期末账面余额	年初账面余额	期末账面余额	年初账面余额
信用借款				
抵押借款				
质押借款				
保证借款				
合 计				

(2)对于期末逾期借款，应分别贷款单位、借款金额、逾期时间、年利率、逾期未偿还原因和预期还款期等进行披露。

22.应付债券的披露格式如下

项 目	年初账面余额	本期增加额	本期减少额	期末账面余额
1.				
……				
合 计				

23.长期应付款的披露格式如下

项 目	期末账面价值	年初账面价值
1.		
……		
合 计		

24.营业收入

(1)营业收入的披露格式如下：

项　目	本期发生额	上期发生额
1.主营业务收入		
2.其他业务收入		
合　计		

(2)披露建造合同当期预计损失的原因和金额，同时按下列格式披露：

合同项目		总金额	累计已发生成本	累计已确认毛利（亏损以“－”号表示）	已办理结算的价款金额
固定造价合同	1.				
	……				
	合　计				
成本加成合同	1.				
	……				
	合　计				

25.公允价值变动收益的披露格式如下

产生公允价值变动收益的来源	本期发生额	上期发生额
1.		
……		
合　计		

26.投资收益

(1)投资收益的披露格式如下：

产生投资收益的来源	本期发生额	上期发生额
1.		
……		
合　计		

(2)按照权益法核算的长期股权投资，直接以被投资单位的账面净损益计算确认投资损益的事实及原因。

27.资产减值损失的披露格式如下

项　目	本期发生额	上期发生额
一、坏账损失		
二、存货跌价损失		
三、可供出售金融资产减值损失		
四、持有至到期投资减值损失		
五、长期股权投资减值损失		
六、投资性房地产减值损失		
七、固定资产减值损失		
八、工程物资减值损失		
九、在建工程减值损失		
十、生产性生物资产减值损失		
十一、油气资产减值损失		
十二、无形资产减值损失		
十三、商誉减值损失		
十四、其他		
合　计		

28.营业外收入的披露格式如下

项　目	本期发生额	上期发生额
1.非流动资产处置利得合计		
其中:固定资产处置利得		
无形资产处置利得		
……		
合　计		

29.营业外支出的披露格式如下

项　目	本期发生额	上期发生额
1.非流动资产处置损失合计		
其中:固定资产处置损失		
无形资产处置损失		
……		
合　计		

30.所得税费用

(1)所得税费用(收益)的组成,包括当期所得税、递延所得税。

(2)所得税费用(收益)与会计利润的关系。

31.企业应当披露取得政府补助的种类及金额

32.企业应当在附注中披露下列关于其他综合收益各项目的信息

(1)其他综合收益各项目及其所得税影响;

(2)其他综合收益各项目原计入其他综合收益、当期转出计入当期损益的金额;

(3)其他综合收益各项目的期初和期末余额及其调节情况。

33.每股收益

(1)基本每股收益和稀释每股收益分子、分母的计算过程。

(2)列报期间不具有稀释性但以后期间很可能具有稀释性的潜在普通股。

(3)在资产负债表日至财务报告批准报出日之间,企业发行在外普通股或潜在普通股股数发生重大变化的情况,如股份发行、股份回购、潜在普通股发行、潜在普通股转换或行权等。

34.企业可以按照费用的性质分类披露利润表

35.非货币性资产交换

(1)换入资产、换出资产的类别。

(2)换入资产成本的确定方式。

(3)换入资产、换出资产的公允价值及换出资产的账面价值。

36.股份支付

企业应当在附注中披露在资产负债表日后、财务报告批准报出日前提议或宣布发放的股利总额和每股股利金额(或向投资者分配的利润总额)。

(1)当期授予、行权和失效的各项权益工具总额。

(2)期末发行在外股份期权或其他权益工具行权价的范围和合同剩余期限。

(3)当期行权的股份期权或其他权益工具以其行权日价格计算的加权平均价格。

(4)股份支付交易对当期财务状况和经营成果的影响。

37.债务重组

按照《企业会计准则第12号——债务重组》第十四条或第十五条的相关规定进行披露。

38.借款费用

(1)当期资本化的借款费用金额。

(2)当期用于计算确定借款费用资本化金额的资本化率。

39.外币折算

(1)计入当期损益的汇兑差额。

(2)处置境外经营对外币财务报表折算差额的影响。

40.企业合并企业合并发生当期的期末,合并方或购买方应当按照《企业会计准则第20号——企业合并》第十八条或第十九条的相关规定进行披露

41.租赁

(1)融资租赁出租人应当说明未实现融资收益的余额,并披露与融资租赁有关的下列信息:

剩余租赁期	最低租赁收款额
1年以内(含1年)	
1年以上2年以内(含2年)	

续表

剩余租赁期	最低租赁收款额
2年以上3年以内(含3年)	
3年以上	
合　计	

(2)经营租赁出租人各类租出资产的披露格式如下：

经营租赁租出资产类别	期末账面价值	年初账面价值
1.机器设备		
2.运输工具		
……		
合　计		

(3)融资租赁承租人应当说明未确认融资费用的余额，并披露与融资租赁有关的下列信息：

①各类租入固定资产的年初和期末原价、累计折旧额、减值准备累计金额。

②以后年度将支付的最低租赁付款额的披露格式如下：

剩余租赁期	最低租赁付款额
1年以内(含1年)	
1年以上2年以内(含2年)	
2年以上3年以内(含3年)	
3年以上	
合　计	

(4)对于重大的经营租赁,经营租赁承租人应当披露下列信息:

剩余租赁期	最低租赁付款额
1年以内(含1年)	
1年以上2年以内(含2年)	
2年以上3年以内(含3年)	
3年以上	
合　计	

(5)披露各售后租回交易以及售后租回合同中的重要条款。

42.终止经营的披露

终止经营,是指满足下列条件之一的已被企业处置或被企业划归为持有待售的、在经营和编制财务报表时能够单独区分的组成部分:

(1)该组成部分代表一项独立的主要业务或一个主要经营地区。

(2)该组成部分是拟对一项独立的主要业务或一个主要经营地区进行处置计划的一部分。

(3)该组成部分是仅仅为了再出售而取得的子公司。

终止经营的披露格式如下:

项　目	本期发生额	上期发生额
一、终止经营收入		
减:终止经营费用		
二、终止经营利润总额		
减:终止经营所得税费用		
三、终止经营净利润		
四、归属于母公司所有者的终止经营利润		

43.分部报告

(1)主要报告形式是业务分部的披露格式如下：

项　　目	××业务		××业务		……	其他		抵销		合计	
	本期	上期	本期	上期		本期	上期	本期	上期	本期	上期
一、营业收入											
其中：对外交易收入											
分部间交易收入											
二、营业费用											
三、营业利润(亏损)											
四、资产总额											
五、负债总额											
六、补充信息											
1.折旧和摊销费用											
2.资本性支出											
3.折旧和摊销以外的非现金费用											

注：主要报告形式是地区分部的，比照业务分部格式进行披露。

(2)在主要报告形式的基础上，对于次要报告形式，企业还应披露对外交易收入、分部资产总额。

(七)或有事项

按照《企业会计准则第13号——或有事项》第十四条和第十五条的相关规定进行披露。

(八)资产负债表日后事项

(1)每项重要的资产负债表日后非调整事项的性质、内容，及其对财务状况和经营成果的影响。无法做出估计的，应当说明原因。

(2)资产负债表日后，企业利润分配方案中拟分配的以及经审议批准宣告发放的股利或利润。

(九)关联方关系及其交易

1.本企业的母公司有关信息披露格式如下

母公司名称	注册地	业务性质	注册资本

母公司不是本企业最终控制方的,说明最终控制方名称。

母公司和最终控制方均不对外提供财务报表的,说明母公司之上与其最相近的对外提供财务报表的母公司名称。

2.母公司对本企业的持股比例和表决权比例

3.本企业的子公司有关信息披露格式如下

子公司名称	注册地	业务性质	注册资本	本企业合计持股比例	本企业合计享有的表决权比例
1.					
……					

4.本企业的合营企业有关信息披露格式如下

被投资单位名称	注册地	业务性质	注册资本	本企业持股比例	本企业在被投资单位表决权比例	期末资产总额	期末负债总额	本期营业收入总额	本期净利润
1.									
……									

注:有联营企业的,比照合营企业进行披露。

5.本企业与关联方发生交易的,分别说明各关联方关系的性质、交易类型及交易要素

交易要素至少应当包括:

(1)交易的金额。

(2)未结算项目的金额、条款和条件,以及有关提供或取得担保的信息。

(3)未结算应收项目的坏账准备金额。

(4)定价政策。

(十)有助于财务报表使用者评价企业管理资本的目标、政策及程序的信息

另外,根据新修订的《企业会计准则第 30 号——财务报表列报》,还应当在附注中披露下列信息:

1.其他综合收益各项目的信息

(1)其他综合收益各项目及其所得税影响;

(2)其他综合收益各项目原计入其他综合收益、当期转出计入当期损益的金额;

(3)其他综合收益各项目的期初和期末余额及其调节情况。

2.终止经营的收入、费用、利润总额、所得税费用和净利润,以及归属于母公司所有者的终止经营利润

终止经营,是指满足下列条件之一的已被企业处置或被企业划归为持有待售的、在经营和编制财务报表时能够单独区分的组成部分:

(1)该组成部分代表一项独立的主要业务或一个主要经营地区。

(2)该组成部分是拟对一项独立的主要业务或一个主要经营地区进行处置计划的一部分。

(3)该组成部分是仅仅为了再出售而取得的子公司。

同时满足下列条件的企业组成部分(或非流动资产,下同)应当确认为持有待售:该组成部分必须在其当前状况下仅根据出售此类组成部分的惯常条款即可立即出售;企业已经就处置该组成部分作出决议,如按规定需得到股东批准的,应当已经取得股东大会或相应权力机构的批准;企业已经与受让方签订了不可撤销的转让协议;该项转让将在一年内完成。

3.在资产负债表日后、财务报告批准报出日前提议或宣布发放的股利总额和每股股利金额(或向投资者分配的利润总额)

思考题

1.什么是财务报表?编制财务报表有何意义?

2.简述财务报表列报的要求?

3.试述资产负债表的定义、结构及其作用。

4.试述利润表的定义、结构和编制方法。

5.试述现金流量表的定义、结构和编制方法。

6.报表附注有何作用?它应包括哪些基本内容?

练习题

1.A 公司资料：

(1)A 企业 2013 年 6 月底各账户期末余额如下：

单位:元

账户名称	借方余额	账户名称	贷方余额
库存现金	350	短期借款	41 000
银行存款	76 700	应付账款	4 050
应收账款	7 000	其他应付款	8 700
其他应收款	750	应付职工薪酬	7 000
原材料	349 800	应付票据	4 100
生产成本	36 000	应交税费	39 670
库存商品	50 400	累计折旧	230 500
长期股权投资	7 500	本年利润	158 765
固定资产	628 500	实收资本	721 000
利润分配	95 785	盈余公积	38 000
合　计	125 278	合　计	125 278

(2)有关明细资料如下：

各损益账户累计余额有"主营业务收入"1 144 900 元,"主营业务成本"944 280 元,"营业税金及附加"64 320 元,"销售费用"14 600 元,"其他业务收入"35 000 元,"其他业务成本"35 000 元,"营业外收入"800 元,"营业外支出"5 000 元,"管理费用"20 800 元,"财务费用"6 200 元。

要求：

(1)根据以上资料,编制资产负债表。

(2)根据以上资料,编制利润表。

2.B公司2013年12月31日的有关科目余额如下表所示：

B公司科目余额表

2013年12月31日 单位：元

科目	借方余额	科目	贷方余额
现金	15 000	短期借款	50 000
银行存款	111 000	应付票据	260 000
其他货币资金	60 000	应付职工薪酬	98 040
交易性金融资产	100 000	应付利息	75 000
应收票据	60 000	应付账款	190 000
应收账款	110 000	其他应付款	100 000
预付账款	25 000	应付股利	170 000
其他应收款	19 000	应交税费	485 000
原材料	250 000	长期借款	1 035 000
包装物及低值易耗品	31 000	坏账准备	5 500
库存商品	457 000	累计折旧	200 400
委托代销商品	170 000	累计摊销	20 000
长期股权投资	910 000	实收资本	680 000
固定资产	1 002 000	资本公积	120 000
在建工程	200 000	盈余公积	45 000
无形资产	85 000	利润分配——	
长期待摊费用	15 000	未分配利润	86 060
借方余额合计	3 620 000	贷方余额合计	3 620 00

其中：长期借款均为1年以后才到期。

要求：根据以上资料编制B公司2013年12月31日的资产负债表。

3.W公司2012年度资产负债表和利润表如下：

资　产	年初余额	期末余额	负债和所有者权益(或股东权益)	年初余额	期末余额
流动资产：			流动负债：		
货币资金	80 500	89 500	应付票据	120 000	
交易性金融资产	20 000	28 000	应付账款	49 500	93 000
应收账款	54 000	39 000	短期借款		50 000

续表

资 产	年初余额	期末余额	负债和所有者权益(或股东权益)	年初余额	期末余额
存货	80 000	165 000	流动负债合计	169 500	143 000
流动资产合计	234 500	321 500	长期负债:		
长期待摊费用	0	15 000	应付债券	80 000	225 000
			长期负债合计	225 000	225 000
固定资产			负债合计	249 500	368 000
固定资产原价	250 000	507 000	股东权益:		
减:累计折旧	15 000	31 500	股本	190 000	240 000
固定资产净值	235 000	475 500	未分配利润	30 000	204 000
固定资产合计	235 000	475 500	股东权益合计	220 000	444 000
资产总计	469 500	812 000	负债和股东权益合计	469 500	812 000

利润表

编制单位:W 公司　　2012 年　　单位:元

项 目	本期累计数
一、营业收入	738 000
减:营业成本	360 000
管理费用	61 000
财务费用	10 000
加:投资收益	3 000
二、营业利润(亏损以"—"号填列)	310 000
加:营业外收入	3 000
减:营业外支出	10 000
三、利润总额(亏损总额以"—"号填列)	303 000
减:所得税费用	102 000
四、净利润(净亏损以"—"号填列)	201 000

其他有关资料：

(1)本年度支付了 27 000 元现金股利。

(2)主营业务成本 360 000 元中，包括工资费用 165 000 元，管理费用 61 000 元中，包括折旧费用 21 500 元，支付其他费用 39 500 元。

(3)本年度出售固定资产一台，原价 60 000 元，已提折旧 5 000 元，处置价格为 58 000元，已收到现金。

(4)本年度购入固定资产，价款 317 000 元，以银行存款支付。

(5)本年度购入股票投资作为交易性金融资产，支付价款 23 000 元。

(6)本年度出售交易性金融资产收到现金 18 000 元，成本 15 000 元。

(7)本年度偿付应付公司债券 70 000 元；新发行债券 215 000 元，已收到现金。

(8)本年度发生火灾造成存货损失 10 000 元，已计入营业外支出。

(9)本年度支付经营租赁方式租入的固定资产发生的改良支出 15 000 元。

(10)本年度发行新股 50 000 元，已收到现金。

(11)财务费用 10 000 元系支付的债券利息。

(12)期末存货均为外购原材料。

(13)本年度从银行取得短期借款 50 000 元。

为简便起见，不考虑流转税，假定 W 公司没有现金等价物，应收账款全部为应收销货款，应付账款全部为应付购货款。

要求：根据上述资料编制 2012 年度 W 公司的现金流量表。

第十五章
会计调整

【本章导读】

河北钢铁2014年7月10日晚间发布2014年半年度业绩预告，公司预计上半年实现归属于上市公司股东的净利润比上年同期增长318%～344%，预计实现盈利约3.2亿～3.4亿元，预计基本每股收益约0.03～0.032元，上年同期为0.007元。据了解，该公司2014上半年在行业形势依旧低迷的情况下净利润大增的主要原因，正是由于公司对固定资产折旧年限做了调整。2014年3月15日，公司发布公告，决定从2014年1月1日起调整固定资产折旧年限。调整后，公司固定资产折旧年限均有不同程度延长。如房屋建筑物，此前的折旧年限为25～30年，调整后为40～45年，运输工具的折旧年限从6～8年调整为10～15年。公司预计，本次调整后，将减少固定资产折旧20亿元，增加公司2014年度的净利润和所有者权益15亿元。河北钢铁对固定资产折旧年限的调整正是会计调整中的会计估计变更。我国会计准则对会计估计变更在内的各项会计调整在《企业会计准则第28号——会计政策、会计估计变更和差错更正》和《企业会计准则第29号——资产负债表日后事项》中有相关规定，本章将学习这两个准则的内容。

【学习目标】

掌握追溯调整法、未来适用法的操作步骤，调整事项及非调整事项的具体会计处理方法；

理解会计政策和会计估计变更的常见情形，资产负债表日后事项的类别，非调整事项的性质；

了解会计政策变更、会计估计变更与前期差错更正的附注披露。

第一节 会计政策及其变更

一、会计政策

(一)会计政策的概念

会计政策,是指企业在会计确认、计量和报告中所采用的原则、基础和会计处理方法。

原则,是指按照企业会计准则规定的、适合于企业会计要素确认过程中所采用的具体会计原则。例如,《企业会计准则第 14 号——收入》规定的以交易已经完成、经济利益能够流入企业、收入和成本能够可靠计量作为收入确认的标准,就属于收入确认的具体会计原则。

基础,是指为了将会计原则应用于交易或者事项而采用的基础,主要是计量基础(即计量属性),包括历史成本、重置成本、可变现净值、现值和公允价值等。

会计处理方法,是指企业按照法律、行政法规或者国家统一的会计制度等规定采用或者选择的、适合于本企业的具体会计处理方法。例如,存货的计价可以采用先进先出法、加权平均法、个别计价法等;固定资产的折旧,可以采用年限平均法、工作量法、双倍余额递减法、年数总和法等。

【例 15-1】 《企业会计准则第 1 号——存货》规定了存货后续计量采用“成本与可变现净值孰低”来谨慎地计量存货在资产负债表日的入账金额。其中,对存货后续计量所采用的“成本与可变现净值孰低”是具体会计原则。该具体会计原则涉及的历史成本和可变现净值属于会计计量基础。当存货成本高于其可变现净值时,应当计提存货跌价准备,具体按照单个存货项目计提,还是按照存货类别计提,属于具体会计处理方法。

(二)会计政策的特点

会计政策所包括的具体会计原则、基础和会计处理方法由会计准则规定。在我国,会计准则属于法规。企业基本上是在法规所允许的范围内选择适合本企业实际情况的会计政策。所以,会计政策具有强制性和多层次的特点。

1.会计政策的强制性

由于企业经济业务的复杂性和多样化,某些经济业务在符合会计原则和基础的要求下,可以有多种会计处理方法。例如,存货的计价,可以有先进先出法、加权平均法、个别计价法等。但是，企业在发生某项经济业务时，必须从允许的会计原则、基础和会计处理方法中选择出适合本企业特点的会计政策。

2.会计政策的层次性

会计政策包括会计原则、基础和会计处理方法三个层次。其中，会计原则是指导企业会计核算的具体原则；会计基础是为将会计原则体现在会计核算而采用的基础；处理方法是按照会计原则和基础的要求，由企业在会计核算中采用或者选择的、适合于本企业的具体会计处理方法。会计原则、基础和会计处理方法三者之间是一个具有逻辑性、密不可分的整体，通过这个整体，会计政策才能得以应用和落实。

（三）重要的会计政策

企业应当披露重要的会计政策，不具有重要性的会计政策可以不予披露。判断会计政策是否重要，应当考虑与会计政策相关项目的性质和金额。企业应当披露的重要会计政策，包括但不限于：

(1)发出存货成本的计量。指企业确定发出存货成本所采用的会计处理。例如，企业发出存货成本的计量是采用先进先出法，还是采用其他计量方法。

(2)长期股权投资的后续计量。指企业取得长期股权投资后的会计处理。例如，企业对被投资单位的长期股权投资是采用成本法，还是采用权益法核算。

(3)投资性房地产的后续计量。指企业对投资性房地产进行后续计量所采用的会计处理。例如，企业对投资性房地产的后续计量是采用成本模式，还是公允价值模式。

(4)固定资产的初始计量。指对取得的固定资产初始成本的计量。例如，企业取得的固定资产初始成本是以购买价款，还是以购买价款的现值为基础进行计量。

(5)生物资产的初始计量。指对取得的生物资产初始成本的计量。例如，企业为取得生物资产而产生的借款费用，是予以资本化，还是计入当期损益。

(6)无形资产的确认。指对无形项目的支出是否确认为无形资产。例如，企业研究开发项目开发阶段的支出是确认为无形资产，还是在发生时计入当期损益。

(7)非货币性资产交换的计量。指非货币性资产交换事项中对换入资产成本的计量。例如，非货币性资产交换是以换出资产的公允价值作为确定换入资产成本的基础，还是以换出资产的账面价值作为确定换入资产成本的基础。

(8)收入的确认。指收入确认所采用的会计方法。例如，企业确认收入时是按照从购货方已收或应收的合同或协议价款确定销售商品收入金额，还是按照应收的合同或协议价款的公允价值确定销售商品收入金额。

(9)合同收入与费用的确认。指确认建造合同的收入和费用所采用的会计处理方法。例如，企业确认建造合同的合同收入和合同费用是采用完工百分比法。

(10)借款费用的处理。指借款费用的会计处理方法，即是采用资本化，还是采用费用化。

(11)合并政策。指编制合并财务报表所采纳的原则。例如，母公司与子公司的会计年度不一致的处理原则；合并范围的确定原则等。

(12)其他重要会计政策。

二、会计政策变更

(一)会计政策变更的概念

会计政策变更是指企业对相同的交易和事项由原来采用的会计政策改用另一会计政策的行为。为保证会计信息的可比性，使财务报表使用者在比较企业一个以上期间的财务报表时，能够正确判断企业的财务状况、经营成果和现金流量的趋势，一般情况下，企业采用的会计政策，在每一会计期间和前后各期应当保持一致，不得随意变更。否则，势必削弱会计信息的可比性。

(二)可以变更会计政策的情形

企业会计准则规定，企业符合下列条件之一的，可以变更会计政策：

1.法律、行政法规或者国家统一的会计制度等要求变更

例如，《企业会计准则第 1 号——存货》对发出存货实际成本的计价排除了后进先出法，这就要求执行企业会计准则体系的企业按照新规定，将原来以后进先出法核算发出存货成本改为准则规定可以采用的其他发出存货成本计价方法。

2.企业为了提供更可靠、更相关的会计信息而决定变更会计政策

企业选择会计政策是根据当时所处的特定环境所决定的，随着客观情况的变化，如原有政策不能保证会计信息的可靠性和相关性，就需要改变会计政策。例如折旧，原来使用直线法，随着技术进步，采用加速折旧法更能反映企业的财务状况和经营成果。

【例 15－2】 通达公司一直采用加权平均法对存货进行计量(计量期间价格基本稳定)，近期由于价格持续波动，如果再用加权平均法核算，可能不能正确反映企业存货及损益的情况，这种情况下，通达公司可以将存货的计量方法由加权平均法改为先进先出法。

(三)不属于会计政策变更的情况

企业在以下两种情况下，不属于会计政策变更的范围：

1.当期发生的交易或事项与以前相比具有本质差别而采用新的会计政策

这实际上是为新的交易或事项选择适当的会计政策，并没有改变原有会计政策。

例如，以往租入设备都是为了满足临时性经营需要，按合同条款确认为经营租赁。但当租入新设备，或续租原设备，从租赁期、租金的计算以及期满时设备的处理等因素，都属于融资租赁，而采用融资租赁的会计方法。在这种情况下改变会计方法，不属于会计政策的变更。

2.对初次发生的或不重要的交易或事项采用新的会计政策

与上述情况类似，也没有改变原有会计政策。例如，企业原在生产经营过程中使用少量的低值易耗品，并且价值较低，故企业在领用低值易耗品时一次计入费用；该企业于近期投产新产品，所需低值易耗品比较多，且价值较大，企业对领用的低值易耗品处理方法改为五五摊销法。该企业低值易耗品在企业生产经营中所占的费用比例并不大，改变低值易耗品处理方法后，对损益的影响也不大，属于不重要的事项，会计政策在这种情况下的改变不属于会计政策变更。

三、会计政策变更的会计处理方法

（一）会计政策变更的会计处理原则

会计政策变更的会计处理的核心问题是：是否要计算会计政策变更的累积影响数；累积影响数是计入期初留存收益还是计入变更当期的净利润；提供的前期比较财务报表是否需要按照新的会计政策重新表述。对这些核心问题的不同回答产生了不同的会计政策变更方法。我国会计准则规定一般采用追溯调整法，特殊情况下可以采用未来适用法。会计政策变更根据具体情况，分别按照以下规定进行处理：

（1）法律、行政法规或者国家统一的会计制度等要求变更的情况下，企业应当分别按以下情况进行处理：

①国家发布相关的会计处理办法，则按照国家发布的相关会计处理规定进行处理。例如，2006 年我国会计改革，会计政策发生了较大的变动，财政部制定了相关的新旧会计准则衔接处理办法，各行业在执行新准则过程中对于会计政策变更的处理，应按照该衔接办法的规定进行处理。

②国家没有发布相关的会计处理办法，则采用追溯调整法进行会计处理。

（2）会计政策变更能够提供更可靠、更相关的会计信息的情况下，企业应当采用追溯调整法进行会计处理，将会计政策变更累积影响数调整列报前期最早期初留存收益，其他相关项目的期初余额和列报前期披露的其他比较数据也应当一并调整。

（3）确定会计政策变更对列报前期影响数不切实可行的，应当从可追溯调整的最早期间期初开始应用变更后的会计政策。

（4）在当期期初确定会计政策变更对以前各期累积影响数不切实可行的，应当采用未来适用法处理。例如，企业因账簿、凭证超过法定保存期限而销毁，或因不可抗力而毁坏、遗失，如火灾、水灾等，或因人为因素，如盗窃、故意毁坏等，可能使当期期初确定会计政策变更对以前各期累积影响数无法计算，即不切实可行，在这种情况下，会计政策变更应当采用未来适用法进行处理。

（二）追溯调整法

追溯调整法，是指对某项交易或事项变更会计政策，视同该项交易或事项初次发生时即采用变更后的会计政策，并以此对财务报表相关项目进行调整的方法。

追溯调整法的运用通常由以下几步构成：

1.计算会计政策变更的累积影响数

会计政策变更的累积影响数，是指按照变更后的会计政策对以前各期追溯计算的列报前期最早期初留存收益应有金额与现有金额之间的差额。换句话说就是假定与会计政策变更相关的交易或事项在初次发生时即采用新的会计政策，由此得出的变更年度期初留存收益应有的金额与现有金额的差额。

上述留存收益金额，包括盈余公积和未分配利润。所以，会计政策变更的累积影响数实质上是变更会计政策对净损益的累积影响，以及由此导致的对盈余公积和未分配利润的影响。会计政策变更不影响前期的利润或股利分派，所以会计政策变更的累积影响数不考虑由于损益的变化而应当补分的利润或股利。例如，某企业由于会计政策变化，增加了以前期间可供分配的利润，该企业通常按净利润的 20％分派股利。但在计算调整会计政策变更当期期初的留存收益时，不应当考虑由于以前期间净利润的变化而需要分派的股利。

累积影响数通常可以通过以下各步计算获得：

（1）根据新的会计政策重新计算受影响的前期交易或事项；

（2）计算两种会计政策下以前各期利润总额的差异；

（3）计算差异对所得税的影响金额；

（4）计算剔除所得税影响后的以前各期差异；

（5）计算会计政策变更的累积影响数。

2.编制相关项目的调整分录

根据会计政策变更累积影响数进行相关会计处理，反映会计政策变更对变更当期期初留存收益及其他相关项目的影响。

3.调整列报前期最早期初财务报表相关项目及其金额

如果比较会计财务报表期间会计政策变更的影响，接下来还需要调整比较期间受影响的净损益各项目和财务报表其他项目，视同变更后的会计政策在比较财务报表期间一直采用。对于比较财务报表可比期间以前的会计政策变更的累积影响数，应调整比较财务报表最早期间的期初留存收益和其他相关项目。经过调整，提供的用于比较的各期财务报表统一建立在新的会计政策的基础之上。因此，追溯调整法，是将会计政策变更的累积影响数调整列报前期最早期初留存收益，而不计入当期损益。

4.附注说明

【例 15—3】 华天公司 2005 年、2006 年分别以 4 500 000 元和 1 100 000 元的价格从股票市场购入 A、B 两支以交易为目的的股票，市价一直高于成本。假定不考虑相关税费。公司采用成本与市价孰低法对购入股票进行计量。公司从 2007 年起对其以交易为目的从股票市场购入的股票由成本与市价孰低改为公允价值计量，公司保存的会计资料比较齐备，可以通过会计资料追溯计算。假设所得税税率为 25%，公司按净利润的 10%提取法定盈余公积，按净利润的 5%提取任意盈余公积。2006 年公司发行在外普通股加权平均数为 4 500 万股。A、B 股票有关成本及公允价值资料见表 15—1。

表 15—1　A、B 股票有关成本及公允价值　　单位：元

	购入成本	2005 年年末公允价值	2006 年年末公允价值
A 股票	4 500 000	5 100 000	5 100 000
B 股票	1 100 000	—	1 300 000

根据上述资料，华天公司的会计处理如下：

(1)计算改变交易性金融资产计量方法后的累积影响数见表 15—2：

表 15—2　改变交易性金融资产计量方法后的累计影响数　　单位：元

年 份	公允价值	成本与市价孰低	税前差异	所得税影响	税后差异
2005 年年末	5 100 000	4 500 000	600 000	150 000	450 000
2006 年年末	6 400 000	5 600 000	800 000	200 000	600 000

华天公司 2007 年 12 月 31 日的比较财务报表最早期初为 2006 年 1 月 1 日。

华天公司在 2005 年年末交易性金融资产按公允价值计量的账面价值为 5 100 000元，按成本与市价孰低计量的账面价值为 4 500 000 元，两者的所得税影响合计为 150 000 元，两者差异的税后净影响额为 450 000 元，即为该公司 2006 年期初交易性金融资产由成本与市价孰低改为公允价值的累积影响数。

华天公司在 2006 年年末交易性金融资产按公允价值计量的账面价值为

6 400 000元，按成本与市价孰低计量的账面价值为 5 600 000 元，两者的所得税影响合计为 200 000 元，两者差异的税后净影响额为 600 000 元，其中，450 000 元是调整 2006 年累积影响数，150 000 元是调整 2006 年当期金额。

华天公司按照公允价值重新计量 2006 年年末 B 股票账面价值，其结果公允价值变动收益少计入了 200 000 元，所得税费用少计入了 50 000 元，净利润少计入了 150 000元。

(2)编制有关项目的调整分录：

①对 2005 年有关事项的调整分录

借：交易性金融资产——公允价值变动　　600 000
　贷：利润分配——未分配利润　　450 000
　　递延所得税负债　　150 000

调整利润分配：

借：利润分配——未分配利润（450 000×15%）　　67 500
　贷：盈余公积　　67 500

②对 2006 年有关事项的调整分录：

调整交易性金融资产：

借：交易性金融资产——公允价值变动　　200 000
　贷：利润分配——未分配利润　　150 000
　　递延所得税负债　　50 000

调整利润分配：

借：利润分配——未分配利润(150 000×15%)　　22 500
　贷：盈余公积　　22 500

(3)财务报表调整和重述(财务报表略)。

甲公司在列报 2007 年财务报表时，应调整 2007 年资产负债表有关项目的年初余额、利润表有关项目的上年金额及所有者权益变动表有关项目的上年金额和本年金额也应进行调整。

①资产负债表项目的调整：

调增交易性金融资产年初余额 800 000 元；调增递延所得税负债年初余额 200 000元；调增盈余公积年初余额 90 000 元；调增未分配利润年初余额 510 000 元。

②利润表项目的调整：

调增公允价值变动收益上年金额 200 000 元；调增所得税费用上年金额 50 000 元；调增净利润上年金额 150 000 元；调增基本每股收益上年金额 0.0033 元。

③所有者权益变动表项目的调整：

调增会计政策变更项目中盈余公积上年金额 67 500 元，未分配利润上年金额 382 500元，所有者权益合计上年金额 450 000 元。

调增会计政策变更项目中盈余公积本年金额 22 500 元，未分配利润本年金额 127 500元，所有者权益合计本年金额 150 000 元。

(三)未来适用法

未来适用法是指将变更后的会计政策应用于变更日及以后发生的交易或者事项，或者在会计估计变更当期和未来期间确认会计估计变更影响数的方法。

在未来适用法下，不需要计算会计政策变更产生的累积影响数，不必调整变更当年年初的留存收益，也无须重新编制以前年度的财务报表，只在变更当期采用变更后的会计政策。企业会计账簿记录及财务报表上反映的金额，变更之日仍保留原有的金额，不因会计政策变更而改变以前年度的既定结果，并在现有金额的基础上再按新的会计政策进行核算。

【例 15－4】 乙公司原对发出存货采用后进先出法，由于采用新准则，按其规定，公司从 2007 年 1 月 1 日起改用先进先出法。2007 年 1 月 1 日存货的价值为 2 500 000元，公司当年购入存货的实际成本为 18 000 000 元，2007 年 12 月 31 日按先进先出法计算确定的存货价值为 4 500 000 元，当年销售额为 25 000 000 元，假设该年度其他费用为 1 200 000 元，所得税税率为 25％。2007 年 12 月 31 日按后进先出法计算的存货价值为 2 200 000 元。

乙公司由于法律环境变化而改变会计政策，假定对其采用未来适用法进行处理，即对存货采用先进先出法从 2007 年及以后才适用，不需要计算 2007 年 1 月 1 日以前按先进先出法计算存货应有的余额，以及对留存收益的影响金额。

计算确定会计政策变更对当期净利润的影响数如表 15－3 所示：

表 15－3 当期净利润的影响数计算表 单位:元

项目	先进先出法	后进先出法
营业收入	25 000 000	25 000 000
减:营业成本	16 000 000	18 300 000
减:其他费用	1 200 000	1 200 000
利润总额	7 800 000	5 500 000
减:所得税	1 950 000	1 375 000
净利润	5 850 000	4 125 000
差额	1 725 000	

公司由于会计政策变更使当期净利润增加了 1 725 000 元。其中：

采用先进先出法的销售成本为：期初存货＋购入存货实际成本－期末存货＝2 500 000＋18 000 000－4 500 000＝16 000 000(元)；

采用后进先出法的销售成本为：期初存货＋购入存货实际成本－期末存货＝2 500 000＋18 000 000－2 200 000＝18 300 000(元)。

四、会计政策变更的披露

企业应当在附注中披露与会计政策变更有关的下列信息。

(一)会计政策变更的性质、内容和原因

包括对会计政策变更的简要阐述、变更的日期、变更前采用的会计政策和变更后所采用的新会计政策及会计政策变更的原因。例如，依据法律或会计准则等行政法规、规章的要求变更会计政策时，在财务报表附注中应当披露所依据的文件对于由于执行企业会计准则而发生的变更，应在财务报表附注中说明：依据《企业会计准则第×号——××》的要求变更会计政策。

(二)当期和各个列报前期财务报表中受影响的项目名称和调整金额

包括采用追溯调整法时，计算出的会计政策变更的累积影响数；当期和各个列报前期财务报表中需要调整的净损益及其影响金额，以及其他需要调整的项目名称和调整金额。

(三)无法进行追溯调整的，说明该事实和原因以及开始应用变更后的会计政策的时点、具体应用情况

包括无法进行追溯调整的事实；确定会计政策变更对列报前期影响数不切实可行的原因；在当期期初确定会计政策变更对以前各期累积影响数不切实可行的原因；开始应用新会计政策的时点和具体应用情况。

第二节　会计估计及其变更

一、会计估计

(一)会计估计的概念

会计估计，是指企业对结果不确定的交易或者事项以最近可利用的信息为基础所

做的判断。由于商业活动中内在的不确定因素影响,许多财务报表中的项目不能精确地计量,而只能加以估计。估计涉及以最近可利用的、可靠的信息为基础所做的判断。

(二)会计估计的特点

1.会计估计的存在是由于经济活动内在的不确定性所决定的

会计分期和权责发生制要求定期、及时地提供会计信息,反映企业应享有的权利或应该承担的义务。然而,经济活动的内在不确定决定,资产或负债内含的经济利益或义务会发生变化,站在当前的时点只能预计未来可能发生的情况,并以此估计资产或负债未来可能带来的经济利益的流入或流出,因此对于跨越多个会计期间、在资产负债表日尚不能确定结果的交易或事项必须估计入账,例如企业计提坏账准备时,就需要会计人员根据债务企业的财务状况、经营成果和现金流量等情况,运用职业判断与职业经验估计该债权未来可收回金额。

2.进行会计估计时,应当以最近可利用的信息或资源为基础

会计估计是以在当前时点掌握的信息为基础对未来进行判断,随着时间的推移和环境的变化,所掌握的信息也在不断地发生变化,所以会计估计也只能以最近可利用的信息或资料为基础。例如坏账准备的计提比例是企业根据当前的信息做出的判断,但是债务人的经济状况等是会发生变化的,因此有可能在将来提取坏账准备的比率会调整,但目前的提取比例是根据目前可能得到的最新的信息所做的判断。

3.进行会计估计并不影响会计信息的可靠性

合理的会计估计是进行会计核算、编制财务报表必不可少的组成部分,它不会削弱会计信息的可靠性。虽然随着时间的推移,需要利用新的信息和经验修订以前的估计,但是前期的会计估计是在原有信息和资料基础上的恰当判断,具有合理性和可靠性。

(三)重要的会计估计

企业应当披露重要(重要性从性质和金额两方面进行判断)的会计估计,企业应当披露的重要会计估计有以下内容:

(1)存货可变现净值的确定。

(2)采用公允价值模式下的投资性房地产公允价值的确定。

(3)固定资产的预计使用寿命与净残值;固定资产的折旧方法。

(4)生物资产的预计使用寿命与净残值;各类生产性生物资产的折旧方法。

(5)使用寿命有限的无形资产的预计使用寿命与净残值。

(6)可收回金额按照资产组的公允价值减去处置费用后的净额确定的,确定公允价值减去处置费用后的净额的方法;可收回金额按照资产组预计未来现金流量的现值

确定的，预计未来现金流量及其折现率的确定。

(7)合同完工进度的确定。

(8)权益工具公允价值的确定。

(9)债务人债务重组中转让的非现金资产的公允价值、由债务转成的股份的公允价值和修改其他债务条件后债务的公允价值的确定；债权人债务重组中受让的非现金资产的公允价值、由债权转成的股份的公允价值和修改其他债务条件后债权的公允价值的确定。

(10)预计负债初始计量的最佳估计数的确定。

(11)金融资产公允价值的确定。

(12)承租人对未确认融资费用的分摊；出租人对未实现融资收益的分配。

(13)探明矿区权益、井及相关设施的折耗方法；与油气开采活动相关的辅助设备及设施的折旧方法。

(14)非同一控制下企业合并成本的公允价值的确定。

(15)其他重要会计估计。

二、会计估计变更

(一)会计估计变更的概念

会计估计变更，是指由于资产和负债的当前状况及预期未来经济利益和义务发生了变化，从而对资产或负债的账面价值或者资产的定期消耗金额进行的重估和调整。

由于企业经营活动中内在的不确定因素，许多会计报表项目不能准确地计量，只能加以估计，估计过程涉及以最近可以得到的信息为基础所做的判断。在进行会计处理时，估计是不可或缺的，例如，发生的坏账、应计折旧固定资产的使用年限等等，都需要进行估计。运用合理的估计是会计核算中必不可少的部分，并不会削弱会计核算的可靠性。但是估计毕竟是就现有资料对未来所做的判断，随着时间的推移，如果赖以进行估计的基础发生变化，或者由于取得了新的信息、积累了更多的经验或后来的发展可能不得不对估计进行修订。对会计估计进行修订并不表明原来的估计方法有问题或不是最适当的，只表明会计估计已经不能适应目前的实际情况，在目前已经失去了继续沿用的依据。

(二)会计政策变更与会计估计变更的划分

企业应当正确划分会计政策变更与会计估计变更，并按照不同的方法进行相关会计处理，以反映不同性质变更对企业各期财务状况和经营成果的影响。

1.会计政策变更与会计估计变更的划分基础

企业应当以变更事项的会计确认、计量基础和列报项目是否发生变更作为判断该变更是会计政策变更，还是会计估计变更的划分基础。

(1)以会计确认是否发生变更作为判断基础。《企业会计准则——基本准则》规定了资产、负债、所有者权益、收入、费用和利润等六项会计要素的确认标准，是会计处理的首要环节。一般地，对会计确认的指定或选择是会计政策，其相应的变更是会计政策变更。会计确认、计量的变更一般会引起列报项目的变更。

【例 15－5】 某企业在前期将某项内部研发项目开发阶段的支出计入当期损益，而当期按照《企业会计准则第 6 号——无形资产》的规定，该项支出符合无形资产的确认条件，应当确认为无形资产。该事项的会计确认发生变更，即前期将开发费用确认为一项费用，而当期将其确认为一项资产。该事项中会计确认发生了变化，所以该变更属于会计政策变更。

(2)以计量基础是否发生变更作为判断基础。《企业会计准则——基本准则》规定了历史成本、重置成本、可变现净值、现值和公允价值等 5 项会计计量属性，是会计处理的计量基础。一般地，对计量基础的指定或选择是会计政策，其相应的变更是会计政策变更。

【例 15－6】 某企业在前期对购入的价款超过正常信用条件延期支付的固定资产初始计量采用历史成本，而当期按照《企业会计准则第 4 号——固定资产》的规定，该类固定资产的初始成本应以购买价款的现值为基础确定。该事项的计量基础发生了变化，所以该变更属于会计政策变更。

(3)以列报项目是否发生变更作为判断基础。《企业会计准则第 30 号——财务报表列报》规定了财务报表项目应采用的列报原则。一般地，对列报项目的指定或选择是会计政策，其相应的变更是会计政策变更。当然，在实务中，有时列报项目的变更往往伴随着会计确认的变更或者相反。

【例 15－7】 某商业企业在前期将商品采购费用列入营业费用，当期根据《企业会计准则第 1 号——存货》的规定，将采购费用列入成本。因为列报项目发生了变化，所以该变更是会计政策变更。当然这里也涉及会计确认、计量的变更。

(4)根据会计确认、计量基础和列报项目所选择的、为取得与该项目有关的金额或数值所采用的处理方法，不是会计政策，而是会计估计，其相应的变更是会计估计变更。

【例 15－8】 某企业需要对某项资产采用公允价值进行计量，而公允价值的确定需要根据市场情况选择不同的处理方法。在不存在销售协议和资产活跃市场的情况下，需要根据同行业类似资产的近期交易价格对该项资产进行估计；在不存在销售协议但存在资产活跃市场的情况下，其公允价值应当按照该项资产的市场价格为基础进行估计。因为企业所确定的公允价值是与该项资产有关的金额，所以为确定公允价值所采用的处理方法是会计估计，不是会计政策。相应地，当企业面对的市场情况发生变化时，其采用的确定公允价值的方法变更是会计估计变更，不是会计政策变更。

总之，在单个会计期间，会计政策决定了财务报表所列报的会计信息和列报方式，会计估计是用来确定与财务报表所列报的会计信息有关的金额和数值。

2.划分会计政策变更和会计估计变更的方法

企业可以采用以下具体方法划分会计政策变更与会计估计变更：分析并判断该事项是否涉及会计确认、计量基础选择或列报项目的变更。当至少涉及其中一项划分基础变更的，该事项是会计政策变更；不涉及上述划分基础变更时，该事项可以判断为会计估计变更。

【例 15－9】 某企业在前期将自行购建的固定资产相关的一般借款费用计入当期损益，当期根据会计准则的规定，将符合条件的有关借款费用予以资本化，企业因此将对该事项进行变更。该事项的计量基础未发生变更，即都是以历史成本作为计量基础；该事项的会计确认发生变更，即前期将借款费用确认为一项费用，而当期将其确认为一项资产；同时，会计确认的变更导致该事项在资产负债表和利润表相关项目的列报也发生变更。该事项涉及会计确认和列报的变更，所以属于会计政策变更。

【例 15－10】 企业原采用双倍余额递减法计提固定资产折旧，根据固定资产使用的实际情况，企业决定改用直线法计提固定资产折旧。该事项前后采用的两种计提折旧方法都是以历史成本作为计量基础，对该事项的会计确认和列报项目也未发生变更，只是固定资产折旧、固定资产净值等相关金额发生了变化。因此，该事项属于会计估计变更。

三、会计估计变更的会计处理

企业对会计估计变更应当采用未来适用法处理，其处理方法为：

（一）会计估计变更仅影响变更当期的，其影响数应当在变更当期予以确认

【例 15－11】 某企业原按应收账款余额的 5%提取坏账准备，由于企业不能收回应收账款的比例已达 10%，则企业改按应收账款余额的 10%提取坏账准备。这类会计估计的变更，只影响变更当期，因此，应于变更当期确认。

（二）既影响变更当期又影响未来期间的，其影响数应当在变更当期和未来期间予以确认

【例 15－12】 某企业的一项可计提折旧的固定资产，其有效使用年限或预计净

残值的估计发生变更，影响了变更当期及资产以后使用年限内各个期间的折旧费用，这项会计估计的变更，应于变更当期及以后各期确认。

会计估计变更的影响数应计入变更当期与前期相同的项目中。为了保证不同期间的财务报表具有可比性，会计估计变更的影响如果以前包括在企业日常经营活动的损益中，则以后也应包括在相应的损益类项目中；如果会计估计变更的影响数以前包括在特殊项目中，则以后也相应作为特殊项目反映。

（三）企业应当正确划分会计政策变更和会计估计变更，并按不同的方法进行相关会计处理

企业通过判断会计政策变更和会计估计变更划分基础仍然难以对某项变更进行区分的，应当将其作为会计估计变更处理。

四、会计估计变更在财务报表附注中的披露

企业应当在附注中披露与会计估计变更有关的下列信息：

(1)会计估计变更的内容和原因。包括变更的内容、变更日期以及会计估计变更的原因。

(2)会计估计变更对当期和未来期间的影响数。包括会计估计变更对当期和未来期间损益的影响金额，以及对其他各项目的影响金额。

(3)会计估计变更的影响数不能确定的，披露这一事实和原因。

【例 15－13】 ABC 公司有一台管理用设备，原始价值为 84 000 元，预计使用寿命为 8 年，净残值为 4 000 元，自 2004 年 1 月 1 日起按直线法计提折旧。2008 年 1 月，由于新技术的发展等原因，需要对原预计使用寿命和净值做出修正，修改后的预计使用寿命为 6 年，净残值为 2 000 元。公司所得税税率为 25%，假定税法允许按变更后的折旧额在税前扣除。

ABC 公司对上述会计估计变更的会计处理如下：

(1)不调整以前各期折旧，也不计算累积影响数。

(2)变更日以后发生的经济业务改按新估计使用寿命提取折旧。

按原估计，每年折旧额为 10 000 元，已提折旧 4 年，共计 40 000 元，固定资产净值为 44 000 元，则第 5 年相关科目的期初余额如下表：

固定资产	84 000
减：累计折旧	40 000
固定资产净值	44 000

改变估计使用寿命后，2008 年 1 月 1 日起每年计提的折旧费用为 21 000 元［(44 000－2 000)÷(6－4)］。2008 年不必对以前年度已提折旧进行调整，只需按重

新预计的尚可使用寿命和净残值计算确定的年折旧费用。编制会计分录如下：

借：管理费用　　　　　　　　　21 000

　贷：累计折旧　　　　　　　　　　21 000

(3)附注说明。

本公司一台管理用设备，原始价值为 84 000 元，原预计使用寿命为 8 年，预计净残值为 4 000 元，按直线法计提折旧。由于新技术的发展，该设备已不能按原预计使用寿命计提折旧，本公司于 2008 年初变更该设备的使用寿命为 6 年，预计净残值为 2 000元，以反映该设备的真实耐用寿命和净残值。此估计变更影响本年度净利润减少数为 8 250 元[(21 000—10 000)×(1—25%)]。

第三节　会计差错及其更正

会计差错是指在财务报表项目的确认、计量、列报或披露的会计处理过程中出现的错误。如果财务报表中包含重要差错，或者差错不重要但是故意造成的，即认为该财务报表未遵循企业会计准则的规定进行编报。

一、会计差错的种类

会计差错可以从各种不同的角度进行分类，现说明其主要的分类方式。

(一)按形成原因分类

会计差错按形成原因分为会计政策使用上的差错、会计估计上的差错和其他差错。

会计政策使用上的差错，是指企业在会计核算中由于种种原因采用了会计准则等行政法规、规章所不允许的原则和方法而产生的会计差错。

会计估计上的差错，是指由于经济业务中不确定因素的影响，企业在进行会计核算时经常需要做出估计，但由于种种原因，使会计估计有误而发生的会计差错。

其他差错是指企业发生除以上两种差错以外的差错。例如，借贷反向、科目错误。

(二)按形成时间分类

会计差错按形成时间分为当期差错和前期差错。

当期差错仅指影响本期相关项目而在会计核算中出现的确认、计量、记录等方面的错误。当期差错应调整当期相关项目。

前期差错是指由于没有运用或错误运用以下两种信息，而对前期财务报表造成遗漏或误报：①编报前期财务报表时能够合理预计取得并应当加以考虑的可靠信息；②前期财务报表批准报出时能够取得的可靠信息。

（三）按差错的重要性分类

按差错的重要性分为重要的会计差错和不重要的会计差错。

如果财务报表项目的遗漏或错误表述可能影响财务报表使用者根据财务报表所作出的经济决策，则该项目的遗漏或错误是重要的。

重要的会计差错是指足以影响财务报表使用者对企业财务状况、经营成果和现金流量做出正确判断的差错。否则就称为不重要的会计差错。

二、会计差错产生的原因

会计差错产生的原因有很多，常见的会计差错产生的原因有以下几个：

（1）采用法律或会计准则等行政法规、规章所不允许的会计政策。例如，按照我国会计制度规定，为购建固定资产而发生的借款费用，在固定资产尚未交付使用前发生的，应予以资本化，计入所购建固定资产的成本；在固定资产交付使用后发生的，计入当期损益。如果企业固定资产已交付使用后发生的借款费用，也计入该项固定资产的价值，予以资本化，则属于采用法律或会计准则等行政法规、规章所不允许的会计政策。

（2）账户分类以及计算错误。例如，企业购入的五年期国债，意图持有至到期，但在记账时记入了交易性金融资产，导致账户分类上的错误，并导致在资产负债表上流动资产和长期资产的分类也有误。

（3）会计估计错误。例如，企业在估计某项固定资产的预计使用年限时，多估计或少估计了预计使用年限，而造成会计估计错误。

（4）在期末应计项目与递延项目未予调整。例如，企业应在本期核销的费用在期末时未予摊销。

（5）漏记已完成的交易。例如，企业销售一批商品，商品已经发出，开出增值税专用发票，商品销售收入确认条件均已满足，但企业在期末时未将已实现的销售收入入账。

（6）对事实的忽视和误用。例如，企业对某项建造合同应按建造合同规定的方法确认营业收入，但该企业按确认商品销售收入的原则确认收入。

（7）提前确认尚未实现的收入或不确认已实现的收入。例如，在采用委托代销销售方式下，应以收到代销单位的代销清单时，确认营业收入的实现，如企业在发出委托代销商品时即确认为收入，则为提前确认尚未实现的收入。

(8)资本性支出与收益性支出划分差错,等等。例如,工业企业发生的管理人员的工资一般作为收益性支出,而发生的工程人员工资一般作为资本性支出。如果企业将发生的工程人员工资计入了当期损益,则属于资本性支出与收益性支出的划分差错。

三、会计差错更正的会计处理及披露

(一)当期发生的会计差错应当调整当期相关项目

对于年度资产负债表日至财务会计报告批准报出日之间发现的报告年度的会计差错及以前年度的非重大会计差错,应当按照资产负债表日后事项中的调整事项进行处理。对于年度资产负债表日至财务会计报告批准报出日之间发现的以前年度的重大会计差错,应当调整以前年度的相关项目。

【例 15—14】 2013 年 12 月 31 日,甲公司发现一台管理用固定资产本年度漏提折旧,金额为 1 000 元。甲公司在发现该项会计差错时,应补提固定资产折旧,会计分录为:

借:管理费用　　1 000

　贷:累计折旧　　1 000

(二)对于以前期间发生的非重大会计差错,如影响损益,应直接计入发现当期净收益,其他相关项目也应一并调整;如不影响损益,应调整发现当期相关项目以前期间发生的非重大会计差错

【例 15—15】 2013 年 12 月 31 日,甲公司发现 2011 年度的一台管理用设备少计提折旧,金额为 3 000 元。这笔折旧相对于折旧费用总额而言,金额不大,所以直接记入本期有关项目。会计分录为:

借:管理费用　　3 000

　贷:累计折旧　　3 000

(三)以前期间发生的重大会计差错,应该采用追溯重述法更正

重大会计差错是指使会计报表不再具有可靠性的会计差错。追溯重述法是指在发现前期差错时,视同该项差错从未发生过,从而对财务报表相关项目进行重新列示和披露的方法。

追溯重述法的会计处理与追溯调整法相同,需要计算累积影响数。如果无法确定前期差错的影响数,可以从可追溯重述的最早期间开始调整留存收益的期初余额,财务报表其他相关项目的期初余额也应当一并调整。

【例 15—16】 重要的前期差错的会计处理

ABC 公司在 2006 年发现,2005 年公司漏记一项固定资产的折旧费用 150 000

元，但在所得税申报表中扣除了该项折旧。假设 2005 年适用所得税税率为 25%，对上述折旧费用记录了 49 500 元的递延所得税负债，无其他纳税调整事项。该公司按净利润的 10%提取法定盈余公积，按净利润的 5%提取任意盈余公积。该公司发行股票份额为 18 000 000 股。

(1)分析差错的影响数。

2005 年少计折旧费用 150 000 元，多计所得税费用 37 500 元(150 000×25%)；多计净利润 112 500 元；多计应交税费 37 500 元(150 000×25%)；多提法定盈余公积和任意盈余公积 11 250 元(112 500×10%)和 5 625 元(112 500×5%)。假定税法允许调整应交所得税。

(2)编制有关项目的调整分录。

①补提折旧

借：以前年度损益调整　　150 000

　贷：累计折旧　　150 000

②调整应交所得税

借：应交税费——应交所得税　　37 500

　贷：以前年度损益调整　　37 500

③将“以前年度损益调整”科目的余额转入利润分配

借：利润分配——未分配利润　　112 500

　贷：以前年度损益调整　　112 500

④调整利润分配有关数字

借：盈余公积　　16 875

　贷：利润分配——未分配利润　　16 875

(3)财务报表调整和重述(财务报表略)。

ABC 公司在列报 2006 年度财务报表时，应调整 2006 年资产负债表有关项目的年初余额，利润表有关项目及所有者权益变动表的上年金额也应进行调整。

①资产负债表项目的调整：

调增累计折旧 150 000 元；调减应交所得税 37 500 元；调减盈余公积 16 875 元；调减未分配利润 95 625 元。

②利润表项目的调整：

调增营业成本上年金额 150 000 元；调减所得税费用上年金额 37 500 元；调增净利润上年金额 112 500 元；调减基本每股收益上年金额 0.0625 元。

③所有者权益变动表项目的调整：

调减前期差错更正项目中盈余公积上年金额 16 875 元，未分配利润上年金额

95 625元，所有者权益合计上年金额 112 500 元。

（4）附注说明。

本年度发现 2005 年漏记固定资产折旧 150 000 元，在编制 2005 年与 2006 年可比的财务报表时，已对该项差错进行了更正。更正后，调减 2005 年净利润及留存收益 112 500 元，调增累计折旧 150 000 元。

第四节 资产负债表日后事项

在我国，会计年度是日历年度，即从 1 月 1 日开始，至 12 月 31 日结束。一般来说，企业对外报送的年报主要反映了该年度 12 月 31 日的财务状况和截止于 12 月 31 日的该会计年度的经营成果和现金流量等信息。但是，根据中国证监会的规定，上市公司应当在每个会计年度结束后四个月内编制完成年度报告，年度财务报告从编制到报出是需要一段时间的，因此在资产负债表日和财务报告报出日之间会发生一些重要的交易或事项，有可能对企业报告期的财务状况、经营成果或现金流量产生较大的影响，有的虽然与企业的报告期无关，但可能会影响财务报告使用者做出正确的估计和决策。因此，为了使财务报告的使用者能够全面、客观地了解企业的财务信息，就有必要对上述交易或事项进行分析、评价，以确定是否需要调整将要报出的报告年度的财务报告，或是否需要在财务报表附注中进行说明，以便使用者能够获得与财务报告公布日最为相关的信息。

一、资产负债表日后事项概述

（一）资产负债表日后事项的定义和性质

资产负债表日后事项，是指资产负债表日至财务报告批准报出日之间发生的有利或不利事项。

1.资产负债表日后事项是在特定期间内发生的事项

即在资产负债表日后至财务报告批准报出日之间发生的事项。不是在此期间发生的事项不属于资产负债表日后事项。资产负债表日通常就是指每年 12 月 31 日结账日。财务报告报出日是指公司董事会批准财务报告报出的日期。

2.资产负债表日后事项并非涵盖上述特定期间内发生的所有事项

主要是指两类事项：（1）与资产负债表日存在状况有关的事项；（2）虽然与资产负债表日存在的状况无关，但对企业财务状况具有重大影响的事项。也就是说，在上述特定期间内发生的事项，如果既与资产负债表日存在状况无关，又对企业财务状况无重大影响的事项，不属于资产负债表日后事项。

（二）资产负债表日后事项的分类

企业会计准则将资产负债表日后事项区分为资产负债表日后调整事项和资产负债表日后非调整事项。前者是对资产负债表日已经存在的情况提供新的或进一步证据的事项。后者是指表明资产负债表日后发生情况的事项。

二、资产负债表日后调整事项

（一）调整事项的性质和常见情形

资产负债表日后调整事项，是指对资产负债表日已经存在的情况提供了新的或进一步证据的事项。调整事项与资产负债表日的存在状况有关，能够为资产负债表日或以前所发生的事项提供新的或进一步的证据，并对资产负债表日编制的财务报表产生重大影响。

企业发生的资产负债表日后调整事项，通常包括下列各项：(1)资产负债表日后诉讼案件结案，法院判决证实了企业在资产负债表日已经存在现时义务，需要调整原先确认的与该诉讼案件相关的预计负债，或确认一项新负债。(2)资产负债表日后取得确凿证据，表明某项资产在资产负债表日发生了减值或者需要调整该项资产原先确认的减值金额。(3)资产负债表日后进一步确定了资产负债表日前购入资产的成本或售出资产的收入；资产负债表日后发现了财务报表舞弊或差错。

（二）调整事项的处理原则

资产负债表日后发生的调整事项，应当如同资产负债表所属期间发生的事项一样，做出相关账务处理，并对资产负债表日已经编制的财务报表进行调整。这里的财务报表包括资产负债表、利润表及所有者权益变动表等内容，但不包括现金流量表正表。

由于资产负债表日后事项发生在次年，报告年度的有关账目已经结转，特别是损益类科目在结账后已无余额。因此，资产负债表日后发生的调整事项，应当分以下情况进行处理：

(1)涉及损益的事项，通过“以前年度损益调整”科目核算，调整完成后，应将“以前年度损益调整”科目的贷方或借方余额，转入“利润分配——未分配利润”科目。

(2)涉及利润分配调整的事项，直接在“利润分配——未分配利润”科目核算。

(3)不涉及损益以及利润分配的事项，调整相关科目。

(4)通过上述账务处理后，还应同时调整财务报表相关项目的数字，包括：

①资产负债表日编制的财务报表相关项目的期末数或本年发生数；

②当期编制的财务报表相关项目的期初数或上年数；

③经过上述调整后，如果涉及报表附注内容的，还应当调整报表附注相关项目的数字。

【例 15－17】 甲公司 2007 年 12 月 20 日销售一批商品给丙企业，取得收入 100 000元(不含税，增值税税率 17%)。甲公司发出商品后，按照正常情况已确认收入，并结转成本 80 000 元。此笔货款到年末尚未收到，甲公司按应收账款的 4%计提了坏账准备 4 680 元。2008 年 1 月 18 日，由于产品质量问题，本批货物被退回。按税法规定，并经税务机关批准，在应收款项余额 5‰的范围内计提的坏账准备可以在税前扣除，本年度除应收丙企业账款计提的坏账准备外，无其他纳税调整事项。企业于 2008 年 2 月 28 日完成 2007 年所得税汇算清缴。

本例中，销售退回业务发生在资产负债表日后事项涵盖期间内，应属于资产负债表日后调整事项。

甲公司的账务处理如下：

(1)2008 年 1 月 18 日，调整销售收入

借：以前年度损益调整　　100 000

　应交税费——应交增值税(销项税额)　　17 000

　贷：应收账款　　117 000

(2)调整坏账准备余额

借：坏账准备　　4 680

　贷：以前年度损益调整　　4 680

(3)调整销售成本

借：库存商品　　80 000

　贷：以前年度损益调整　　80 000

(4)调整应缴纳的所得税

借：应交税费——应交所得税　　6 406.95

　贷：以前年度损益调整　　6 406.95

注：6 406.95＝(100 000－80 000－117 000×5‰)×33%

(5)调整已确认的递延所得税资产

借：以前年度损益调整　　1 351.35

　贷：递延所得税资产　　1 351.35

注：1 351.35＝(4 680－117 000×5‰)×33%

(6)将“以前年度损益调整”科目余额转入未分配利润

借：利润分配——未分配利润　　10 264.40

　　贷：以前年度损益调整　　　　　　　　　　10 264.40

注：10 264.4＝100 000－80 000－4 680－6406.95＋1351.35

(7)调整盈余公积

借：盈余公积　　　　　　　　　　　　1 026.44

　　贷：利润分配——未分配利润　　　　　　1 026.44

(8)调整相关财务报表(略)

三、资产负债表日后非调整事项

(一)非调整事项的常见情形

企业发生的资产负债表日后非调整事项，通常包括下列各项：(1)资产负债表日后发生重大诉讼、仲裁、承诺；(2)资产负债表日后资产价格、税收政策、外汇汇率发生重大变化；(3)资产负债表日后因自然灾害导致资产发生重大损失；(4)资产负债表日后发行股票和债券以及其他巨额举债；(5)资产负债表日后资本公积转增资本；(6)资产负债表日后发生巨额亏损；(7)资产负债表日后发生企业合并或处置子公司。

(二)非调整事项的处理原则

企业发生的资产负债表日后非调整事项，不应当调整资产负债表日的财务报表。企业应当在附注中披露资产负债表日后事项的下列信息：(1)财务报告批准报出者和财务报告批准报出日；(2)每项重要的资产负债表日后非调整事项的性质、内容及其对财务状况和经营成果的影响。无法做出估计的，应当说明原因。

企业在资产负债表日后，企业利润分配方案中拟分配的以及经审议批准宣告发放的股利或利润，不确认为资产负债表日的负债，但应当在附注中单独披露。资产负债表日后，企业制订利润分配方案，拟分配或经审议批准宣告发放股利或利润的行为，并不会致使企业在资产负债表日形成现时义务，因此虽然发生该事项可导致企业负有支付股利或利润的义务，但支付义务在资产负债表日尚不存在，不应该调整资产负债表日的财务报告，因此，该事项为非调整事项。但由于该事项对企业资产负债表日后的财务状况有较大影响，可能导致现金较大规模流出、企业股权结构变动等，为便于财务报告使用者更充分了解相关信息，企业需要在财务报告中适当披露该信息。

【例15－18】　甲公司2013年12月购入商品一批，共计8 000万元，至2013年12月31日该批商品已全部验收入库，货款也已通过银行支付。2014年1月7日，甲公司所在地发生水灾，该批商品全部被冲毁。

自然灾害导致资产重大损失对企业资产负债表日后财务状况的影响较大，如果不加以披露，有可能使财务报告使用者做出错误的决策，因此应作为非调整事项在报表附注中进行披露。本例中水灾发生于 2014 年 1 月 7 日，属于资产负债表日后才发生或存在的事项，应当作为非调整事项在 2013 年度报表附注中进行披露。

思考题

1.什么是会计政策变更？企业在变更会计政策时应如何进行会计处理？
2.追溯调整法在运用中包含哪些主要步骤？
3.什么是会计估计变更？企业变更会计估计时应如何进行会计处理？
4.什么是会计差错？其成因是什么？
5.企业应如何对前期会计差错进行会计处理？
6.资产负债表日后调整事项和非调整事项的主要区别是什么？

练习题

一、单项选择题

1.关于企业会计政策的选用，下列情形中不符合相关规定的是（　　）。
A.因原采用的会计政策不能可靠的反映企业的真实情况而改变会计政策
B.会计准则要求变更会计政策
C.为减少当期费用而改变会计政策
D.因执行企业会计准则将对子公司投资由权益法核算改为成本法核算

2.甲公司发生的下列交易或事项中，属于会计政策变更的是（　　）。
A.年末根据当期发生的暂时性差异所产生的递延所得税负债调整本期所得税费用
B.投资性房地产核算由成本模式计量改为公允价值模式计量
C.因固定资产改良将其折旧年限由 8 年延长为 12 年
D.固定资产折旧方法由直线法改为双倍余额递减法

3.企业发生的下列交易或事项中，不属于会计政策变更的是（　　）。
A.建造合同收入的确认方法由完成合同法改为完工百分比法
B.坏账损失的处理由直接转销法改为备抵法
C.投资性房地产后续计量由公允价值模式改为成本模式
D.因执行新准则将全部短期投资改为交易性金融资产核算

4.关于会计政策变更的累积影响数，下列说法不正确的有（　　）。

A.计算会计政策变更累积影响数时，不需要考虑利润或股利的分配

B.如果提供可比财务报表，则对于比较财务报表可比期间以前的会计政策变更累积影响数，应调整比较财务报表最早期间的期初留存收益

C.如果提供可比财务报表，则对于比较财务报表期间的会计政策变更，应调整各该期间净损益各项目和财务报表其他相关项目

D.累积影响数的计算不需要考虑所得税影响

5.企业发生的下列事项中，一般需采用追溯调整法进行会计处理的有（　　）。

A.无形资产预计使用年限发生变化而改变摊销年限

B.由于新准则的发布，长期债权投资划分为持有至到期投资，其折价摊销由直线法改为实际利率法

C.固定资产经济利益实现方式发生变化而改变折旧方法

D.两年前购置了一项具有弃置义务的固定资产，本年年初开始执行企业会计准则

6.某企业于 2008 年 12 月 11 日购入不需安装的设备一台并投入使用。该设备入账价值为 1 500 万元，设备的预计净残值为 0，采用年数总和法计提折旧（税法规定采用平均年限法），折旧年限为 5 年（与税法规定一致），预计净残值为 0（与税法规定一致）。该企业从 2010 年 1 月开始执行 38 项具体会计准则，将所得税核算方法由应付税款法变更为资产负债表债务法。同时对该项固定资产改按平均年限法计提折旧。该企业适用的所得税税率为 25%，不考虑其他因素，则该企业政策变更的累积影响数为（　　）万元。

A.－50　　B.50　　C.200　　D.150

7.下列各项，属于会计政策变更并采用追溯调整法进行会计处理的是（　　）。

A.无形资产预计使用年限发生变化从而改变摊销年限

B.低值易耗品摊销方法的改变

C.固定资产经济利益实现方式发生变化而改变折旧方法

D.采用成本模式计量的投资性房地产改按公允价值模式计量

8.采用追溯调整法计算出会计政策变更的累积影响数，应当（　　）。

A.调整或反映变更当期及未来各期会计报表相关项目的数字

B.只需要在报表附注中说明其累积影响

C.重新编制以前年度会计报表

D.调整变更当期期初留存收益，以及会计报表其他相关项目的期初余额和上期金额

9.2010 年 2 月 1 日，某上市公司发现所使用的甲设备技术革新和淘汰速度加快，

决定从该月起将设备预计折旧年限由原来的10年改为6年，当时公司2009年年报尚未报出，该经济事项应属于(　　)。

A.会计政策变更　　B.会计估计变更

C.会计差错更正　　D.以前年度损益调整事项

10.甲企业拥有的一台自2008年1月1日开始计提折旧的设备，其原值为27 500元，预计使用年限为5年，预计净残值为500元，采用年数总和法计提折旧。从2010年起，该企业将该固定资产的折旧方法改为平均年限法，设备的预计使用年限由5年改为4年，设备的预计净残值由500元改为200元。该设备2010年的折旧额为(　　)元。

A.3 100　　B.5 550　　C.3 250　　D.4 000

11.某企业一台设备从2009年1月1日开始计提折旧，其原值为111 000元，预计使用年限为5年，预计净残值为1 000元，采用双倍余额递减法计提折旧。从2011年起，该企业将该固定资产的折旧方法改为平均年限法，设备的预计使用年限由5年改为4年，设备的预计净残值由1 000元改为600元。该设备2011年的折旧额为(　　)元。

A.19 500　　B.19 680　　C.27 500　　D.27 600

12.A公司2009年实现净利润300万元。该公司2009年发生或发现的下列交易或事项中，会影响其年初未分配利润的是(　　)。

A.发现2008年少计管理费用100万元

B.为2008年售出的产品提供售后服务发生支出30万元

C.发现2008年多提折旧费用20元

D.因客户资信及财务状况明显改善将应收账款坏账准备计提比例由5%改为3%

13.下列各项中，属于会计差错的是(　　)。

A.固定资产达到预定可使用状态后，相关的借款费用计入当期损益

B.固定资产达到预定可使用状态后，相关的借款费用计入该固定资产成本

C.在同一年度开始和完成的劳务在劳务完成时确认收入

D.开始和完成分属不同年度的劳务，且在资产负债表日提供劳务交易的结果能够可靠估计的，应采用完工百分比法确认收入

14.2010年12月31日，该公司发现了2009年度的一项重大差错。该公司正确的做法是(　　)。

A.调整2010年度会计报表的年初数和上年数

B.调整2010年度会计报表的年末数和本年数

C.调整2009年度会计报表的年末数和本年数

D.调整 2009 年度会计报表的年初数和上年数

15.按会计准则规定，企业本年度发现的以前年度的重要差错(非资产负债表日后期间)，应做的会计处理为(　　)。

A.不做处理

B.直接调整本年度相关科目

C.更正以前年度的报表

D.调整本年度会计报表的年初数和上年数等

16.对下列前期差错更正的会计处理，说法不正确的是(　　)。

A.对于不重要的前期差错，应作为本期事项处理

B.确定前期差错影响数不切实可行的，必须采用未来适用法

C.企业应当在重要的前期差错发现当期的财务报表中，调整前期比较数据

D.对于不重要的前期差错，企业不需要调整财务报表相关项目的期初数，但应调整发现当期的相关项目

17.甲公司于 2009 年 1 月 15 日取得一项无形资产，2010 年 6 月 7 日甲公司发现 2009 年对该项无形资产仅摊销了 11 个月。甲公司 2009 年度的财务会计报告已于 2010 年 4 月 12 日批准报出。假定该事项涉及的金额较大，不考虑其他因素，则甲公司正确的做法是(　　)。

A.按照会计政策变更处理，调整 2009 年 12 月 31 日资产负债表的年初数和 2009 年度利润表、所有者权益变动表的上年数

B.按照重要会计差错处理，调整 2010 年 12 月 31 日资产负债表的期末数和 2010 年度利润表、所有者权益变动表的本期数

C.按照重要会计前期差错处理，调整 2010 年 12 月 31 日资产负债表的年初数和 2010 年度利润表、所有者权益变动表的上年数

D.按会计估计变更处理，不需追溯重述

18.甲公司于 2010 年 1 月 1 日对乙公司投资 1 500 万元作为长期股权投资，占乙公司有表决权股份的 30%，具有重大影响，2011 年 6 月 7 日甲公司发现该公司对乙公司的投资误用了成本法核算。甲公司 2010 年度的财务会计报告已于 2011 年 4 月 12 日报出。甲公司正确的做法是(　　)。

A.按照会计政策变更处理，调整 2010 年 12 月 31 日资产负债表的年初数和 2010 年度利润表、所有者权益变动表的上年数

B.按照重要会计差错处理，调整 2011 年 12 月 31 日资产负债表的年初数和 2011 年度利润表、所有者权益变动表的上年数

C.按照重要会计差错处理，调整 2011 年 12 月 31 日资产负债表的期末数和 2011

年度利润表、所有者权益变动表的本期数

D.按会计估计变更处理，调整 2011 年 12 月 31 日资产负债表的期末数和 2011 年度利润表、所有者权益变动表的本期数

19.某上市公司 2011 年度财务报告于 2012 年 1 月 20 日编制完成，注册会计师签署审计报告的日期为 2012 年 3 月 20 日，经董事会批准财务报告对外公布的日期为 4 月 1 日，实际对外公布的日期为 4 月 10 日，资产负债表日后事项所涵盖的期间为（　　）。

A.2012 年 1 月 1 日至 2012 年 1 月 20 日

B.2012 年 1 月 1 日至 2012 年 3 月 20 日

C.2012 年 1 月 1 日至 2012 年 4 月 1 日

D.2012 年 1 月 1 日至 2012 年 4 月 10 日

20.某上市公司在资产负债表日至财务报告批准报出日之间发生的下列事项中，属于资产负债表日后调整事项的是（　　）。

A.以存货归还资产负债表日存在的应付账款

B.为关联方企业的银行借款提供担保

C.处置子公司

D.法院判决赔偿的金额与资产负债表日预计的相关负债的金额不一致

21.长江公司系上市公司，2010 年财务报告批准报出日为 2011 年 4 月 30 日，该公司发生的下列事项中，属于调整事项的是（　　）。

A.2011 年 1 月 7 日，由于发生水灾，2010 年 12 月份购入的一批原材料全部冲毁，价值 8 000 万元

B.2011 年第一季度，人民币持续升值，人民币对美元汇率发生重大变化

C.2011 年 3 月 17 日收到某公司退回的一批商品，该批商品于 2010 年 11 月销售并根据售价确认收入

D.迫于流动资金周转困难，2011 年 4 月 1 日向中国银行举借巨额债务 2 000 万元

二、多项选择题

1.关于企业会计政策的选择和运用，下列说法中不正确的有（　　）。

A.实务中某项交易或者事项的会计处理，具体准则或应用指南未做规范的，企业可根据自身情况对该事项或交易做出任何处理

B.企业应在国家统一的会计制度规定的会计政策范围内选择适用的会计政策

C.会计政策应当保持前后各期的一致性

D.会计政策所指的会计原则包括一般原则和特定原则

2.下列各事项中，属于会计政策变更的有（　　）。

A.无形资产摊销方法由直线法改为生产总量法

B.因执行会计准则将建造合同收入的确认方法由完成合同法改为完工百分比法

C.因执行会计准则将分期收款销售商品(超过 3 年)由原分期确认收入改为按现值确认收入

D.将自用房地产转为采用公允价值模式计量的投资性房地产

3.下列交易或事项中,属于会计政策变更的有(　　)。

A.存货期末计价由按成本计价改为按成本与可变现净值孰低计价

B.投资性房地产由成本模式计量改为公允价值模式计量

C.固定资产由按直线法计提折旧改为按年数总和法计提折旧

D.坏账准备的计提比例由应收账款余额的 5%改为 10%

4.下列各项中,属于会计政策变更的有(　　)。

A.根据会计准则要求,期末存货由成本法核算改按成本与可变现净值孰低法计价

B.企业新设的零售部商品销售采用零售价法核算,其他库存商品继续采用实际成本法

C.根据会计准则要求对商品流通企业的进货费用由计入当期损益改为计入存货成本

D.由于物价变动,企业将存货发出方法由先进先出法改为加权平均法

5.下列各项中,应采用未来适用法处理会计政策变更的情况有(　　)。

A.企业因账簿超过法定保存期限而销毁,引起会计政策变更累积影响数只能确定账簿保存期限内的部分

B.企业账簿因不可抗力而毁坏,引起会计政策变更累积影响数无法确定

C.会计政策变更累积影响数能够确定,但法律或行政法规要求对会计政策的变更采用未来适用法

D.会计政策变更累积影响数能够合理确定,法律或行政法规要求对会计政策的变更采用追溯调整法

6.下列事项中,属于会计估计变更的有(　　)。

A.由于技术进步,将机器设备的折旧方法由直线法变更为年数总和法

B.企业根据规定对资产计提准备,但考虑到本期利润指标超额完成太多,因此多提了存货跌价准备

C.由于经营指标的变化,缩短长期待摊费用的摊销年限

D.由于自然灾害使厂房的使用寿命受到影响,调减了预计使用年限

7.下列各项中，属于会计估计变更的有（　　）。

A.固定资产的净残值率由9%改为7%

B.存货的期末计价由成本法改为成本与可变现净值孰低法

C.坏账准备的提取比例由15%降低为10%

D.法定盈余公积的提取比例由15%降低为10%

8.下列有关会计估计变更的表述中，正确的有（　　）。

A.会计估计变更，不改变以前期间的会计估计，也不调整以前期间的报告结果

B.企业难以对某项变更区分为会计政策变更或会计估计变更的，应当将其作为会计估计变更处理

C.会计估计变更的当年，如企业发生重大盈利，企业应将这种变更作为重大会计差错予以更正

D.对于会计估计变更，企业应采用未来适用法进行会计处理

9.下列各项中，属于会计差错的有（　　）。

A.由于物价持续下跌，存货的核算由原来的加权平均法改为先进先出法

B.由于银行提高了借款利率，当期发生的财务费用过高，故该公司将超出财务计划的利息暂做资本化处理

C.由于产品销路不畅，产品销售收入减少，固定费用相对过高，该公司将固定资产折旧方法由双倍余额递减法改为平均年限法

D.由于客户财务状况改善，该公司将坏账准备的计提比例由原来的6%降为3%

10.下列事项均发生于以前期间，应作为前期差错更正的有（　　）。

A.由于技术进步，将电子设备的折旧方法由直线法变更为年数总和法

B.考虑到利润指标超额完成太多，多提了存货跌价准备

C.由于经营指标的变化，缩短长期待摊费用的摊销年限

D.会计人员将财务费用200万元误算为2 000万元

11.企业发生的如下情形中，一般属于前期会计差错的有（　　）。

A.固定资产盘亏　　B.以前期间会计舞弊

C.以前期间漏提折旧　　D.固定资产盘盈

12.企业发生的下列事项中，不应作为重要差错更正的有（　　）。

A.由于地震使厂房使用寿命受到影响，调减了厂房的预计使用年限

B.委托代销方式销售商品时在发出商品时确认了收入

C.由于出现新技术，将专利权的摊销年限由8年改为5年

D.鉴于当期利润完成状况不佳，将固定资产的折旧方法由双倍余额递减法改为直线法

13.A 股份有限公司 2011 年末发生或发现的下列交易或事项中(均具有重大影响),会影响其 2011 年年初未分配利润的有(　　)。

A.发现 2008 年漏记销售费用 300 万元

B.2011 年 1 月 1 日将某项固定资产的折旧年限由 25 年改为 10 年

C.发现应在 2008 年确认为营业外收入的 600 万元计入了 2008 年的资本公积

D.从 2011 年初开始将固定资产的平均年限法改为双倍余额递减法

14. 下列有关资产负债表日后事项的表述中,正确的有(　　)。

A.调整事项是对报告年度资产负债表日已经存在的情况提供了进一步证据的事项

B.非调整事项是报告年度资产负债表日及之前其状况不存在的事项

C.调整事项均应通过“以前年度损益调整”科目进行账务处理

D.重要的非调整事项只需在报告年度财务报表附注中披露

E.调整事项中涉及损益调整的直接在“利润分配——未分配利润”科目核算

三、判断题

1.如果会计政策变更的累积影响数能够合理确定,无论属于什么情况,均采用追溯调整法进行会计处理。(　)

2.企业难以对某项变更区分为会计政策变更或会计估计变更的,遵循重要性要求,应当将其作为会计政策变更处理。(　)

3.企业对初次发生的或不重要的交易或事项采用新的会计政策,属于会计政策变更。(　)

4.企业因账簿超过法定保存期限而销毁或者因不可抗力而毁坏,引起会计政策变更累积影响数无法确定,应采用未来适用法处理会计政策变更。(　　)

5.会计政策变更可以采用追溯调整法和未来适用法两种方法进行会计处理,采用哪种会计处理方法,应根据具体情况确定。(　　)

6.由于经济环境的改变而变更会计政策的,无论会计政策变更的影响数是否能合理确定,均应采用未来适用法进行会计处理。(　　)

7.企业应对固定资产预计使用寿命、预计净残值的调整按照会计估计变更的有关规定进行会计处理,而对于固定资产折旧方法的变更,则应作为会计政策变更处理。(　　)

8.企业的会计估计变更应该根据需要计算累积影响数。(　　)

9.会计估计变更的影响数,均应于当期及以后各期确认。(　　)

10.固定资产的盘盈属于前期差错。(　　)

四、业务题

1.甲公司从2010年1月1日起执行《企业会计准则》，从2010年1月1日起，所得税的核算方法由应付税款法改为资产负债表债务法。该公司适用的所得税税率将变更为25%。2009年末，资产负债表中存货账面价值为420万元，计税基础为460万元；固定资产账面价值为1 250万元，计税基础为1 030万元；预计负债的账面价值为125万元，计税基础为0。假定甲公司按10%提取法定盈余公积。

要求：

(1)计算该公司会计政策变更的累积影响数，确认相关的所得税影响；

(2)编制2010年相关的账务处理。

2.正保股份有限公司(以下简称正保公司)所得税采用资产负债表债务法，所得税税率为25%；按净利润10%计提盈余公积。该公司在2011年12月份在内部审计中发现下列问题：

(1)2010年末库存钢材账面余额为305万元。经检查，该批钢材的预计售价为270万元，预计销售费用和相关税金为15万元。当时，由于疏忽，将预计售价误记为360万元，未计提存货跌价准备。(2)2010年12月15日，正保公司购入800万元股票，作为交易性金融资产。至年末尚未出售，12月末的收盘价为740万元。正保公司按其成本列报在资产负债表中。(3)正保公司于2010年1月1日支付3 000万元对价，取得了丁公司80%股权，实现了非同一控制下的企业合并，使丁公司成为正保公司的子公司。2010年丁公司实现净利润500万元，正保公司按权益法核算确认了投资收益400万元。(4)2010年1月正保公司从其他企业收购了100辆巴士汽车，确认了巴士汽车牌照专属使用权800万元，作为无形资产核算。正保公司从2010年起按照10年进行该无形资产摊销。经检查，巴士牌照专属使用权没有使用期限。假设按照税法规定，无法确定使用寿命的无形资产按10年摊销。(5)2010年8月正保公司收到市政府拨付的技术款200万元，正保公司将其计入了资本公积(其他资本公积)。此笔款项由于计入了资本公积，未做纳税调整，当年没有申报所得税。

要求：将上述发现的问题按照企业会计准则的要求进行差错更正。

3.A公司为某市属国有企业，按有关规定应于2009年1月1日开始执行企业会计准则。该公司适用的所得税税率为25%，按净利润的10%提取法定盈余公积。假定该企业对投资性房地产采用公允价值模式进行后续计量，假定对于会计差错涉及应交所得税的，税法均允许予以调整。

资料一：A公司按有关规定于2009年1月1日开始执行企业会计准则，有关资料如下：(1)A公司将所得税的核算方法由应付税款法改为资产负债表债务法。2008年末，资产负债表中存货账面价值为50万元，计税基础为55万元；固定资产账面价值为

150 万元，计税基础为 110 万元；预计负债的账面价值为 15 万元，计税基础为 0。(2)A 公司有一项房地产，自 2008 年初开始对外经营出租，原价为 4 000 万元，至 2009 年 1 月 1 日，已提折旧 240 万元，已提减值准备 100 万元。2009 年 1 月 1 日，该房地产的公允价值为 3 800 万元。A 公司决定对投资性房地产采用公允价值模式计量。税法的折旧方法、折旧年限、预计净残值等与原会计上的处理一致。

资料二：2010 年度，A 公司发生或发现如下事项：(1)A 公司于 2007 年 1 月 1 日起计提折旧的管理用机器设备一台，原价为 200 万元，预计使用年限为 10 年(不考虑净残值因素)，按直线法计提折旧。由于技术进步的原因，从 2010 年 1 月 1 日起，决定对原估计的使用年限改为 8 年，同时改按年数总和法计提折旧。(2)A 公司 2010 年 1 月 1 日发现其自行建造的办公楼尚未办理结转固定资产手续。该办公楼已于 2009 年 6 月 30 日达到预定可使用状态，并投入使用，A 公司未按规定在 6 月 30 日办理竣工结算及结转固定资产的手续，2009 年 6 月 30 日该在建工程科目的账面余额为 1 000 万元，2009 年 12 月 31 日该在建工程科目账面余额为 1 095 万元，其中包括建造该办公楼相关专门借款在 2009 年 7 月～12 月期间发生利息 25 万元和应计入管理费用的支出 70 万元。A 公司预计该办公楼使用年限为 10 年，预计净残值为零，采用年限平均法计提折旧。(3)2010 年 5 月 15 日，A 公司发现该公司 2009 年 6 月 20 日取得的一项投资性房地产(建筑物，已于取得时对外出租)采用成本模式进行后续计量。该项投资性房地产的原价为 2 000 万元，A 公司预计其使用寿命为 10 年，预计净残值为 0，采用直线法于每年年末计提折旧，税法上的折旧年限、折旧方法、预计净残值与之一致。该项房地产的公允价值能够持续可靠的取得，2009 年 6 月 20 日的公允价值为 2 000 万元；2009 年 12 月 31 日的公允价值为 2 800 万元。(4)A 公司于 2010 年 5 月 25 日发现，2009 年取得一项股权投资，取得成本为 300 万元，A 公司将其划分为可供出售金融资产。期末该项金融资产的公允价值为 400 万元，A 公司将其公允价值变动 100 万元计入公允价值变动损益。企业在计税时，没有将该公允价值变动损益计入应纳税所得额。

要求：

(1)根据资料一，编制 A 公司的有关会计分录。

(2)判断资料二中各事项分别属于何种会计变更或差错，并编制相关会计分录；如果属于会计估计变更，要求计算对本年度的影响数(计算结果保留两位小数，单位以万元列示)。

4.甲股份有限公司(以下简称甲公司)为上市公司、增值税一般纳税企业，适用增值税税率为 17%。各年企业所得税税率均为 25%，按净利润的 10%提取盈余公积。2011 年度的财务报告于 2012 年 1 月 10 日编制完成，批准报出日为 2012 年 4 月 20

日,2011 年度的企业所得税汇算清缴工作于 2012 年 5 月 31 日完成。

甲公司 2012 年 1 月 1 日至 4 月 20 日发生如下会计事项:

(1)1 月 20 日,因企业管理不善引起意外火灾一场,造成公司生产车间某设备被烧毁。根据会计记录,被毁设备的账面原值为 200 万元,预计可使用年限为 5 年(与税法相同),自 2009 年 12 月投入使用,按双倍余额递减法(税法规定为年限平均法)计提折旧,预计净残值率为 10%(与税法相同),未计提减值准备。火灾造成的损失,保险公司同意给予 70 万元的赔款,其余损失(不考虑被毁设备清理费用和残值收入)由企业自负。假设税法对该项财产损失允许税前扣除。

(2)1 月 25 日,收到退货一批,该批退货系 2011 年 11 月销售给丙企业的某产品,销售收入 250 万元,增值税销项税额 42.5 万元。结转的产品销售成本 200 万元,此项销售收入已在销售当月确认,但货款和税款于当年 12 月 31 日尚未收到。

2011 年年末公司对应收丙企业账款按 5%计提坏账准备。退回的产品已验收入库。不考虑相关运杂费及其他费用。税法规定,企业计提的坏账准备不得税前扣除。

(3)1 月 31 日,公司发现在上年度有一项无形资产开发已经失败,但其"研发支出(资本化支出)"的余额 20 万元在年末尚未转出。

税法规定,企业为开发新技术、新产品、新工艺发生的研究开发费用,未形成无形资产计入当期损益的,在按照规定据实扣除的基础上,按照研究开发费用的 50%加计扣除;形成无形资产的,按照无形资产成本的 150%摊销。

(4)2 月 1 日,董事会决定自 1 月 1 日起将对乙公司的长期股权投资的核算由成本法改为权益法。该项投资的基本情况是:甲公司于 2009 年 1 月 1 日对乙公司投资 900 万元,持有乙公司 30%的股权,对乙公司有重大影响,但采用成本法核算,并于 2010 年、2011 年从乙公司分得现金股利 20 万元和 15 万元。根据有关资料,乙公司于 2009 年 1 月 1 日由甲公司等三方共同出资设立,资本总额即注册资本为 3 000 万元;从 2009 年至 2011 年,乙公司股东权益变动除净利润因素外,无其他变动事项;乙公司 2009 年、2010 年、2011 年三年实现的净利润分别为 200 万元、100 万元和 150 万元,乙公司适用的企业所得税税率为 25%。

(5)2 月 18 日,收到法院一审判决书,判决甲公司在一诉讼案件中败诉并需赔付 M 公司经济损失 20 万元。案件基本情况是:甲公司在 2011 年 10 月与 M 公司签订了一项当年 11 月底前履行的供销合同,由于甲公司未能按合同供货致使 M 公司发生重大经济损失,M 公司于 2011 年 12 月 15 日向法院提起诉讼,要求赔偿经济损失 30 万元。此项诉讼至 2011 年 12 月 31 日未决,甲公司确认预计负债 30 万元。甲公司对法院判决不再上诉,并于 3 天后如数支付了赔款。假设税法对该项赔偿损失允许税前扣除。

要求：

（1）上述事项中，哪些事项属于调整事项，标明序号即可。

（2）对调整事项，编制调整分录，合并编制将“以前年度损益调整”转入“利润分配——未分配利润”和调整“盈余公积”的会计分录。

（“应交税费”科目要求写出明细科目及专栏名称，“利润分配”科目要求写出明细科目，答案中的金额单位用万元表示。）

附录 货币时间价值系数表

附表一:复利终值系数表

计算公式:$f=(1+i)^n$

期数	1%	2%	3%	4%	5%	6%	7%	8%	9%	10%
1	1.0100	1.0200	1.0300	1.0400	1.0500	1.0600	1.0700	1.0800	1.0900	1.1000
2	1.0201	1.0404	1.0609	1.0816	1.1025	1.1236	1.1449	1.1664	1.1881	1.2100
3	1.0303	1.0612	1.0927	1.1249	1.1576	1.1910	1.2250	1.2597	1.2950	1.3310
4	1.0406	1.0824	1.1255	1.1699	1.2155	1.2625	1.3108	1.3605	1.4116	1.4641
5	1.0510	1.1041	1.1593	1.2167	1.2763	1.3382	1.4026	1.4693	1.5386	1.6105
6	1.0615	1.1262	1.1941	1.2653	1.3401	1.4185	1.5007	1.5869	1.6771	1.7716
7	1.0721	1.1487	1.2299	1.3159	1.4071	1.5036	1.6058	1.7138	1.8280	1.9487
8	1.0829	1.1717	1.2668	1.3686	1.4775	1.5938	1.7182	1.8509	1.9926	2.1436
9	1.0937	1.1951	1.3048	1.4233	1.5513	1.6895	1.8385	1.9990	2.1719	2.3579
10	1.1046	1.2190	1.3439	1.4802	1.6289	1.7908	1.9672	2.1589	2.3674	2.5937
11	1.1157	1.2434	1.3842	1.5395	1.7103	1.8983	2.1049	2.3316	2.5804	2.8531
12	1.1268	1.2682	1.4258	1.6010	1.7959	2.0122	2.2522	2.5182	2.8127	3.1384
13	1.1381	1.2936	1.4685	1.6651	1.8856	2.1329	2.4098	2.7196	3.0658	3.4523
14	1.1495	1.3195	1.5126	1.7317	1.9799	2.2609	2.5785	2.9372	3.3417	3.7975
15	1.1610	1.3459	1.5580	1.8009	2.0789	2.3966	2.7590	3.1722	3.6425	4.1772
16	1.1726	1.3728	1.6047	1.8730	2.1829	2.5404	2.9522	3.4259	3.9703	4.5950
17	1.1843	1.4002	1.6528	1.9479	2.2920	2.6928	3.1588	3.7000	4.3276	5.0545
18	1.1961	1.4282	1.7024	2.0258	2.4066	2.8543	3.3799	3.9960	4.7171	5.5599
19	1.2081	1.4568	1.7535	2.1068	2.5270	3.0256	3.6165	4.3157	5.1417	6.1159
20	1.2202	1.4859	1.8061	2.1911	2.6533	3.2071	3.8697	4.6610	5.6044	6.7275

续表

期数	1%	2%	3%	4%	5%	6%	7%	8%	9%	10%
21	1.2324	1.5157	1.8603	2.2788	2.7860	3.3996	4.1406	5.0338	6.1088	7.4002
22	1.2447	1.5460	1.9161	2.3699	2.9253	3.6035	4.4304	5.4365	6.6586	8.1403
23	1.2572	1.5769	1.9736	2.4647	3.0715	3.8197	4.7405	5.8715	7.2579	8.9543
24	1.2697	1.6084	2.0328	2.5633	3.2251	4.0489	5.0724	6.3412	7.9111	9.8497
25	1.2824	1.6406	2.0938	2.6658	3.3864	4.2919	5.4274	6.8485	8.6231	10.8347
26	1.2953	1.6734	2.1566	2.7725	3.5557	4.5494	5.8074	7.3964	9.3992	11.9182
27	1.3082	1.7069	2.2213	2.8834	3.7335	4.8223	6.2139	7.9881	10.2451	13.1100
28	1.3213	1.7410	2.2879	2.9987	3.9201	5.1117	6.6488	8.6271	11.1671	14.4210
29	1.3345	1.7758	2.3566	3.1187	4.1161	5.4184	7.1143	9.3173	12.1722	15.8631
30	1.3478	1.8114	2.4273	3.2434	4.3219	5.7435	7.6123	10.0627	13.2677	17.4494

附表二：复利现值系数表

计算公式：$f=(1+i)^{-n}$

期数	1%	2%	3%	4%	5%	6%	7%	8%	9%	10%
1	0.9901	0.9804	0.9709	0.9615	0.9524	0.9434	0.9346	0.9259	0.9174	0.9091
2	0.9803	0.9612	0.9426	0.9246	0.9070	0.8900	0.8734	0.8573	0.8417	0.8264
3	0.9706	0.9423	0.9151	0.8890	0.8638	0.8396	0.8163	0.7938	0.7722	0.7513
4	0.9610	0.9238	0.8885	0.8548	0.8227	0.7921	0.7629	0.7350	0.7084	0.6830
5	0.9515	0.9057	0.8626	0.8219	0.7835	0.7473	0.7130	0.6806	0.6499	0.6209
6	0.9420	0.8880	0.8375	0.7903	0.7462	0.7050	0.6663	0.6302	0.5963	0.5645
7	0.9327	0.8706	0.8131	0.7599	0.7107	0.6651	0.6227	0.5835	0.5470	0.5132
8	0.9235	0.8535	0.7894	0.7307	0.6768	0.6274	0.5820	0.5403	0.5019	0.4665
9	0.9143	0.8368	0.7664	0.7026	0.6446	0.5919	0.5439	0.5002	0.4604	0.4241
10	0.9053	0.8203	0.7441	0.6756	0.6139	0.5584	0.5083	0.4632	0.4224	0.3855

续表

期数	1%	2%	3%	4%	5%	6%	7%	8%	9%	10%
11	0.8963	0.8043	0.7224	0.6496	0.5847	0.5268	0.4751	0.4289	0.3875	0.3505
12	0.8874	0.7885	0.7014	0.6246	0.5568	0.4970	0.4440	0.3971	0.3555	0.3186
13	0.8787	0.7730	0.6810	0.6006	0.5303	0.4688	0.4150	0.3677	0.3262	0.2897
14	0.8700	0.7579	0.6611	0.5775	0.5051	0.4423	0.3878	0.3405	0.2992	0.2633
15	0.8613	0.7430	0.6419	0.5553	0.4810	0.4173	0.3624	0.3152	0.2745	0.2394
16	0.8528	0.7284	0.6232	0.5339	0.4581	0.3936	0.3387	0.2919	0.2519	0.2176
17	0.8444	0.7142	0.6050	0.5134	0.4363	0.3714	0.3166	0.2703	0.2311	0.1978
18	0.8360	0.7002	0.5874	0.4936	0.4155	0.3503	0.2959	0.2502	0.2120	0.1799
19	0.8277	0.6864	0.5703	0.4746	0.3957	0.3305	0.2765	0.2317	0.1945	0.1635
20	0.8195	0.6730	0.5537	0.4564	0.3769	0.3118	0.2584	0.2145	0.1784	0.1486
21	0.8114	0.6598	0.5375	0.4388	0.3589	0.2942	0.2415	0.1987	0.1637	0.1351
22	0.8034	0.6468	0.5219	0.4220	0.3418	0.2775	0.2257	0.1839	0.1502	0.1228
23	0.7954	0.6342	0.5067	0.4057	0.3256	0.2618	0.2109	0.1703	0.1378	0.1117
24	0.7876	0.6217	0.4919	0.3901	0.3101	0.2470	0.1971	0.1577	0.1264	0.1015
25	0.7798	0.6095	0.4776	0.3751	0.2953	0.2330	0.1842	0.1460	0.1160	0.0923
26	0.7720	0.5976	0.4637	0.3607	0.2812	0.2198	0.1722	0.1352	0.1064	0.0839
27	0.7644	0.5859	0.4502	0.3468	0.2678	0.2074	0.1609	0.1252	0.0976	0.0763
28	0.7568	0.5744	0.4371	0.3335	0.2551	0.1956	0.1504	0.1159	0.0895	0.0693
29	0.7493	0.5631	0.4243	0.3207	0.2429	0.1846	0.1406	0.1073	0.0822	0.0630
30	0.7419	0.5521	0.4120	0.3083	0.2314	0.1741	0.1314	0.0994	0.0754	0.0573

附表三:年金终值系数表

期数	1%	2%	3%	4%	5%	6%	7%	8%	9%	10%
1	1.0000	1.0000	1.0000	1.0000	1.0000	1.0000	1.0000	1.0000	1.0000	1.0000
2	2.0100	2.0200	2.0300	2.0400	2.0500	2.0600	2.0700	2.0800	2.0900	2.1000
3	3.0301	3.0604	3.0909	3.1216	3.1525	3.1836	3.2149	3.2464	3.2781	3.3100
4	4.0604	4.1216	4.1836	4.2465	4.3101	4.3746	4.4399	4.5061	4.5731	4.6410
5	5.1010	5.2040	5.3091	5.4163	5.5256	5.6371	5.7507	5.8666	5.9847	6.1051
6	6.1520	6.3081	6.4684	6.6330	6.8019	6.9753	7.1533	7.3359	7.5233	7.7156
7	7.2135	7.4343	7.6625	7.8983	8.1420	8.3938	8.6540	8.9228	9.2004	9.4872
8	8.2857	8.5830	8.8923	9.2142	9.5491	9.8975	10.2598	10.6366	11.0285	11.4359
9	9.3685	9.7546	10.1591	10.5828	11.0266	11.4913	11.9780	12.4876	13.0210	13.5795
10	10.4622	10.9497	11.4639	12.0061	12.5779	13.1808	13.8164	14.4866	15.1929	15.9374
11	11.5668	12.1687	12.8078	13.4864	14.2068	14.9716	15.7836	16.6455	17.5603	18.5312
12	12.6825	13.4121	14.1920	15.0258	15.9171	16.8699	17.8885	18.9771	20.1407	21.3843
13	13.8093	14.6803	15.6178	16.6268	17.7130	18.8821	20.1406	21.4953	22.9534	24.5227
14	14.9474	15.9739	17.0863	18.2919	19.5986	21.0151	22.5505	24.2149	26.0192	27.9750
15	16.0969	17.2934	18.5989	20.0236	21.5786	23.2760	25.1290	27.1521	29.3609	31.7725
16	17.2579	18.6393	20.1569	21.8245	23.6575	25.6725	27.8881	30.3243	33.0034	35.9497
17	18.4304	20.0121	21.7616	23.6975	25.8404	28.2129	30.8402	33.7502	36.9737	40.5447
18	19.6147	21.4123	23.4144	25.6454	28.1324	30.9057	33.9990	37.4502	41.3013	45.5992
19	20.8109	22.8406	25.1169	27.6712	30.5390	33.7600	37.3790	41.4463	46.0185	51.1591
20	22.0190	24.2974	26.8704	29.7781	33.0660	36.7856	40.9955	45.7620	51.1601	57.2750
21	23.2392	25.7833	28.6765	31.9692	35.7193	39.9927	44.8652	50.4229	56.7645	64.0025
22	24.4716	27.2990	30.5368	34.2480	38.5052	43.3923	49.0057	55.4568	62.8733	71.4027
23	25.7163	28.8450	32.4529	36.6179	41.4305	46.9958	53.4361	60.8933	69.5319	79.5430

续表

期数	1%	2%	3%	4%	5%	6%	7%	8%	9%	10%
24	26.9735	30.4219	34.4265	39.0826	44.5020	50.8156	58.1767	66.7648	76.7898	88.4973
25	28.2432	32.0303	36.4593	41.6459	47.7271	54.8645	63.2490	73.1059	84.7009	98.3471
26	29.5256	33.6709	38.5530	44.3117	51.1135	59.1564	68.6765	79.9544	93.3240	109.1818
27	30.8209	35.3443	40.7096	47.0842	54.6691	63.7058	74.4838	87.3508	102.7231	121.0999
28	32.1291	37.0512	42.9309	49.9676	58.4026	68.5281	80.6977	95.3388	112.9682	134.2099
29	33.4504	38.7922	45.2189	52.9663	62.3227	73.6398	87.3465	103.9659	124.1354	148.6309
30	34.7849	40.5681	47.5754	56.0849	66.4388	79.0582	94.4608	113.2832	136.3075	164.4940

附表四:年金现值系数表

期数	1%	2%	3%	4%	5%	6%	7%	8%	9%	10%
1	0.9901	0.9804	0.9709	0.9615	0.9524	0.9434	0.9346	0.9259	0.9174	0.9091
2	1.9704	1.9416	1.9135	1.8861	1.8594	1.8334	1.8080	1.7833	1.7591	1.7355
3	2.9410	2.8839	2.8286	2.7751	2.7232	2.6730	2.6243	2.5771	2.5313	2.4869
4	3.9020	3.8077	3.7171	3.6299	3.5460	3.4651	3.3872	3.3121	3.2397	3.1699
5	4.8534	4.7135	4.5797	4.4518	4.3295	4.2124	4.1002	3.9927	3.8897	3.7908
6	5.7955	5.6014	5.4172	5.2421	5.0757	4.9173	4.7665	4.6229	4.4859	4.3553
7	6.7282	6.4720	6.2303	6.0021	5.7864	5.5824	5.3893	5.2064	5.0330	4.8684
8	7.6517	7.3255	7.0197	6.7327	6.4632	6.2098	5.9713	5.7466	5.5348	5.3349
9	8.5660	8.1622	7.7861	7.4353	7.1078	6.8017	6.5152	6.2469	5.9952	5.7590
10	9.4713	8.9826	8.5302	8.1109	7.7217	7.3601	7.0236	6.7101	6.4177	6.1446
11	10.3676	9.7868	9.2526	8.7605	8.3064	7.8869	7.4987	7.1390	6.8052	6.4951
12	11.2551	10.5753	9.9540	9.3851	8.8633	8.3838	7.9427	7.5361	7.1607	6.8137

续表

期数	1%	2%	3%	4%	5%	6%	7%	8%	9%	10%
13	12.1337	11.3484	10.6350	9.9856	9.3936	8.8527	8.3577	7.9038	7.4869	7.1034
14	13.0037	12.1062	11.2961	10.5631	9.8986	9.2950	8.7455	8.2442	7.7862	7.3667
15	13.8651	12.8493	11.9379	11.1184	10.3797	9.7122	9.1079	8.5595	8.0607	7.6061
16	14.7179	13.5777	12.5611	11.6523	10.8378	10.1059	9.4466	8.8514	8.3126	7.8237
17	15.5623	14.2919	13.1661	12.1657	11.2741	10.4773	9.7632	9.1216	8.5436	8.0216
18	16.3983	14.9920	13.7535	12.6593	11.6896	10.8276	10.0591	9.3719	8.7556	8.2014
19	17.2260	15.6785	14.3238	13.1339	12.0853	11.1581	10.3356	9.6036	8.9501	8.3649
20	18.0456	16.3514	14.8775	13.5903	12.4622	11.4699	10.5940	9.8181	9.1285	8.5136
21	18.8570	17.0112	15.4150	14.0292	12.8212	11.7641	10.8355	10.0168	9.2922	8.6487
22	19.6604	17.6580	15.9369	14.4511	13.1630	12.0416	11.0612	10.2007	9.4424	8.7715
23	20.4558	18.2922	16.4436	14.8568	13.4886	12.3034	11.2722	10.3711	9.5802	8.8832
24	21.2434	18.9139	16.9355	15.2470	13.7986	12.5504	11.4693	10.5288	9.7066	8.9847
25	22.0232	19.5235	17.4131	15.6221	14.0939	12.7834	11.6536	10.6748	9.8226	9.0770
26	22.7952	20.1210	17.8768	15.9828	14.3752	13.0032	11.8258	10.8100	9.9290	9.1609
27	23.5596	20.7069	18.3270	16.3296	14.6430	13.2105	11.9867	10.9352	10.0266	9.2372
28	24.3164	21.2813	18.7641	16.6631	14.8981	13.4062	12.1371	11.0511	10.1161	9.3066
29	25.0658	21.8444	19.1885	16.9837	15.1411	13.5907	12.2777	11.1584	10.1983	9.3696
30	25.8077	22.3965	19.6004	17.2920	15.3725	13.7648	12.4090	11.2578	10.2737	9.4269

图书在版编目(CIP)数据

中级财务会计/陈鹰,杨晓丹主编.—南昌:
江西人民出版社,2014.8
ISBN 978—7—210—06478—7

Ⅰ.①中…　Ⅱ.①陈…　②杨…　Ⅲ.①财务会计
Ⅳ.①F234.4

中国版本图书馆 CIP 数据核字(2014)第 123709 号

中级财务会计
主　　编:陈　鹰　杨晓丹
出　　版:江西人民出版社
责任编辑:徐明德　蒲　浩
装帧设计:章　雷
发　　行:各地新华书店
地　　址:南昌市三经路 47 号附 1 号(邮编:330006)
发 行 部:0791—86898815
编 辑 部:0791—86899010　E—mail:taxue888@foxmail.com
2014 年 8 月第 1 版　2014 年 8 月第 1 次印刷
开　　本:787 毫米×1092 毫米　1/16
印　　张:32.25
字　　数:500 千字
书　　号:ISBN 978—7—210—06478—7
赣版权登字—01—2014—491
定　　价:48.00 元
承　　印:南昌市红星印刷有限公司